발칸의 음모

소련 공산당 서기장 흐루시초프는 "정치인은 언제 어디서나 똑같다. 심지어 강이 없는 곳에도 다리를 놓아주겠다고 약속한다"고 언급했다.

간디는 "인도 정치인들은 힌두교도가 숭배하는 소가 인도 밖에선 식용으로 도살돼 식탁에 오르고 있다는 평범한 사실 조차 국민에게 이야기하기를 겁낸다"고 탄식했다.

발칸의 음모
처음이자 마지막 대사가 쓴 유고 내전사

1판 1쇄 인쇄 | 2013년 6월 25일
1판 1쇄 발행 | 2013년 7월 20일

저자 | 신두병
발행인 | 서사봉
편집 | 이주연

발행처 | 용오름
주소 | 서울시 종로구 내수동 72 경희궁의아침 3단지 오피스텔 1104호
전화 | (02)323-1254 **팩스** | (02)325-7879 **E-mail** | editor-q@hanmail.net
표지디자인 | 가필드 **본문디자인** | 토비트 **종이** | 한서지업 **인쇄·제본** | 영신사

ⓒ 2013 신두병
이 책의 한국어판 출판권은 저작권자와의 독점계약으로 용오름이 소유합니다.
저작권법에 의해 보호를 받는 저작물이므로 무단전재와 복제를 금합니다.

값 22,000원
ISBN | 978-89-92820-17-2

처음이자 마지막 대사가 쓴 유고 내전사

발간의 음모

신두병 지음

용오름

일러두기

책을 집필하면서 어려움 가운데 하나는 외래어 표기문제이었다. 가능한 원문, 현지 음을 사용코자 했으나 우리가 외국문화를 주로 영어를 통하여 흡수했기 때문에 이미 영어 발음이 우리 생활에 익숙해진 것은 영어발음을 사용했음을 양해 바란다. 그렇지 않은 경우, 예를 들어 다뉴브 강만 하더라도 연안 6개국의 호칭이 모두 다르고, 합스부르크 왕조 이름도 17개의 상이한 민족 언어로 불리어지고 있으므로 우리에게 더욱 많은 혼란을 주기 때문이다.

머리글

이 책은 한국 인구의 절반 정도밖에 안 되는 2,300만여 명의 옛 유고 사회주의 공화국 연방(약칭 옛 유고연방)이 7개 독립 국가로 찢어지는 과정에서 발생한 참극에 관한 이야기이다. 옛 유고연방 전쟁으로 약 20만 내지 25만여 명의 무고한 인명이 희생되었고, 200만여 명 이상의 피난민이 발생했다. 구태여 우리나라와 비교하여 본다면 경상도, 전라도, 충청도, 강원도, 경기도, 제주도가 다 독립하고, 이것도 모자라서 한 개의 도道가 더 독립하면서 서로 피투성이의 싸움을 한 것이다.

외국 역사를 보다보면 '나의 모습'을 보는 듯한 느낌에 빠지는 경우가 많다. 특히 한국 전쟁을 경험한 사람으로서 남슬라브족들 간의 싸움을 현지에서 볼 때 더욱 마음이 무거웠다.

우리나라가 우리에게는 처녀지였던 옛 유고연방과 외교관계를 맺게 된 것은 소련의 붕괴를 비롯한 동서 간의 화해의 물결에 따라 줄기차게 추진하여온 북방외교의 결실에 의한 것이었다. 필자는 외무부 미주국장으로 있다가 한국의 최호중 외무장관과 옛 유고연방의 부디미르 론차르Budimir Lončar 외상 간의 외교관계 수립 합의에 따라 옛 유고연방 주재 첫 대사로 발령받았다. 베오그라드Beograd에 부임한 것은 1990년 3월 8일이었다. 그리고 바로 대사관 문을 열었다.

당시 한국 외교의 새 지평을 개척하는 뜻에서 우리는 옛 유고연방과의 관계 증진에 역점을 두었고, 특히 당시 옛 유고연방은 비동맹회의 의장국이었기 때문에 국제사회에서 비중이 컸던 것을 염두에 두고 있었다.

대사관 설치 이후 최호중 장관, 박동진 특사 등 한국 고위인사의 베오그라드 방문, 보리사브 요비치 옛 유고연방 대통령의 한국 공식 방문 등을 통하여 양국관계는 돈독해지기 시작했다. 옛 유고연방 전역에 걸친 한국 기업의 진출, 양국 간 그림 및 조각 전시회 개최, 유럽 축구 강팀의 하나였던 세르비아 축구팀과 한국팀의 친선 교환 경기 등 다방면에 걸쳐 국민 간의 유대도 형성되고 있었다. 남슬라브족들은 그간 이념에만 젖어 있던 공산당원만을 상대하여 오다가 활달하고 진취적인 한국인을 새로운 친구로 맞게 된 것을 크게 반가워했다. 그러던 중 처음에는 동네 간의 싸움이었던 것이 부락 간의 싸움으로 도시 간의 싸움으로 차츰 확대되면서 옛 유고연방 전역에서 지역주의와 민족감정에 의한 싸움이 치열하게 전개됐다. 상황이 심각해지면서 한국 대사관은 문을 연 지 2년 반 만에 철수하지 않으면 안 되었다. 따라서 필자는 옛 유고연방 주재 첫 한국 대사이자 마지막 대사이다.

왜 남슬라브족들은 서로 미워하고, 증오하고 살생까지 하게 되었을까?

필자가 옛 유고연방 전쟁과 관련하여 가장 많이 받은 질문 중의 하나는 서로 그토록 극악한 살상행위를 하는 세르비아인, 크로아티아인,

코소보 알바니아인, 이슬람교도들은 서로 전혀 다른 인종, 또는 이민족이냐는 것이다.

이들은 코소보 알바니아인들을 제외하고는 우리가 보기에는 구분할 수 없는 동일한 남슬라브족들로서, 민족의 뿌리가 같다. 물론 심한 지역 사투리가 있고, 로마 가톨릭 문화에 속했던 지역에서는 로마 자후를 사용하고, 비잔틴 문화에 속했던 지역은 키릴 자후를 사용하여 언어의 표기 방법이 다르지만 사용하는 언어는 동일하다. 이는 중국에서 같은 문자를 사용하지만 지역별로 발음이 다른 것과는 정반대이다. 이들은 서로 통혼도 하여 옛 유고연방 총 인구의 약 35%는 피가 섞여 있다. 웬만한 큰 집안은 일종의 다민족, 다종교, 다문화 집단의 성격을 가지고 있다. 그런데 왜 서로 싸우느냐 하는 질문에 대하여, 한 마디로 대답할 수 없어서, 왜 우리나라의 돈 많은 집안에는 형제들 간의 싸움이 그렇게 많은지, 그 이유에 대하여 반문하는 식으로 궁한 답변을 하곤 했다.

옛 유고연방 전쟁의 원인은 정말 복잡하다. 옛 유고연방 전쟁은 전쟁 선포 없이 시작되었다. 전쟁의 대외적 명분은 소위 '독립'이었지만 내막을 들여다보면 우리가 일반적으로 인식하고 있는 민족해방전쟁이나 독립전쟁과는 성격이 다르다. 그렇다고 노선투쟁이나 정책투쟁이라고 하기도 어렵다. 오히려 지역 정치꾼들과 맹주들이 정권을 거머쥐기 위해 지역주의와 민족주의, 역사적 편견을 이용하여, '독립'이라는 마술적인 이름하에 인간의 폭력성을 증명한 면이 더 많다는 것을 강조하고 싶다.

그리고 불행하게도 이런 싸움에 강대국과 주변 국가들의 이해관계가 얽히게 되어 더욱 무고한 주민들의 희생이 컸다. 사라예보Sarajevo에서의 오스트리아 황태자 암살 사건이 제1차 세계대전을 촉발시켰다고 하여 발칸반도를 유럽의 '화약고'라고 부른다. 그러나 당시 '화약고'는 유럽 정세 자체였으며, 사라예보 암살 사건은 단지 폭발 직전 내연(內燃) 상태에 있던 유럽이라는 '화약고'에 불을 붙인 것뿐이었다. 발칸반도에 있어서 외세의 이해관계가 예로부터 첨예하게 대립했다는 사실을 보여주는 대목이다.

프로이센 장군이자 나폴레옹 전쟁에 참전한 전략가인 카를 폰 클라우제비츠Carl von Clausewitz는 그의 저명한 책 『전쟁론』에서 "전쟁은 정치적 목적을 달성하기 위한 하나의 도구이지 전쟁 자체를 위한 것이 아니다"라고 말한 바 있다. 그러나 직업 신뢰도 조사에서 11.7%의 신뢰밖에 얻지 못하는 정치인들이 자신들의 정치적 야욕을 위해 감행한 전쟁을 '더러운 싸움'이라고밖에 달리 부를 말이 없다.

제1차 세계대전 때 독일 육군 사령관 헬무트 몰트케Helmuth Moltke 장군은 "전쟁 속에서 인간의 가장 고귀한 미덕, 즉 용기, 자기 부정, 임무에 대한 헌신, 그리고 위협을 무릅쓰는 자기희생이 발휘된다"고 언급했는데, 이런 직업군인들의 세계관이 '더러운 전쟁'과 만나면 문명사회는 파멸하고 만다. 전쟁 현장에서 통감하게 되는 것은 동물 가운데 자기와 같은 동족을 죽이는 동물이 몇 종류 있는데 그 중 하나가 사람이라는 사실이다. 옛날 고대의 알렉산더 대왕으로부터 시작하여 로마 공화정, 로마제국의 많은 황제들, 수없이 많은 전쟁 영웅들, 모두가 사람을 죽이는 선수들이 아닌가. 지금은 대량살상을 목적으로 하는 핵무기가 지구상에 넘쳐나고 있다. 특히 광기 있는 자들이 득세하는 경우 동물과 같은 잔인성이 표출된다. 따라서 인류의 역사는 '악독하고 어리석은 미친 자들의 행진'이라고 표현되기도 한다.

이런 인간의 폭력성과 관련하여 유럽 일부에서는 발칸반도에서의 유혈사태는 발칸반도의 속성상 운명적인, 불가피한 것이라는 견해를 갖고 있다. 그러나 인간은 한편 합리적이고 건전한 사고방식을 갖고 오늘날 문명사회를 이끌어 왔다는 사실을 고려할 때, 옛 유고연방 전쟁이 필연적이라는 견해에 대하여 의문을 갖지 않을 수 없다. 따라서 필자는 이러한 의문점을 갖고, 옛 유고연방 전쟁 과정에서 누가 더 득을 보고 손해를 보았느냐는 현실적인 이해관계를 중심으로, 불필요했던 유혈사태의 원인과 '외교전'을 살펴보고 역사의 교훈이 될 점을 찾고자 노력했음을 밝힌다.

    이 책을 출판하는 데 있어서 많은 분들로부터 도움을 받았다. 깊이 감사의 뜻을 표하는 바이며, 특히 용오름 출판사 서사봉 대표의 적극적인 지원에 감사를 드린다. 그리고 이 책은 어머니, 조광자, 혜정, 윤석, 두표의 헌신적인 배려가 없었으면 세상에 나올 수 없었을 것이라는 점을 여기서 강조하고 싶다.

차례

머리글   5

프롤로그   역사가 숨 쉬는 아름다운 나라 유고   15

1장 전쟁의 기운

1. 세르비아 지역주의와 민족주의   25
2. 다당제 선거와 민족 간 대립   60
3. 전쟁 전야   102

2장 티토의 통일 유고슬라비아

1. 제2차 세계대전과 티토의 파르티잔 활동   123
2. 티토 통치 시대   141
3. 티토의 유산   160

3장 슬로베니아와 크로아티아의 독립전쟁

1. 슬로베니아 독립전쟁　　167
2. 크로아티아 내전　　177
3. 유엔의 개입　　200
4. 독일의 독립승인과 신유고연방 구성　　204

4장 보스니아 헤르체고비나 내전

1. 보스니아 헤르체고비나 독립승인　　227
2. 국제사회의 대세르비아 제재 조치　　241
3. 세르비아 국내성세와 투시만의 내전 개입　　259
4. 보스니아 헤르체고비나 평화 협상안　　273
5. 인종청소와 '안전 지역' 설정　　285
6. 미국의 개입　　297
7. 교전자들의 전투력 강화　　305
8. 이란의 무기 공급과 미국의 묵인　　314
9. 카터의 휴전 주선과 미국의 협상 추진　　324

5장 파국의 보스니아 헤르체고비나

1. 투지만의 세르비아계 축출과 세르비아계의 보복　　331
2. 스레브레니차 대량학살　　341
3. 투지만의 역사적 과업 완수　　358
　　: 크닌지역 세르비아계의 축출

6장 보스니아 헤르체고비나 종전 교섭

    1. 내전 종식을 위한 미국의 셔틀 외교   369

    2. 데이턴 평화협정   386

7장 투지만, 이제트베고비치, 밀로셰비치

    1. 유고 내전의 3인방   399

    2. 밀로셰비치와 코소보   405

    3. 밀로셰비치의 실각과 죽음   424

에필로그   429

후기   435

유고슬라비아 내전 연표   439

미주   445

프롤로그

▪▪ 역사가 숨 쉬는 아름다운 나라 유고

남부 유럽에는 반도가 세 개 있다. 발칸 반도, 이탈리아 반도 그리고 스페인과 포르투갈이 위치하고 있는 이베리아 반도이다.

발칸반도에는 옛 유고연방[1]이 해체되고 생긴 7개 국가, 즉 슬로베니아Slovenia, 크로아티아Croatia, 세르비아Serbia, 보스니아 헤르체고비나Bosnia Herzegovina, 몬테네그로Montenegro, 마케도니아Macedonia, 코소보Kosovo 와, 루마니아, 불가리아, 알바니아, 그리스가 있다.

발칸이라는 말은 터키어로 산맥을 의미한다. 그 만큼 발칸반도에는 산이 많다. 발칸반도의 주요산맥으로는 루마니아의 카르파티아 산맥Carpathian Mountains, 불가리아의 발칸 - 로도프산맥Balkan and Rhodope Mountains, 그리스의 핀두스 산맥Pindus Mountains, 그리고 옛 유고연방의 디나리치 산맥Dinaric Mountains 등이 있다. 옛 유고연방의 디나리치 산맥은 알프스산맥 남동쪽에서 시작하여 아드리아 해와 평행선을 그으면서 알

바니아까지 계속된다. 이 줄기의 산맥은 알바니아에 가서는 해발 2,400 미터에 달하는 높은 산과 연결된다. 이 산맥은 다시 내륙으로 들어와 옛 유고연방의 모라바 – 바르다르Morava-Vardar유역을 통과해 그리스의 핀두스 산맥으로 연결된다.

발칸 반도의 산맥은 이탈리아 반도나 이베리아 반도와 같이 나라를 가로질러 있는 것이 아니고 세로로 형성되어 있다. 따라서 이탈리아 반도와 이베리아 반도의 경우는 알프스 산맥과 피레네 산맥이 가로질러 있어서 외세를 견제하는 방위벽 역할을 하고 있다. 그러나 불행히도 발칸반도에서는 그러한 산맥이 없기 때문에 외세의 영향을 많이 받는다.

옛 유고연방 내륙으로는 독일, 오스트리아, 헝가리를 거쳐 흘러 내려오는 다뉴브Danube 강이, 알프스 산맥의 남동쪽 끝머리에서 시작하여 슬로베니아를 거쳐 내려오는 사바 강(독일어로 Sau, 헝가리아어로 Szava)과 베오그라드에서 만나 동쪽으로는 흑해, 남동쪽으로는 에게 해협으로 흐른다.

다뉴브 강은 독일어로는 Donau, 체코어로는 Donaj, 루마니아어로는 Dunarea, 러시아어로는 Dunay로 표기한다.

옛 유고연방은 발칸반도의 서북쪽에 있으며 유럽의 남동쪽에 속한다. 유고슬라비아의 단어 중 유고Yugo는 남南을 의미하기 때문에 유고슬라비아는 남슬라브족이라는 뜻이다. 남슬라브족은 제1차 세계 대전 후 통일을 이룩하고 국가 이름을 3개 지역의 이름을 따 '세르비아인 크로아티아인 슬로베니아인 왕국'이라고 불렀다. 그러나 지역 이름을 나열하는 것이 지역감정을 자극한다고 하여 1929년 '유고슬라비아 왕국'이라고 국명을 바꾸었다. 제2차 세계대전 이후 요시프 티토Josip Tito의 공산당 정권은 다시 국명을 '유고슬라비아 사회주의 공화국 연방'으로 바꾸었다. '연방'이라는 뜻은 6개 공화국과 2개의 자치 지역이 자의로 구성한 국가라는 뜻이다. 6개 지역 정치 단위를 '공화국'이라고 불렀는데, 이는 한국에 비유하자면 도道에 해당하는 것이다. '공화국'이라고 부른 이유는 각 지역 단위의 독립적인 성격을 강조하기 위한 것이었다.

옛 유고연방의 면적은 한반도보다 약간 큰 25만 5,804제곱킬로미터로서 유럽에서 9번째로 크다. 옛 유고연방 영토의 반 이상은 산이다. 험한 산골짜기마다 로마 군인이 지나간 발자국, 터키군과 싸운 흔적이 생생하고, 제2차 세계대전 때 티토의 빨치산이 독일군과 싸운 것을 기념하는 전쟁비를 발견할 수 있다.

옛 유고연방은 지형적으로 대략 4개 지역으로 구분된다. 첫째, 북서쪽의 슬로베니아 지역은 알프스 산맥과 연결되는 곳으로서 인근 오스트리아와 북 이탈리아지역과 유사한 지형을 하고 있다. 높은 산, 푸른 계곡, 울창한 산림이 인상적이며 트리글라브Triglav 산은 옛 유고연방에서 제일 높은 산으로 높이가 2,864미터에 이른다. 그리고 계곡에 위치하고 있는 블레드Bled와 보히니Bohinj 호수는 절경이다. 블레드에는 김일성이 티토의 초청을 받고 체류했다는 티토의 별장이 있다. 김일성은 이곳의 경치에 매료되어 일정을 연기하여 2주 이상 머물렀다고 한다. 지금은 호텔이 되었는데, 북한은 김일성이 체류한 장소를 신성시하여 그가 머물렀던 방의 모든 집기를 구입하여 평양으로 가져간 바 있다고 한다. 호텔 지배인에 따르면 티토 대통령의 초청으로 많은 국가 원수들이 이 별장에 투숙했지만 북한과 같은 예는 없었다고 한다.

둘째, 총 7,867킬로미터의 해안선을 가지고 있는 아드리아 해안지역이다. 아드리아 해를 둘러싸고 있는 나라는 옛 유고연방, 이탈리아, 알바니아, 그리스이다. 옛 유고연방이 차지했던 아드리아 해안선의 길이는 6,116킬로미터(약 78%), 이탈리아 해안선은 1,272킬로미터(16%), 알바니아 해안선은 406킬로미터(5%), 그리스 해안선은 73킬로미터(1%)이다.

아드리아 해안에는 슬로베니아, 크로아티아, 보스니아 헤르체고비나, 몬테네그로 4개 공화국이 접하고 있다. 그러나 해안선의 대부분은 크로아티아 공화국에 속한다. 슬로베니아는 이탈리아의 트리에스트Triest 옆에 있는 코퍼Koper 항구를 중심으로 일부 해안선만을 확보하고 있다. 보스니아 헤르체고비나는 극히 짧은 해안선만을 가지고 있다. 몬테네그로는 코토르Kotor 항구에서 알바니아 국경선까지 해안선을 차지하고 있다. 세르비아와 마케도니아는 해안선이 없는 내륙 공화국이다. 세르비아는 해안선 접근을 위해 필사적으로 노력했으나 성공하지 못했다. 아드리아 해안선 점유율이 바로 옛 유고연방이 걸어온 역사를 말해 주기도 한다.

옛 유고연방의 아드리아 해안에는 725개의 섬이 있는데 이중 659개의 섬이 작은 무인도이다. 바닷물은 비취색이며 석회암과 백운암이 디나리치 산맥과 조화를 이루고 있어서 아름답다. 해안선을 따라 그리스, 로마 문명의 고적이 많이 남아 있다. 베니스와 가까운 풀라Pula에는 옛 로마의 원형경기장보다는 조금 작은 경기장이 아직도 서 있다. 로마 제국의 디오클레티아누스 황제는 20년간의 황제직을 수행한 뒤 스스로 물러나 스플리트Split(고대 이름 살로나Salona)에 머물렀다. 그는 온화한 기후와 풍치 좋은 아드리아 해안 지역에서 평온하게 여생을 즐기다가 312년 세상을 떠났다. 스플리트에서 좀 더 남쪽으로 내려가면 두브로브니크Dubrovnik 항구가 있는데, 도시 전체가 유네스코 세계문화유산으로 지정되어 있는 항구로 유럽인들에게 최고의 휴양지로 꼽히고 있다. 아드리아 해의 수면 온도는 여름 평균 섭씨 25도이고, 해안 지역은 유럽 대륙에서 햇빛이 가장 많은 곳 중 하나이기도 하다.

이 같이 역사가 숨 쉬는 아드리아 해안선의 아름다움이 바로 옛 유고연방의 비극의 원인이라고 해도 과언이 아니다.

세 번째로, 산간 내륙지방이다. 주로 세르비아, 보스니아 헤르체고비나, 마케도니아 지역인데 이 지역은 디나리치 산맥이 아드리아 해 방면으로는 급경사를 이루지만, 내륙 방면으로는 완만한 경사 내지 고원을 이루고 있어서 산림업과 목축업이 발달했다. 특히 양과 말을 많이 길렀는데, 여기 말들이 우량종이기 때문에 옛날 로마시대에는 기마병의 말을 보스니아 지역에서 사육했다고 한다. 아직도 이 지역에서는 곰 사냥을 하고 있고, 나무는 질이 좋아서 악기, 특히 바이올린 목재로 아주 인기가 좋다.

네 번째로, 사바 강과 다뉴브 강변의 파노니아Pannonia 평야지대이다. 이 지역은 곡창지대로서 옛 유고연방의 '빵 소쿠리'라고도 불렸다. 지평선과 아름다운 완만한 구릉은 유명한 '소박파'를 탄생시키는 배경이 되었다.

사바 강과 합류한 다뉴브 강은 베오그라드 동쪽으로 약 100 킬로미터 가량 유유히 흘러서 람Ram 지역에서 루마니아 국경을 만난다. 람 지점에서 다뉴브 강을 따라서 약 45킬로미터 가면 골루바츠Golubac 요새가 나온다. 이곳에 폐허가 된 9개의 탑이 아직도 서 있는데, 로마군이 다뉴브 강을 건너 침입해 오는 야만인들의 움직임을 망보던 곳이다. 여기에서 강물은 카잔Kazan 협곡과 제르다프Djerdap 협곡을 약 100킬로미터 가량 지나면서 물살이 빨라지다가 큰 저수지를 이루게 된다. 이 저수지를 이루기까지 다뉴브 강은 높은 암벽으로 된 깊은 계곡을 지나게 되는데 그 경치가 일품이다. 이 저수지를 가로막는 방축이 바로 루마니아와 옛 유고연방을 연결하는 다리이다.

이 다리 양끝에 현재 두 나라의 초소, 출입국 관리관, 세관원들이 위치하고 있다. 바로 이 방축이 있는 곳이 아이언 게이트Iron Gate(현 Portile de Fier)이다. 이 저수지는 유럽에서 가장 큰 저수지 중의 하나로 다뉴브 강 연안국의 원조하에 루마니아와 옛 유고연방의 합작으로 1960~1971년에 건설되었다. 아이언 게이트에서 저수지 쪽으로 다시 20킬로미터 올라가면 협곡 중간, 옛 유고연방 쪽에 티베리우스Tiberius 로마 황제(재위 서기 14~37) 시대인 서기 28년에 시작되어 서기 102년에 완공된 로마 도로의 완공을 기념하는 트라야누스Trajanus 황제(재위 서기 98~117)의 서명판이 있다.

아이언 게이트 방축에서 15킬로미터 다뉴브 강을 따라 내려가면 다키아Dacia족들이 살던 지역Drobeta Turnu Severin이 나오는데. 여기에 트라야뉴스 황제의 명으로 세웠던 다리의 폐허가 있다.

옛 유고연방 영역 안에는 고대 일리리쿰Illyricum 지역이 있었는데 일리리쿰 토박이 중에서 5명이나 황제가 나왔다. 즉 클라우디우스Claudius, 아우렐리아누스Aurelianus, 프로부스Probus, 디오클레티아누스Diocletianus, 맥시밀리안Maximilian 1세인데 이들은 전부 농부의 자식들이었다.

옛 유고연방 음식 중 3시간 동안 굽는 양고기의 맛과 자두술은 일품이고, 지역마다 다른 화려한 색깔의 복장을 입고 경쾌하게 추는 원형춤(Kolo)을 비롯한 민족 문화는 전통을 자랑하고 있다.

옛 유고연방 지역은 동, 서 로마의 접경지였고, 후에 서구 문화와 아랍 문화의 접경지가 되었다. 종교적으로는 로마 가톨릭, 동방정교회,

그리고 이슬람교 접경지였다. 이탈리아와 오스트리아 인접지역인 슬로베니아와 크로아티아에서는 로마시대의 원형 극장, 중세기의 로마 가톨릭 수도원, 바로크 건물 양식을 볼 수 있고 커피도 카푸치노, 라떼 등을 마실 수 있다. 옛 유고연방의 중부인 세르비아와 헤르체고비나 지역으로 내려가면, 가톨릭교회, 이슬람교 사원, 그리스 동방정교회 교회가 서로 마주보고 서 있는 것을 볼 수 있고, 터키식 건물이 서양식 건물과 같이 나란히 서 있는 것도 눈에 띈다. 다시 더 남쪽으로 코소보, 마케도니아 지역으로 가면 동방정교회 수도원, 교회만을 볼 수 있게 되고, 커피도 터키식밖에는 없다.

옛 유고연방 지역은 다문화, 다종교, 다인종 사회이다. 그러나 불행하게도 상호 간의 평화로운 융합보다는 지역, 인종, 문화, 종교 간의 충돌지역으로 기록되고 있음이 안타깝다. 아마 옛 유고연방은 자연적으로 너무나 많은 혜택을 받은 나라이어서 모두들 탐하고 있었기 때문인지 모른다.

1
전쟁의 기운

1 | 세르비아 지역주의와 민족주의

■■ 옛 유고연방 전쟁의 진원지

옛 유고연방 전쟁의 불길은 코소보 알바니아인들이 사는 곳에서 당겨졌다. 그리고 남슬라브족이 거주하는 옛 유고연방 전 영토를 불태운 다음 10여 년 후에 코소보에서 다시 잡혔다. 그러면 이제 불씨는 없어진 것인가? 불씨는 발칸반도에 항상 있다. 오로지 이를 어떻게 관리하느냐가 큰 과제인 것이다. (여기서 언급되는 알바니아인들은 알바니아 공화국을 비롯하여 발칸반도 남부 여러 곳에 산재하고 있는 모든 알바니아인들을 의미하는 것이 아니고 오직 코소보 지역에 거주하는 알바니아인들을 지칭한다.)

일반적으로 정치 폭력은 절대 독재자가 사망한 뒤 힘의 공백기에 정권 장악을 추구하는 탐욕자들이 경쟁자들을 제거하기 위하여 사용된다고 한다. 이들은 일정 지역이나 일정 민족의 이익을 위해 헌신하는 영웅적인 투사로 둔갑하여 폭력을 합리화하고 폭력 사용을 주저하지 않는다.[1] 그리고 권력을 거머쥐고 나서도 폭력은 인간 본성의 하나인 만큼 오히려 한층 증가할 여지가 많다. 이런 경향성은 바로 옛 유고연방 전쟁의 원인을 전부는 아니더라도 잘 설명하여 준다.

코소보 유혈사태는 일종의 '역사의 싸움'이라고 해도 과언이 아니다. 왜냐하면 자기들의 주장을 합리화하기 위해 서로 희미한 과거사까지 끄집어내어 나름대로 해석하고, 일정 지역의 영유권을 주장하고, 민족의 독립성을 주장하면서 폭력을 사용했기 때문이다.

그러나 제3자의 입장에서 볼 때 이와 같이 역사를 근거로 한 주장들은 선전적이거나 정치적인 색채가 강하기 때문에 폭력 사용을 위한 충분한 조건이 되지 못한다. 즉 같은 사건을 둘러싸고도 앞집과 뒷집의 이야기가 다른 것과 같이 이들의 주장을 액면 그대로 받아들일 수 없는 것이다.

그리고 흔히들 인종 분쟁이 수세기 동안 끊임없이 이어졌다고 하는데, 옛 유고연방 전쟁은 인종 분쟁이 아니고 오히려 끊임없는 정치인들 간의 권력투쟁이라고 볼 수 있다. 이들은 오랫동안 상이한 민족끼리 평화스럽게 공존하고 있었다는 사실은 언급하지 않았다.

따라서 여기서는 분쟁의 원인을 이해하는 데 필요한 최소한의 역사를 개괄적으로 살펴보기로 하자.

세르비아와 코소보의 관계

코소보의 중심 도시는 프리슈티나 Priština, 또는 코소보 Kosovo 라고도 부른다. 북쪽과 동쪽은 세르비아, 남쪽은 마케도니아, 북서쪽은 몬테네그로, 남서쪽은 알바니아 공화국과 접하고 있다. 코소보는 베오그라드에서 자동차로 약 3시간 걸린다. 코소보 분지는 광산지대였다. 그러나 지금은 대부분이 폐광되고, 토질도 황폐화해 유럽 대륙에서 제일 낙후된 지역의 하나가 되었다.

세르비아인들을 포함한 남슬라브족들은 코소보 지역을 포함하여 발칸 반도로 6세기경 이동해 왔다. 세르비아 역사가들에 따르면 당시 코소보에 알바니아들은 거의 없었다고 한다. 그러나 알바니아 역사가들은 알바니아인들은 발칸반도의 원주민인 다르다니아Dardania인과 일리리아Illyria인의 후예라고 주장하고 있다.

남슬라브족은 코소보 지역에 정착한 후 1216년 세르비아 왕국을 수립했다. 그리고 동로마 제국의 지배에서 벗어나 국토를 확장했다. 세르비아 왕국을 세운 스테판 네마냐Stefan Nemanja(재위 1167~1196) 왕조는 동방정교회 교도를 받아들이고, 코소보 지역에 동방정교회 교회와 수도원을 세워 세르비아인들의 정치적 중심지인 동시에 일종의 성지로 만들었다. 페치Peć 지역에는 세르비아 동방정교회 총주교가 머무는 교회를 비롯하여 수개의 교회가 건립되었다. 대표적인 수도원은 스투데니차Studenića였다.

스테판의 손자인 밀루틴Milutin(재위 1282~1321)은 동로마 제국에 선전포고를 하고, 동로마 제국의 영토인 마케도니아를 1282년 공격하여 스코페Skopje를 점령했다. 그는 이 지역을 수도로 정하고 동로마 제국 영토에 깊숙히 들어가 1284년 알바니아의 아드리아 해안까지 세를 확장했다.

동로마 황제 안드로니쿠스Andronicus 2세(재위 1282~1328)는 밀루틴의 공세를 견제하기 위해 겨우 다섯 살 된 자기의 딸 시모니스를, 지참금 조로 마케도니아 통치권을 주면서 밀루틴과 결혼시켰다. 밀루틴 왕 치세 기간 세르비아는 헝가리를 제외하고 남동 유럽지역에서 가장 강력한 국가의 하나가 되었다. 그리고 많은 수도원을 건설했는데, 그 중 유명한 것은 아직도 코소보에 있는 중세 건축양식의 그라차니차 수도원Gračanica Monastery이다.

그 후 스테반 두샨Stevan Dušan 왕(재위 1331~1355) 통치하에서 세르비아 왕국은 절정기를 구가했다. 두샨왕은 1346년 부활절에 스코페 대성당에서 '세르비아인과 그리스인의 황제'라는 칭호를 받는 대관식을 거행했다.**2**

그는 세르비아 왕국이 동로마 제국보다 훨씬 넓은 영토를 보유하게 되었다고 자랑했다.**3** 두샨 황제는 평생을 걸쳐 동로마 제국의 제위를 꿈꾸다가 결국 급사했다. 세르비아 왕국은 두샨 황제가 급사한 후 1년도 안 되어 쇠락의 길로 들어섰다.

1389년 6월 28일 세르비아 왕국의 라자르Lazar 왕자는 술탄 무라드Murad 1세의 지휘 하에 승승장구하던 오스만 투르크 제국군과 코소보 평원Blackbird field**4**에서 사투를 벌였다. 이성계가 조선왕조 태조로 즉위한 1392년보다 3년 전이다. 전투 결과 세르비아 군대는 전멸했다. 세르비아인들은 그 후 500여 년 동안 오스만 투르크 제국 지배하에서 노예생활을 했다. 코소보 전투는 세르비아인들에게 나라를 잃어버린 오욕과 수치의 전투였으며, 한恨의 전투였다. 그러나 세르비아인들은 절망하지 않고 코소보 전투에서 패한 것을 오히려 미화하여 세르비아인들의 패기와 독립에 대한 열망을 끌어올렸고 저항력을 과시했다. 그리하여 세르비아인들은 패전으로 인한 가슴에 사무친 응어리를 풀기 위해 기회만을 노리고 있었다. 그런 가운데 세르비아인들은 자신들 문화의 요람이며, 선대들의 유업이 남아 있고, 동방정교회의 중심지인 코소보를 성지로 섬기면서 이 지역을 중심으로 세르비아 민족정기를 이어왔던 것이다.

세르비아인들의 코소보 탈출

세르비아인들은 코소보 지역을 자신들의 성지로 섬기고 있었으나, 이슬람의 오스만 투르크 제국의 500년에 걸친 압제에 못 이겨 많이들 코소보 지역을 탈출했다.

이에 반하여 이슬람 알바니아인들은 모국격인 알바니아의 생활고에서 벗어나 세르비아인들이 떠난 코소보의 빈자리를 차지하여 코소보 지역에서 다수민족이 되었고, 세르비아계는 자기들의 성지에서 소수민족으로 전락했다.

코소보 전투 패전 이후 세르비아인들이 두 번째로 대거 코소보를 탈출한 시기는 1683~1699년 합스부르크Habsburg 왕조가 코소보를 일시 점령했다가 후퇴할 때였다. 당시 합스부르크 왕조의 레오폴드Leopold 1세는 코소보를 포함하여 오스만 투르크 제국 영토에 깊숙히 진격했는데, 열강들이 합스부르크 왕조만이 일방적으로 세력 확장을 기도하고 있다고 반대함으로써 후퇴했다.

레오폴드 1세는 후퇴하면서 합스부르크 군대와 합류하여 오스만 투르크 제국 군대와 싸웠던 많은 세르비아인들에게 합스부르크 왕조 영토의 거주를 허용했다. 따라서 코소보의 페치Peć 지역 동방정교회 주교 아르세니예Partriarch Arsenije 3세의 인솔 하에 약 3만 7,000세대의 세르비아인들이 합스부르크 영토로 이주하여 로마 가톨릭인 합스부르크 황제의 보호를 받게 되었다. 이들은 합스부르크의 보호를 받는 대가로 오스만 투르크의 북상을 저지하는 최전방 방위업무를 맡았다. 이들은 농부 겸 전사역할을 했고, 종교의 자유 등 비교적 상당한 자치권을 누릴 수 있었다.[5]

그 후 오스만 투르크 제국은 세르비아 동방정교회를 약화시키기 위해 페치 정교회 주교를 콘스탄티노플Constantinople에 있는 그리스인 정교회 주교 하에 두었다. 이에 항거하여 세르비아인들이 1737년 코소보를 집단 탈출했다. 이것이 세르비아인들의 세 번째 대규모 탈출이었다. 세르비아인들의 탈출에 이어 또 다시 인근 지역에 있던 많은 알바니아인들이 자기들의 조상 땅이라고 하면서 서부 코소보 지역(메토히야 · Metohija)에 들어와 정착하기 시작했다.

세르비아 왕국 독립과 코소보

세르비아는 1804년과 1815년 농민혁명을 통하여 오스만 투르크 제국으로부터 베오그라드 근방지역에 대한 준자치권을 확보했고, 1833년에는 러시아의 후원하에 오스만 투르크 제국으로부터 완전한 자치권을 획득했다. 당시 코소보 지역은 계속 오스만 투르크 제국에 예속되어 있었다.

세르비아 군대는 1877~1878년의 러시아-터키 전쟁 기간 코소보 북부에 침입하여 알바니아인들을 축출했다. 그리고 1878년 3월 산 스테파노San Stefano 조약에 의거 오스만 투르크 제국 소속 코소보 지역을 몬테네그로, 불가리아와 같이 일부를 점령하고 알바니아인들을 박해, 축출했다.

세르비아 왕국은 1878년 7월 비스마르크 주재 베를린 회의에서 독립을 인정받은 동시에 산 스테파노 조약에서 할애받은 코소보 지역 일부를 흡수할 수 있었다.

세르비아 왕국은 이어 1912년 2차에 걸친 오스만 투르크와의 발칸전쟁에서 승리하여 코소보와 현 알바니아 일부를 점령했다. 이 당시 세르비아 왕국은 영토를 2배나 확장했으나, 강대국의 개입으로 알바니아를 독립시킴으로써 아드리아 해 진출은 견제 당했다.

　세르비아 왕국은 사라예보에서의 합스부르크 황태자 암살사건에 대한 보복으로 발발한 제1차 세계대전 때 오스트리아와 독일의 침략을 받았다. 세르비아군은 독일 연합군의 침략에 밀려 1915년 눈보라 치는 코소보와 알바니아의 험준한 산을 거쳐 후퇴하는 도중 알바니아인들로부터 철저한 보복을 당했고, 당시 약 1만 명이 전사했다고 한다.

　그러나 세르비아군이 연합국 군대와 합류하여 그리스의 테살로니카Thessalonica로부터 베오그라드로 북상하면서 코소보를 다시 점령했을 때, 알바니아인들은 절대 잊을 수 없는 비극적인 보복을 당했다.

　제1차 세계대전 후 파리 평화 회의에서 남슬라브족은 승전국의 일원으로 '세르비아인 크로아티아인 슬로베니아인 왕국'이라는 이름 하에 새로운 국가를 수립하고, 코소보 지역을 전리품으로 챙겼다. 1921년 인구조사에 따르면 당시 알바니아인들이 코소보 전 인구의 약 64%를 차지했다. 세르비아 당국은 세르비아인들을 대거 코소보에 이주시켜 코소보에서의 인구비율을 거의 반씩 유지토록 했다.

　이탈리아는 1939년 4월 알바니아를 점령했다. 그리고 1941년 제2차 세계대전 때 히틀러와 무솔리니는 합동하여 유고슬라비아 왕국을 침공, 와해시키면서 알바니아와 코소보 지역을 통합하여 '대알바니아'라는 이름의 괴뢰정권을 수립했다. 당시 세르비아인들은 알바니아인들의 대량학살 및 박해를 받고 대거 코소보를 탈출했다.

　유고슬라비아 왕국이 독일 점령하에 있을 때 코소보 지역에서는 세르비아인들이 주류이던 티토의 파르티잔Partisan 부대와 알바니아인들의 충돌로 인해 유혈사태가 많이 발생했다. 1944년 파르티잔 부대는 코소보 지역을 석권하고 알바니아인들을 무자비하게 처단했다.

티토와 코소보

제2차 세계대전이 끝나면서 티토는 코소보 지역을 옛 유고연방을 구성하는 6개 공화국의 하나인 세르비아공화국 내 자치지역으로 예속시켰다. 코소보 알바니아인들은 자기들에게도 공화국 지위를 부여할 것을 요구했다. 티토는 세르비아인들의 반대로 알바니아인들에게 공화국 지위를 부여하지는 못했지만 1974년 헌법 개정을 통하여 코소보지역에 공화국과 거의 같은 지위를 부여했다. 이 헌법 개정에 따라 한국의 경우와 비교한다면 지방 자치단체의 장에 불과한 각 공화국 대표를 대통령으로 호칭했고, 외무장관도 임명하여 대외업무를 관장토록 했다.

티토가 코소보에 광범위한 자치권을 부여한 이유는 6개 공화국 중 가장 강력한 세르비아 공화국을 견제한다는 취지도 있었으며, 티토의 비非슬라브족에 대한 민족차별 금지정책의 일환이기도 했다. 또한 티토의 비동맹 외교 차원에서 이루어진 것이었다. 그러나 세르비아인들은 1974년 헌법 개정에 불만을 가지게 되었다. 특히 크로아티아 공화국과 보스니아 헤르체고비나 공화국 내에 거주하는 세르비아계 민족 공동체에 대하여는 전혀 배려가 없었다고 불평하면서, 티토의 헌법 개정은 불공평한 것이라고 비난했다.

티토 사망 후 1년 지나서 코소보 자치지역을 공화국으로 승격시킬 것을 주장하는 학생시위가 있었다. 이 때 옛 유고연방군과 경찰의 강압적인 진압으로 인하여 11명이 사망하는 사건이 발생했다.

다시 많은 세르비아인들이 코소보 지역의 정정 불안으로 코소보를 떠나게 되었고, 이어 다수 알바니아인들이 유입됨에 따라 옛 유고연방 전쟁 발발 전까지 코소보 지역 총 인구 210만 명 중 알바니아인이 90%가 넘을 정도로 인구 구성에 변화가 있었다.

다수가 된 알바니아인들은 코소보 지역에서 텃세를 부리기 시작했다. 세르비아계들은 위협적인 알바니아인들 때문에 정상적인 일상생활까지 영위할 수 없을 정도라고 진정했다. 그러나 옛 유고연방 집권 세력인 공산당은 민족문제를 제기하는 이들을 오히려 책망했다. 따라서 이들의 원망은 폭발 직전에 있었다.

세르비아 민족주의의 발로

세르비아 공화국 대통령인 이반 스탐볼리치Ivan Stambolić[6]는 1987년 4월 초 슬로보단 밀로셰비치Slobodan Milošević 세르비아 공화국 공산당 서기장을 불러서, 코소보에 거주하는 세르비아인들의 진정내용을 설명하고, 현장에 가서 사태를 진정시킬 것을 주문했다.

스탐볼리치 대통령은 공산당 귀족 계급에 속해 있었다. 그는 민족문제를 초월하는 공산주의 계급이론과 다민족 사회를 지향하는 티토의 '형제애와 통일' 노선 지지자였다. 그러나 코소보 문제는 티토가 과분한 자치권을 부여한 결과라고 판단하고, 이를 시정하기 위해 1986년 세르비아 공화국 헌법 개정을 위한 위원회를 설치한 바 있었다.

밀로셰비치[7]의 부상

밀로셰비치는 자기의 후원자인 스탐볼리치 대통령의 훈령에 따라, 알바니아인과 세르비아인 간의 화해와 협력을 강조하는 기존 공산당 방침에 따른 연설 문안을 준비하고, 1987년 4월 24일 코소보에 도착했다.[8] 도착 즉시 밀로셰비치와 그의 일행은 문화회관으로 이동하여 현지 관계관으로부터 사태 보고를 받았다. 이 때에 약 1,500여 명의 세르비아계와 몬테네그로계 시위대들이 나타나 밀로셰비치와 담판을 요청했다. 알바니아 경찰들은 경찰봉(고무)을 사용하면서 이들의 진입을 제지했다. 이에 대하여 시위대는 알바니아 경찰에 돌팔매질을 하면서 유리창을 깨고 난동을 부렸다.

밀로셰비치는 자기와의 담판을 요구하는 시위가 과격해짐에 따라 좌시할 수 없다는 판단 아래 건물 밖으로 나갔다. 그리고 시위대에게 "여러분들의 어려움에 대해서는 정부 당국이 알아서 잘 해결할 것인 만큼 자중하여 달라"고 부탁했다. 그런데 시위대는 틀에 박힌 밀로셰비치의 말과 정부 방침에 한층 더 분노했다. 시위대는 알바니아 경찰들로부터 구타당하는 자기 민족도 제대로 보호하지 못하는 세르비아 공화국의 무능을 비난하면서 대책을 내놓으라고 외쳐대었다.

밀로셰비치는 자기 동족의 절규에 대하여, 진정어린 목소리로 "아무도 감히 당신들(세르비아인과 몬테네그로인)을 다시는 구타할 수 없을 것이다"라고 즉흥적으로 말했다. (No one will ever dare beat you again.)[9] 준비된 연설문에는 없던 내용이었다. TV 카메라가 이 발언 장면을 잡았다. 시위대들이 듣고 싶어 했던 발언이었다. 시위대들은 밀로셰비치의 이름을 외치면서 환성을 올렸다. 이는 현장에 있었던 알바니아인 지도자 아젬 블라시Azem Vlasi와 알바니아인 자치정부 관계자들에게 풍랑을 예고하는 장면이었다.

밀로셰비치는 자신의 말에 환성을 지르는 시위대의 반응에 흥분하여 열변을 토해냈다. "여러분은 여기에 계속 있어야 합니다. 여기는 당신들의 땅입니다. 여기는 여러분의 집, 밭, 정원, 그리고 추억이 담겨 있는 곳입니다. 살기가 어렵다고, 그리고 불의와 모욕 때문에 여기를 떠날

수는 없는 것입니다. 세르비아와 몬테네그로 사람들 정신 속에는 어려움이 있다고 해서 항복한다든가, 싸워야 할 때 포기한다든가, 곤경을 맞았다고 해서 사기가 죽는다든가 하는 일은 절대 없습니다."

그는 이어 "유고연방은 코소보 없이는 존재하지 않으며, 코소보 없는 유고연방은 와해될 것입니다. 유고연방과 세르비아 공화국은 절대로 코소보를 포기하지 않을 것입니다"라고 발언했다. 그는 별안간에 세르비아 민족을 대표하는 지도자가 되었다.

스탐볼리치 대통령은 밀로셰비치가 세르비아인 인권 보호를 강조한 나머지 코소보 알바니아인들을 공개적으로 적시했다는 보고를 받고 아연실색했다. 밀로셰비치의 발언은 민족문제를 초월하는 공산주의 계급이론과 남슬라브족 통일을 목표로 하고 있는 티토의 다민족사회 구현 이념에 어긋나는 것이었다.

특히 당시 세르비아 공화국 내에서는 '세르비아 과학 및 예술원'의 회원이자 저명한 소설가인 도브리차 초시치Dobrica Ćosić 중심으로 1986년 작성한 '유고슬라비아 내 세르비아 지위에 관한 비망록'이 유출되어 민족 감정이 고조되고 있었다. 이 비망록은 고난의 길을 걸어온 세르비아 민족의 과거사 규명 성격의 글로서, 세르비아인들의 한恨을 담은 내용이었기 때문에 곧 널리 전파되어 세르비아인들의 공감을 사고 있었다.[10] 뿐만 아니라 당시 젊은 공산당 관료들은 동구의 자유화 물결에 신변의 위협을 느끼고 새로운 길을 모색하고 있었기 때문에 국내정세는 불안한 상태였다.

세르비아 공산당 내부에서 밀로셰비치에 대한 문책문제가 제기되었다. 밀로셰비치는 자신의 코소보 발언은 시위대 앞에서 어쩔 수 없었던 상황에서 나온 것이라고 변명했다. 그러나 한편 밀로셰비치의 발언은 젊은 공산당원들에게 닥친 위기의 탈출구를 찾기 위해 민족감정을 촉발한, 계산된 것이었다는 설도 있었다.

베오그라드 텔레비전은 "아무도 감히 당신들을 다시 구타할 수 없을 것이다"라는, 즉 아무도 세르비아인들을 건드릴 수 없다는 내용의 밀로셰비치의 발언을 반복하여 방영함으로써 세르비아인들의 가슴을 울렸다. 그 결과 밀로셰비치는 하루아침에 세르비아 공화국에서 최고의 인기 스타로 등극했다.

밀로셰비치는 약삭빠르고 간사했다. 동시에 권력욕과 명예욕이 강했다. 그는 자신에 대한 세르비아인들의 인기를 이용하여 역전을 꾀했다. 그는 권력을 잡는 첩경은 선전매체를 이용하는 것이라는 사실을 그간 공산당 내 여러 요직을 거치면서 몸에 익혀왔던 것이다. 그는 언론매체를 최대한 이용했다.

밀로셰비치의 인생 역정

밀로셰비치는 히틀러가 세르비아를 점령하고 있던 1941년 8월 22일 베오그라드에서 차동차로 약 1시간 거리에 있는 포자레바츠Požarevac에서 태어났다.[11] 밀로셰비치의 아버지는 파문당한 동방정교회 성직자였다. 공산당원은 아니었다. 그러나 어머니는 학교 교사로서 공산당원이었다. 어머니는 티토의 군 정보기관 책임자였으며 파르티잔 전쟁 영웅인 밀리슬라브 콜렌시치Milislav Koljenšić 장군의 누이동생이었다. 콜렌시치 장군은, 1948년 티토가 스탈린과 결별할 때, 아무런 유서 없이 총으로 자살했다.

그리고 2년 후에는 밀로셰비치 아버지가 가족을 버리고 떠나버렸다. 당시 이혼한 집안은 이단자로 취급되고 있었다. 밀로셰비치 아버지는 집을 떠난 후 1962년 총으로 자살했다는 소식이 전해졌다. 또한 그의 어머니도 1974년 응접실 천장에 전깃줄로 목을 매 자살했다. 이 같이 연속적인 비극적 사건은 밀로셰비치 성격 형성에 큰 영향을 미쳤다.

밀로셰비치는 베오그라드 대학 법학과에 진학했다. 재학 중 공산당 조직의 하나였던 '이데올로기 위원회' 위원장으로서 '작은 레닌'이라는 별명을 얻을 정도로 열렬한 공산당원으로 활약했으며 특히 조직력이 뛰어났다. 밀로셰비치는 대학 재학 중 5살 위인 스탐볼리치에게 잘 보였다. 스탐볼리치의 삼촌은 당시 세르비아 공화국 총리 격의 지위에 있었다.

밀로셰비치는 1964년 대학을 졸업하고 다음해 결혼했다. 부인은 고등학교 때 만난 미랴나 마르코비치Mirjana Marković이다. 미랴나는 베오그라드 대학에서 마르크스주의를 전공하고 박사학위를 취득했다. 미랴나는 밀로셰비치와 비슷한 가족 배경을 가지고 있었다.

밀로셰비치는 졸업 후 베오그라드 시정부에 취직했는데, 처음 맡았던 업무가 공산당의 통치수단인 홍보, 선전 관련 업무였다.

그 후 밀로셰비치는 스탐볼리치의 후원하에 스탐볼리치가 사장으로 있던 정부 에너지 회사인 테크노가스Technogas에 1968년 입사했다. 스탐볼리치가 계속 승진하여 1975년에 세르비아 수상이 되면서, 밀로셰비치는 테크노가스 지배인으로 임명됐다. 그리고 3년 후 1978년 옛 유고연방에서 제일 큰 정부은행인 베오반카Beobanka 총재가 되었다.

밀로셰비치는 1977~1981년 베오그라드 주재 미국 대사인 로렌스 이글버거Lawrence Eagleburger를 비롯한 외국인들에게 젊고 새로운 공산당원이라는 인상을 주었다.[12] 그는 은행 총재로 있으면서 뉴욕과 파리 등에 약 60여 차례에 걸쳐 휴가 겸 출장을 가서 쇼핑을 하곤 했는데, 출장

갔다 올 때마다 그의 후원자인 스탐볼리치 부인에 대한 선물을 잊지 않았다고 한다.

스탐볼리치는 1986년 세르비아 공산당의 지도자로 영전하면서 밀로셰비치를 자기의 후임으로 베오그라드 시 공산당 위원회 의장으로 임명했다.[13] 이 때 밀로셰비치는 라디오, 텔레비전, 〈폴리티카 매일신문〉, 석간 〈폴리티카 엑스프레스〉의 책임자를 모두 자신의 충복으로 교체했다. 언론 매체들을 자신의 홍위병으로 만든 것이다.

당시 밀로셰비치는 공개적으로 민족주의를 견제했다. 그는 20세기 초 유명한 세르비아 역사학자였으며, 법학 교수였고, 민주주의 정치가인 슬로보단 요바노비치Slobodan Jovanović의 논문이 게재된 책자 발간을 저지하기도 했다.

밀로셰비치의 정권 장악

밀로셰비치는 코소보에서의 발언을 통하여 일반 세르비아인들로부터의 인기가 치솟았으나, 금기사항을 깬 이상 공산당 내에서의 앞날은 밝지 않았다. 그러나 밀로셰비치의 홍위병이 된 언론 매체들은 오히려 세르비아인의 민족감정을 자극하여 밀로셰비치를 더욱 영웅으로 만들었다.

이 시기에 코소보 거주 세르비아인 약 500여 명이 밀로셰비치의 발언에 힘입어, 베오그라드에 와서 직접 스탐볼리치 대통령과의 담판을 요구했다. 스탐볼리치 대통령은 사태의 민족 감정화를 우려하여 이들의 면담요청에 불응했다.

밀로셰비치와 언론들은 이를 세르비아 민족주의에 대한 반역인 양 비난했다. 그리고 한 걸음 더 나아가 스탐볼리치 대통령을 포함하여 공산당 지도부의 독재적인 권력남용을 비난하면서 역공하기 시작했다. 스탐볼리치 대통령을 비롯한 공산당 지도부는 오히려 수세의 입장에 놓이게 되었다.

이처럼 세르비아의 지역주의와 민족 감정이 고조되고 있는 가운데, 1987년 9월 23일과 24일 양일간 제8차 세르비아 공산당 중앙위원회가 개최되었다. 회의 과정은 밀로셰비치파의 주장으로 전례 없이 생중계되었다. 30여 시간 속개된 회의에서 밀로셰비치는 지역주의와 민족 감정을 배경으로 하고, 당시 소련의 미하일 고르바초프Mikhail Gorbachev의 개혁 개방의 물결을 타면서, '반관료 혁명'이라는 기치 아래 기존 공산당의 관료적 행태를 비판했다.

밀로셰비치파는 생방송을 통하여 스탐볼리치 대통령의 측근인 드라기사 파블로비치Dragisa Pavlović를 코소보 알바니아인에 대하여 유화정책을 취하고 있다는 누명을 씌워 숙청하는 데 성공했다. 결국 스탐볼리치도 밀로셰비치 지지자로부터 사임 압력을 받고, 1987년 12월에 대통령직을 사임했다.

밀로셰비치는 스탐볼리치 대통령 사임 직후 바로 대통령 자리를 차지하지 않았다. 임시로 빨치산 전사였던 피터 그라차닌Peter Gračanin을 대통령(1988. 2. 5~1989. 3. 20)으로 임명했다가 일 년 후인 1989년 5월 8일 세르비아 공화국 대통령으로 취임했다. 밀로셰비치는 일종의 텔레비전 쿠데타를 일으켰던 것이다.

밀로셰비치는 전형적인 남슬라브족 남성 스타일로 여론몰이에 출중한 공산당 관료 출신이었다. 대문짝만 한 그의 사진은 전국적으로 걸려 있지 않는 곳이 없게 되었고, 그의 부하들은 밀로셰비치를 제2의 티토로 추앙했다.

밀로셰비치의 '반관료 혁명' 지지자들은 세르비아 공화국과 몬테네그로 공화국, 그리고 보이보디나Voivodina 자치지역 등 여러 곳에서 시위를 벌였는데, 차츰 격렬해지면서 "무기를 달라", "세르비아 만세, 알바니아에게 죽음을" 등의 구호를 외치기 시작했다.

불행히도 모처럼의 미소 간 데탕트 분위기 속에서 개혁 개방을 통한 자유, 민주주의, 시장경제를 열망했던 국민들은 거짓된 선전으로 인해 편협한 민족주의 맹신자들로 변했고, 민족주의 탈을 쓴 공산당 관료들은 이러한 국민들을 볼모로 정권을 장악했다.

25년간 밀로셰비치의 정치적 후원자였던 스탐볼리치는 숙청당하면서, 밀로셰비치는 "훌륭한 하인이었으나 못된 주인"이라고 평했다. 믿었던 도끼에 발등을 찍힌 것이다.[14]

밀로셰비치의 한때 정치적 측근이었고, 옛 유고연방 대통령을 지낸 보리사브 요비치Borisav Jović는 1995년 BBC의 다큐멘터리 프로그램 '유고슬라비아의 죽음'에서 밀로셰비치의 코소보 세르비아계 지지결정은 정치적 계산에서 나온 것이라고 밝혔다. 즉 세르비아 공화국 대통령인 스탐볼리치를 제거하기 위한 것이었다고 술회했다.[15]

월간 조선 2012년 8월호에서 이세호 전 육군참모총장이 1979년 12월 12일 전두환 장군의 군사반란과 관련하여 털어놓은 이야기에 따르면 당시 정승화 계엄사령관은 전두환 소장을 한직으로 인사 조치할 것을 고려하고 있었다고 한다. 이를 눈치 챈 측근이 이 사실을 전두환 장군에게 알렸고, 전두환 장군을 비롯한 추종세력들은 급기야 12·12사태를 일으켜 직속상관인 계엄사령관 겸 육군참모총장을 구금하는 전대미문의 하극상을 자행했다는 것이다. 이 같은 정황은 밀로셰비치가 자신에게 닥친 신변위협을 역전시켜 정권을 잡은 것과 일맥상통한다.

자치지역과 몬테네그로 지도부 경질

밀로셰비치는 세르비아인들이 코소보 알바니아인들에게 당하고 있는 수난을 밝히는 '진실을 밝히는 집회Rally for Truth'를 세르비아 공화국 각 지방에서 개최하여 세르비아인들의 자존심과 민족감정을 자극하며 정치적 기반을 다졌다.

밀로셰비치는 자기를 반대하는 슬로베니아 공화국에서도 3만 명 내지 4만 명 규모의 '진실을 밝히는 집회'를 개최하고자 선발대를 파견하려고 했다. 그러나 슬로베니아인들은 밀로셰비치가 '진실을 밝히는 집회'를 이용하여 무장한 세르비아인들을 파견, 친 코소보적인 슬로베니아 공화국 정부를 전복하려 한다고 비난 하면서, 크로아티아 공화국과의 협조하에 세르비아인들이 기차로 오는 길을 봉쇄했다.

밀로셰비치는 코소보 알바니아 공산당 지도자 블라시를 코소보 광산 노무자 시위를 주도했다는 죄명을 씌워 제거했다. 밀로셰비치는 블라시 후임으로 자기의 수하인 라흐만 모리나Rahman Morina를 임명했다. 그는 경찰관 출신으로 티토 사망 후 1981년 발생한 코소보 알바니아 학생 시위를 강경 진압한 장본인이었다. 세르비아 경찰이 그의 임명을 반대하는 코소보 알바니아인들의 시위를 진압하는 과정에서 약 60여 명의 알바니아인 인명 피해가 발생했다.

밀로셰비치는 코소보 자치정부를 장악하기 위해 요직에 전부 자기 수하들을 임명했고, 코소보 자치권 축소를 위한 헌법 개정에 착수했다.

세르비아 공화국에는 코소보 이외에 보이보디나 자치지역이 예속되어 있었다. 보이보디나 지역 거주자 중 54%가 세르비아인이었다. 밀로셰비치는 여기에서도 1988년 10월 6일 대규모의 '반관료 혁명' 시위를 통하여 부패한 기존 공산당 세력을 숙청하고, 자신의 지지자들을 요직에 임명했다. 이로써 밀로셰비치는 세르비아 공화국 소속의 두 자치 지역을 장악하고 자치권을 축소하는 헌법 개정을 위한 기초를 다졌다.

한편 밀로셰비치는 1989년 1월 10일 몬테네그로에서도 '반관료 혁명' 시위를 주도함으로써, 일종의 쿠데타를 일으켜 밀로셰비치 수하 격인 34세의 모미르 불라토비치Momir Bulatović를 중심으로 새로운 정부를 구성했다. 이로써 몬테네그로 공화국도 밀로셰비치의 영향권에 들어가게 되었다.

1989년 마케도니아에서도 밀로셰비치 개인숭배 선전활동이 시작되었다. 보스니아 헤르체고비나에도 세르비아 공화국 비밀 요원이 침투하여 공작을 했다. 밀로셰비치는 크로아티아 공화국 내 세르비아계의 자치주 창설을 지지하기 시작했다.

국제유고전범재판소는 밀로셰비치에 대한 기소장에서 1988년 7월부터 1989년 3월까지 '반관료 혁명'을 일으켜 기존 세력을 제거했다고 밝혔다. 이와 관련 밀로셰비치는 "'반관료 혁명'은 밑으로부터의 개혁운동이었으며, 자연발생적이었다"고 주장했다. 슬로베니아 공화국 대통령인 밀란 쿠찬 Milan Kućan은 슬로베니아에서는 아무도 '반 관료 혁명'이 자발적이라고 생각하지 않았다고 주장했다.[16]

▪▪ 코소보와 보이보디나 자치권 축소를 위한 헌법 개정

티토는 1946년 1월 31일 옛 유고연방 헌법을 공포하면서 세르비아 공화국에 코소보와 보이보디나 Voivodina 두 자치지역을 둔다고 규정했다.[17] 그리고 자치지역에 관한 구체적인 사항은 두 자치 지역이 속해 있는 세

르비아 공화국 정부 헌법에 의해 정한다고 했다.[18]

그 후 티토는 1974년 개정 헌법에서, 코소보와 보이보디나 두 자치지역에 입법권, 사법권, 경찰권은 물론 경제 및 교육 분야에서 광범위한 자치권을 부여했고, 세르비아어, 알바니아어, 터키어를 공용 언어로 지정했다. 그리고 자기의 후계 구도로서 옛 유고연방의 6개 공화국과 2개 자치지역 대표로 구성되는 8명의 집단 대통령부를 만들었다. 국가 원수직은 8개 대표가 순차적으로 1년 간 임무를 수행토록 규정했다. 이로써 자치정부 대표도 국가 원수직을 수행할 수 있도록 했다. 이를 두고 세르비아 공화국 내에는 실질적으로 3개의 공화국이 있다고 했다.

밀로셰비치는 1986년에 설치한 세르비아 공화국 헌법개정위원회로 하여금 두 개 자치지역의 권한을 대폭 축소하는 세르비아 공화국 헌법 개정안을 만들게 한 다음 세르비아 공화국 의회에 상정했다.

코소보 알바니아인들은 헌법 개정에 반대하는 격렬한 시위를 전개했다. 이에 대하여 밀로셰비치는 강력히 대응했다. 14명의 알바니아 지도자들이 반혁명세력으로 체포되었다. 시위 진압 도중 29명이 사망하고 30여 명의 경찰이 부상당하고 97명의 민간인이 부상당했다.[19] 그리고 코소보에는 계엄령이 선포되었고, 1989년 3월 23일 헌법 개정안이 코소보 자치주 임시 의회를 통과했다.

이에 앞서 밀로셰비치는 헌법 개정안을 보이보디나 자치주 임시 의회에서 3월 10일 통과시켰다. 이어 1989년 3월 28일 세르비아 공화국 의회에서 두 자치지역의 동의를 받은 개정된 헌법안을 최종 통과시켰다.[20] 밀로셰비치가 5월 8일 대통령으로 정식 취임하기 전이었다. 2004년 국제유고전범재판소는 밀로셰비치에 대한 재판을 진행하면서, 밀로셰비치가 자치주 권한 축소를 위한 헌법 개정안을 코소보 의회에서 계엄을 선포한 후 통과시킨 것은 옛 유고연방 헌법을 위반했을 뿐만 아니라 강압에 의한 것이기 때문에 무효라고 했다. 그리고 알바니아인들은 이 헌법을 '탱크 헌법'이라고 비난하고 있다는 사실을 첨언했다.[21]

이와 관련 1989년 3월 헌법 개정안을 통과시킨 당시 코소보 의회 의장이었던 코소보 출신의 부카신 요카노비치 Vukasin Jokanović는 헌법 개정안 통과 시 촬영한 비디오와 관계 서류를 증거로 제시하면서 '강압' 주장은 전혀 근거가 없는 날조된 것이라고 반박했다.

밀로셰비치가 블라시를 체포한 후 등장한 코소보 알바니아 지도자는 역사가이면서 문인인 이브라힘 루고바 Ibrahim Rugova였다. 그는 비폭력 저항운동을 주창하면서 1989년 코소보민주연맹이라는 정당을 창설하고 당수가 되었다.

밀로셰비치는 코소보 알바니아인들을 한층 더 억압했다. 알바니아인들은 루고바 사진을 가지고 있는 것이 발각되면 2개월간 감옥살이를 해야 했다. 알바니아인들은 독립을 의미하는 코소보 '공화국'이라고 발언만 하여도 2개월간 투옥되었다.

밀로셰비치의 강경 정책은 알바니아 과격파들을 한층 격렬하게 만들었다. 과격파들은 무력 저항을 주창하면서 지하활동을 시작했다. 과격파들은 재외 동포들에게 호소하여 모금된 자금으로 지하조직의 활성화를 꾀했고, 코소보 독립을 위한 대외 선전활동을 활발히 전개했다. 특히 미국 거주 알바니아계들의 로비 활동은 큰 성과를 거둬 밥 돌 Bob Dole 미 상원의원과 같은 영향력 있는 정치인들이 코소보 알바니아인들에 대한 적극적인 지원자로 나섰다.[22]

세르비아 헌법 개정에 대한 연방 내 반응

옛 유고연방 총인구 2,347만 5,387명(1991년 3월 31일 기준) 중 세르비아 공화국 인구는 972만 1,177명(보이보디나 자치구 인구 205만 명과 코소보 자치주 인구 198만 명 포함)으로 전체 인구의 41.41%를 차지하고 있었다. 여기에 추가하여 크로아티아 공화국에 거주하는 60만 명과 보스니아 헤르체고비나에 거주하는 134만 명의 세르비아계를 합치면, 총 1,166만여 명으로서 옛 유고연방 총 인구의 49.7%를 차지하고 있었다. 그리고 다시 몬테네그로 인구 60만여 명을 합치면 총 인구의 절반에 가까워진다. 이러한 밀로셰비치의 세력 확장에 위협을 느끼는 인구 200만여 명의 슬로베니아 공화국과 480만여 명의 크로아티아 공화국은 밀로셰비치의 코소보 정책은 대세르비아 건설 야욕하에 옛 유고연방을 파괴하는 것이라고 하면서 헌법 개정에 반대했다.

이 같은 반대에 대하여 밀로셰비치는 슬로베니아가 그간의 알바니아 광산 노조 파업에 동조한 옛 유고연방 배반자이며, 유럽의 앞잡이라고 비난했다. 그는 보복조치로 베오그라드에서 슬로베니아 상품의 판매 금지령을 내리고, 슬로베니아 은행에서 세르비아인 예금을 인출토록 했다. 밀로셰비치는 슬로베니아가 옛 유고연방을 떠난다고 하여도 세르비아인들은 슬로베니아인 한 사람도 붙잡지 않을 것이라고 하면서 극히 오만에 찬 발언을 했다. 이에 대하여 슬로베니아 언론 매체는 "세르비아인들을 느티나무에 매달아야 한다", "이제는 유고연방을 떠나 서유럽에 합류해야 한다"는 등 격한 반응을 보였다. 슬로베니아의 지역, 민족감정이 폭발하기 시작한 것이다.

슬로베니아와 세르비아 공화국 간의 긴장이 고조되면서 크로아티아는 슬로베니아를 지지하고 나섰고, 보스니아 헤르체고비나는 중립을 표명했고, 몬테네그로는 세르비아를 지지했다.

미국의 반응

미국은 알바니아인 인권유린 사태에 대해 비판적인 입장을 취했지만 옛 유고연방 문제는 EC의 뒷마당 문제라는 인식하에 나서지 않았다.

1989년 3월 9일 워런 지머만 Warren Zimmerman 미국 대사가 베오그라드에 부임했다. 새로운 대사로서 옛 유고연방 정부에 전달할 미국 정부의 메시지는 옛 유고연방이 냉전 때 향유했던 지정학적 특혜가 없어졌다는 것과, 옛 유고연방 정부가 폴란드와 헝가리처럼 정치적, 경제적 개방조치를 취하고 인권향상을 위해 노력해야 한다는 것이었다.[23]

세르비아인들은 이 같은 미국 정부의 입장을 접하고 "어떻게 두 번이나 세계대전 중 동맹국이었던 미국이, 과거 코소보의 알바니아인들이 세르비아인들에게 가한 학대 사실을 잊고 오로지 코소보 알바니아인에 대한 세르비아인들의 조치만을 비난할 수 있느냐"고 반문하면서 섭섭해 했다.

코소보 전투 600주년 기념식

밀로셰비치는 1989년 5월 8일 세르비아 공화국 대통령으로 취임했다. 그리고 1989년 6월 28일 100만여 명이 참석하는 코소보 전투 600주년 기념식을 거창하게 개최했다. 밀로셰비치는 기념식에 외교사절도 초청했다. 코소보까지 3시간 걸리는 특별 열차도 준비했다.

지머만 미국대사는 초청에 응하는 경우 미국이 밀로셰비치의 코소보 정책을 묵인하는 행동으로 해석될 것을 우려하여 기념식에 참석하지 않았다. EC 회원국 대사들도 초청에 불응했다. 서유럽 국가 대사 중 참석한 대사는 오로지 터키 대사뿐이었다. 터키 대사는, 코소보 전쟁은 자기나라가 승전한 것이기 때문에 참석하지 않을 이유가 없다고 했다. 밀로셰비치는 미국대사가 동료 외교사절들의 참석 거부를 선동했다고 분노를 표시했다. 따라서 밀로셰비치는 미국대사의 면담 요청을 1년 이상 거부했다.[24] 이 시기에 슬로베니아, 크로아티아, 보스니아 헤르체고비나는 모두들 미국과의 관계 증진을 위해 최선을 다하고 있었는데, 밀로셰비치는 반대로 미국과의 관계를 냉각시키고 있었다.

제2차 세계대전 때 티토와 함께 파르티잔 활동을 했던 공산주의 이론가인 밀로반 질라스Milovan Đilas는 밀로셰비치를 비판했다.[25] 그는 밀로셰비치의 행동과 조치는 옛 유고연방의 와해와 전쟁을 가지고 올 것이라고 전망했다.

▪▪ 마르코비치 경제정책의 실패

밀로셰비치는 몬테네그로와 두 개의 자치지역을 자신의 영향권에 예속시킴으로서 총 6개 공화국과 2개 지역 대표로 구성되는 옛 유고연방 집단 대통령부에서 그 반인 4표를 확보했다. 그리고 그는 옛 유고연방 총인구의 거의 절반에 가까운 세르비아 인들의 총체적인 세력을 과신하고 있었다. 뿐만 아니라 세르비아계 출신이 많은 연방군과 공산당 조직의 자신에 대한 지지에도 자신감을 가지고 있었다. 밀로셰비치는 이런 세르비아인 세력을 토대로 옛 유고연방을 세르비아 공화국 중심으로 끌어가려고 했다.

이 같은 그의 야심에 대하여 슬로베니아와 크로아티아가 반대했고, 특히 당시 안테 마르코비치Ante Marković 옛 유고연방 수상이 걸림돌로 부상했다.

옛 유고연방 정부 수상은 전통적으로 행정전문가 중에서 대통령부의 제청에 따라 옛 유고연방 양원에서 선출한다. 수상은 또한 지역 안배를 위해 총 25명의 각료 중 각 공화국으로부터 최소한 3명, 자치주로부터는 최소한 2명을 추천받아 임명하여야 한다. 단 외무장관과 국방장관은 의회의 임명 동의를 받게 되어 있어서 두 장관의 지위는 부수상 격이었다. 1989년 3월 옛 유고연방 양원에서는 수상으로 크로아티아 출신인 안테 마르코비치[26]를 선출하여, 당시 어려운 경제사정을 해결토록 했다.

옛 유고연방은 1970년대 중엽 유가의 상승으로 인한 침체된 세계 경제의 영향을 받아 1980년 기준 총외채가 200억 달러에 달했다. 1986년 인플레이션이 100%에 이르고 120만 명의 실업자가 발생했으며, 1987년에는 성장률이 제로로 떨어지더니 1989년에는 급기야 마이너스로 돌아섰다. 생활수준이 이전의 40% 정도로 떨어졌던 것이다.

마르코비치는 경제적 난국을 극복하기 위해 중앙정부의 행정력 강화의 필요성을 강조했다. 이는 밀로셰비치 대통령이 세르비아 공화국 중심의 중앙정부 세력 강화 추진과는 성격이 다른 것이었다. 따라서 밀로셰비치는 마르코비치 수상을 반대했다. 다른 공화국도 자신들의 지역 기반을 약화시킬 것을 우려하여 밀로셰비치에 동조했다. 결국 합리적인 마르코비치 수상의 경제정책은 밀로셰비치뿐만 아니라 슬로베니아, 크로아티아 등 각 공화국의 실권자들의 권력 강화에 방해가 된다는 이유로 좌초하고 말았다.

■■ 주변 정세

밀로셰비치가 옛 유고연방에서 세력을 확장하고 있을 당시 고르바초프의 외교적 흥행은 절정에 달했다. 당시 브렌트 스코크로프트Brent Scowcroft 미국 백악관 안보보좌관은 고르바초프가 협박보다는 친절과 웃음으로 미국을 죽이려한다고 평할 정도였다.[27] 그의 서방에 대한 '매력적인 공세(Charm Offense)'는 그간 물리적으로 쟁취하려고 했던 것 이상을 얻는 것으로 보였다. 한국에서는 미소 데탕트 체제 하에서 88년 하계 올림픽이 개최되었다.[28]

고르바초프의 소수민족 견제정책의 한계

소련연방은 1988년 7월의 제19차 당대회에서 사회주의 국제주의 원칙을 확고히 천명하면서, 소수민족 문제가 정도 이상의 불안을 유발할 때에는 단호히 대처할 것임을 분명히 했다. 고르바초프는 그의 저서 『페레스트로이카』에서 "민족 감정을 부채질하는 것은 합리적인 해결책의 모색을 복잡하게 만들 뿐이다. 민족 감정은 존중되어야 하나 이를 쓸데없이 자극하는 것은 범죄는 아닐지라도 정치적 무책임이라고 할 수 있다"고 주장했다.[29]

그러나 동구에서는 고르바초프의 신사고 정책을 계기로 소수민족 운동이 폭발하여 일단 고삐가 풀린 자유와 민주주의를 향한 열망을 걷잡을 수 없었다. 마치 고르바초프가 온갖 평화공세를 통하여 레이건 대통령의 소위 '별들의 전쟁'을 견제하려 한 노력이 한계가 있는 것과 같이 동구에서 민족주의를 억제하는 데는 한계가 있었다. 이처럼 옛 유고연방을 제외하고는 일반적으로 동구권의 민족주의는 민주화의 길로 들어서고 있었다.

조지 부시 대통령 취임

미국에서는 조지 부시George Bush(아버지 부시)가 민주당 마이클 두카키스Michael Dukakis를 제치고 1989년 1월 대통령에 취임했다.

조지 부시의 당면한 긴급 과제는 고르바초프의 '매력적인 공세'에 대처하는 것이었다. 따라서 그는 1989년 5월 29~30일 브뤼셀에서 열린 16개국 나토 정상회담에서 유럽에 주둔하고 있는 미군과 소련군의 상한선을 각각 27만 5,000명으로 낮추고, 탱크, 장갑차, 야포의 수를 동일한 수준으로 제한하고 감축한 병기는 폐기하자는 것 등 4개 항목의 재래식 군축 제안을 내놓았다. 그리고 미국은 독일의 반핵 정서를 고려하여 재래식무기 감축협정 체결을 조건으로 최단거리 전술핵무기에 관한 협상을 개시할 것을 제의했다.

부시 대통령은 나토 정상회담이 끝난 후 서독을 방문했다. 이 방문을 통하여 부시 대통령은 고르바초프가 사용한 '공동의 집 유럽' 용어의 대안으로 '자유로운 하나의 유럽(a Europe whole and free)'이라는 표현을 사용했고, 미국과 서독관계에 대해서는 '동반 지도자(partners in leadership)'라고 표현했다.[30] 이 용어 사용에 대하여 마거릿 대처Margaret Thatcher 영국 수상은 미국과 영국 간의 특별관계에 대한 일종의 도전으로 받아들이기도 했다.

또한 부시 대통령은 소련에 대한 군사적 봉쇄정책을 포기하고 해방 전략으로 전환할 뜻을 밝힌 바 있었다. 해방 전략(liberation policy)의 핵심은 소련과 중국의 소수민족, 그리고 동구의 소련 위성국가의 자주와 독립을 의미하는 것이었다. 마치 윌슨 대통령의 민족자결주의가 당시 제국(empire)의 붕괴를 목표로 하고 있었던 것과 같은 것이었다. 그리고 냉전 시기에 소련에 대하여 반대하면 무조건 지지하던 관습에서 벗어나서 자유, 민주개혁을 동시에 추진하는 국가에 대하여 특혜를 주겠다고 했다.

그러나 부시의 이런 동구권 지원 정책은 1953년 동독에서, 1956년 헝가리에서, 1968년 체코슬로바키아에서 발생한 소련 붉은 군대의 무자비한 진압 사건을 고려하여 극히 조심스럽게 시도되고 있었다. 즉 미국은 소련 붉은 군대를 자극하지 않는 범위 내에서 민족자결주의 원칙을 강조했던 것이다.

그리고 미국은 인권문제를 강변하고 있었으나 역사적으로 지역, 민족 감정의 골이 깊은 유고슬라비아와 같은 국가에서, 지역주의와 민족주의 이름하에 자유민주주의를 희생하면서까지 반드시 하나가 되어야 한다는 주장이나, 분리·독립하여야 한다는 주장은 유럽안보와 평화를 위협하는 사고방식이라는 점을 잊지 않고 있었다.

동구권의 자유화 물결

고르바초프의 개혁 개방 정책을 계기로 1989년부터 본격화하기 시작한 동구권의 민주화 및 개혁의 물결, 미국의 조심스러운 동구 민족자결주의 움직임 지원, 미소 간의 데탕트 분위기 속에서 동구권의 정세는 극적인 변화를 겪고 있었다.

동독 | 1989년 7월부터 8월까지 수십만 명의 동독인들이 여름휴가를 이용하여 입국사증이 필요 없는 폴란드, 체코슬로바키아, 헝가리를 방문했다가 귀국하지 않고 서독으로 넘어갔다. 동독 정부는 이들의

탈출을 봉쇄하기 위해 1989년 10월 3일 동독 정부수립 40주년 기념식 전 모든 국경을 봉쇄했다. 그러자 동독의 주요도시에서 수천 명이 매일 여행 자유화를 요구하는 시위를 벌였다. 동독 공산당 서기장인 에리히 호네커Erich Honecker는 국내정치가 혼란한 가운데 고르바초프의 동독 정부수립 40주년 기념식 참석(10월 6~7일)을 계기로 자신의 정치적 위상을 격상시키려는 의도를 가지고 있었다. 그런데 동독인들은 개혁 개방을 주장하는 고르바초프를 영웅으로 환영하면서 그의 방문을 계기로 여행 자유화보다 한 걸음 더 나아간 동독의 개혁 개방을 주장하여 호네커에 대한 불신을 드러냈다.

고르바초프는 동독사태의 심각성을 고려하여 사회주의 개혁이 필요함을 역설하면서 호네커를 불신임했다. 이어 동독 공산당은 10월 18일 계속되는 시민 소요에 대처하기 위해 모스크바의 승인 하에 18년간 집권했던 호네커를 제거하고, 에곤 크렌츠Egon Krenz를 당서기장으로 임명했다. 그는 완전 개혁파는 아니었으나 부패하고 무능한 기존 공산당 세력을 숙청했다. 크렌츠는 동독인들의 서독으로의 탈출을 막고 사회주의식 개혁을 위해 서독으로부터의 재정지원을 요청했다. 11월 8일 헬무트 콜Helmut Kohl 수상은 재정지원 의사가 있으나, 단 동독의 경제 및 정치개혁이 선행되어야 한다고 조건을 달았다. 크렌츠 정부는 자유화 정책의 일환으로 다시 체코에 대한 국경을 개방하자 동독인들은 대거 체코를 거쳐 서독으로 향했다.

베를린 장벽 붕괴 | 동독의 크렌츠 정부는 다시 11월 9일 자유화 정책 확대의 하나로 서독과의 모든 경계선에서의 국경 통제를 완화한다고 발표했다. 그 간 항상 특별히 취급하여 왔던 베를린 지역은 이 국경

통제 완화조치에서 제외한다는 내용이 명시되어 있지 않았다. 수많은 동베를린인들이 발표가 있자 즉시 베를린 장벽 쪽으로 향했다. 동독 경비대는 본부로부터 아무런 지시가 없는 가운데, '총을 쏠 것이냐, 장벽의 문을 열 것이냐'를 고민하다가 문을 열어버렸다.[31] 11월 9일 자정과 11월 10일 오전 사이에 베를린 장벽이 드디어 붕괴되었다. 헬무트 콜 당시 서독 총리는 훗날 회고록에서 "그때까지만 해도 1989년 11월 9일이 독일 역사에 한 획을 긋는 날이 되리라고는 짐작조차 하지 못했다"고 말했다.

베를린 장벽 붕괴를 계기로 고르바초프는 콜 서독 수상에게 베를린 장벽 붕괴를 계기로 타오르기 시작한 독일 재통일에 대한 이야기를 중지하라는 경고의 메시지를 보냈다. 또 부시 대통령에게도 통일문제 거론 중지와 함께 과잉 반응을 하지 말 것을 촉구하는 전문을 보냈다.[32]

부시 대통령은 고르바초프의 경고 전문과 관련 독일 통일, 베를린 장벽 제거문제는 민족자결상의 문제이며, 독일인 자신들의 문제라는 견해를 갖고 있다고 하면서, 고르바초프도 이 같은 견해에 대하여 반대하지 않을 것이라고 보고 있다고 했다.[33] 그리고 미국은 동구권의 변혁을 이용할 의도가 없으나 다만, 헬싱키 협정에서 규정한 평화스러운 변화와 민족자결주의의 원칙을 지지한다는 것을 명백히 했다. 콜 수상은 악화하고 있는 동독 정세를 불안하게 만들 의도가 없음을 명백히 하면서도 혁신적인 개혁 없이는 동독이 폴란드나 헝가리와 같이 붕괴될 것임을 고르바초프에게 경고했다.

11월 13일 동독 공산당 지도부는 비상상태하에서 크렌츠 수상을 해임하고 개혁 당원인 한스 모드로브Hans Modrow를 수상으로 임명했다. 크렌츠는 국가원수, 공산당 서기장직은 유지했다. 모드로브 수상은 처음으로 비공산당원을 내각에 포함시키는 신내각을 조직하고, 개혁을 위한 세부지침을 발표했다. 그의 정치노선은 동독 사회주의 체제 유지를 기본으로 하면서, 하나의 독일을 지향하기 보다는 양독 관계의 긴밀한 협조관계 유지 내지 발전에 초점이 맞추어져 있었다.

몰타 미소 정상회담

베를린 장벽 붕괴 후 1989년 12월 2~3일 몰타Malta의 발레타Valletta 항구에 정박한 소련 및 미국의 항공모함에서 각각 미소 정상회담이 개최되었다.[34] 이틀간의 회담 후 미소 정상은 12월 3일 소련 함정 막심 고리키Maxim Gorky 호에서 열린 공동 기자회견을 통해 "세계가 냉전체제에서 벗어나 새로운 시대로 접어들고 있다"고 선언했다.

부시 대통령은 몰타 미소 정상회담에서도 재차 소련연방과 위성국들이 국내개혁을 위해 겪고 있는 진통을 이용할 의도가 없음을 명백히 밝혔다. 부시 대통령은 베를린 장벽이 붕괴되는 날 "나는 베를린 장벽에 뛰어 올라 날뛰지 않았다"고 언급했다.

부시 대통령은 이 발언을 통하여 어려운 입장에 있는 고르바초프를 한층 더 막다른 골목으로 밀고 갈 의사가 없다는 것을 명백히 했다.[35] 또 고르바초프를 안심시켜 강경파인 소련연방군의 동구권 개입 등 소련연방의 과잉반응 가능성을 견제코자 노력했다. 부시대통령은 몰타 정상회담에서 옛 유고연방과 관련한 언급을 하지 않았다. 그러나 옛 유고연방 분쟁자들은 부시 대통령이 언급한 일반적인 민족주의 원칙을 자의적으로 해석했다.

몰타에서의 미소 정상회담 이후인 1989년 12월 브뤼셀에서 유럽 주재 미국 공관장 회의가 열렸다. 이 회의에서 옛 유고연방 주재 지머만 대사는 옛 유고연방 사태의 심각성에 대해 보고했다.[36] 그러나 유럽 주재 미국 공관장의 3분의 2가 정치적으로 임명된 대사들로 옛 유고연방 문제보다 독일문제에 집중하고 있었고, 오로지 로렌스 이글버거 국무성 차관과 CIA만이 관심을 가질 뿐이었다.

부시의 통일 독일에 대한 입장

부시 대통령은 몰타 정상회담 후 독일을 방문하고, 고르바초프의 독일 통일 반대 입장을 전했다. 콜 수상은 동독에서의 자유선거 이후 두 독립 국가, 즉 서독과 동독 간 연합이 구성되고, 얼마나 걸릴지 모르나 3단계로 한 국가가 되는 연방 국가로 나아가게 될 것이라고 전망했다. 그리고 콜 수상은 헬싱키Helsinki 협정이 평화적인 방법에 의한 국경 변경이 가능하다고 규정하고 있음을 상기시키면서, 통일 문제와 관련해 앞으로는 소련의 과잉반응을 견제하는 의미에서 미국과 사전협의를 진행할 뜻을 내비쳤다.

부시 대통령과 콜 수상은 이 접촉을 통하여 독일 통일과 관련해 완전히 같은 마음임을 확인하는 전환점을 마련했다.[37]

이 회담에서 부시 대통령은 정치적, 경제적, 군사적으로 대국이 될 통일 독일이 소련연방으로 기울어지거나 중립화하는 것을 반대하며, 통일 독일이 미국 주도 하에 있는 나토의 테두리 안에 있어야 한다는 것을 조건으로 독일 통일을 지지하기로 했다. 부시 대통령은 통일 독일을 나토의 테두리 안에 묶어둔다는 것을 보장함으로써 주변국들의 독일 통일에 대한 불안을 없애고, 고르바초프에게는 경제협력 제공이라는 미끼를 던져 독일 통일 반대 입장을 완화시키고자 했다.

▎최후의 공산당 전당대회

옛 유고연방 공산당의 와해

세르비아 공화국 대통령 밀로셰비치는 8명으로 구성된 옛 유고연방 집단 대통령부에서 4표를 확보하여, 과거 1대 7로 불리하던 입장을 역전시켰다. 그리고 세르비아 민족주의 감정을 자극하여 옛 유고연방 총 인구의 절반에 가까운 세르비아인들과의 유대감을 강화했다. 그러나 이 같은 그의 정책은 상대적으로 반대세력의 결집을 강화시켜, 연방 대통령부의 기능을 마비시키고, 옛 유고연방으로부터의 분리·독립운동을 자극했다.

밀로셰비치는 교착상태에 빠진 국면을 돌파하기 위해 베오그라드의 사바 센터Sava Center에서 전국적인 규모의 제14차 유고 공산당 전당대회를 1990년 1월 24일 개최했다.[38] 밀로셰비치는 다수인 세르비아인 중심의 옛 유고연방 운영을 위한 정책을 추진하기 위해 모든 수단을 동원했다.[39]

공산당은 전국적인 조직을 가지고 있긴 했지만, 이미 옛날 티토 치하의 일사불란한 조직이 아니었다. 각 공화국의 기존 공산당원들은 동구의 자유화 물결에 따라 신변의 위협을 느끼면서 공산당 당원의 탈을 벗고 지역 및 민족주의에 동조하고 있었던 것이다. 슬로베니아 공산당원들은 이 같은 움직임에 앞장섰다.

이런 분위기 속에서 각 공화국 대표들과 지역 단체장들은 전당대회에서 연방정부 미래 체제와 관련하여 약 200여 건에 달하는 제의를 했고, 이에 대한 토론을 거쳐 수정안이 만들어졌다. 슬로베니아 공화국 대표는 연방정부의 중앙집권제를 반대하고 느슨한 연방정부 구성을 위한 수개의 제안을 했으나 1,612명 대의원 가운데 반수의 찬성을 얻은 안이 없어 모두 부결되었다. 전당대회에서 수정안 심의 도중 슬로베니아 공화국 안이 부결되면 요란한 박수갈채가 쏟아졌다. 슬로베니아 공화국 대표들은 모욕을 당했다.[40]

2일간의 전당대회에서 슬로베니아 공화국의 입장이 전혀 반영되지 않자, 슬로베니아 대표는 더 이상 밀로셰비치가 지배하는 공산당 회의에 참석할 수 없다고 하면서 퇴장했다. 세르비아 대표들은 퇴장하는 슬로베니아 대표들의 장도를 축하한다고 하면서 야유까지 했다. 슬로베니아 공화국이 독자적인 길을 간다고 하더라도, 인구 200만 명의 슬로베니아 공화국의 운명은 주변 강대국의 발에 짓밟혀 오래 가지 못할 것이라고 생각했던 것이다.

밀로셰비치는 슬로베니아 대표들이 퇴장했지만 자기의 세를 과신하고 전당대회의 계속을 요구했다. 그러나 크로아티아 공화국 대표들이 슬로베니아 공화국 대표가 없는 회의의 계속에 반대한다고 하면서 전당대회 연기를 요청했다. 결국 공산당 전당대회는 연기되었다. 그러나 그 연기는 영원한 것이 되고 말았다. 유고 공산당의 종말은 바로 옛 유고연방의 종말을 의미했다.

나중에 알려진 사실이지만 슬로베니아 대표의 퇴장은 사전 치밀한 계획에 의한 것이었다. 이를 증명하는 것은, 이들이 퇴장하자마자 바로 슬로베니아 공화국의 수도인 류블랴나 Ljubljana로 떠났다는 것이다. 호텔에 가서 짐을 싸고 숙박료를 지불한 후 떠나는 것이 일반적인 관례인데, 이들은 이미 아침에 짐을 싸고 숙박료를 정산했다는 것이다. 밀로셰비치 지지자들은 이와 같은 슬로베니아 대표들의 사전 음모를 전혀 눈치 채지 못한 가운데 기습을 당했다.

한편 옛 유고연방 정부 수상 마르코비치는 공산당 전당대회에서 시장 경제로의 경제개혁을 위해서는 강력한 중앙정부의 기능이 필요함을 역설했다. 그의 경제적 논리는 EC, IMF, 세계은행, 미국 등 국제적인 지지를 받고 있었고, 옛 유고연방 내에서도 많은 지식인들의 호응을 얻고 있었다. 그러나 그의 계획은 지역주의와 민족주의 열기에 휩쓸리는 분위기 속에서, 지역 맹주들의 음모와 모략에 의해 무산되었다.

연방 유지에 대한 미국의 입장

유고 공산당 전당대회가 유회된 직후인 1990년 2월 25일 로렌스 이글버거 미 국무성 부장관은 베오그라드를 방문했다. 그는 옛 유고연방의 유지를 위해서는 인권 존중, 자유, 시장경제를 추진해야 한다고 강조하면서, 미국은 옛 유고연방의 와해를 지지하지 않지만 분리되는 경우 이를 인정할 수밖에 없을 것이라고 했다.

이글버거의 발언과 관련하여 슬로베니아인들은 "미국이 옛 유고연방의 분리를 반대한 것이다, 인정한 것이다"라고 상반된 해석을 했지만, 한 가지 확실한 것은 그가 옛 유고연방 국내문제에 미국의 무력 개입은 없을 것이라는 점을 확인했다는 것이었다.[41]

이글버거의 베오그라드 방문 후 미 정부는 유럽주재 전 미국대사관에 다음과 같은 미국 입장을 주재국에 설명토록 훈령했다.

"유고연방의 분열은 유고연방 시민이나 유럽 안보에도 도움이 되지 않으므로 유럽 국가들은 유고연방의 분리를 권장하는 여하한 행동도 삼가 주기를 바란다. 단 미국은 중앙 집권적인 연방, 또는 느슨한 형태의 연방 어느 것이든 유고연방 국민들이 선택할 정부 형태에 대해 선입견이 없다. 이는 유고연방 국민들이 결정할 사항이다. 그리고 유고연방의 지속과 민주화 그리고 마르코비치 수상의 개혁을 공개적으로 지지하여 줄 것을 요청한다."[42]

미국은 옛 유고연방이 민주화의 길을 걷는 한 옛 유고연방이 지속되기를 원했다. 왜냐하면 인위적인 옛 유고연방의 해체는 폭력을 수반할 것이라는 판단에서였다. 그러나 이를 위한 적극적인 개입은 삼갔다.

2 | 다당제 선거와 민족 간 대립

▪▪ 다당제 선거

1990년 1월 24일 개최되었던 제14차 공산당 전당대회는 결국 영원히 연기됨으로써 공산당은 와해되었다. 그 후 옛 유고연방 정부의 마르코비치 수상은 전국적인 선거를 통해 자유 민주주의 유고연방 정부를 수립할 것을 주장했고, 밀로셰비치도 자기의 세를 믿고 전국적인 총선을 주장했다.

그러나 크로아티아와 슬로베니아 공화국은 옛 유고연방 전국에 걸친 총선거를 반대했다.

약 2,345만 명 가량 되는 옛 유고연방 인구 중 거의 절반이 세르비아 공화국의 영향권 아래 있고, 슬로베니아는 약 200만여 명, 크로아티아는 약 480만여 명을 차지하고 있는 마당에 일인일표에 의한 전국 총선거가 실시되는 경우 두 공화국은 영원히 세르비아의 영향권에서 벗어날 수 없을 것이라는 판단 때문이었다.

한국에서도 영남권의 총 유권자 수가 전체의 26.1%(18대 대통령 선거)에 불과하지만, 대선에서 영남권 출신이 상대적으로 유리하다는 현상을 감안할 때, 슬로베니아인들과 크로아티아인들이 불리하다는 것은 자명한 사실이었다.

따라서 인구 200만여 명의 슬로베니아 공화국은 동구의 민주화 물결을 흡수하기 위해 재빨리 선수를 쳐서 슬로베니아 공화국만의 다당제 자유 선거를 1990년 4월 앞당겨 실시했다. 이로써 슬로베니아 공화국은 남슬라브족에게 전국적인 투표의 기회를 주지 못하도록 했다.[43]

다당제 선거의 합법성 여부는 이 선거가 전국적인 것이냐와, 언제, 어디서 실시되었느냐에 따라서 결정되기도 한다. 민주화를 위한 다당제 선거는 시간과 장소가 중요한 것이다.[44] 따라서 다당제 선거가 무조건 민주주의를 보장할 것이라고 믿는 것처럼 허망한 일도 없다.

그리고 일반적으로 외국인의 눈으로는 같은 남슬라브족으로 크로아티아인, 세르비아인, 슬로베니아인 등을 구분할 수 없었다. 그런데 이들은 서로 전혀 다르다고 주장하면서, 상대방을 칭찬하기보다는 비하하는 말들을 많이 했다.

3명의 세르비아인들이 모이면 군대를 조직하고, 3명의 크로아티아인이 모이면 6개의 정당을 만든다고 한다. 슬로베니아인들은 이탈리아와 오스트리아에 인접해 있는 관계로 부유하지만, 이기주의적이고, 인색하다는 평이다. 몬테네그로인들은 용감한 전사의 전통을 지니고 있는 의리 있는 사람들이지만 우둔하다고 한다. 이슬람들은 매끄럽고 믿을 수 없다는 평이다.

크로아티아인들은 합스부르크 제국 지배 하에서 전통적으로 준법정신을 배웠지만, 세르비아인들은 오스만 투르크 제국 하에서 법이라는 것이 아무런 의미가 없는 사회생활을 했으며, 무법적이고, 전체주의적 성향이 강했다.

따라서 크로아티아인들은 세르비아인들과 같이 살 수 없다는 태도를 취한 것이다. 한편 세르비아인들은 크로아티아인들이 겉은 번지르르하나 합스부르크 왕조, 헝가리, 독일 앞잡이로서 아첨과 노예근성에 익숙한 사람들로 보고 있다.

이처럼 상호 비하하고 비난하는 지역감정이 공화국별 선거로 인하여, 지역 정치인들에 의해 힐링되기는커녕 오히려 악용됨으로써 사태는 한층 심화하고 있었다.

이제 옛 유고연방의 공화국들은 같은 남슬라브족 뿌리를 가졌지만 서로 다른 주인을 모신 탓으로 문화, 역사, 언어, 종교, 가치관이 달라져 이민족이 되었다고 하면서 민족자결주의 원칙을 적용하여 각기 선거를 치르게 되었다.

경제적으로 부유한 이탈리아 북부지방에는 이탈리아로부터 분리, 독립하자는 북부 연맹 Northern League이라는 정당이 있다. 이 정당은 북부 이탈리아인과 남부 이탈리아인 간에는 사투리는 물론 사회윤리, 처녀성 등에 관하여 상이한 가치관을 가지고 있다고 주장하면서 분리를 주장하고 있다.

이 정당은 게으른 남부 이탈리아인을 위해 세금을 낼 수 없다고 주장한다. 이 주장에 많은 이탈리아인이 마음 속으로 동의하고 있는 것이 사실이지만, 이탈리아 국가를 분리하자는 데는 반대하고 있어 이 정당에 대한 지지도는 낮은 실정이다. 그러나 옛 유고연방에서는 이처럼 같이 살자는 분위기가 전혀 없었다.

공화국별 다당제 선거와 결과

슬로베니아

슬로베니아 공화국에서는 선거 결과 1990년 1월 제14차 공산당 전당대회를 박차고 나온 전 슬로베니아 공산당 당수 밀란 쿠찬Milan Kućan이 연정을 구성하여 1990년 4월 대통령으로 선출되었다. 쿠찬은 전직 공산당 당수로서 다당제 자유선거를 통하여 동유럽에서 대통령으로 선출된 첫 인물이었다.

의회에서는 슬로베니아의 독립을 주장하는 반공산당연합당DEMOS이 다수당이 되었다. 반공산당연합당 지도자들은 대부분 티토 시절 수감 또는 학대를 받았거나 해외에서 수년간 거주하여 왔던 인사들이었다. 슬로베니아에서는 선거를 치르고 난 뒤 이제는 더 이상 낙후된 남쪽의 동족들과는 인연을 끊어야 한다는 분위기가 충만했다.

슬로베니아인들은 남슬라브족이지만 카르파티아 산맥Carpathian Mountains을 넘어 알프스 남부에 정착을 했기 때문에 당초부터 발칸 남부에 정착한 남슬라브족과의 교류가 적었다. 745년에 알프스 산 남쪽 끝자락에 자리잡은 슬로베니아인들은 바바리아인과 같이 프랑크Frank 왕국에 정복당하여, 프랑크 왕국의 일부가 되면서 로마 가톨릭으로 개종했다.[45]

슬로베니아는 합스부르크가의 독일 루돌프Rudolf 왕자가 1278년 비엔나 근방의 마르히펠트Marchfeld 전투에서 오스트리아-보헤미아 왕을 참패시킨 이후부터 제2차 세계대전 종전 때까지, 처음에는 합스부르크 왕조, 말기에는 오스트리아-헝가리 2중 제국에 예속되어 있었다. 슬로베니아인들은 한 번도 자기의 나라를 소유하지 못했던 것이다.

1555년 프리모즈 트루바르Primoz Trubar가 신약성서를 슬로베니아 지방어로 번역했고, 슬로베니아 문법을 창시했다. 이런 고유 지방어 개발이 슬로베니인들의 지역 및 민족의식을 고취시켰고 독립정신을 함양했다.

크로아티아

총선거 결과 | 크로아티아 공화국은 슬로베니아 공화국에 이어 1990년 5월 총선을 실시했다. 선거에 30여개 이상의 정당이 참여했으나 실질적으로는 전 공산당과 국수주의 정당, 그리고 세르비아계의 민주당 간의 대결이었다.

1989년 12월 크로아티아 공산당은 진보적인 성향을 가진 45세의 이비차 라찬Ivica Račan을 당수로 선출했다. 그는 1990년 공산당 이름을 '민주주의개혁당'으로 개명했다. 그는 골수 공산당원 신분에서 벗어나 서구의 사회민주주의 구현을 주장했다.

1970년대 티토 대통령 시절에 '크로아티아의 봄'을 주도했던 인사들이 모여 크로아티아민주연합당Croatian Democratic Union을 창설하고, 프라뇨 투지만Franjo Tudjman 퇴역 장군을 당수로 선출했다.

투지만은 좌익 농민당 당원 집안에서 태어났고, 파르티잔에 합류한 경력 덕분에 빠른 진급을 통해 장군이 되었다. 그러나 그는 연방군에 근무하면서 세르비아 출신 장교들의 오만함에 깊은 혐오감을 가지고 있었다.

투지만의 주요 정치적 기반은 전통적인 크로아티아 민족주의자, 반공주의자, 그리고 제2차 세계대전 후 파르티잔의 체포를 피하여 해외로 도주했던 파시스트, 나치의 전위대였던 우스타샤Ustaša 대원들을 포함한 극우파들이었다. 투지만은 국내에서 정치자금 조달이 어려움에 따라 주로 해외에서 성공한 동포로부터 자금지원을 받았다. 1961년 5월 16일 박정희 측근들이 재일 동포들과 긴밀한 관계를 가진 것과 일맥상통한다.[46]

투지만의 정치노선은 '천년에 걸친 크로아티아 독립의 꿈' 실현이었다. 그는 옛 유고연방은 일종의 환상이라고 하면서, 순혈 크로아티아 공화국 건설을 주장했다. 그는 크로아티아 공화국 내에 거주하는 세르비아인이 크로아티아 총 인구(480만여 명)의 12%밖에 안 되는데, 이들이 티토 시절부터 크로아티아 공화국 공무원의 40%를 점유하고 있고, 특히 경찰에서는 70%, 언론계에서는 7명의 편집인 가운데 6명이나 차지하고 있다고 하면서 이들을 축출 내지 해고해야 한다고 주장했다.

그는 『역사적 진실의 혼란The Confusion of Historical Truth』이라는 저서에서, 나치에 의하여 강제수용소에서 살해당한 유대인은 600만 명이 아니고 90만 명이라고 주장했다. 또한 제2차 세계대전 때 파시스트·나치 괴뢰정권에 의해 크로아티아의 야세노바츠Jasenovac 강제수용소에서 희생당한 세르비아인도 통상 알려진 60만 명이나 70만 명이 아니고, 7만여 명이라고 주장했다.

투지만은 선거유세에서 적색과 백색, 청색 체크무늬인 크로아티아 중세 문장으로 만든 기를 몸에 휘감고, 유세장마다 깃발로 뒤덮어 마치 나치 집단의 광기를 연상시켰다. 투지만은 검은 안경을 쓰고, 마피아 두목과 같이 혈색 좋은 얼굴을 하고 유세장을 누볐다. 그의 곁에서는 호주인 액센트가 있는 크로아티아의 젊은 해외 이민자들이 밀착 경호를 했다. 그는 주변에서 자신을 '박사'라고 호칭하는 것을 좋아했다.

투지만은 피 흘림 없는 독립은 깨지기 쉽다는 역사적 사례를 인용하곤 했는데, 이는 전쟁을 예고하는 것이었다.

크로아티아 공화국에 거주하는 세르비아계에서는 정신과 의사 요반 라슈코비치Jovan Rašković를 당수로 하는 세르비아민주당SDS을 크닌Knin 시에서 1990년 2월 17일 창설했다. 크닌 시의 인구는 1990년 인구조사에 따르면 약 4만 명이었으며 그 중의 90%가 세르비아계였다.

라슈코비치는 열렬한 세르비아 민족주의자이지만, 그의 노선은 크로아티아 공화국의 주권을 존중하면서 동시에 크로아티아인들과 동등한 권리를 세르비아계에게도 부여할 것을 요구하는 자치권 확보에 있었다.

총선거 결과 크로아티아민주연합당이 120만 표, 즉 유권자의 42%의 지지를 받고 승리했다. 크로아티아의 공산당을 계승한 민주주의개혁당은 99만 4,000표를 얻는 데 그쳤다.

투지만의 크로아티아민주연합당은 민주주의개혁당보다 21만 표만을 앞섰지만 승자독식 규정에 따라 의회에서는 총 356개 의석 중 205석이라는 절대적인 의석을 장악하게 되었다. 민주주의개혁당은 73석만을 차지했다. 라슈코비치의 세르비아민주당은 5석밖에 얻지 못했다.

투지만은 새로 구성된 의회에서 1990년 5월 30일 정식으로 대통령으로 취임했다.

투지만 대통령의 정책 | 총선 직후 투지만의 첫 성명은 그간 크로아티아인들이 겪은 수난에 대한 보복의 성격을 띠었고 국수주의적인 것이었다. 세르비아 공화국 대통령인 밀로셰비치의 운명적인 적수가 등장한 것이었다.

투지만의 첫 조치는 국영 통신사 설치 등 언론 장악이었다. 그리고 사라예보를 거점으로 옛 유고연방에 전국적으로 전파를 송출하던 유고 텔레비전YUTEL 방송이 너무나 많은 키릴문자를 사용한다며 폐쇄시켰다.[47] 투지만은 취임 즉시 크로아티아 독립을 상징하는 국적 비행기를 취항시켰다.

그리고 투지만은 제2차 세계대전 이후 파르티잔 공산 정권이 철거했던, 부다페스트 방향으로 대검을 뽑고 있는 형상의 민족주의자 반 옐라치치Ban Jelačić 장군의 동상을 제자리에 복원시켜 놓았다.[48] 길거리에는 우스타샤의 상징인 검은 제복을 입은 국수주의자들이 다시 출현했다. 옐라치치 광장에서는 블라이부르크Bleiburg에서 저지른 파르티잔의 잔학상을 비난하는 급조된 책들이 팔리고 있었다.[49]

투지만은 90년 7월 26일 크로아티아 공화국 헌법을 수정했다. 총 12개 조항을 수정했는데, 수정안 중 국가 이름, 정부 부서 명칭 등 4개 항만 제외하고는 모두가 논란의 대상이 되었다.

논란의 대상이 된 것 중 하나는 크로아티아 공화국 국기였다. 투지만 대통령은 크로아티아 공화국 국기를 자신의 정당인 크로아티아 민주연합당의 당기로 정했다. 크로아티아민주연합당 당기는 우스타샤를 상징하는 적색, 백색, 청색으로 된 체크무늬의 기旗였다. 투지만은 새로운 크로아티아 국기는 중세 크로아티아의 문장인 샤호브니차Šahovnica라고 하면서 모든 비난을 물리쳤다.

그리고 세르비아계에게 충격적인 내용은, 헌법 제11조를 수정하여 키릴문자를 공식 사용 언어에서 제외한 것이다. 또한 개정된 헌법안에서 크로아티아 공화국은 크로아티아 민족 국가national state of Croatian people라고 명시한 것이었다. 이는 옛 유고연방 체제하에서 주권 국민이었던 60만여 명에 달하는 세르비아계가 이제는 크로아티아 민족이 아니라는 것을 명시하여 이방인으로 규정한 것이었다.

세르비아계의 반발 | 세르비아계는 저항했다. 투지만 대통령은 세르비아계를 회유하기 위해 세르비아민주당 지도자인 라슈코비치에게 1990년 5월 내각 조직과정에서 요직을 제의했다. 그러나 라슈코비치는 제안을 거부했고, 세르비아민주당에 할당된 의회 부의장직도 거부했다. 크닌 지역의 강경한 민족주의자인 치과의사 밀란 바비치Milan Babić는 투지만의 정책에 정면으로 도전하기 시작했다. 바비치는 약 12만 명의 세르비아계가 다수 거주하는 리카Lika 지역에서 세르비아계의 주권과 자치권을 인정해야 한다는 선언문을 발표했다.

세르비아계들은 이 선언문에서 키릴문자 사용, 세르비아인 학교와 교재 사용, 자치 기구 설치, 세르비아계 언론, 라디오, TV 보유 등의 문화적 자치권을 요구했다. 그리고 크로아티아 공화국이 옛 유고연방에서 분리, 독립하는 경우 자신들은 크로아티아로부터 분리할 것임을 선언했다. 이들은 크로아티아 헌법 개정 내용과 크로아티아의 새로운 국기를 거부했다.

그리고 크라이나Krajina 지역 세르비아인들은 한 걸음 더 나아가 자치지역 설치 여부에 대한 찬반 여부를 8월 19일부터 9월 2일 사이 17개 지역에 거주하는 약 60만 명의 세르비아인들을 대상으로 국민투표를 실시하여 묻겠다고 했다.

크로아티아 정부는 이러한 국민투표 실시가 불법이라고 규정함과 동시에 밀로셰비치의 음모의 일환이라고 비난했다. 이어 국민투표 실시를 금지시키기 위한 크로아티아 관헌의 총격사건이 발생했다.

크로아티아와 세르비아 간의 무력 충돌 | 총격사건으로 인하여 유혈사태가 발생하자 연방군이 개입함으로써 중단될 수 있었다. 연방군은 중립적인 입장에서 유혈사태를 방지한다고 했으나 실제로는 세르비아 민병대를 지원했다.

세르비아계 국민투표는 크로아티아 정부의 저지노력으로 많은 난관이 있었으나 예정대로 실시되었다. 국민투표 결과는 예상대로 세르비아계 절대 다수가 자치권 확보를 원하고 있는 것으로 나타났고, 이런 결과를 근거로 1990년 10월 1일 세르비아계 자치위원회는 1990년 7월 말 선언한 대로 세르비아계 다수 지역을 자치지역으로 선포했다.

투지만은 크라이나 세르비아계와 연방군의 개입에 대처하기 위해 자체 방위능력을 강화했다. 이와 관련 크로아티아 국방장관으로 임명된 마르틴 슈페겔리Martin Špegelj는 해외에 거주하는 극우세력으로부터 재정적 후원을 받고, 헝가리와 중립국인 오스트리아를 통로로 무기를 밀수입했다. 그는 이전부터 크로아티아 공화국에 주둔하고 있는 연방군 막사를 포위하여 항복을 받는 군사적 해결책을 건의했었다. 슈페겔리 국방장관은 연방군 대부분이 18세 또는 19세의 징병군으로 구성되어 있고 여러 민족의 혼합 부대라고 하면서 연방군의 전투능력을 저평가했다.[50]

투지만 대통령은 현재의 크로아티아 공화국의 자체 힘으로는 연방군과 대적하는 것이 불가능하다는 판단 하에 슈페겔리의 건의를 거부했다. 그리고 슈페겔리의 군사적 방법을 받아들인다면 온 세계가 크로아티아를 전쟁도발자로 규정하여 국제사회에서 고립되고, 자신이 추구하는 크로아티아 공화국의 독립운동에 지장을 초래하는 일종의 자살행위가 될 것이라고 생각했다. 이런 판단에 대하여 슈페겔리 장군은 투지만 대통령이 순진하다고 보았다. 그러나 결국 투지만 대통령의 현실적이고 정치적인 외교 전략은 전직 장성인 슈페겔리 국방장관의 군사적 판단보다 주효했다.

투지만의 '크로아티아 독립의 꿈' 실현 주장과 배경 | 옛 유고연방 전쟁의 주역의 하나는 크로아티아 공화국이었다. 따라서 여기서 크로아티아 공화국이 걸어온 발자취를 간단히 정리해 보기로 하자.

남슬라브족인 크로아티아인들은 6, 7세기경에 자그레브^{Zagreb} 지역에 정착한 후 차츰 아드리아 해안지역으로 영역을 확대하여 나갔다. 크로아티아인들은 800년 샤를마뉴^{Charlemagne} 대제의 프랑크 군대의 영향권에 들어갔고, 샤를마뉴 대제가 814년 사망한 후에는 샤를마뉴의 아들 루이 경건왕$^{Louis\ the\ Pious}$에게 충성을 맹세했다. 그 후 대추장이 등장하여 공국을 세우기도 하고, 동방정교회, 또는 로마 가톨릭으로 번갈아 개종했다가 실력자인 토미슬라브^{Tomislav}공작(재위 910~929)이 교황의 인준을 받고 왕위에 올랐다. 토미슬라브 공작은 크로아티아 왕국을 건설한 전설적인 인물이다.

토미슬라브 왕국은 번창을 하던 중 그의 사망을 계기로 동서방 교회 간의 선교 싸움, 왕위계승권을 둘러싼 분열, 지방 세력가들의 독자적인 행보, 마자르족(헝가리인)들로부터의 위협 등으로 쇠퇴의 길로 들어섰다. 크로아티아 왕국은 무정부상태에 빠진 가운데 슬라보니아 지역의 대추장인 즈보니미르^{Zvonimir}가 교황청과의 긴밀한 동맹관계를 추진하면서 다시 크로아티아 왕국 세력을 확장시켰다. 당시 크로아티아인들은 대부분 로마 가톨릭으로 개종한 상태였다. 즈보니미르 왕은 1089년 4월 20일 사망했는데, 그가 마지막 크로아티아 왕이었다.

당시 헝가리 왕으로서 국력을 확장하고 있던 라슬로László 왕은 크로아티아 내의 혼란을 이용하여 즈보니미르Zvonimir 왕의 처남이라는 명분으로 1091년 크로아티아를 침공하여 크로아티아 왕을 겸하고 크로아티아를 헝가리 왕국에 편입시켰다. 그리하여 크로아티아는 1102년부터 약 8세기 동안 합스부르크, 헝가리, 그리고 오스트리아–헝가리 2중 제국의 지배를 받았다. 제1차 세계대전 때에는 추축국에 가담하여 연합국과 싸웠다.

민족 간 대립과 반목의 역사

유고슬라비아 위원회 구성 | 제1차 세계대전 때 오스트리아–헝가리 2중 제국의 지배에서 탈출한 수 명의 크로아티아인과 슬로베니아인들이 이탈리아의 피렌체Firenze에 망명하여 1914년 11월 추축국의 압제 하에 신음하는 전 남슬라브족을 대표한다는 소위 자칭 '유고슬라비아 위원회'를 구성했다.[51] 그리고 본부를 파리, 런던으로 옮겨가면서 민족자결주의에 의한 통일 남슬라브족 건설을 주창했다. 이런 활동을 하던 중 위원회는 대독일 전쟁에 참전시키기 위해 이탈리아에 크로아티아와 슬로베니아 영토의 일부를 할애하려 하는 연합국의 비밀 움직임을 탐지하게 되었다.[52]

다급해진 '유고슬라비아 위원회'는 우선 1915년 4월 30일 파리에서 정식으로 망명정부를 출범시키고, 연합국 측에게 모든 협력을 다짐하면서 크로아티아와 슬로베니아 영토 분할을 반대하는 운동을 전개했다. 그리고 세르비아 왕국의 도움을 얻기 위해 코르푸Corfu 섬에 망명 중인 세르비아 왕국 수상인 니콜라 파시치Nikola Pašić와 접촉하여 전후 통일 남슬라브족 국가 수립을 위한 협상을 시도했다.

당시 세르비아 왕국은 연합국 일원으로 승세를 타면서 전후에는 카라조르제비치Karađorđević 왕국인 '대세르비아' 왕국을 수립할 계획을 가지고 있었다. 따라서 파시치 수상은 아무런 법적 근거도 없고 전쟁에서 피 한 방울 흘리지 않은 '유고슬라비아 위원회'가 전후 문제를 협상하자고 접촉하여 오는 것을 매우 못마땅하게 생각하고 있었다.

그러나 파시치 수상이 '유고슬라비아 위원회'의 접근에 응하지 않을 수 없었던 것은 우선 세르비아 왕국 내에서도 남슬라브족 단일 국가 수립을 주장하는 인사들이 많이 있었다는 것이다. 또한 1917년 3월 러시아 혁명정부가 '유고슬라비아 위원회'가 주장하는 '남슬라브족 통일'을 지지하고 있었다. 미국도 단일 남슬라브족 국가수립 구상에 호의적이었다. 무엇보다도 영국정부가 세톤-왓슨Seton-Watson의 설득에 따라 '유고슬라비아 위원회' 측을 후원하고 나서자 무시로 일관할 수 없었다.

파시치 수상은 우여곡절 끝에 '유고슬라비아 위원회' 의장인 안테 트룸비치Ante Trumbić와 그의 동료들을 세르비아 망명정부가 있는 코르푸Corfu 섬에 초청하여 1917년 6월 15일부터 7월 30일까지 회동했다.[53]

이 회동에서 세르비아 왕국은 전후 새로 탄생하는 통일 남슬라브족 국가가 세르비아 왕조가 주축이 되어 중앙집권적 정부형태를 택해야 한다고 주장했다. 반면에 '유고슬라비아 위원회'는 '남슬라브족 연방'을 구성하여 세르비아, 크로아티아, 슬로베니아가 동등한 지위와 권리를 누려야 한다고 주장했다.[54] 결국 세르비아 왕국은 열강들의 압력 하에 7월 20일 '코르푸 선언'이라는 타협안을 발표했다.

주요내용은 모든 남슬라브족은 같은 민족이라는 것을 전제로 민족자결원칙에 따라 전쟁이 끝나면 입헌 군주인 카라조르제비치 왕조하에 '세르비아인 크로아티아인 슬로베니아인 왕국'이라는 하나의 국가를 수립한다는 것이다. 국명에 지역 명칭과 민족을 명시한 것은 '유고슬라비아 위원회'의 주장이 반영된 것이다. 즉 크로아티아와 슬로베니아는 전승국인 세르비아 왕국과 함께 한다는 것을 명시한 것이다.

그러나 코르푸 선언은 법률적으로 실효가 있는 문서는 아니었기 때문에 다만 전후 오스트리아–헝가리 영토 처리 기준으로 받아들여질 뿐이었다.

국민회의의 출범 | 한편 우드로 윌슨Woodrow Wilson 미 대통령은 10월 20일 오스트리아–헝가리 2중 제국 내 모든 민족의 독립을 지원한다고 발표했다. 이 성명이 발표되자 체코슬로바키아 헝가리 등에서 민족주의자들이 나타나서 독립을 선언하여 피점령국 지위를 벗어나려고 했다.

같은 맥락으로 크로아티아에서는 오스트리아–헝가리 2중 제국이 휴전협정에 서명하기 6일 전인 1918년 10월 29일 안톤 코로셰치Anton Korošec 신부를 대표로 하는 '국민회의'가 출범했다. '국민회의'는 민주 절차에 따라 오스트리아–헝가리 2중 제국에 거주하는 모든 남슬라브족으로 구성되는 국가를 설립한다고 선언했다. 그리고 연합군 측에 자기들은 오스트리아–헝가리 2중 제국 내 남슬라브족이 거주하는 지역을 대표하는 임시정부 조직이라고 하면서 세르비아 왕국, 몬테네그로 왕국과 합류를 희망한다는 서한을 발송했다.[55] 동시에 영국과 프랑스의 적극적인 후원을 받고 있는 '유고슬라비아 위원회'를 대외교섭 창구로 삼고, 연합국 측과 직접 교섭을 진행했다.

세르비아 왕국의 파시치 수상은 승전국으로서 오스트리아–헝가리 2중 제국 지배하에 있던 남슬라브족과 그 영토를 접수할 것을 구상하고 있었는데, 전후 처리와 관련하여 연합국 측과 직접 접촉하고 있는 '국민회의'의 존재에 다시 한 번 당황했다.[56]

연합국 측은 전후 처리문제와 관련해 고심하던 중, 인종적으로 하나인 남슬라브족 통일 이념을 가지고 있는 '유고슬라비아 위원회'의 합리적인 접근 방식에 동조했다. 그리고 이 위원회를 오스트리아-헝가리 2중 제국 지배하에 있던 남슬라브족 공식 대표기구로 인정하고 세르비아 왕국의 협상대상자로 지정했다. 따라서 세르비아 왕국의 파시치 수상은, 특히 프랑스의 압력 하에, 적국이었던 오스트리아-헝가리 2중 제국 지배하에 있던 남슬라브족을 대표한다는 '국민회의'와 '유고슬라비아 위원회'를 상대로 협상을 하지 않을 수 없었다.[57]

1918년 11월 6~9일 연합국의 주최로 세르비아 왕국, '국민회의', '유고슬라비아 위원회'의 대표가 제네바에서 회동했다. 여기서 세르비아 왕국 대표인 파시치 수상은 눈물을 머금고 당초의 왕정 실시 계획을 접고, '국민회의', '유고슬라비아 위원회'와 공동 임시정부를 수립한다는 것과 제헌의회가 구성될 때까지 임시정부가 크로아티아, 슬로베니아 지역을 통치한다는 것에 동의할 수밖에 없었다.

다만 파시치 수상은 '코르푸 선언'의 기본 노선에 따라 정부 형태는 카라조르제비치 왕조하의 입헌 군주제로서 '세르비아인 크로아티아인 슬로베니아인 왕국'이라는 하나의 국가를 수립한다는 것을 관철시켰다.

세르비아 왕국의 알렉산더^{Alexander} 1세는 파시치 수상이 서명한 합의문을 받아들이지 않았다. 파시치 수상은 굴욕적인 협상을 했다는 국민들의 비난 속에서 총리직에서 물러났다. 세르비아인들은 전통적으로 재주는 자기들이 부리고, 재미는 제3자가 본다는 피해의식을 가지고 있었는데, 전후 처리문제도 같은 성격이라고 보았다.

세르비아인 크로아티아인 슬로베니아인 왕국 출범 | 남슬라브족 전후 처리 문제가 한창 진행되고 있을 때, 이탈리아 군대가 연합국 측과 체결한 런던비밀협정에 따라 슬로베니아와 크로아티아의 아드리아 해안 일부지역을 차례로 점령해 들어오기 시작했다. 이탈리아 군대는 1918년 11월 5일 풀라Pula를 점령했고, 11월 14일 자다르Zadar를 점령했다.

'국민회의'는 이탈리아 군대의 진격을 막을 능력과 방법이 없었다. 하루 빨리 슬로베니아와 크로아티아의 영토는 연합국의 일원인 세르비아 왕국의 영토가 되었다는 것을 내세워 더 이상 이탈리아의 점령대상이 아니라는 것을 밝힐 수밖에 없었다.

따라서 다급해진 크로아티아인과 슬로베니아인은 모두가 '세르비아인 크로아티아인 슬로베니아인 왕국'을 조속히 출범 시키도록 '국민회의'에 촉구했다. '국민회의'는 베오그라드에 즉시 대표단을 파견하여 자신들의 조직을 세르비아 왕국에 통합시킬 것을 제의했다. 이 결정에 반대한 유일한 인사는 크로아티아의 국수주의 민족주의자인 크로아티아 농민당 당수 스체판 라디치Stjepan Radić였다.

알렉산더 1세는 제네바 합의사항도 고려하여 '국민회의' 대표의 세르비아 왕국과의 통합제의를 받아들였다. 따라서 통일 남슬라브족 국가수립을 위한 첫 제안은 오스트리아-헝가리 2중 제국의 지배 하에 있던 남슬라브족으로부터 나온 것이다. 이로써 1918년 12월 1일 '세르비아인 크로아티아인 슬로베니아인 왕국'이 이탈리아 군대가 달마티아Dalmatia 지역을 점령해 들어오는 과정에서 다급하게 탄생했다.

그러나 모처럼 새로이 탄생한 '세르비아인 크로아티아인 슬로베니아인 왕국'은 기본적으로 세르비아 왕국의 확장이라는 비난이 있었고, 라디치를 비롯한 크로아티아 민족주의자들은 별도의 크로아티아 독립을 주장하여 어려움을 겪었다. 심지어 크로아티아 민족주의자들은 크로아티아인들이 이탈리아의 런던비밀협정에 따른 아드리아 해안 점령을 앞두고 조급하게 세르비아 왕국에 합류를 요청한 것은 잘못이라며 '왕국'의 정당성을 부인했다. 이에 대하여 세르비아인들은 크로아티아 민족주의자들이 엄연한 역사적 사실을 왜곡한다고 비난했다. 그리고 크로아티아인과 슬로베니아인들은 패전국 국민의 운명에서 벗어나기 위해 승자인 세르비아 왕국에 편입되어 전승국 입장으로 등장하려는 기만술을 사용한다고 비난했다. 세르비아인들은 독일, 오스트리아-헝가리 2중 제국과의 전쟁 과정에서 겪은 형언할 수 없는 희생을 고려할 때 오스트리아-헝가리 2중 제국을 위해 싸웠던 크로아티아인과 슬로베니아인, 그리고 파리 런던에서 놀기만 하던 망명자들과 함께 나라를 세우지 말았어야 했다고 후회했다.

세르비아 왕국의 알렉산더 1세는 1918년 12월 1일 '세르비아인 크로아티아인 슬로베니아인 왕국'의 탄생을 선포했다. 베르사유 강화회의는 새로운 왕국의 탄생을 승인했다. 그러나 국내정치는 약 40여 개의 군소 정당이 우후죽순처럼 생겨, 국민들의 기대와는 달리 파벌정치만이 난무했다.

알렉산더 1세는 1919년 1월 지역 안배를 고려한 과도 정부를 구성했다. 정부 정체에 대한 각 정당 간의 이견은 팽팽했다. 크로아티아 농민당 당수인 라디치는 전근대적인 동방정교도인 세르비아인들과는 자리를 같이 할 수 없다고 주장할 정도였다. 그는 1919년 2월 '크로아티아 농민 공화국' 수립을 선포하고, 파리 평화회의 때 20만여 명의 서명을 받은 진정서를 연합국 측과 윌슨 미 대통령 앞으로 보내기도 했다. 그러나 연합국 측은 이를 무시했다. 알렉산더 1세는 정부에 저항하는 농민당을 불법화하기도 하고 라디치 당수를 수감하기도 했다. 1928년 6월 20일 몬테네그로 출신 급진파 의원이 의사당에서 라디치를 비롯한 3명의 크로아티아 농민당 의원에게 총격을 가하여 2명이 즉사하는 사건이 발생했다. 라디치는 부상을 당했다.

알렉산더 1세의 독재 | 알렉산더 1세는 중앙집권제와 연방제 문제로 국론이 양분되어 있는 가운데 정치인들이 지역주의에 얽매어 정국의 안정을 찾지 못하고 있음을 개탄하고, 1929년 1월 6일 의회와 정당을 해산하고 왕정 체제 수립을 선언했다.

알렉산더 1세는 지역감정을 제거하기 위한 방안의 하나로 지역 이름이 나열된 '세르비아인 크로아티아인 슬로베니아인 왕국'이라는 국명 대신 남슬라브족이라는 뜻의 '유고슬라비아Yugoslavia 왕국'으로 국명을 바꾸었다. 또한 전국의 33개 행정지역을 9개 광역 행정지역으로 바꾸고, 9개 광역행정 지역의 이름도 종래의 지역 이름 대신 강, 산 등의 이름으로 바꾸어 지역감정을 약화시키려고 했다.[58] 한편 행정구역 개편은 세르비아인들을 위한 것이라는 비난을 많이 받았다.

1931년 9월 3일 알렉산더 1세는 내각과 의회의 대치로 인한 행정의 마비를 없애기 위하여 새로운 헌법을 공포했다. 그러나 새로운 헌법은 지방주의, 분권주의를 제거하는 데는 효과적이었으나 여당과 정부의 권한이 비대해져서 권력남용을 초래했고, 여전히 반크로아티아 정책이라는 비난을 받았다.

당시 알렉산더 1세의 독재에 반대하는 많은 크로아티아 정치인들이 해외로 망명했는데, 그 중에 39세의 변호사인 안테 파벨리치Ante Pavelić가 있었다. 파벨리치는 우스타샤 이름하에 크로아티아 해방 운동 조직을 결성했다. 이 조직은 무력적인 궐기를 포함하여 모든 가능한 방법을 통하여 크로아티아 독립을 추구하는 극히 국수주의적인 단체였다.

파벨리치는 불가리아로 망명하여 반세르비아적인 마케도니아 테러단체VMRO와 접촉하고 무력으로 유고슬라비아 왕정의 전복을 기도했다. 그는 무솔리니의 재정지원하에 이탈리아와 헝가리 내에서 '우스타샤 크로아티아 혁명 조직'이라는 단체를 만들었다. 이들의 유고슬라비아 왕국 관료들에 대한 테러는 무자비했다.

알렉산더 1세의 암살 | 알렉산더 1세는 히틀러와 무솔리니의 위협에 대처하기 위해 프랑스와의 관계를 강화할 목적으로 1934년 프랑스 방문 길에 올랐다. 1934년 10월 9일 알렉산더 1세는 마르세유에 도착한 날 마케도니아 테러에 의하여 암살당했다.[59] 우스타샤의 파벨리치와 마케도니아 혁명단체VMRO의 음모 하에 이루어진 암살사건은 무솔리니와 헝가리 정부의 후원을 받은 것으로 알려졌다.

파블레 왕자의 섭정 | 알렉산더 1세가 암살된 후 11세 되는 그의 아들 페타르Petar 2세가 왕위를 계승했다. 그러나 미성년자이었기 때문에 알렉산더 1세의 사촌인 파블레Pavle 왕자가 섭정을 했다.

파블레 왕자는 그의 섭정 기간 말기에 크로아티아인들의 신임을 받는 드라기샤 츠베트코비치Dragiša Cvetković를 수상으로 임명하여 범국민적 단결을 추구했고, 추축국의 의혹을 사지 않기 위하여 친독일 인물인 주독 대사 친차르 마르코비치Cincar Marković를 외상으로 임명했다.

츠베트코비치 수상은 크로아티아농민당의 당수가 된 블라드코 마체크Vladko Maček와 접촉하여 1939년 8월 26일 역사적인 '대타협'을 끌어냈다. 주요내용은 알렉산더 1세가 개편한 9개 광역행정 제도의 수정, 크로아티아 자체 의회 구성과 지사 선출 등을 통해 크로아티아가 완전한 자치권을 보유한다는 것이다.[60] 이에 따라 크로아티아는 총체적으로 유고슬라비아 왕국 전 영토의 27%와 인구 29%를 보유하는 것으로 확대되었다. 이로써 크로아티아의 총인구 480만 명 중에 87만 명에 달하는 세르비아인들이 크로아티아 자치 정부 관할 밑으로 들어가게 되었다. 다만 외교문제, 대외무역, 안보관계 업무만 베오그라드에 있는 중앙정부에서 관장하기로 했다.[61]

'대타협'에 의해 마체크 농민당 당수는 중앙정부의 부수상이 되고, 마체크의 보좌관이었던 이반 슈바시치Ivan Šubašić가 크로아티아 자치 정부의 주지사로 임명되었다. 크로아티아로서는 대성공이었다. 그러나 크로아티아 공산당, 우스타샤, 이슬람 당, 세르비아 당 모두가 '대타협'에 반대했다. 역사적인 '대타협'은 제2차 세계대전 발발 1주일 전에 이뤄진 것으로서 현실화할 기회가 없었다.

마체크 당수는 '대타협'을 끌어내기 위해 이탈리아를 이용했다. 마체크는 '대타협' 합의 전인 1939년 무솔리니와 크로아티아 독립을 위해 음모를 꾸몄다. 즉 마체크는 이탈리아로부터 2,000만 디나르의 지원을 받은 후 4개월 내지 6개월 내에 혁명을 일으키고, 국내 질서와 안정을 위해 이탈리아 군대의 파견을 요청하면, 이탈리아 군대가 크로아티아에 진군하고, 크로아티아의 독립을 선언한 다음 이탈리아와 연방을 구성한다는 것이었다.

무솔리니는 마체크와 모의를 하면서, 크로아티아 독립 지원을 통하여 크로아티아에 대한 히틀러의 영향력을 견제하고, 독립한 크로아티아를 이탈리아의 사보이아Savoia 왕가로 흡수하는 방안을 계획하고 있었던 것이다. 그러나 무솔리니는, 마체크가 '대타협'을 위하여 자신을 이용한 것이라는 사실을 알게 되었다. 그는 분노한 가운데, 1934년 마르세유에서 알렉산더 1세 암살 사건 이후 억압했던 우스타샤를 지원하는 쪽으로 방향을 전환하고, 그간 수감했던 약 700여 명의 우스타샤 테러리스트들을 석방했다.

히틀러의 유고슬라비아 왕국 침공 | 유고슬라비아 왕국은 히틀러의 압력에 의해 1941년 3월 25일 추축국과 동맹조약을 맺었다.[62]

베오그라드 시민들은 '노예보다는 죽음을', '조약보다는 전쟁을'이라는 구호 아래 추축국과의 동맹을 반대하는 격렬한 시위를 벌였다. 이어 군사 쿠데타가 발생했다. 히틀러는 베오그라드의 반독일 쿠데타에 분개하여 3월 27일 베오그라드를 무차별 공습했다. 유고슬라비아 왕국은 독일 침공 21일 만인 4월 17일 무조건 항복문서에 서명했다.[63] 유고슬라비아 왕국은 독일군과 이탈리아군의 통치하에 들어갔고, 히틀러는 유고슬라비아 왕국을 분할하여 동맹국에게 나누어주었다.[64]

자그레브 시는 독일군의 폭격에서 제외되었다. 자그레브 시민들은 독일군의 자그레브 입성을 환영하는 깃발을 휘둘렀다.

독일은 슬로베니아 북쪽의 3분의 2를 직접 관할하면서 독일화 정책을 적극 추진했다. 이탈리아는 슬로베니아의 남쪽 3분의 1, 달마티아Dalmatia 해안과 아드리아 해 섬의 대부분, 그리고 몬테네그로를 수중에 넣을 수 있었다. 그리고 코소보와 일부 마케도니아 지역은 이탈리아의 보호령이 된 '대알바니아'로 흡수되었다. 독일과 이탈리아 군인들은 코소보에서 약 20만 명에 달하는 세르비아인을 축출했다.

히틀러와 무솔리니는 우스타샤 조직을 기반으로 1941년 4월 10일 크로아티아에 '독립 크로아티아 국가NDH·Nezavisna Država Hrvatska'를 수립했다고 선포했다. 4월 15일 안테 파벨리치는 이탈리아 군 탱크의 호위를 받으면서 자그레브에 입성한 후 '독립 크로아티아 국가'의 지도자가 되었다. 안테 파벨리치는 자그레브에 도착하여, "나는 기둥을 잘랐습니다(1934년 알렉산더 왕의 암살을 암시). 여러분은 가지를 자르십시오(세르비아인의 척결)"라고 선언하면서 '피의 복수'를 예고했다.

유고슬라비아 왕국이 해체되면서 그간 세르비아인들에 의해 억눌렸던 민족들의 원한이 폭발해 살육전이 발생했다. 우스타샤는 나치의 예를 따라 곳곳에 강제 집단 수용소를 설치했는데, 그 중 큰 오명을 남긴 곳이 야세노바츠Jasenovac 집단수용소이다.[65] 야세노바츠 수용소에서 약 60만 명의 세르비아인과 유대인이 사망했다고 한다. 크로아티아에서 학살당한 사람들의 시체가 사바 강을 통하여 베오그라드에 흘러내려와 베오그라드 다리가 막힐 정도였다고 한다.[66]

독일이 다시 연합군에 패하고, 티토가 승전국의 일원으로 귀향했을 때 파르티잔의 주류를 이루던 세르비아인들은 다시 한 번 자신들을 박해했던 크로아티아인, 코소보의 알바니아인들에 대하여 복수를 했다. 이렇게 하여 로마 가톨릭, 이슬람교, 동방정교회 간의 증오가 쌓였고, 비잔틴 문화권과 합스부르크 문화권의 공존은 불가능해 보였다. 그러나 티토는 '형제애와 통일'이라는 기치 아래 남슬라브족 통일 국가를 이룩했다. 티토가 사망하자 크로아티아에는 다시 국수주의적인 투지만이 등장하여 크로아티아 독립을 추구한 것이다.

보스니아 헤르체고비나의 선거 결과

3개 민족당의 창당 | 1990년 11월 9일 선거를 앞두고 보스니아 헤르체고비나에는 민족 공동체 중심으로 3개의 정당이 탄생했다. 이슬람계가 먼저 1990년 5월 26일 사라예보에서 민주행동당을 창당한 데 이어 세르비아계가 세르비아민주당, 크로아티아계가 투지만 대통령의 크로아티아민주연합당 지부를 결성했다.

보스니아 헤르체고비나 총 인구의 36%인 187만 명의 이슬람계를 대표하는 민주행동당 Party of Democratic Action 은 1925년생으로 신앙심이 두터운 이슬람 근본주의자이며, 변호사인 알리야 이제트베고비치 Alija Izetbegović를 지도자로 추대했다.

이제트베고비치는 티토 시절 두 번이나 투옥된 바 있었다. 독일 지배하에서는 독일 친위대가 조직한 이슬람 청년부대 Waffen SS에 속한 경력도 있다.

티토 시절 그가 투옥된 이유는 1970년 '이슬람 선언문 Islamska deklaracija'을 작성했다는 것인데, 그는 이 선언문에서 이슬람과 비이슬람 간의 공존과 평화는 있을 수 없다는 과격한 주장을 했다.

또한 그는 『서방과 동방 사이의 이슬람 Islam Between East and West』이라는 제목의 책을 출판했는데, 이 책에서 서방의 사유재산 개념을 부정하고, 이슬람 국가는 모든 재산을 통제해야 한다고 주장했다. 그는 모든 언론 매체는 이슬람 당국의 통제 하에 이슬람 교화를 위해 이용되어야 한다고도 했다. 그는 이슬람교가 개인과 신의 관계에 머물지 않고 사회, 종교, 국가를 포함하는 단일체제를 형성한다는 철학적 견해를 가지고 있었다. 그에게는 개인의 자유는 무의미한 것이었다. 그가 계획하는 민족사회의 구성은 오스만 투르크 제국처럼 다층, 다계급 사회였다. 이제 트베고비치는 감옥 생활을 많이 한 사람들의 특색인 강인한 성격과 내성적이고 비밀적인 성격을 가지고 있었다. 따라서 처음에 모두들 그의 본심을 읽을 수 없었다.

이제트베고비치는 로마 가톨릭인 크로아티아와 동방정교도인 세르비아에 둘러싸여 있는 보스니아 헤르체고비나를 유럽 땅의 유일한 이슬람국가로 만들겠다는 야망을 가지고 있었다. 이를 위해 대외적으로 '다종교, 다문화 사회' 건설이라는 포용력 있는 노선을 채택하고, 밀로셰비치나 투지만의 편협한 민족주의 노선보다 자신의 노선이 더 도덕적이고 합리적이라는 것을 선전하는 데 주력했다. 그는 형제국인 이슬람국가들로부터 재정적 지원을 확보하기 위해 노력했다. 그는 1991년 3월 리비아를 방문하여 5,000만 달러의 차관을 얻은 바 있고, 이슬람 국제회의 참관국가로 보스니아 헤르체고비나가 초청되도록 노력하기도 했다.[67]

보스니아 헤르체고비나 총 인구의 31%인 134만여 명을 대표하는 세르비아민주당은 1944년생이며 뉴욕에서 정신 의학을 공부한 정신과 의사이자 시인이며 민족주의자인 라도반 카라지치Radovan Karadžić를 당수로 선출했다. 이들은 만일 보스니아 헤르체고비나가 옛 유고연방으로부터 분리, 독립하는 경우 자신들은 옛 유고연방에 잔류하거나 세르비아 공화국에 합류한다는 입장을 취했다.

한편, 투지만 대통령의 크로아티아민주연합당이 보스니아 헤르체고비나에 지부를 결성했다. 민주연합당은 크로아티아 공화국과의 통합을 주장하면서 우선 편의상 이슬람계에 동조하여 보스니아 헤르체고비나의 독립을 지지했다.

보스니아 크로아티아계는 보스니아 헤르체고비나 총 인구의 17% 가량으로 약 74만여 명에 달했다. 이들 중 약 55만여 명은 사라예보를 중심으로 한 내륙지방에 거주하고 있고, 나머지 20만여 명은 달마티아 해안 쪽의 크로아티아 공화국과 접해 있는 헤르체고비나 지역에 거주하고 있었다. 헤르체고비나는 돌이 많은 척박한 지역이다. 100%가 크로아티아계인 이 지역은 전통적인 크로아티아 관습과 문화를 보존하고 있는 일종의 부족 사회로 크로아티아 국수주의자들이 많이 있었다. 이들은 신앙심 강한 가톨릭 신자들로서, 성모 마리아가 나타났다는 메주고리에Medjugorie 지역도 헤르체고비나에 속해 있다.

헤르체고비나 지역 크로아티아인 공동체의 지도자는 전 슈퍼마켓 지배인이던 마테 보반Mate Boban으로서 과격파였다. 투지만은 중부 지역의 온건파인 스체판 클류이치Stjepan Kljuić를 축출하고, 보반을 대표로 만들었다. 이 지역에는 크로아티아 공화국 극우단체가 만든 1만 6,000명의 민병대Croatian Defence Alliance가 주둔하고 있었는데, 이들은 1991년 크로아티아인들이 크라이나 세르비아계와 연방군으로부터 공격을 받고 있을 때 의용군으로 참전한 바 있는 역전의 용사들이다.

선거 결과 | 보스니아 헤르체고비나 선거에서 표는 예외 없이 민족·종교별로 쏠리는 양상을 띠었다. 보스니아 의회의 총 240석 중, 이슬람계인 민주행동당이 87석, 세르비아민주당이 71석, 크로아티아민주연합당이 41석을 차지했다.

선거 결과 3개 민족의 3개 정당이 연정을 구성하여 이슬람계 대표인 알리야 이제트베고비치가 대통령으로 취임하고, 세르비아계 몸칠로 크라이슈니크Momčilo Krajišnik가 의회 의장이 되고, 크로아티아계 유레 펠

리반Jure Pelivan이 행정부의 수상이 되었다.

투지만이 연정을 통하여 크로아티아계로 하여금 수상직을 맡도록 한 중요 이유 중 하나는 이제트베고비치와의 군사협력을 추진하여 세르비아계에 대한 공동전선을 구축하기 위한 것이었다. 투지만의 이런 전략은 우선 보스니아 헤르체고비나 공화국 영토를 세르비아계로부터 지켜주워야 나중에 그 일부라도 점유할 수 있는 가능성이 있다는 계산 때문이었다.

또한 이런 투지만의 2중 전략은 이제트베고비치 대통령의 임기가 끝나면 수상직을 맡고 있는 크로아티아계가 보스니아 헤르체고비나 대통령직을 인수할 수 있도록 하기 위한 사전 포석이라는 설도 있었다. 이와 관련 크로아티아계의 쿠데타 음모설도 끊임없이 나돌았다.

투지만의 보스니아 크로아티아계에 대한 적극적인 개입은 크로아티아 공화국 내의 크라이나 세르비아계에게 자치권조차 주지 않는 것과는 아주 대조적인 것이었다. 투지만은 크로아티아 공화국 국내 전황이 사이러스 밴스Cyrus Vance 특사의 주선에 의한 휴전으로 일단락되자, 즉시 크로아티아 정부군을 보스니아 헤르체고비나에 투입시켰다.

보스니아 헤르체고비나 헌법은 공동 정책을 취한다는 취지 아래 모든 주요 결정을 3개 민족대표의 만장일치로 의결한다고 규정하고 있었다. 그러나 이 규정으로 말미암아 노선이 각기 다른 3개 정당이 구성한 연정은 처음부터 그 기능이 마비되었다.

보스니아 헤르체고비나의 역사적 고찰 | 보스니아와 헤르체고비나는 두 지역을 합친 것으로서 내륙 국가이다. 보스니아 헤르체고비나는 유럽 어느 나라보다도 로마 제국, 샤를마뉴 제국, 오스만 투르크 제국, 가

톨릭, 동방정교회, 유대교, 이슬람교의 영향력이 겹치고 겹쳤던 곳이다.

보스니아 헤르체고비나 원주민은 영국 역사학자 노엘 맬컴Noel Malcolm의 『보스니아 약사Bosnia, A Short History』에 따르면, 코소보와 마찬가지로 알바니아계의 조상이라는 일리리아인Illyrians들이었다고 한다.[68] 그러나 남슬라브족들이 보스니아 산간지역에 대거 이동하여 온 결과 보스니아 거주인의 대부분이 남슬라브족이 되었다.

보스니아 헤르체고비나 지역은 10세기 전후 세르비아, 크로아티아, 동로마의 통치를 번갈아 받았고, 이에 따라 지배자도 수시로 바뀌었다. 보스니아 헤르체고비나에서는 로마 가톨릭의 프란체스코 수사들과 동방정교회 간에 치열한 포교활동 경쟁이 있었고, 동시에 이단으로 취급받은 보고밀Bogomil교가 전파되기도 했다. 보고밀교는 보스니아 헤르체고비나에서 자리를 잡은 후 서방에도 진출하여 이름은 달랐지만 계속 세를 확장했다.[69]

보스니아 헤르체고비나도 대추장의 등장으로 국가 형태를 이룬 바도 있었고, 나름대로 자치권 쟁취를 위한 노력도 있었으나 1463년 오스만 투르크에 의하여 완전히 점령당했다. 그리고 500여 년 간의 지배를 통하여 보스니아 헤르체고비나는 이슬람 사회로 많이 동화되었다. 그러나 인종은 남슬라브족이었다. 세르비아와 크로아티아가 서로 보스니아 헤르체고비나인들이 자신들의 계통이라고 주장하는 이유가 여기에 있다. 사라예보Sarajevo라는 단어는 터키어로 'Seraglio(들판의 왕궁)'이라는 뜻이다.

보스니아 헤르체고비나는 오스만 투르크 제국의 통치하에 있으면서 유럽에서 가장 낙후된 지역이 되었다. 특히 오스만 투르크 제국이 세력을 잃는 가운데 관리들의 부패와 무능으로 말미암아 농민들은 인간

이하의 처참한 생활을 하고 있었다. 당시 오스만 투르크 제국 정부는 부채 상환능력 부족으로 1875년 10월 외채 상환 유예를 선언할 정도로 경제사정이 좋지 않았다.

재정적 위기에 직면한 오스만 투르크 제국은 세금을 배로 부과하여 가뜩이나 가뭄과 혹독한 겨울로 인하여 기아선상에 있던 농민들을 최악의 상황으로 몰아갔다.

네베시네Nevesinje 농민들은 절박한 상황하에서 1875년 6월 하순 군대 보급품 마차를 공격하여 약 10여 명을 사살한 후 보급품을 탈취했다. 이 사건을 계기로 오스만 투르크 제국은 보스니아 기독교인들에게 형언할 수 없을 정도로 잔인한 보복조치를 가했다. 농민들은 반항했고 폭동을 일으켰다. 1874~1878년 보스니아 농민 문제는 크나 큰 동방의 위기로 등장하게 되었다.

독일, 오스트리아, 러시아는 현상유지를 위해 농민들과 오스만 투르크 제국 간의 중재를 위해 노력했으나 별 효과가 없었다.

세르비아의 밀란 오브레노비치Milan Obrenović(재위 1868~1889) 왕과 몬테네그로의 니콜라스Nicholas 1세(재위 1860~1918)는 같은 남슬라브 족 형제를 도와야 한다는 국내여론에 밀려 1876년 6월 30일 콘스탄티노플에서의 정치적 혼란을 틈타서 오스만 투르크 제국에게 선전포고를 했다.[70] 그러나 세르비아 군대는 오스만 투르크 제국 군대의 적수가 되지 못했다.

베오그라드가 오스만 투르크 제국 군대에 의하여 점령되기 직전에 있었다. 러시아 정부는 같은 슬라브족을 도와야 한다는 국내 범슬라브주의자들의 압력에 밀려 군대를 파견하기로 결정하고, 크리미아Crimea 전쟁 때의 실수를 되풀이하지 않기 위해, 오스트리아로부터 사전 양해를 구하는 소위 '부다페스트 협정'을 1877년 1월 15일 체결했다. 협정 내용에서 특기할 것은, 오스트리아는 러시아와 오스만 투르크 제국 간의 전쟁에 중립을 지킬 것이지만, 그 대가로 러시아가 오스트리아의 보스니아 헤르체고비나 합병에 동의한다는 것이었다. 이 협정 체결 후 러시아는 전쟁 준비를 마치고 1877년 4월 24일 오스만 투르크 제국에게 정식으로 선전포고를 했다.

오스만 투르크 제국은 러시아의 공세에 못 이겨 산 스테파노^{San} ^{Stefano} 강화조약을 1878년 3월 3일 체결했다. 그 내용은 러시아에게 일방적으로 유리한 것이었다. 그리고 세르비아와 몬테네그로는 보스니아 헤르체고비나 영토의 일부를 할애 받고, 오스만 투르크 제국으로부터 완전 독립국으로 인정을 받았다. 루마니아도 완전한 독립을 얻었다. 그러나 유럽 열강들은 러시아의 일방적인 세력 확장을 공식화하는 산 스테파노 조약에 반대했다.

그 결과 유럽 열강들은 산 스테파노 조약 수정을 위하여 비스마르크 주재 하에 베를린에서 1878년 6월 13~7월 13일 회의를 열었다.[71]

열강들은 러시아에게 유리했던 산 스테파노 조약을 난도질했다. 그러나 오스트리아는 보스니아 헤르체고비나에 대한 오스만 투르크 제국의 종주권을 계속 인정하는 가운데 이 지역을 점령, 통치하는 권한을 받아냈다. 이는 곧 오스트리아가 보스니아 헤르체고비나를 흡수하기 위한 전주곡이었다.

세르비아 왕국은 독립을 인정 받았다. 그러나 코소보 지역 일부와 남쪽의 마케도니아 지역 일부만을 갖게 되었고, 보스니아 헤르체고비나 지역은 세르비아에게는 금지 지역이 되어버렸다. 그리고 세르비아 왕국의 아드리아 해 진출도 견제 당하게 되었다.

오스트리아는 베를린 회의에서 오랫동안의 숙원을 이루어 보스니아헤르체고비나를 점령 통치하게 되었고, 한걸음 더 나아가 세르비아를 견제할 수 있었기 때문에 누구보다도 큰 성과를 올렸다.

베를린 회의 이후 오스트리아-헝가리 2중 제국은 끝내 1908년 10월 7일 일방적으로 보스니아 헤르체고비나를 합병한다고 선언했다. 1909년 3월 31일 세르비아는 사약을 삼키듯이 이 합병을 기정사실로 인정했다. 그러나 이런 인정이 세르비아 왕국의 보스니아 헤르체고비나에 대한 고유의 권한에는 영향을 주지 않는다는 내용의 문서를 오스트리아-헝가리 2중 제국에 발송했다.

오스트리아의 합스부르크가는 이러한 기구한 역사적 배경을 가진 보스니아 헤르체고비나의 수도 사라예보에 육군 통감 자격으로 황태자인 프란츠 페르디난트Franz Ferdinand 부부를 파견했는데, 황태자가 사라예보 방문 중이던 1914년 6월 28일 암살당했다.[72] 암살 사건은 바로 제1차 세계대전의 도화선이 되었다.

제1차 세계대전이 끝나면서 보스니아 헤르체고비나는 승전국인 유고슬라비아 왕국으로 귀속되었고, 제2차 세계대전 후 티토는 보스니아 헤르체고비나를 옛 유고연방을 구성하는 6개 공화국의 하나로 승격시켰다.

마케도니아와 몬테네그로의 선거 결과

마케도니아에서는 공산당원이고 경제 개혁파인 키로 글리고로브Kiro Gligorov가 대통령으로 당선되었다.

여기서 마케도니아의 역사를 짧게 살펴보자. 고대 그리스시대에 마케도니아 지역은 알렉산더 대왕의 본거지였다. 로마 제국이 서기 395

년 동서 로마제국으로 분할되면서 마케도니아는 동로마 제국에 예속되었다. 7세기경 동로마 제국의 다뉴브 강 국경선이 무너지면서 슬라브족이 대거 마케도니아에 정착하기 시작했다.

그러나 1389년 세르비아 왕국이 코소보 전투에서 오스만 투르크에게 패망한 뒤 마케도니아는 오스만 투르크 수중으로 넘어갔다.

7세기 처음으로 슬라브족이 발칸반도에 정착한 시기부터 제2차 세계대전 때까지 마케도니아는 항상 상이한 문화의 만남의 장소였고, 주변 세력의 이해가 상충하는 지역이었다. 음식 메뉴에 있는 '마케도니아'의 뜻도 여러 야채를 섞은 샐러드라는 것인데, 마케도니아 국명에서 유래한 것으로 보인다.

한편 몬테네그로에서는 밀로셰비치 지지세력이 일종의 쿠데타를 일으켜 모미르 불라토비치Momir Bulatović를 대통령으로 당선시켰다. 몬테네그로 사람들은 세르비아인들과 같은 씨족이며, 세르비아인과 구분하는 것은 불가능하다.

몬테네그로 약사를 살펴보면 다음과 같다. 하나님이 세상을 창조하고 난 뒤 아직도 많은 큰 덩어리의 돌들이 가방에 남아 있었다고 한다. 그런데 하나님이 실수하여 이중 큰 돌 덩어리 하나를 떨어트려 만들어 진 것이 바로 몬테네그로라는 전설이 있다. 이 전설과 같이 몬테네그로에는 험준한 돌산이 많다. 몬테네그로Montenegro라는 단어는 "검은 산"이라는 뜻이다. 외부에서 접근하기가 어려웠기 때문에 14, 15세기 오스만 투르크가 마케도니아, 세르비아, 보스니아, 헤르체고비나, 알바니아를 휩쓸 때 오로지 몬테네그로만이 외딴 섬과 같이 그대로 남아서 많은 사람들에게 피난처를 제공하여주었다.

16세기에 몬테네그로는 동방정교회 대주교가 통치하는 일종의 신

정국神政國이 되었다. 그리고 베니스와 아드리아 해안지역을 두고 싸우기도 하고 오스만 투르크에 공동으로 대항하기도 했다.

동방정교회 성직자들에 의하여 운영된 몬테네그로의 오스만 투르크에 대한 저항은 강력했다. 그러나 17세기에 들어와서 중심지인 체티네Cetinje도 1623년과 1687년 오스만 투르크에 의해 점령당한 적이 있었다. 그리고 조공을 받치도록 강요당한 바 있으나 워낙 지형이 척박하여 오스만 투르크군은 곧 철수했다고 한다. 몬테네그로는 옛 유고연방에 합병되기 전까지 1,000년간 독립 국가로 존재했었다.

세르비아 공화국의 선거 결과

밀로셰비치는 '반관료' 기치 아래 이미 공산당 전당대회 투표에서 대통령으로 선출된 바 있었기 때문에 새로운 선거를 할 필요가 없다고 강변하고 있었다. 그러나 국내외적으로 압력이 강해지면서 공화국 헌법 개정을 통한 다당제 자유선거를 하지 않을 수 없었다. 세르비아 공화국 공산당은 1990년 7월 16일 사회주의연합당과 합당하여 세르비아사회주의당SPS·Socialist Party of Serbia으로 당명을 바꾸고 밀로셰비치를 당수로 추대했다.

베오그라드 시는 티토가 비동맹 운동의 맹주가 되면서 국제적인 도시로 발전해 상대적으로 개방되었기 때문에 야성이 강했다. 지방은 부족주의를 바탕으로 보수적인 성향이 강했기 때문에 민족주의를 앞세운 밀로셰비치의 여당은 주로 지방에 기반을 두게 되었다.[73]

총선거에는 35개 정당이 참가하여 32명의 대통령 후보가 출마했다. 유력한 야당 지도자로 부상한 인물은 베스트셀러 책을 출간한 부크 드라슈코비치Vuk Drašković였다. 그는 크로아티아 공화국이 옛 유고연방에서 분리하는 것에 동의했다. 그러나 크로아티아 공화국의 영토는 옛 유고연방의 구성 공화국이라는 전제 아래 주워진 것이기 때문에 연방을 탈퇴하는 경우에는 옛 유고연방이 준 영토를 내놓아야 한다고 주장했다. 그리고 전쟁 보상금 3,500억 달러를 지불해야 한다고 했다.[74] 그는 또한 1941년 4월 10일 이전을 기준으로 하여 옛 유고연방 전 지역에서 세르비아계가 다수 거주하는 지역을 모두 통합하여 대세르비아 국가를 만들어야 한다고도 주장했다. 그는 정치가라기보다 소설가였고, 밀로셰비치보다 한층 강한 국수주의자였다. 그의 국수주의적인 주장은 지방에서 인기가 높았으나, 통일 야당 전선을 구성하자는 그의 제안에는 4개 정당밖에 가세하지 않았다. 밀로셰비치는 자신보다도 더 국수주의적인 드라슈코비치에 대해서는 경제발전, 생활수준 향상을 내세우면서 공격했다.

선거에 참여한 35개 정당 중 반 이상이 소위 '모기 정당'이라고 불리었다. 밀로셰비치는 선거에서 자신의 당에서 몇 명을 선발하여 대통령으로 출마토록 해 경쟁률을 인위적으로 높였다. 그리고 반정부 인사들은 외국정부의 요원이라고 탄압했고 심지어 소로스 재단Soros Foundation도 외국 정보기관으로 취급했다. 빌 클린턴Bill Clinton의 조상은 독일 계통이라고까지 했다.[75]

1990년 12월 10일 총선거 결과 밀로셰비치의 세르비아사회주의당은 85%의 득표를 자랑했다. 대통령 선거에서는 야당 대표인 드라슈코비치보다 거의 3배에 가까운 표를 얻었다. 선거 결과 세르비아사회주의당은 의회에서 250석의 60%를 차지했다. 코소보 알바니아인들은 자치권 박탈에 항의하여 세르비아 대통령 선거에 참여하지 않았다.

밀로셰비치는 '강력한 세르비아, 강력한 유고슬라비아(Strong Serbia, Strong Yugoslavia)'를 선거 구호로 내세웠다. 그는 전국적으로 산재한 모든 세르비아인들은 한 지붕 밑에 살 것이라고 호언했다. 슬로베니아와 크로아티아계 가톨릭 신자가 없는 순수한 동방정교도들로만 구성되는 남슬라브족 나라(유고슬라비아)를 설립하겠다는 밀로셰비치의 발언은 세르비아인들을 흥분시켰다. 그러나 이런 세르비아인들의 자기도취는 타 공화국으로 하여금 세르비아인들을 한층 더 혐오하게 만들었고, 견제토록 했다.

안테 마르코비치의 개혁세력연맹당

안테 마르코비치는 옛 유고연방 의회가 침체에 빠진 경제를 살리기 위해 1989년 3월 선출한 옛 유고연방 정부 수상이었다. 마르코비치는 경제 개혁을 추진하는 과정에서 부정적인 부산물도 많았지만 인플레이션을 진정시키고, 유고 화폐인 디나르를 독일 마르크에 연계 시키면서 디나르의 태환권을 회복하는 등 경제적인 성과를 많이 이루어냈다. 취임한 지 1년 내 외환보유고를 4배로 끌어올렸다.

마르코비치의 경제개혁은 국민들의 호응을 얻어서, 그는 가장 인기 있는 정치인으로 부각되었다. 그는 1990년 봄 여론조사에서 79% 지지율을 얻을 정도였다. 그는 자신의 경제 개혁이 정치 개혁으로 발전할 것을 믿고 있었다.

그러나 이런 마르코비치의 성공을 가장 위협적으로 느끼는 부류는 다름 아닌 각 공화국의 지역 민족주의의 탈을 쓴 전 공산당 관료들이었다. 따라서 이들은 모든 언론, 선전 매체를 통하여 마르코비치 수상을 비난했고, 심지어 수상인 그의 연두교서 발표도 중계하지 않았다.

마르코비치 수상은 각 공화국의 견제를 극복하기 위해 1990년 7

월 뒤늦게 개혁세력연맹당을 창립하고 선거 운동에 돌입했다. 그의 개혁세력연맹당은 특정 공화국이나 민족에 기반하지 않은 명실상부한 거국 정당이었다. 당시 옛 유고연방의 17%에 이르는 젊은 지식인들은 지역 차별을 두지 않고 있었다.

그러나 마르코비치의 개혁세력연맹당은 정치 활동을 늦게 시작한 데다 각 공화국에서 전국적인 신당 창당을 위한 절차를 의도적으로 지연시키고 허가 절차도 복잡하고 어렵게 만들어 제 때 등록을 할 수가 없었다. 그 결과 그의 정당은 이미 총선이 실시된 슬로베니아, 크로아티아에서는 등록조차 할 수 없었다.

▪▪ 다당제 선거에 대한 평가

민족자결주의의 한계
옛 유고연방 공화국별로 실시된 선거에 출마한 인사들은 대부분 민족자결주의자로 변신한 전직 공산당 관료들이었다. 선거는 지역감정을 이용하여 부정적인 애향심을 부추기는 마당으로 전락했다. 그리고 이들은 부정적인 애향심을 애국심으로 착각하도록 만들었다.

1919년 우드로 윌슨 대통령이 중부 유럽지역의 문제를 해결하기 위해 주창한 민족자결주의는 숭고한 도덕적 원칙이었다. 그러나 그의 민족자결주의는 실제에 있어서는 문제를 해결하는 만큼 다시 문제를 일으키는 정책이기도 했다.

예를 들어 다민족 국가 내에서 일개 민족의 자결권만을 주장하는 경우 타 민족은 이방인이 되고, 숫자가 적을 경우에는 소수민족이 되어

차별대우를 받게 된다. 따라서 개인의 자유와 평등을 기반으로 하는 민주주의와는 거리가 멀기 때문에 민족자결주의 주장에는 한계가 있었다.[76] 즉 다민족 사회인 옛 유고연방 경우에 있어서 민족자결주의 원칙 적용은 일파만파의 결과를 가져오는 것이었다.

그리고 동일한 민족자결주의 원리가 적용되지만 정황에 따라 그 결과는 판이하게 달라진다. 독일에서는 통일이라는 역사적인 대업이 이뤄졌지만, 옛 유고연방의 경우 7개 국으로 쪼개지는 현상을 초래한 것이 대표적인 예이다. 참고로 통일 독일을 위한 민족자결주의 적용 내용을 요약해 보면 다음과 같다.

민족자결주의와 통일 독일

유럽 주변국에는 중부유럽에 다시 나타날 통일 독일에 대한 두려움과 불안이 도사리고 있었기 때문에 독일 통일이란 말은 금기어禁忌語가 되다시피 했다. 마거릿 대처Margaret Thatcher 영국 수상은 미국 부시 대통령에게 공식적으로 독일 통일을 반대한다는 입장을 밝히기도 했다. 소련의 고르바초프는 "내가 독일의 재통일을 허용하게 되면 내 자리엔 소련 육군 원수가 앉게 될 것"이라고 쿠데타 가능성을 언급할 정도로 독일의 통일을 원치 않고 있었다. 특히 고르바초프는 통일 독일이 미국 중심의 나토NATO에서 벗어나 있거나, 비무장 지대 또는 중립적인 성격을 지녀야 한다는 입장을 견지하고 있었다.

다만 미국만이 베를린 장벽 붕괴 이후 통일 독일을 지지하고 있었다. 부시 미 대통령은 통일 독일 지지 대가로 콜 수상으로부터, 민족자결 원칙에 따른 통일 독일의 나토 가입과 미군의 서독 주둔을 보장 받았던 것이다.

미국은 예상되는 소련의 반대를 무마하는 방안으로 민족자결주의 원칙을 내세웠다. 독일 국민들이 민족자결 원칙에 따라 통일을 하거나, 통일 독일이 나토에 가입을 희망할 경우, 소련은 이를 반대하기 어려울 것이라고 계산한 것이다. 동시에 미국은 새로운 통일 독일이 나토 회원국이 되는 경우, 새로운 나토는 소련 연방을 위협하는 성격의 기구가 되지 않을 것이며, 소련 연방이 우려하는 7,900만 인구의 통일 독일을 견제하는 역할을 할 것이라는 입장을 취했다. 미국은 이런 논리로 통일 독일을 반대하는 유럽 우방국을 설득했다.

그러나 고르바초프는 독일인 스스로 통일여부를 결정한다는 민족자결 원칙에는 동조하면서도, 통일 독일의 나토 가입을 계속 반대했고, 통일 독일이 중립적이 될 것을 주장했다. 이와 같이 미소 간의 상반된 입장이 계속 평행선을 달리고 있는 가운데 경제적 어려움을 겪던 고르바초프는 부시 대통령과 콜 수상이 경제 협력 제공을 암시하자 다소 완화된 기색을 보이기 시작했다.[77]

미국과 소련이 통일 독일 문제로 절충을 시도하던 때인 1990년 3월 콜 수상의 기민당이 주도하는 '독일을 위한 연합 Alliance for Germany'이 동독에서 실시된 총선에서 승리함으로써 기본법 23조에 따라 서독의 동독 흡수가 결정되었다.

그리고 이 시기에 발트 3국의 분리·독립 운동은 미국 거주 발트 지역 동포들의 활발한 로비활동에 힘입어 미국의 심각한 국내 문제로 대두되었다. 따라서 부시는 고르바초프를 자극하면 안 될 줄 알고 있으면서도 자신의 국내정치가 우선이기 때문에 독일의 통일문제와 같이 발트 3국 문제에 관련하여서도 민족자결 원칙을 강하게 주장했다. 그러나 발트 3국의 민족주의 운동도 체코의 경우와 같이 붉은 군대에 무참히

짓밟힐 우려가 있기 때문에 강하게 밀어붙이지는 못했다.

1990년 3월 11일 리투아니아 공화국에서는 민족주의자인 비타우타스 란드스베르기스Vytautas Landsbergis를 대통령으로 선출하고, 옛 리투아니아 공화국으로의 복귀를 선언했다. 고르바초프는 이 선언이 위법이고 무효라고 비난하면서 리투아니아를 봉쇄했다. 이와 관련하여 미국 내에서는 부시 정부의 유화적이고 소극적인 태도에 대한 비난이 많았다.

이와 같이 미소 양국이 첨예하게 대립하고 있는 가운데 1990년 5월 31일 워싱턴에서 미소 정상회담이 열렸다. 정상회담의 주요 의제는 소련이 반대하는 통일 독일의 나토 가입과 발트 3국 문제였다.

부시 대통령은 대처 영국수상, 프랑수아 미테랑François Mitterrand 프랑스 대통령과 각각 사전 입장을 조율한 뒤, 고르바초프에게 통일 독일의 나토 가입 문제는 독일인 자신들에게 위임할 것을 제의했다. 고르바초프는 서독의 동독 흡수를 규정한 기본법 제23조 적용에 대해서는 동의하나, 통일 독일은 나토와 바르샤바의 양 동맹에 가입하거나 비동맹화되어야 한다고 주장하면서 통일 독일의 나토 가입을 계속 반대했다.

고르바초프는 미소 정상회담 사전 협의 차 5월 16~19일 모스크바를 방문했던 제임스 베이커James Baker 국무장관에게 미국이 상호 모순되는 주장을 하고 있다고 역설한 바 있었다. 고르바초프는 미국이 동·서독이 평화, 민주주의를 원하고 있기 때문에 아무런 위험이 되지 않는다고 주장하면서, 왜 미국은 통일 독일을 나토에 가맹시키지 않으면 위험하다고 하는지 이해가 안 된다고 했다. 그리고 바르샤바 동맹이 해체되고 있는 마당에 미국은 아직도 소련의 위협에 대처하기 위해 나토라는 동맹체제가 필요하다고 하는데, 이는 부시가 반복하여 강조한 미소 협력 강화와 어긋나는 것이라고 비난했던 것이다.

그리고 고르바초프는 소련이 군축에 합의하는 경우 미국은 재정적 여유가 생길 것이라고 하면서, 소련이 당장 급한 것은 서방으로부터의 재정원조임을 강조했다.

베이커 국무장관은 고르바초프에게 통일 독일의 나토 가입문제는 독일인들이 결정토록 하자고 했다. 미국은 통일 독일이 나토에 가입토록 강요하지 않고 있다고 했다. 그러나 미국은 통일 독일의 나토 가입이 중요하다고 생각하고 있는데, 그 이유는 소련 연방을 두려워해서가 아니고 통일 독일을 유럽 체제 안에 안주시키지 않는 한 과거의 비참한 역사를 되풀이할 우려가 있기 때문이라고 했다. 또 통일 독일이 나토에 가입하는 경우 핵무기, 생화학무기를 포기하게 할 수 있을 것이라고 했다. 그러나 통일 독일이 나토 가입을 희망하지 않는 경우 가입하지 않아도 좋다고 했다. 그리고 베이커는 소련의 강경입장을 완화시키기 위해 과거 미국이 제시했던 9개 항목을 열거했다.[78]

고르바초프는 베이커의 끈질긴 설득에도 불구하고 끝까지 통일 독일의 나토 가입을 반대했다.

부시 대통령은 독일의 나토 가입을 반대하는 고르바초프에게 5월 31일 정상회담에서 다시금 독일은 과거 40년간 완전히 변했다고 하면서 통일 독일의 나토 가입은 유럽의 안정 체제 구축에 기여할 것이라고 설명했다. 그리고 부시 대통령은 모든 나라는 자신의 동맹관계를 선택할 권한이 있다는 헬싱키 최종 협정 내용을 인용하면서 통일 독일은 자신이 원하는 바를 결정할 권한이 있다는 민족자결 원칙을 강조했다.

이 같은 부시 대통령의 언급에 대하여 고르바초프는 통일 독일이 나토의 가맹국이 될 것인지의 여부를 결정할 권한이 있다는 데 동의하자고 제의하는 것이냐고 부시에게 반문했다. 고르바초프의 이런 반문은, 통일 독일이 나토 가입을 원치 않고, 중립화를 원한다고 알고 있었기 때문인 것으로 추측된다.

이에 대해 부시 대통령은 콜 수상으로부터 독일은 나토에 가입할 것이라는 약속을 받은 바 있기 때문에 자신 있게 "독일은 민주 국가인 만큼 나토에 가입하든, 또는 나토 가입을 거부하든 미국은 독일 국민의 결정을 존중할 것"이라고 대응했다.[79] 그리고 리투아니아 문제와 관련하여 고르바초프가 민족자결 원칙에 입각하여 조치할 경우 미 정부는 경제 분야에서 소련과 협조할 의사가 있음을 밝혔다.

결국 정상회담에서 고르바초프는 미국과 소련은 통일 독일의 장래 문제와 관련하여서는 독일인이 선택하는 바에 따라 최종 결정짓도록 한다는 것에 원칙적으로 합의하고, 구체적인 사항은 외무장관에게 위임하기로 했다. 즉 통일 독일의 나토 가입 여부는 민족자결 원칙에 따라 독일인 자신이 선택할 권한이 있다는 데 합의한 것이었다. 이로써 고르바초프의 완강하던 통일 독일의 나토 가입 반대 입장이 누그러지게 되었다.

한편 부시 대통령은 경제원조가 고르바초프의 국내정치에 있어 매우 중요하다는 점을 고려하여 고르바초프에게 곡물 지원을 약속하고 통상협정에 서명했다. 단 리투아니아에 대한 소련의 봉쇄조치 철회와 고르바초프의 통일 독일 문제에 관한 입장 완화와 연계시켰다. 이 이외에 정상회담에서 생화학 무기 통제와 재래식 무기 및 핵무기 감축 등에 관한 미소 간의 협력에 진전이 있었다.

그 후 1990년 6월 29일 리투아니아는 독립선언을 유예하고 고르바초프는 리투아니아에 대한 봉쇄를 철회했다.

독일은 이 기간 동안 통일을 위한 국내 조치를 취하면서 한 걸음, 한 걸음 통일에 다가서고 있었다.[80] 마침내 1990년 10월 3일 민족자결 원칙에 따라 서독이 동독을 흡수함으로써 통일이 이루어졌다. 강력한 통일 독일이 등장한 것이다.

여기서 한 가지 짚고 넘어갈 것은, 콜 수상이 부시 대통령을 만나 독일 통일 문제와 관련하여 민족자결주의를 내세우기 전, 국경문제는 절대로 건드리지 않겠다는 입장을 표명한 바 있다는 점이다. 그러나 독일은 후에 옛 유고연방의 경우 민족자결주의에 따라 슬로베니아, 크로아티아 공화국 독립을 승인함과 동시에 국경선 변경을 인정했다. 따라서 민족자결주의 원칙, 국경선 변경 불가 원칙 등은 정치적 편의에 의해 이용되는 원칙이라고 비난을 받게 되었다.

▌ 다당제 선거 이후의 움직임

옛 유고연방의 위기가 조성되면서 1990년 12월 26일과 27일 베오그라드에서 옛 유고연방 각 공화국 지도자들과 옛 유고연방 정부 간에 현안 문제를 평화적으로 법에 따라 해결하자는 취지의 모임이 있었다. 이 모임에서 공화국 간의 접촉을 계속 유지하기 위해 옛 유고연방 의회의 임기를 91년 5월 15일까지 연장할 것에 합의했다. 그러나 유고 장래 문제에 대한 의견 접근에는 실패했다.

크로아티아 공화국은 1990년 12월 22일 세르비아계의 소수민족 권리 보장 주장을 전혀 반영하지 않은 채 새로운 공화국 헌법을 공표했다. 크라이나 세르비아계는 이 헌법 선언보다 하루 앞선 12월 21일 자치지역 설치를 발표했다. 4번째 선언이었다.

슬로베니아 공화국은 한 걸음 더 나아가 슬로베니아 공화국의 독립여부를 묻는 국민투표를 1990년 12월 23일 실시했다. 예상대로 슬로베니아 국민 88.5%가 슬로베니아 독립에 찬성하는 것으로 나타났다. 슬로베니아 의회는 국민투표를 바탕으로 앞으로 6개월 이내에 옛 유고연방 장래문제에 대한 협상이 안 되면 독립을 공식 선언하겠다고 밝혔다. 이 선언도 4번째 선언이었다.

국민투표는 일종의 여론몰이었다. 한국에서도 지역 편중이 18대 대통령 선거에서 두드러지게 나타났다. 예를 들어 광주에서 문제인 민주당 후보가 92%의 표를 얻었고, 대구에서는 박근혜 새누리당 후보가 80%를 득표했다. 이 같은 지역주의를 고려한다면 국민투표에서 슬로베니아 독립을 지지한 표가 88.5%라는 것이 놀라운 일은 아니다.

옛 유고연방 대통령부는 1990년 한 해를 보내면서 각 공화국 대통령 간의 회담을 열어 옛 유고연방 장래 문제에 관한 정치적 타결점을 찾으려 했으나 역시 실패했다. 각 공화국 대통령들은 오로지 협상 파기자라는 역사적 비난을 받지 않으려는 책임 회피 차원에서 91년 초에 다시 만나기로 합의했을 뿐이었다.

각 공화국 지도자 간의 연석회의는 연방 대통령부의 주선으로 1991년도 초 수차례(1월 10일, 1월 31일, 2월 8일, 2월 13일)에 걸쳐 개최됐다. 필요에 따라 전체회의와 개별적인 회담이 번갈아 열렸다. 그러나 만나면 만날수록 입장 차이는 더 벌어지기만 했다. 회의는 분리를 위한 시간 벌기이며, 상대방 움직임 파악을 위한 수단이었다.

3 | 전쟁 전야

▓ 옛 유고연방군의 무력화

옛 유고연방군은 연방을 지켜야할 국방업무 수행에 혼란을 겪고 있었다. 헌법 상 군통수권을 가지고 있는 연방 대통령부 기능이 마비되고, 상위조직인 전국 공산당이 와해되고, 각 공화국의 분리, 독립 움직임이 강화되었기 때문이다. 특히 슬로베니아 공화국이 선거 이후 옛 유고연방 헌법을 일방적으로 거부함에 따라 혼란은 더욱 심해졌다.

슬로베니아와 크로아티아는 선거 직후 자기지역 출신 연방군의 탈영을 촉구하여 이들을 지역 방위군에 편입시키고 무기 밀수입을 통하여 전력을 강화했다. 연방정부 국방장관인 벨리코 카디예비치Veliko Kadijević는 정치적 혼란 가운데 9월 27일 뒤늦게야 공화국별 준군사조직을 허용하지 않으며, 이를 위반하는 경우 제재 조치를 하겠다는 강경 입장을 표명했다. 그러나 슬로베니아 공화국 국방장관 야네즈 얀샤Janez Janša는 이에 항의하면서 연방군에게 결전의 의지를 표시했다.

연방군은 슬로베니아와 크로아티아 출신 군인들이 계속 이탈하면서 전국적인 성격의 연방군에서 차츰 세르비아인 중심의 지역 군대가 되어가고 있었다. 연방군 장교의 50% 이상은 세르비아인이었다.

카디예비치 장관은 미국 캔자스(Fort Leavenworth)에 있는 참모대학을 졸업했고, 아버지는 세르비아인, 어머니는 크로아티아인이었다. 그는 파르티잔 출신으로 독일에 대하여 적대적이었으며, 미국의 친독일 입장을 비난했다.

옛 유고연방군의 무력사용 불허

당시 크로아티아 공화국의 마르틴 슈페겔리 국방장관은 슬로베니아의 경우와 같이 지역 방위군 강화를 위해 인접국으로부터 대량의 무기를 밀수입하고 있었다. 연방군은 첩보망을 통해 슈페겔리 장관의 무기밀수 거래 내용과 크로아티아 공화국 내 연방군 막사에 대한 공격작전 정보를 수집하고 있었다. 연방군은 관련 정보를 12월 초부터 군 최고 통수권자인 연방 대통령부에 보고하고, 크로아티아와 슬로베니아 군사조직의 비무장화를 위하여 무력사용 허가를 건의했다. 당시 연방 대통령부에 파견되어 있던 크로아티아 대표인 스체판 메시치Stjepan Mesić도 무기밀수에 가담한 혐의를 받고 있었기 때문에 크나큰 정치적, 군사적 충격을 줄 사건으로 발전할 수 있었다.[81]

세르비아 공화국 대표로서 옛 유고연방 대통령부 대표를 맡았던 보리사브 요비치는 카디예비치 국방장관의 건의를 받고, 8명으로 구성된 대통령부 회의에서, 각 공화국 내 모든 비합법적 준군사조직의 무장을 해제할 수 있는 권한을, 필요하면 무력 사용을 포함하여 연방군에게 위임할 것을 1991년 1월 9일 제의했다. 그러나 이 제의는 크로아티아,

슬로베니아, 보스니아 헤르체고비나, 마케도니아의 반대로 4대 4 동수가 되면서 부결되었다.

그 후 절충안을 만들었으나 크로아티아 공화국은 공화국 내 '비합법적인 군사 조직'이 크라이나 지역의 세르비아계 반란군밖에 없다고 주장하면서 거부했다.

준군사조직 무장 해제 불발

크로아티아가 완강히 거부하고 있는 가운데, 밀로셰비치 세르비아 대통령은 무기 밀수입 관련자를 체포토록 촉구했다. 연방군은 슬로베니아와 크로아티아 지역 방위군의 비무장화를 위한 구체적인 작전을 비롯하여 무기 밀수 책임자 체포 작전, 비상계엄 선포 계획도 마련하고 있었다.[82] 그리고 연방정부 국방장관은 군통수권자인 연방 대통령부의 명령을 재차 건의했다. 건의는 연방 대통령부 투표에 다시 부쳐졌으나 또다시 부결되었다.

자그레브 시민들은 연방군이 침공할 것이라는 공포 속에서 소비재 사재기에 급급했다. 투지만 대통령은 연방군의 개입을 두려워한 나머지 신변의 위험을 무릅쓰고 베오그라드에 소재하고 있는 연방 대통령부 사무실에 1월 25일 나타났다.

투지만은 카디예비치 연방정부 국방장관과 별도 회합을 갖고 절충안을 마련했다. 즉 연방군은 투지만 대통령이 무기 밀수입 관련자들을 체포하면 연방군 비상 출동 태세를 해제하겠다고 했다. 그러나 투지만 대통령은 자그레브에 돌아와서는 무기 밀수에 개입한 인사들을 체포는커녕 적국의 수도인 베오그라드에 가서 연방군 침략으로부터 크로아티아를 구했다고 언급했다. 연방군이 비상 출동할 수 있는 처지가 아님을 알아차리고 난 뒤 무시하는 행태를 보인 것이다. 연방군이 절충안에 동의한 배경에는 베오그라드 주재 미국 대사의 강력한 무력 사용 반대가 있었다고 한다.[83]

체면을 잃은 연방군은 투지만에게 압력을 가하기 위해 무기 밀수입 장면과 크로아티아 국방장관의 음모 장면을 담은 비디오를 방영했다. 그러나 크로아티아 당국은 모두가 날조된 것이라고 전면 부인했다. 연방군은 속수무책이었다.

연방군의 크로아티아 경비대 무장해제 실패

연방군의 우유부단한 입장 | 연방군은 크로아티아의 무기 밀수입 행위와 크로아티아 주둔 연방군에 대한 무자비한 공격 작전 내용을 거의 4개월 전부터 수집하여 왔었다. 그러나 필요한 처벌 조치는 취하지 않고 있었다.

연방정부 국방장관이 확고한 증거를 포착하고 있음에도 불구하고 응당한 처벌조치를 취하지 않고 있었던 것은 군 최고 통수권자인 연방 대통령부의 명령 없이 군을 동원할 수 없으므로 충분히 이해가 가는 것이었다.

그러나 다른 한편 당시 연방 대통령부의 기능이 마비된 상태에서, 연방정부 국방장관이 자신의 건의가 부결될 것이 확실함에도 불구하고 계속 연방 대통령부의 군 동원 승인을 요구한 것은 눈앞에 벌어지고 있는 불법행위를 처단할 수 있는 용기나 능력이 없었거나 또는 일종의 회피용 내지 시위용이라고 보여진다.

그리고 절충안으로 투지만 대통령이 자신의 부하인 국방장관을 체포할 것이라고 기대했던 것은 당시의 실정으로 보아 처음부터 실현 불가능한 것이었다.

연방군이 크로아티아의 무기 밀수입 사건을 공개함으로써 여론 압박을 통하여 실질적인 연방군의 무력행사 없이 크로아티아 당국을 굴복시키려는 전술을 사용했다면 이 또한 크로아티아로 하여금 마치 자살하기를 바라는 것과 같은 것이었다.

연방군과 세르비아 공화국은 미국의 무력 사용 반대 의사를 존중하여 연방군의 무력 사용을 자제했다고 하는데, 실은 자체 무능으로 인하여 무력 사용이 불가능하게 된 처지에서 미국의 의사를 존중했다는 명분을 쌓은 것으로도 보인다.

밀로셰비치의 크로아티아 불법 무기수입 이용 | 1991년 1월 밀로셰비치 대통령이 연방정부 국고금 18억 달러를 무단 사용했다는 사건이 보도되었다. 이 돈은 세르비아 공화국 선거전인 1990년 11월과 12월에 연방군 임금, 연금 등으로 사용된 것으로 판명되었다. 밀로셰비치 대통령은 부인했지만, 국민으로부터 걷은 국고금 남용이라는 비난을 면치 못했고 이와 관련 베오그라드 시민들의 시위가 있었다.

이 시기에 연방군이 1990년 10월 촬영한 크로아티아 정부 당국자들의 무기 밀수입 장면 등이 TV를 통해 방영되었는데, 시민들은 밀로셰비치의 불법행위를 희석시키기 위해 급하게 마련한 발표라는 의심을 갖기도 했다. 따라서 연방군이 힘들여 추적한 크로아티아의 불법 무기수입 증거는 오로지 밀로셰비치에 대한 시위 진정제로 이용되고 말았다는 견해가 지배적이었다.

정치 싸움꾼들

연방군의 무력화 기색이 짙어지고 있는 가운데, 1991년 2월 12일 밀란 쿠찬 슬로베니아 대통령과 프라뇨 투지만 크로아티아 대통령은 자신들의 옛 유고연방으로부터의 일방적인 분리, 독립 움직임에 대한 국제사회의 우려를 불식시키기 위해 급하게 회동을 갖고 5개 항목의 정책을 발표했다.

두 대통령은 발표에서 옛 유고연방은 각 주권 공화국들의 자유의사에 따라 결정한 형태로만 존속이 가능하며, 이러한 연방은 모든 공화국들이 의회 민주주의, 자유시장경제 그리고 광범위한 시민 및 인권보장을 존중해야만 가능하다는 것을 강조했다. 그리고 두 대통령은 장래 유고문제에 관한 협상 마감일을 6월 30일로 잡고, 이때까지 합의가 이뤄지지 않을 경우 유엔의 중재를 요청할 것이라고 했다. 극히 선전적인 내용이었다.

이어 쿠찬 대통령은 2월 20일 슬로베니아 의회에서 4개 항목에 달하는 정책을 발표했다. 여기에서 그는 슬로베니아가 추구하는 것은 연방으로부터 분리(secession)가 아니고 옛 유고연방 와해(disassociation)에 따른 독립국가의 지향이라고 밝혔다.

투지만 대통령은 슬로베니아가 분리되어 나가면 뒤를 쫓아 분리하겠다고 공식 발표했다. 보스니아 헤르체고비나와 마케도니아도 크로아티아와 슬로베니아가 분리하는 경우 옛 유고연방에 잔류하지 않을 것임을 명백히 했다. 보스니아 헤르체고비나의 알리야 이제트베고비치 대통령은 1991년 2월 의회에서 "보스니아 헤르체고비나 주권을 위해 평화를 희생할 것이며, 평화를 위해 주권을 희생하지는 않겠다"고 극단적인 이슬람 민족주의 노선을 밝혔다.

한편 크로아티아 공화국 내 크라이나 세르비아계 대표 밀란 바비치는 1991년 2월 크라이나 지역에서 별도의 세르비아계 자치 기구를 구성하고, 강경일변도의 정책을 추구했다. 밀로세비치 대통령과 바비치, 그리고 보스니아 세르비아계의 지도자인 라도반 카라지치는 단일 세르비아 공화국 건설을 다짐했다.

사태가 악화하면서 3월과 6월 사이에 여섯 차례에 걸친 공화국 지도자 연석회의가 개최되었다.[84] 회의는 거듭되었지만 여전히 팽팽한 평행선을 달리는 가운데 사태는 악화되었다. 옛 유고연방은 힘의 논리만이 존재하는 정글로 변하고 있었다.

크로아티아 공화국 내의 무장 폭동

크로아티아 공화국이 군사 조직의 강화를 서두르고 있는 가운데, 세르비아계 민병대와 크로아티아 정부군의 무력 충돌이 발생하기 시작했다. 이를 진압하기 위한 연방군의 출동 사태가 1991년 3월 2일 크로아티아 공화국의 슬라보니아Slavonia지역 파크라치Pakrać 시의 폭동으로부터 시작하여 확대되었다. 파크라치 사건을 계기로 세르비아와 크로아티아 공화국은 상호 비방, 역선전, 날조 등으로 감정의 골이 깊어갔다.[85]

플리트비체 폭동

파크라치Pakrać 시 사건에 이어 플리트비체Plitviće에서도 폭동이 발생했다. 플리트비체 주변에는 수려한 호수가 위치하고 있는데 이 호수는

1979년 유네스코UNESCO로부터 세계자연유산의 하나로 지정된 주요 관광지이다. 츠르나Crna 강과 비엘라Biela 강의 물이 흘러들어 16개의 호수를 형성하고 있고 하늘에서 떨어지는 듯한 92개의 폭포를 볼 수 있다. 플리트비체는 어딜 찍어도 그림이 되는 곳이다.

    이곳에는 세르비아인(46%)과 크로아티아인(36%)이 섞여 살고 있다. 세르비아계 민병대는 이 지역이 세르비아인 다수지역이라는 이유로, 세르비아인을 중심으로 한 새로운 경찰서 설치를 요구하면서, 강제로 국립공원 관리 사무실을 점령하고 크로아티아인 관리들을 세르비아인으로 교체했다.

    크로아티아 정부 당국은 3월 31일 이 지역에 진입을 시도했고, 인명피해가 발생하는 가운데 주요 건물과 경찰서를 장악했다. 인명피해가 발생하자, 연방군은 탱크를 앞세우고 플리트비체 공공건물과 주요 도로를 장악하면서 양측 간의 유혈사태 확대를 방지했다. 투지만 대통령은 연방군의 진주를 비난했다.

동부 슬라보니아 지역 폭동

플리트비체 사태 이후 '세르비아인 크라이나 자치지구' 대표인 밀란 바비치의 민병대는 슬라보니아 전 지역에서 크로아티아 정부의 차별 대우에 물리적으로 항거하는 운동을 전개했다. 슬라보니아 지역은 바나나 모양으로 된 크로아티아 공화국의 다뉴브 강 방면에 위치하고 있는 넓은 평야의 곡창지대이다. 아드리아 해안 쪽으로 있는 크닌 지역과는 반대방면의 내륙지역이다.

    자그레브에서 남서쪽으로 50킬로미터 떨어져 위치하고 있는 세르비아계 다수 거주지인 글리나Glina 부락은 4월 1일 크로아티아 정부로부터의 분리를 선언했다. 이어 4월 28일 세르비아계 다수 거주지인 시사크Sisak가 분리를 선언하고, 부코바르Vukovar, 오시예크Osijek, 빈코비츠Vinkovic, 칼리Kalj에는 크로아티아 경찰 진입을 방어하기 위해 철조망을 쳤다. 그리고 자체 검문소를 설치하고 무장 순시를 강화하는 등 보안조치를 강화하고 있었다. 그리고 동슬라보니아 지역에서는 세르비아 공화국의 내무부 소속 준군사조직이 활발히 지하공작을 전개하고 있었다.[86]

마찬가지로 크로아티아인 다수 거주 마을도 정부 당국을 중심으로 세르비아계로부터의 위협에 대처하여 보안조치를 강화하고 있었다. 1991년 봄 캐나다에서 백만장자가 되어 투지만 대통령 선거자금을 제공했고, 무기를 밀수입한 과격 민족주의자이며, 후에 크로아티아 국방장관이 된 고이코 슈샤크Gojko Šušak의 도발로 동슬라보니아 지역의 긴장은 한층 높아졌다. 그는 극단 분자들을 이끌고 보로보 셀로Borovo Selo 마을 외곽 부코바르 지역 근방에 있는 세르비아 마을을 향하여 3발의 미사일을 발사하며 진격했다.[87] 그리고 크로아티아 정부군과 세르비아계 군의 충돌이 날로 격화하고 있는 가운데 동슬라보니아 지역의 안전을 위해 멸사봉공하던 크로아티아인 경찰서장Josip Rechil-Kir이 숨지는 사건도 발생했다.

보로보 셀로(Borovo Selo) 총격전

또한 보로보 셀로Borovo Selo 부락에서 수명의 크로아티아 경찰관과 세르비아계 농민들이 총격전을 벌이는 사건이 발생했다는 소식이 전해졌다.

크로아티아 정부의 공식발표에 따르면, 1991년 5월 1일 크로아티아 정부 경찰 순찰차가 보로보 셀로 동네 중심으로 들어갔다가 무장한 세르비아계 민병대의 총격을 받아 두 명이 부상을 입고, 나머지 경찰은 도망을 쳤다고 한다.

그러나 사건 진상과 관련한 크로아티아 정부 발표내용은 왜곡된 것이라고 했다.[88] 즉 크로아티아군과 세르비아계의 준군사조직 간에 대규모의 총격 사건이 있었고, 사망자를 포함한 사상자 수가 훨씬 많다는 소문이 난무했다.[89] 보로보 셀로 마을 사건은 발칸의 잔인성을 증명하는 대표적인 예로 묘사되었다.

보로보 셀로 사건 내용에 대해서는 시간이 지나면서 더 한층 많은 설이 생겨났다. 보로보 셀로에서 죽은 크로아티아인은 12명도 아니고, 25명도 아니고, 35명도 아니고, 총 75명이라고 했다. 25명은 전투 중 사망하고 50명은 세르비아계에게 포로로 잡혀 처형되었다고 했다. 한편 세르비아인들은 약 750여 명이 사망했다고 했다.[90]

보로보 셀로의 사건은 결국 연방군이 개입하여 사태를 진정시켰는데, 크로아티아 정부나 세르비아 정부가 공히 사태의 진상을 공정하고 정확히 알리기보다는 사건을 계기로 원한에 찬 민족주의 감정을 부추기는 데 급급했다.

그 후 크로아티아 각지에서 크고 작은 충돌이 계속 발생하면서 각 공화국 정부 발행 신문 전면에는 사지가 찢어진 시체의 참혹한 모습이 실렸다.

양 진영은 상대방의 잔인성을 부각하는 데 몰두했다. 옛 유고연방 내전의 참극을 야기한 주요 요소 중의 하나는 진실을 밝히지 않은 채 선전에만 급급했던 언론이었다.

▪ 밀로셰비치와 투지만의 보스니아 헤르체고비나 분할 음모

크로아티아 공화국 관헌과 세르비아계 간의 무력충돌이 산발적으로 발생되고 있는 가운데, 1991년 3월 9일 세르비아 베오그라드에서는 야당 정치인을 비롯한 수천 명의 학생들이 반밀로셰비치 시위를 벌였다. 시위가 격화하면서 많은 희생자가 발생했다. 야당 지도자 드라슈코비치가 체포되었고, 반정부적인 TV와 학생들의 B92 라디오가 폐쇄되었다. 결국 연방군이 진입하여 사태를 진압할 수 있었다.

그러나 학생들과 시위대는 집요하게 밀로셰비치의 사임과 야당 지도자의 석방, 그리고 밀로셰비치의 하수인인 베오그라드 TV 책임자 두산 미테비치Dusan Mitević와 치안담당관의 해임을 요구했다. 학생들은 국수주의적이고 독재적인 투지만의 버팀목은 오로지 밀로셰비치에 대한 저항밖에 없기 때문에 밀로셰비치가 사임할 경우 투지만은 15일 이내에 무너질 것이라고 했다. 이들은 밀로셰비치의 실책으로 인해 양 공화국 간의 긴장이 초래되었고, 세르비아 공화국의 민생은 찌들게 되었다고 항의했다.

밀로셰비치는 사태의 심각성을 고려하여 3월 13일 야당지도자를 석방하는 등 시위대의 요구를 받아들였다. 그러나 그는 가톨릭교도가 없는 순수 세르비아인 국가를 창설하겠다는 의지를 재천명하는 것을 잊지 않았다. 크로아티아 공화국에서도 경제가 위축되어 투지만 정권에 대한 민심 이반이 이루어지고 있었다.

이런 가운데, 밀로셰비치는 투지만을 티토의 사냥 별장이었던 보이보디나의 카라조르제보Karadjordjevo에 초청하여, 1991년 3월 25일 비

밀 회담을 가졌다.[91]

회담 내용에 대하여 투지만은 자신의 성과를 자랑하는 의미에서 많은 사실을 밝혔다. 투지만은 밀로셰비치와 옛 유고연방 장래 문제에 대해 전혀 입장이 달랐으나, 보스니아 헤르체고비나 분할 원칙에는 합의했다고 밝혔다.

즉 투지만은 크로아티아계 다수 거주지역인 서부 헤르체고비나를 할애 받고, 밀로셰비치는 세르비아계 다수 거주 지역을 비롯하여 세르비아 공화국과 인접한 지역을 할애 받기로 원칙적으로 합의했다는 것이다. 이슬람계는 오로지 사라예보와 그 외곽 지역, 그리고 산자크Sandžak 지역을 차지하는 것으로 합의했다고 한다.

그리고 구체적인 협의는 실무자 회의에서 진행토록 합의했다는 것이었다. 이 합의에 따라 수차에 걸쳐 실무자 회의가 개최되었다고 전해지고 있다. 크로아티아 수상인 흐르보예 사리니치Hrvoje Sarinić와 밀로셰비치의 보좌관인 스밀랴 아브라모브Smilja Avramov간에 최소한 30회 이상의 회의가 열렸고, 인구이동 등에 관하여 협의했다고 한다.[92]

두 지도자는 카라조르제보 비밀회의를 통하여 2중 내지 3중적인 정치 게임을 하고 있었다. 이들은 우선 정상회담을 자기 국내여론을 위한 선전에 이용했다. 그리고 카라조르제보 비밀회의는 자신들의 정치적 생명이 달려있는 '대세르비아'와 '대크로아티아'를 위한 음모였다. 또한 두 대통령은 국민이 원하는 평화를 추구하는 데 최선을 다하고 있다는 면모를 보여주고자 했다. 그러나 카라조르제보 별장 비밀회의로 조성된 화해 분위기는 하루도 못 갔다. 크로아티아 공화국 내에서는 세르비아계 민병대와 크로아티아 공화국 관헌 간의 무력 충돌이 확산되어 가고 있었다.

▪ 돌이킬 수 없는 길

연방 대통령부 기능 마비

1974년 헌법은 매년 5월 15일 6개 공화국과 2개 자치지역 대표로 구성되는 대통령부 8인 중 1인을 대표로 선출하여 대통령직에 임명한다고 규정하고 있다. 그러나 투표 없이 8명이 정해진 순서에 따라 1년간 대통령직을 수행하여 온 것이 관례였다. 따라서 1991년 5월 15일 관례에 따라 크로아티아 공화국의 대표인 스체판 메시치가 대통령직을 인수하게 되어 있었다.

그런데 지난 1년간 대통령직을 수행하여 왔던 세르비아 공화국 대표인 보리사브 요비치가 관례를 깨고, 헌법 규정에 따라 투표로써 대표를 선출할 것을 제의했다. 이유는 메시치가 옛 유고연방 와해를 공개적으로 언급한 인사인 만큼 그를 자동적으로 옛 유고연방 대통령으로 추대할 수 없다는 것이었다. 그러나 크로아티아 공화국은 투표로 선출하는 방법에 적극 반대했다. 왜냐하면 메시치가 다섯 표를 확보하지 못하면 몬테네그로 대표가 계승하게 되는데, 몬테네그로는 세르비아 공화국 편이기 때문이었다. 따라서 합의를 못 보고 있는 가운데 군 통수권을 보유하고 있는 대통령부 대표가 공석이 되고 말았다.

크로아티아 공화국 국민투표

옛 유고연방 기능이 마비되어 있는 가운데, 투지만 대통령은 슬로베니아의 예를 따라 5월 19일 크로아티아 분리·독립에 관한 국민의사를 묻는 국민투표를 실시했다. 국민투표 결과 옛 유고연방으로부터의 분리에 대한 찬성이 100%였다. 1991년 5월 28일 투지만 대통령은 새로 구

성된 경비대의 창설을 발표했다. 이제 돌이킬 수 없는 강을 건넌 것이다.[93]

▦ 제3자의 분쟁 해결 노력 실패

EC

옛 유고연방 위기는 새로운 시대에 부응하여 변신을 추구하고 있던 유럽공동체European Community(1992년 EU로 개명), 나토NATO, 유럽안보협력회의CSCE·Conference on Security and Cooperation in Europe(1995년 1월 OSCE로 개명), 유엔UN 등 국제기구들에 시련을 안겼다.

EC는 옛 유고연방 위기가 시작되고 있을 때, '확대냐 또는 심화냐(deepening versus broadening)'라는 문제를 두고 고민하고 있었다.[94] 따라서 EC는 유럽 통합이라는 높은 이상을 가지고 있었지만 현실적으로는 EC 회원국 간의 첨예한 이해관계로 제대로 역량을 발휘할 수 없었다. 특히 회원국 중에는 옛 유고연방을 구성하는 공화국들의 분리, 독립 움직임이 자국 내 분리, 독립 운동을 자극할 것을 우려하는 국가가 있었다. 또한 회원국 중에는 통일 독일의 영향력 확대를 견제하고자 하는 움직임도 있었다. 이런 상항 아래에서 오스트리아 보수당 당수이며 외상이었던 알로이스 모크Alois Mock는 소리 높여 슬로베니아인들과 크로아티아인들의 분리, 독립을 권장했던 것이다.[95]

EC는 옛 유고연방 사태가 발생하자 1975년 유럽안보협력회의에서 합의한, 민족자결주의와 국경선 변경 불가라는 두 원칙에 따라 해결되기를 희망했다. 그러나 이는 소련연방과 서구의 타협의 산물이었기 때문에 이중적인 해석의 여지가 많았다.[96] 즉 어느 원칙에 우선을 두느냐는 결정에는 힘의 논리가 작용하는 것이 현실이었다. 그리고 유럽안보협력회의는 역시 위기관리 능력이 없었다.

EC는 그 한계가 노정된 가운데에서나마 경제적 지원을 조건으로 옛 유고연방 분쟁의 해결을 위해 노력했으나, 역시 옛 유고연방의 민족주의자들은 오로지 정권 장악에만 집중하고 있었기 때문에 쇠귀에 경 읽는 격이었다.[97]

전쟁발발 직전 마지막 지도자 회의

1991년 6월 6일 사라예보에서 옛 유고연방을 구성하는 공화국 지도자 간의 회담이 개최되었다. 그러나 아무런 합의를 보지 못했다.

이어 6월 12일 6개 공화국 대통령은 스플리트Split에서 다시 만나 크로아티아 – 세르비아 간의 문제 해결을 모색했으나 구체안에 합의를 보지 못하고 계속 협상할 것이라는 원칙에만 동의했다. 분리와 독립, 그리고 연방제라는 자기의 갈 길만을 가고 있었던 것이다. 오로지 옛 유고연방의 안정과 평화를 깬 장본인이 아니라는 면피에만 중점을 두고 있었다. 결국 6월 12일 열린 6개 공화국 지도자 회의는 옛 유고연방 유지를 위해 모였던 마지막 만남이 되었다.

미국의 노력

1990년부터 1991년 전반기까지 통일 독일 문제에 집중했던 미국의 옛 유고연방에 대한 정책은 다음과 같았다.

첫째, 옛 유고연방 문제는 EC의 문제이며, 남슬라브족 간의 문제라는 인식이었다. 미 국무성 인권 및 인도적 문제 담당 차관보 리처드 시퍼Richard Schiffer는 1991년 2월 21일 상원 외교 분과 위원회에서 유고슬라비아인 자신들이 집안 정리를 해야 한다고 증언했다.[98]

둘째, 통일된 옛 유고연방의 현상유지 지지였다. 1991년 5월 크로아티아의 독립에 관한 국민투표 실시와 관련하여 미국의 입장을 밝혔다. 즉, 미국은 민주주의, 대화, 인권, 시장경제, 그리고 옛 유고연방의 통일을 지지한다고 했다. 통일은 현 국경선에서의 옛 유고연방의 영토적 존엄을 유지하는 것이고, 미국은 옛 유고연방으로부터의 각 공화국의 분리를 장려하지 않을 것이며, 포상하지도 않을 것이라고 했다. 또 옛 유고연방의 국민들이 평화적으로 그리고 민주적으로 결정하는 연방, 또는 연합 등 어떠한 형태의 통일 정부도 존중할 것이라고 밝혔다. 그리고 미국은 옛 유고연방의 대내·외적인 영토 경계가 평화적으로 모두가 합의하지 않는 한 변경될 수 없다고 믿는다고 했다.[99]

베이커 미 국무장관은 이러한 미국의 기본 입장을 가지고 베를린에서 개최된 유럽안보협력회의에 참석한 뒤 1991년 6월 21일 베오그라드에 도착했다. 베이커 장관은 밀로셰비치와의 면담에서 미국과 유럽안보협력회의는 옛 유고연방의 분해의 위험성(dangers of disintegration)을 경고하며, 모든 당사자들은 해결책을 마련하기 위해 노력해야 할 것이라고 직설적으로 메시지를 전했다.[100]

즉 국제사회는 무력사용을 허가하지 않을 것이며, 무력사용은 국제 사회로부터 고립을 초래할 것이라고 했다. 동시에 베이커는 미군의 불개입 정책을 설명했다.

이런 언급과 관련하여 당시 면담에 참석했던 지머만 미 대사는 불행히도 "밀로셰비치는 인정이라고는 조금도 없는 잔혹한 깡패 정치인으로서 오로지 군사적 위협만을 두려워할 인물"이었던 만큼 말만의 경고는 별 효과가 없었다고 했다.

『미국과 유고슬라비아 전쟁The United States and Yugoslavia's Wars』의 저자 데이비드 곰퍼트David Gompert에 따르면 밀로셰비치는 베이커의 방문 전에, 그의 강한 입장 표명이 있을 것이나, 이를 뒷받침 하는 행동은 따르지 않을 것이라는 판단 아래 미국의 구두 압력은 무시해도 괜찮다고 생각하고 있었다. 곰퍼트는 포커를 좋아하는 베이커 장관이 협박을 통하여 밀로셰비치에게 겁을 주었다든가 또는 최소한 미국의 군사적 개입을 우려하게끔 했더라면 아마 밀로셰비치의 야욕을 견제할 수 있었을 것이라고 추측했다.

베이커 장관은 이어 투지만과 쿠찬에게 미국은 일방적인 분리를 지원하지 않을 것임을 강조했다.[101] 베이커 장관은 슬로베니아와 크로아티아의 독립 선언을 인정하지 않을 것인 바, 그 이유는 분리, 독립 문제는 협상과 대화를 통하여 해결할 문제이며, 일방적이고 선제적인 행동(Preemptive Unilateral actions)[102]으로 해결될 문제가 아니라고 믿고 있기 때문이라고 했다.

그러나 슬로베니아와 크로아티아는 예정대로 4일 후인 6월 25일 독립을 선언했는데, 베이커 장관은 인구 200만과 480만의 작은 국가들에게 마치 칼에 등을 찔린 것 같은 느낌을 받았다고 언급했다. 그는 자신의 무기력함에 충격을 받았던 것이다.

6월 25일 슬로베니아 공화국은 오스트리아, 이탈리아, 헝가리와의 국경선에 위치하고 있는 37개의 옛 유고연방 국경초소를 장악하고, 연방정부 세관원을 축출하고, 옛 유고연방 국기를 내리고 슬로베니아 국기를 계양함으로써 전쟁을 촉발했다.

옛 유고연방이 유혈 전쟁을 통해 무너지는 과정을 살펴보기 전에

'형제애와 통일'이라는 기치 아래 남슬라브족 통일을 이뤘던 티토의 역사적 발자취를 다음에서 살펴보기로 하겠다.

2
티토의 통일 유고슬라비아

1 | 제2차 세계대전과 티토의 파르티잔 활동

▪▪ 침략군에 대한 저항

독일을 중심으로 한 추축국의 침략을 받은 유고슬라비아 왕 페타르^{Petar} 2세와 왕실은 그리스를 거쳐 런던에 망명정부 본부를 두었다.

한편 국내에서는 추축국 점령군에 저항하는 무장 세력이 등장했다. 세르비아 지역에서 등장한 저항세력의 지도자는 유고슬라비아 왕국의 정규군 대령 드라자 미하일로비치^{Draža Mihailović} 부대였다. 미하일로비치 부대는 19세기 오스만 투르크 제국군에게 저항한 부대의 이름인 체타^{Cheta}를 따서 체트니크^{Chetnik}라고 불리었다. 체트니크는 유고슬라비아 왕국의 정통성을 대표하는 세력으로서, 세르비아인들이 주류를 이루고 있었기 때문에 세르비아 봉기군이라고도 일컬어졌다.[1]

파르티잔 '티토'의 등장

또 하나의 강력한 저항세력 지도자로 등장한 인물은 공산당 총서기장인 티토Tito였다. 그의 본명은 요시프 브로즈Josip Broz, 아버지는 크로아티아인, 어머니는 슬로베니아인이다. 그의 정체에 대해서는 소문이 많았다. 심지어 처칠의 사생아라는 말까지 돌았다.[2]

티토는 크로아티아와 오스트리아 국경지역에 위치하고 있는 쿰로베츠Kumrovec에서 1892년 5월 7일 태어났다.[3] 그의 정식 교육은 7살에 시작하여 5년 만에 끝났다.[4] 티토의 아버지는 많은 사람들이 미국으로 이민을 갈 때 티토도 보내려고 했으나 여비 100달러가 없어서 보내지 못했다.

티토는 15세에 고향을 떠나 시사크Sisak에 있는 자물쇠 제조공장에서 일하면서 숙련공이 되었다. 18세에 자그레브로 옮겨 제련소에서 일하면서 노조에 가입했다. 젊었을 때 실업자 생활을 밥 먹듯 하면서 자그레브와 트리에스트를 오가며 일했고, 빈Wien에 가서 자동차 기술자로 일하기도 했다. 빈에서는 안전설비가 부족한 공장에서 일하다 사고를 당해 손가락이 보기 흉하게 되었다.

21세가 되던 1913년 징집되어 오스트리아-헝가리 2중 제국 군대에 입대했다. 입대 때는 오스트리아 황족의 이름을 전부 외워야만 했다. 군 입대 직후 사라예보에서 오스트리아 황태자 암살사건이 발생했다. 그는 세르비아 옹호발언을 하다가 일시 투옥되었으나 당시 인력 부족으로 군인이 모자랐던 관계로 곧 석방되어 루마니아의 대러시아 전선에 파견되었다.

여기서 그는 분대장으로 진급했고, 러시아군과 싸웠다. 티토는 1915년 카르파티아 산맥에서 혹독한 겨울을 지내고 있던 중, 러시아군의 기습으로 부상을 입고, 포로가 되어 러시아 볼가 강 근방의 군병원에 수용되었다. 그는 병원에서 회복되면서 러시아어를 공부했고, 포로

이지만 제련사로서 근방 정미소에서 일을 했다. 1916~1917년에는 시베리아 횡단 철도에서 일했다. 여기에서 그는 부당한 대우에 대하여 불평한 죄로 투옥되어 평생 잊을 수 없는 카자크Kazak인들의 채찍질을 경험했다.

당시 러시아는 독일의 침공으로 무수한 인명이 희생되고 있었고, 동시에 볼셰비키 공산 혁명운동으로 국내사정은 혼란을 거듭하고 있었다. 티토는 겨우 감옥에서 나왔다. 그리고 레닌그라드에 가서 일하면서 노동자들과 알렉산드르 케렌스키Aleksandr Kerensky 불신임 운동을 했다는 죄로 다시 수감되었다. 3주 만에 출감한 그는 시베리아 근방의 우랄 산맥 쪽으로 추방되었는데, 그는 기차에서 도망하여 시베리아의 도시 옴스크Omsk에 도착했다.

그는 여기서 볼셰비키 혁명의 승리를 알게 되었다. 그는 소련 붉은 군대에 입대했다. 그리고 1920년 1월 소련인과 결혼하고 크로아티아로 귀향했다.

당시 유고슬라비아 사회주의 노동당은 제1차 세계대전이 끝나면서 수립된 '세르비아인 크로아티아인 슬로베니아인 왕국' 수립에 반대하고, 1920년 6월 유고슬라비아 공산당YCP으로 개명하고, 레닌이 1919년 창설한 코민테른Comintern의 지령에 따라 움직였다. 공산당은 부당한 노동조건 개선을 위한 파업 등을 통하여 전국적으로 서민층으로부터 고른 지지를 받고 있었다.

티토는 자그레브에서 제련공으로 있으면서 1921년 유고슬라비아 공산당의 크로아티아 지부에 가입했다. 공산당은 소속당원의 알렉산더 왕 암살기도와 내무장관 암살로 1921년 6월 불법화되어, 제2차 세계대전이 끝날 때까지 지하활동을 전개하지 않으면 안 되었다. 티토는 금속

노조 조합원으로서 지하운동을 충실히 했다. 그는 공산당 내에서 빨리 진급을 했는데, 그 이유는 대부분의 공산당 고위직들이 체포를 피하여 해외에 피신한 관계로 국내에 남은 지방당원에게 주요업무가 위임되었기 때문이다. 그는 체포의 위험을 무릅쓰고 지방을 다니면서 당 세포조직을 강화했다.

1927년 35세 되던 해, 그는 금속조합 자그레브 지부 공산당 서기장으로 임명됐고, 이름과 직장을 수없이 바꾸면서 노동자 시위 및 파업을 조직하는 등 비밀 공산당 활동에 전념했다. 그 결과 티토는 1928년 2월 자그레브 비밀 공산당 회의에서 경선을 통해 자그레브 지부 공산당 서기장으로 선출되었다. 그러나 첩자의 밀고로 1928년 체포되어 5년간 감옥생활을 했다. 그가 감옥에 있는 동안인 1929년 알렉산더 1세는 계엄을 선포하고, 왕정 체제를 강화했다.

티토에게는 알렉산더 1세 체제하에서 차라리 감옥에 있는 것이 더 유리했다. 다행히 그는 감옥에 있으면서 예술가이며, 인텔리였고, 공산당 신문을 발행한 죄로 수감된 모샤 피야데 Moša Pijade 와 친교를 맺을 수 있었다. 피야데는 칼 마르크스의 자본론을 세르보-크로아티아어로 번역한 인텔리로서 티토의 가정교사가 되었다. 티토는 이 때 5년간의 감옥생활이 일종의 대학 과정이었다고 나중에 술회했다. 티토는 제련공으로서 형무소 밖의 발전소에서 일하곤 했는데, 이 기회를 이용해 바깥 공산당 조직과 계속 연락을 취했다. 당시 유고슬라비아 공산당원은 3,000명이었는데, 국내 거주자는 1,000명에 달했다.

티토는 5년간의 형을 마치고 1934년 출감했는데, 당시 42세였다. 그는 출감 후 온갖 변장술과 허위 여행증명서, 가명을 사용하면서 공산당 조직을 강화했다. 그는 능력을 인정받아 유고슬라비아 전국 공산당 지도위원으로 임명되었고 다시 1934년 8월 슬로베니아와 크로아티아 당 대회 조직 임무를 맡기도 했다. 티토는 이 시기에 후에 부통령으로 임명한 슬로베니아 출신 에드바르드 카르델리Edvard Kardelj를 만났다.

1934년 10월 9일 알렉산더 1세가 암살됐다. 알렉산더 1세의 암살로 인하여 철저한 검색이 시작되자, 티토는 당의 지령에 따라 빈으로 비밀리에 갔다. 빈에서 그는 코민테른 발칸지역 서기국 직원으로서 모스크바에서 근무하라는 명령을 받았다.

그가 모스크바 도착한 시기는 스탈린의 대대적인 피의 숙청이 있던 시기였다. 티토는 코민테른 사무국에 배치되어 스탈린의 지시에 따라 스페인 내전에 의용군을 동원, 파견하는 일을 했다.

그는 모스크바에서 코민테른 비밀 업무를 무난히 마친 다음 귀국하여 유능한 보좌관들을 측근에 두었다. 티토는 피야데(유태계 세르비아인), 카르델리(슬로베니아인), 란코비치Aleksandar Ranković(세르비아인)에 추가하여 그의 오른팔 역할을 하게 된 갓 출옥한 질라스Milovan Đilas(몬테네그로인)를 만나게 되었다. 지역적으로 더할 나위 없이 균형잡힌 보좌관 팀이었다.

티토는 다시 1938년 모스크바로 호출되었다. 당시 스탈린은 코민테른 지시를 어기는 자는 무자비하게 숙청하고 있었다. 티토도 나중에 술회했지만, 다시 살아서 귀국하게 될지 모를 정도로 위험한 여행이었다고 했다. 그러나 티토는 위험한 시기에 근무한 경력으로 오히려 진급할 좋은 기회를 얻게 되었고, 귀국 때 유고슬라비아 공산당 총서기로 임명되었다. 티토는 1939년 여름 다시 모스크바로부터 호출을 받고 근무했다. 티토는 4개월간 모스크바에 체제한 뒤 무사히 귀국할 수 있었다.

티토는 귀국하여 독일이 소련을 침공할 때까지 별다른 활동을 하지 않았다. 그 이유는 스탈린이 독소 불가침 조약에 따라 어느 공산당도 독소 관계에 영향을 주는 것을 원하지 않았기 때문이었다.

그 후 그는 주로 자그레브에서 활동하다가 독일 점령 이후 우스타샤의 검색이 심하여지자 1941년 5월 본부를 베오그라드로 옮겼다. 베오그라드에서는 당시 영향력이 컸던 〈폴리티카 매일신문〉 사주인 블라드미르 리브니카Vladmir Ribnika의 집에 숨어 있었다.

파르티잔의 게릴라 활동

파르티잔 저항운동 | 코민테른은 독일이 소련을 침공하자 모든 애국자는 외국 침략자를 물리치기 위해 궐기하라는 정책을 발표했다. 티토는 이 정책에 따라 1941년 6월 파르티잔 부대를 결성했다. 파르티잔 결성은 독일 점령이 시작된 지 3개월 후였으며, 체트니크 부대가 창설된 지 2개월이 지난 후였다. 티토가 부대 명을 '파르티잔'이라고 호칭한 것은 '파르티잔'이라는 용어가 이데올로기적으로 중립적인 성격의 용어였기 때문이었다. 공산당 반대세력을 중화시키려는 의도가 있었던 것이다.[5]

그는 파르티잔 조직 활동을 함에 있어 소련 공산당 조직을 모방했다. 새로이 파르티잔 부대를 조직할 때마다 정치국 요원을 두었는데, 이는 공산정권 수립의 기초가 되었다. 그는 파르티잔을 조직한 후 모스크바와 단파통신을 통하여 접촉선을 확보했으나, 소련 자체가 독일 공격으로 인하여 혼란 상태였기 때문에 물질적인 지원은 받지 못 했다. 티토는 자력으로 싸우지 않으면 안 되었다.

파르티잔은 처음에 주로 크로아티아에 거주하는 반독일적인 세르비아계로부터 인원 보충을 받았다. 파르티잔이 용감한 부대라는 평을 받게 된 이면에는 세르비아인들의 공이 크다. 그러나 티토는 파르티잔의 주력이 세르비아인이지만, 주요 민족 대표가 모두 참가하는 전국적인 성격의 부대를 만들었다. 티토는 지역별 배분의 명수였다. 그리고 파르티잔에는 여성 대원들이 많이 있었는데, 티토는 남녀 구분을 하지 않았고, 여성들은 남성들과 같은 전투원 역할을 해냈다.

티토와 드라자 미하일로비치는 독일 점령군에 대한 공동 저항 작전을 마련하기 위해 1941년 9~10월 접촉을 가졌다. 이 접촉에서 두 지도자는 점령군을 축출하자는 취지에는 이견이 없었지만, 지향하는 노선이나 투쟁 방법 등에 대해서는 전혀 다르다는 사실을 알게 됐다.

우선 두 조직의 성격이 달랐다. 미하일로비치 대령은 유고슬라비아 왕국을 대표하는 정규 군인으로서 공산주의자들을 일종의 테러 범죄조직으로 여기고 있었고, 티토의 목적이 혁명을 통한 소련식 공산정권 수립이라는 것을 알게 되었다. 반면 티토는 체트니크가 타도의 대상인 유고슬라비아 왕국 반동세력의 앞잡이라는 것을 알게 되었다.

또한 두 조직의 저항 방법도 근본적으로 달랐다. 미하일로비치는 압도적으로 강력한 점령군에 대한 대규모의 군사작전은 막심한 전투력 손실과 무방비의 주민들에 대한 보복을 초래한다는 판단에 따라 대규모 군사작전을 반대했다. 그의 입장은 가능한 엎드려서 힘을 모아, 기회가 올 때까지, 즉 연합군이 상륙할 때까지 기다리자는 것이었다.

반대로 티토의 노선은 '언제든지, 가능하면 적을 공격하라'는 것이었다. 파르티잔의 혁명투쟁에 타협은 없다며, 독일 점령군의 보복에 의한 희생이 있더라도 이를 감수하여야 한다고 말했다. 희생의 불가피성을 인정한 것이다.

독일군은 예견한 대로 파르티잔의 게릴라식 공격에 대하여 무자비한 보복으로 대응했다. 예를 들어 독일군 사령부는 1941년 9월 독일군인 1명이 살해되는 경우 현지인 50명을 총살할 것과 1명의 독일군 부상자가 발생하는 경우에는 25명을 총살 하라는 지시를 하달했다.[6] 독일군은 정확히 정해진 숫자를 지키며 만행을 저질렀다.

1941일 10월 파르티잔 부대는 베오그라드 남동쪽에 있는 크라구예바츠Kragujevac 도시 외곽에서 독일 부대를 급습하여 26명의 독일군을 사살했다. 독일군은 26명이 살해된 데 대한 보복으로 독일군 1명 당 유고슬라비아인 100명을 살해하라는 지시를 받았다. 독일군은 집집마다 수색했으나 2,400명밖에 장년층을 모집할 수 없게 되자, 근처에 있는 고등학교에 가서 젊은 학생 200명을 추가로 데려와 총 2,600명을 총살했다.

이 사건 이후 미하일로비치는 티토와 만난 바 있으나 티토와 공동전선을 전개한다는 것은 더 이상 불가능했다.[7] 미하일로비치의 점령군에 대한 작전은 소극적인 것이었다. 그리고 당시 연합국, 특히 영국정부는 미하일로비치를 공식적인 유고슬라비아 저항군 지도자로 인정하고 이들에게 군사 물자를 지원하고 있었기 때문에, 체트니크는 전력 면에서 구태여 파르티잔과 공동전선을 펼칠 필요성을 느끼지 못하고 있었다.

독일군은 파르티잔에 협조한 부락에 대해서는 잔인한 보복 조치를 취했다. 이는 주민들의 독일군에 대한 증오심을 더욱 자극하여 파르티잔 활동에 가입하는 주민 수를 늘려주었다. 저항만이 생존의 길이었다. 급증한 파르티잔 부대는 지하운동 경험이 많은 티토에 의하여 조직이 강화되었다. 티토는 점령군에 대한 저항은 공산당 활동이 아니고 민족적인 애국심의 발로임을 강조했다.

미하일로비치 체트니크의 파행 | 미하일로비치는 세르비아 민족주의자였으며 카라조르제비치 왕조의 복귀를 주장하는 충실하고 애국심이 강한 직업군인이었다. 그는 파르티잔의 독일 점령군에 대한 무모한 공격이 초래하는 독일군의 보복조치로 세르비아인 전부가 소멸될 것이라는 생각까지 했다. 따라서 그의 저항 작전은 소극적이고 방어적이었다. 그러나 연합국 측은 그의 소극적인 활동에 실망하기 시작했다. 그리고 연합국의 유고슬라비아 상륙 작전안이 노르망디 상륙작전으로 바뀌면서 미하일로비치의 예상 작전은 빗나가고 말았다.

미하일로비치는 자신의 작전을 변경했다. 그는 독일은 어차피 연합국에 의해 패망할 것이라는 전제하에, 공산 혁명을 추진하는 공산당 제거를 우선 과제로 삼았다. 이를 위해 반공주의를 내세우는 우스타샤나 독일 점령군과도 필요에 따라 협력했다.

티토의 신화 | 독일군은 집요하게 저항하는 파르티잔 부대를 소탕하기 위해 대대적으로 일곱 차례에 걸쳐 치밀한 공세를 폈다. 그러나 티토는 고립무원의 상태에서도 독일의 공격을 이겨내고, 역경 속에서 오히려 파르티잔 전력을 강화함으로써 신화적인 인물이 되었다.[8]

그리고 티토에게는 천운이 따랐다. 왜냐하면 영국 주장대로 연합군이 유고슬라비아에 상륙했더라면, 전후 유고슬라비아는 영국을 중심으로 한 연합군의 군정 하에 놓이게 되었을 것이고, 이 같은 경우 유고슬라비아 왕정이 복귀될 것이고, 티토가 구상하던 공산주의 혁명은 거의 불가능한 일이 되었을 것이기 때문이다.

■ 티토의 정치기반 구축

티토는 파르티잔 게릴라전을 통하여 쟁취한 지역을 단순히 점령군으로부터의 해방지역만으로 여기지 않았고, 공산당 정권 수립 전략하에 지역 기반을 닦는 기초로 삼았다. 그는 점령군을 축출한 해방지역에서 기존 세력을 철저히 숙청하고, 지역 공산당원을 주축으로 통치조직을 구축했다. 티토의 탁월한 조직 능력의 발휘였다. 그 예를 살펴보면 다음과 같다.

평의회 구성

제1차 평의회 소집 | 티토는 파르티잔이 해방시킨 지역에서 '민족해방 위원회'를 조직하여, 부역자들을 색출하여 처형하고, 토지대장, 경찰 및 법원 서류 등 모든 공문서를 태워버렸다. '민족해방 위원회'는 주민들의 투표에 의하여 선출되었다고 하지만 실제로는 파르티잔의 민간 전위대였다.

티토는 '민족해방 위원회' 중심의 파르티잔 조직을 전국적으로 강화하기 위해 독일의 세 번째 대대적 공격을 물리친 직후인 1942년 11월 26~27일 보스니아의 비하치 Bihać에서 해방된 지역 대표, 아직 점령 상태에 있는 지역 대표, 그리고 전쟁 전 주요 정당 대표들까지 포함하여 거국적으로 대의원들을 소집했다.[9]

티토는 이 모임에서 소위 '유고슬라비아 민족해방 반파시스트 평의회 AVNOJ'를 정식으로 발족시켰다. 평의회 의장으로는 20년 전 공산당을 불법화시킨 제헌국회 의장이었던 이반 리바르 Ivan Ribar 박사가 선출되었다. 리바르 박사가 티토와 오랜 친분이 있었던 것은 아무도 몰랐었다. 티토는 평의회 구성을 통하여 파르티잔이 민주적이라는 이미지를 부각시켜 전국적으로 폭 넓은 지지의 확보를 꾀했고, 서방의 지지획득에도 노력했다. AVNOJ는 6개 항목에 달하는 소위 '비하치 선언문'을 채택했는데, 선언에는 크로아티아, 슬로베니아, 세르비아, 마케도니아, 기타 모든 민족들의 권리를 인정한다는 내용이 담겼다.

'비하치 선언'은 혁명적인 뉴스였다. 티토는 유일한 저항 세력 지도자로 부상했을 뿐만 아니라 고질적인 지역, 민족문제의 합리적인 해결 방법을 제시하는 민주적이고 타협적인 인물로 알려졌다.

제2차 평의회 소집 | 티토는 이탈리아군이 항복하면서 남긴 많은 군장비를 획득하여 파르티잔 전력을 강화하고, 1943년 11월 29일 보스니아 산간에 위치한 야이체 Jajce에서 '형제애와 통일'이라는 기치 아래 제2차 유고슬라비아 민족해방 반파시트 평의회를 개최하고, 전쟁에 승리하면 6개 공화국 연방을 수립할 것을 맹세했다.

이 시기에 독일 점령군은 '번개 작전'이라는 이름 아래 파르티잔에 대대적인 공세를 취하고 있었고, 테헤란에서는 1943년 11월 28일부터 12월 1일까지 루즈벨트, 처칠, 스탈린이 독일에 대한 제2전선 구축문제를 주로 협의하고 있었다. 따라서 티토에게는 정치적으로 아주 중요한 시기였다.

티토는 야이체 회의에서 평의회를 입법 행정기구로 전환하고, 리바르 박사를 의장으로 하는 16명의 의장단을 구성했다. 그리고 13명의 장관을 임명했는데, 티토는 임시 국방장관이 되면서 원수의 칭호를 받았다.[10] 이 회의에서 유고슬라비아 왕국 망명정부는 더 이상의 합법정부가 아님을 명백히 하면서 귀국을 금지시켰다. 그리고 그 대신 평의회가 합법적인 기구라고 선언했다.

스탈린은 이와 같은 공개적인 공산당 세력의 확장이 자신의 후원 하에 이루어졌을 것이라는 연합국 측의 의심을 불러올 수 있다고 우려하며 "마치 뒤에서 칼을 맞은 것 같다"고 불평했다.

그러나 테헤란 정상회담에서 연합국 측은, 공산당이지만 티토의 파르티잔 부대가 독일 후방전선을 교란시켜, 히틀러가 대연합국 전선에 이동시키고자 했던 약 10개 사단을 발칸반도의 산속에서 빼낼 수 없게 했다는 사실을 인정했다. 그동안 체트니크에 집중된 군사 지원을 파르티잔으로 바꾸기도 했다. 따라서 연합국 측은 티토의 공산당 세력 확장을 문제삼지 않았고, 전후 유고슬라비아 왕정 복귀 여부와 같은 예민한 의제는 의식적으로 피했다.

연합국으로부터의 파르티잔 지원 확보

처칠의 거중조정 역할 | 티토가 연합국 측의 군 지원을 받는 데는 처칠의 역할이 컸다. 처칠은 1943년 11월 28~12월 1일 테헤란 정상회담 전에 유고슬라비아 전선 현황을 파악하기 위해 피츠로이 맥클린Fitzroy MacLean 일행을 현지에 파견했다. 처칠은 이들로부터 티토의 전과를 보고받고, 파르티잔이 비록 공산당 조직이지만 그 성과를 인정하지 않을 수 없었다. 처칠은 이 같은 티토의 실체를 인정하고 런던에 있는 유고슬라비아 왕국 망명정부와 티토 간에 화해가 이루어지도록 거중조정 역할을 했다. 처칠은 망명정부에게 티토와의 화해에 도움이 될 인사를 사전 염두에 두라고까지 충고를 했다.

처칠은 페타르 2세를 통한 연립정부 수립을 구상했다. 티토를 혐오하는 미하일로비치 대령을 해임하고 대신 티토를 군사령관으로 임명하고, 크로아티아인과 세르비아인들이 공히 반대하지 않는 이반 슈바시치Ivan Šubašić 박사를 수반으로 하는 정부를 구성하는 것이었다. 이 구상은 페타르 2세의 세르비아 중심 정부는 물론 티토가 계획하고 있는 공산당 정부의 부상도 함께 견제하는 것이었다. 그리고 전쟁이 끝나면서 자유선거가 실시되면 민주정부의 출현을 기대할 수 있다는 계산이었다.

페타르 2세는 처칠의 충고에 따라 파르티잔 지지자이며 '대타협' 후 잠시 크로아티아 지사였던 슈바시치를 1944년 6월 1일 망명정부 수상으로 임명했다. 슈바시치는 즉시 티토와 1944년 6월 14~17일 회의를 가지고, 자신의 내각은 파르티잔과 최대한 협조할 것을 다짐하는 동시에 장래 국가 조직은 전 국토가 해방된 다음 전 국민에 의해 결정한다는 원칙에 합의했다.

티토의 야망은 전후 공산국가 수립이었다. 그러나 티토는 영국의 지원이 필요한 시기였기 때문에 처칠의 중재에 응한 것이었다.

처칠은 그 후 1944년 8월 12~13일 나폴리에서 티토와 면담을 가졌다. 처칠은 회담에서 티토에게 전후에 유고슬라비아에 공산주의가 등장하지 않기를 바란다고 언급했고, 티토는 자신도 그러한 의도가 없다고 답변했다. 티토의 새빨간 거짓말이었다. 그리고 티토는 처칠이 제기한 왕정 문제는 전후 국민들이 결정하기 전까지 해결될 수 없을 것이라고 회피적인 발언을 했다. 처칠은 전후 영국의 발칸반도에서의 이해관계를 고려하여 티토의 강경하고 독립적인 입장에도 불구하고 계속 군사지원을 제공해 주었다.

티토의 스탈린 지원 확보 ｜ 티토는 처칠과의 회담 이후인 1944년 9월 21일 비밀리에 모스크바를 방문하여 스탈린을 만났다. 스탈린은 독일과의 전쟁에서 미국과 영국의 지원이 절실했던 시기였던 만큼 티토에게 유고슬라비아에 공산주의 국가를 세우지 말고 페타르 2세와 화해토록 설득했다. 티토가 반대하자 스탈린은 우선 잠정적이라도 페타르 2세를 받아들이라고 했으나 티토는 듣지 않았다. 티토는 현재 유고슬라비아 상황은 공산당이 정권을 잡을 수 있는 적기이며, 이 기회를 잘 이용하면 영국이나 미국에 대한 소련의 입장도 강화할 수 있다고 대응했다.

그리고 티토는 인민해방군으로 이름을 바꾼 파르티잔이 소련의 붉은 군대와 함께 빠른 시일 내에 베오그라드를 해방할 수 있도록 지원을 요청했다. 처칠을 비롯하여 영국 당국자들은 티토가 아무런 사전 협의도 없이 스탈린을 찾아가서 붉은 군대의 참전을 요구한 데 대하여 배신감을 느꼈다.

■■ 베오그라드 해방

1944년 9월 11일 소련군은 티토의 요청에 따라 파르티잔 부대와 합세하여 점령군에 대한 공동 작전을 마련하고, 해방된 지역은 파르티잔의 국가해방 위원회가 접수한다는 데 동의했다.

독일군이 후퇴하면서 파르티잔 부대는 남부에서, 러시아 군대는 동부에서, 서로 합세하여 베오그라드에 진입했다. 1944년 10월 독일군 1만 6,000명 사망, 8,000명의 포로가 발생한 일주간의 치열한 전투 끝에 베오그라드가 해방되었다. 파르티잔이 베오그라드를 접수하고, 소련 군대는 합의에 따라 헝가리로 이동하고 유고슬라비아 땅에는 주둔하지 않았다. 그 후 티토는 단독으로 전투를 계속했다.

▌ 유고슬라비아에 대한 영국, 소련의 영향권 분할

1944년 10월 9일 모스크바에서 처칠과 스탈린이 회동했다. 루즈벨트 대통령은 선거관계로 불참하고 윌리엄 해리먼William Harriman 대사가 대신 참석했다. 소련군이 다뉴브 강 계곡과 폴란드 평야에 진격하고 있을 때였다. 이 자리에서 처칠은 스탈린에게 소련이 루마니아와 불가리아를 수중에 넣고 남하하고 있는데, 영국도 발칸반도에 이해가 있는 만큼 서로 사소한 문제로 시비할 것이 아니고 공정하게 영향권을 분할하자고 제의하면서 다음 내용을 종이 반쪽에 적어서 보여주었다.[11]

"소련은 루마니아에서 90%를, 영국은 그리스에서 90%를, 불가리아에서는 소련이 75%를, 유고슬라비아와 헝가리에서는 소련과 영국이 각각 50%의 영향력을 행사할 것을 합의한다."

스탈린은 동의하는 뜻으로 쪽지에 청색연필로 화살표를 한 뒤 처칠에게 돌려주었다. 처칠은 수백만 명의 운명을 이렇게 간단히 처리한다는 것이 마음에 걸려 종이를 태우려 했으나, 스탈린은 처칠에게 보관하라고 이야기했다고 한다.

처칠이 이와 같이 영향권 분할을 제의한 이유는 자신의 주장인 발칸반도 상륙작전이 미국의 노르망디 상륙 작전으로 대체되면서 중남부 유럽과 발칸반도로 진격하는 소련의 영향권 확장을 견제할 필요성을 느꼈기 때문이었다. 그러나 미국은 이러한 영향권 분할을 원천적으로 반대하고 있었다.

■ 임시정부 수립

슈바시치 수상은 티토와 1944년 6월 합의한 임시정부 수립안에 관하여 협상을 재개했다. 여기서 티토의 강력한 의사가 반영되어, 반파시트 평의회는 최고 입법기관이 되고, 행정부는 왕정파와 공산당 인사로 구성하고, 티토가 수상이 되며, 슈바시치는 외무장관이 되는 것으로 1945년 3월 합의를 끝냈다. 임시정부는 곧 영국과 소련의 승인을 비롯하여 국제적인 승인을 받았다.[12]

파르티잔 부대는 5월 8일 자그레브에 입성했다. 안테 파벨리치 정권과 점령군에 관련 있던 총 10만여 명의 크로아티아인 등이 탈출하여 관대하다고 알려진 오스트리아 주둔 영국군에 투항하기 위해 블라이부르크Bleiburg 부락으로 몰려갔다. 당시 연합국 사이에 포로는 그들의 나라로 되돌려 보낸다는 양해사항이 있었다.

티토가 "파르티잔이 4개 연합국과 같이 전승국으로서 오스트리아를 분할, 점령할 권한 있다"고 하면서, 오스트리아 케른텐Kärnten 주로 진군하려 하자 영국군은 파르티잔이 이곳에 주둔하는 것을 포기하는 조건으로 반파르티잔 포로를 티토에게 넘겨주었다.[13]

당시 파르티잔들은 피의 보복에 굶주려 있었다. 유고슬라비아 공산당원은 1941년 전쟁 전에는 1만 2,000명이었으나 그 중 9,000여명이 전쟁기간 희생되었다. 공산당원들은 독일군과 이탈리아군에 의한 것보다 우스타샤나 체트니크에 의해 훨씬 많이 희생되었다. 그리고 공산당원 중 생존자 3,000명도 모두 가족을 잃은 사람들이었다.[14] 영국은 이들에게 포로들을 넘겨준 것이다. 포로들은 파르티잔 손에 넘어가자마자 즉시 처형되었으며, 그 숫자는 4만 명 내지 10만여 명이라고 추산되고 있다.[15] 그럼에도 불구하고 세르비아인들은 자신들의 희생을 감안할 때 충분한 보복을 하지 못했다고 티토에게 불만을 토로했다. 세르비아인들은 티토가 크로아티아인이었기 때문에 우스타샤에 의해 60만 내지 70만 명 사망한 세르비아인들의 비극을 충분히 고려하지 않는다고 생각했다.

1945년 5월 21일 티토는 크로아티아 자그레브에 입성했다. 티토는 서투른 크로아티아 지방 발음으로 크로아티아 사람으로서 모두가 사랑하는 자그레브에 다시 돌아오게 되어 기쁘다고 말하면서 시민들로 하여금 안도감을 갖게 했다. 그리고 새로운 유고슬라비아는 여러 소수민족의 복합체가 될 것이며, 새 공화국 간의 경계선은 마치 대리석 위의 '투명한 줄'과 같이 눈에 잘 보이지 않을 것이라고 했다. 그는 상이한 민족 간의 화합을 강요했고, 민족 간의 증오를 부추기는 자들은 전부 수감시켰다.

오스트리아에서 포로로 체포되었던 전범들 중 로마 가톨릭과 친밀했던 우스타샤 대원들은 영국 수용소를 탈출한 뒤 스페인 프랑코 총독에게 가거나 남미로 향했다. 안테 파벨리치는 티토 정부의 갖은 체포 노력에도 불구하고 무사히 빠져나가 남미로 갔다. 그는 암살을 피해 가면서 1959년 마드리드에서 죽을 때까지 편안하게 살았다. 야세노바츠 수용소 소장을 지냈던 딘코 사키치Dinko Sakić도 남미로 피했다가 1991년 오스트리아에 돌아와 우스타샤 친위대 대원 생존자 모임에 참석하기도

했다.

체트니크 병사들은 흩어져 도망갔다가 귀순하여 사면을 받거나 처형되었다. 티토는 미하일로비치를 체포한 뒤 공개 재판을 통해 다른 체트니크 군인들과 함께 1946년 7월 17일 처형했다.

2 | 티토 통치 시대

∷ 국내 정치

티토는 처칠의 중재에 따라 임시로 왕정파와의 절충을 통하여 수상이 되었으나, 1945년 여름에 와서는 당초의 계획대로 유고슬라비아 왕국을 공산국가로 만들어 나갔다.

    티토는 공산당 조직을 기반으로 제헌국회 선거 전인 1945년 3월 이반 슈바시치와 합의한 임시 거국 내각에서 비공산당 대표, 망명정부 대표, 세르비아와 슬로베니아 대표를 제거했다. 이를 계기로 슈바시치 외상은 사임했다. 처칠과 스탈린은 1944년 10월 유고슬라비아에서 각각 50대 50의 비율로 영향권을 행사할 것을 합의한 적이 있었으나 유고슬라비아는 티토의 것이 되었다.

    1945년 11월 11일 제헌의원 선거가 실시되었다. 선거에서 슈바시치와 반티토 인사로 낙인찍힌 후보자들은 등록조차 할 수 없었다. 왕정파 인사들의 일부는 자택 감금까지 당했다. 유권자들은 투표에서 단일 후보에 대한 가부만을 결정토록 강요당했다. 그 결과 510석의 제헌 국회 의원 선거에서 470명의 공산당원과 40명의 공산당 지지자들만이 당선되어, 제헌국회는 공산당 하부조직이 되었다.

티토는 공산당 중앙위원회 정치국 중심으로 통치했다. 슬로베니아 출신의 카르델리는 외교 분야, 세르비아계 유대인인 피야데는 법률 및 이념문제, 세르비아 출신의 란코비치는 치안문제, 몬테네그로 출신의 질라스는 선전업무를 담당했다.

1945년 11월 29일 제헌의회가 취한 첫 조치는 공식적으로 군주제를 폐지하고, 6개 공화국으로 구성된 옛 유고연방을 수립하는 것이었다. 그리고 티토는 국민 통합과 동시에 지역 자치와 민족의 다양성을 보장하는 조치를 취했다. 각 공화국에게는 세르보-크로아티아어 이외에 각 민족 고유의 공용어를 선택할 권한을 부여했고, 소수 민족 고유의 교육제도와 언론 매체를 보유할 권한도 부여했다. 중앙정부에는 상이한 민족 간의 문화, 교육, 교환 사업을 장려하는 임무가 부여되었다. 그러나 당시 이러한 6개 공화국 개념은 티토의 절대적인 권한하에 아무런 의미가 없었다.

새로 만든 헌법은 1937년도 스탈린 헌법을 그대로 모방했으며, 란코비치의 비밀경찰이 모든 국민의 충성심을 측정하는 등 국민 통제의 주역을 맡았다.

티토는 점령군 부역자들의 토지를 몰수하여 국유화하거나 영세 농민들에게 배분했고, 토지 개혁을 통한 집단 농장체제를 갖추었다. 또한 독일 점령군과 우스타샤에 동정적이었던 가톨릭 성직자들을 체포하는 등 가톨릭계를 가혹히 처단했다.

독립적인 외교 노선

스탈린과의 불화

티토는 정권을 잡은 뒤 대외관계에 있어서 소련의 정책을 그대로 이행하는 충실한 위성국가였다. 그러나 그의 독자적인 성향으로 말미암아 결국 스탈린과 결별하게 된다.

티토는 1945년 1월 영국군에 의해 아테네에서 쫓겨난 그리스 공산주의 게릴라 활동을 지원했다. 스탈린은 티토가 공산정권 수립을 자랑하고 공개적으로 반영국 활동을 하는 것이, 영국과 옛 유고연방에 대하여 50대 50 비율로 영향력을 행사하기로 한 묵계를 깨는 것이라고, 영국이 오해할 것을 우려했다. 스탈린은 티토의 반영국 활동에 대한 보복조치가 자신의 동구 위성국가 장악 계획에 영향을 줄 것을 걱정한 것이었다. 따라서 스탈린은 티토에게 그리스 게릴라 지원을 그만두라고 충고했고, 영국이 요구하는 대로 페타르 2세와 협조토록 했던 것이다. 또한 스탈린은 이탈리아, 프랑스 공산당에게 사회혼란 대신 연립정부 수립을 지시했고, 티토에게는 서방의 반격을 도발할 수 있는 트리에스트 합병을 고집하지 말라고 했다.

또한 스탈린은 티토가 엄숙하고 인상적인 원수의 제복을 입고, 1946년과 1947년 동유럽 수도를 순방해 영웅 대접을 받으면서, 종주국인 소련과 사전 협의 없이 상호관계 증진 협정을 체결하는 등 '설치는' 것을 못마땅하게 여기고 있었다. 스탈린은 티토에 대한 신화가 자신의 신화 못지 않게 선전되고 있는 것을 괘씸하게 생각했다. 스탈린은 1947년 9월 코민포름Cominform을 만들었다. 스탈린은 코민포름의 본부를 전혀 예상 밖으로 옛 유고연방의 수도인 베오그라드에 설치했다.[16]

이는 옛 유고연방과 같이 독자적으로 행동하는 공산국가들을 통제, 감시하기 위한 것이었다. 그러나 티토는 이런 스탈린을 조롱하는 듯, 역시 소련과 사전 협의 없이, 불가리아에게 발칸연맹 결성을 제안했다.

스탈린은 티토의 방만함을 더 이상 좌시할 수 없었다. 따라서 1948년 티토를 모스크바로 호출했다. 그러나 스탈린의 음모를 잘 알고 있는 티토는 대신 측근인 카르델리와 질라스를 파견했다.

티토는 두 명의 측근이 모스크바로 출발하기 전에 소련 외상 몰로토프Molotov로부터 옛 유고연방 정부가 베오그라드 주재 소련대사를 다른 자본주의 국가 대사들과 동등하게 대우하고 있다는 불만에 찬 내용의 서한을 받았다. 그리고 티토는 그리스의 침공 위협을 받고 있는 알바니아와의 군사지원 협정 체결 계획을 즉시 취소하지 않으면, 옛 유고연방이 전 세계 공산권으로부터 공개적으로 비난을 받을 것이라는 스탈린의 서한을 직접 받기도 했다.

1948년 2월 10일 티토가 파견한 카르델리와 질라스는 스탈린 주재하의 크렘린Kremlin 회의에 참석했다. 스탈린과 몰로토프는 회의에서 티토의 정책을 비난했다. 그리고 스탈린은 동유럽을 세 개의 연맹으로 구분할 것이라고 설명했다. 즉 헝가리와 루마니아, 폴란드와 체코, 그리고 옛 유고연방과 불가리아 연맹이었다. 카르델리와 질라스는 스탈린의 제안이 옛 유고연방에 대한 소련의 통제를 강화하기 위한 술책이라고 판단하고, 제의에 동의하지 않고 다만 앞으로 이 문제에 대하여 협의할 것이라는 내용의 문서에만 서명하고 모스크바를 떠났다.

스탈린은 옛 유고연방이 자기의 의사에 계속 불복하자 소련 공산당을 통하여 옛 유고연방 공산당에게 직접 압력을 가하는 동시에, 티토가 코민포름 가맹국으로부터 불신을 받도록 조치했다. 1948년 봄이 되면서 옛 유고연방에 가는 동구권 관광객이 줄어들기 시작했고, 옛 유고연방과 소련 간의 무역량도 감소하기 시작했다. 한편 티토는 소련이 요구하는 베오그라드 주재 소련 고문관들의 봉급 증액은 불가능하다고 했다. 또한 란코비치는 옛 유고연방 비밀경찰 조직을 소련 비밀경찰에 예속시키라는 소련의 요구를 받아들일 수 없다며 거절했다. 스탈린은 옛 유고연방의 반발에 대한 보복조치로 옛 유고연방에서 소련 군사고문단과 민간기술자들을 철수시켰다.

티토는 스탈린의 위협이 한층 강해지고 있음을 실감하고 3월에 스탈린의 옛 유고연방에 대한 비난은 근거가 없는 것이라고 자세히 해명하면서, 소련에 대한 충성심은 예나 지금이나 변함없다고 다짐했다.[17] 그리고 티토는 스탈린의 지침에 따라 사회 혁명을 위해 더 한층 심혈을 기울일 것을 서약하면서 소련 공산당에 대한 충성심을 배가하겠다는 서한을 보냈다. 그리고 티토는 몰로토프에게 소련 고문단 소환에 대하여 충격을 받았다고 하면서 이런 크렘린의 명령 이유를 알려 줄 것을 요구하기도 했다.

이에 대하여 스탈린은 티토에게 3월 27일 행간 여백 없이 찍은 8쪽에 달하는 공문을 독설과 함께 발송했다. 이 공문에서 스탈린은 옛 유고연방 공산당 지도자들의 불건전한 사상과 무식을 질타하면서, 티토가 옛 유고연방 해방전쟁 과정에서 소련 붉은 군대의 역할을 비하하고, 파르티잔 업적만을 과장했으며, 영국 간첩에게 은신처를 제공하고 있다고 비난했다. 이 서한 중 가장 신랄한 부분은 티토를 스탈린의 적수인 레온 트로츠키Leon Trotsky나 니콜라이 부카린Nikolai Bukharin과 비교한 것이었다. 이는 소련 비밀경찰에 의해 암살당한 트로츠키와 부카린의 처형을 예로 들은 것으로 티토에 대한 스탈린의 명백한 협박이었다.

티토는 후에 밝혀진 내용이지만 스탈린으로부터 이 같은 공문을 받은 것이 마치 천둥번개를 맞은 것과 같았다고 했다. 그러나 티토는 스탈린에게 항복하여 맹목적인 충성을 서약한다면 옛 유고연방의 독립을 영원히 포기하는 것이라고 냉정히 판단했다. 그렇다고 소련에 대항하는 것은 자살행위와 같은 것이었다.

티토는 며칠간의 숙고 끝에 자신의 측근인 질라스, 카르델리, 란코비치에게 국가 원수직 사의를 표명했다. 그의 사의는 측근들에 의하여 즉각 거부되었다. 티토는 측근들의 충성심을 재삼 확인했다. 스탈린은 티토를 통렬히 비난한 자신의 공문 사본을 동유럽 공산권 지도자들에게 회람시켰다. 그리고 스탈린은 자기가 티토를 불신임한다는 사실이 알려지면, 옛 유고연방 공산당 내의 친소련파가 티토를 숙청할 것이라고 믿었다. 스탈린은 티토 정도의 인물의 생사는 자신의 손가락 하나의 움직임에 달려있다고 흐루시초프에게 장담하기도 했다.[18]

티토는 1948년 4월 12일 생사고락을 같이한 파르티잔 부대 출신들인 옛 유고연방 공산당 중앙위원들을 소집했다. 티토와 옛 유고연방의 운명이 걸려있던 엄숙한 회의였다. 스탈린이 예견한 대로 이 회의에서 중앙위원인 스레텐 주요비치 Sreten Žujović 등이 티토를 비난했다.

티토는 비난에 대한 답변에서 소련이 제기한 문제의 성격은 이론적인 논쟁이나 사상적인 오류에 속한 것이 아니고 동등한 주권 독립국가 간의 문제라고 지적하면서, 외세의 강압에 굴복할 수 없는 독립적인 남슬라브족의 민족주의 감정에 호소했다. 그 결과 파르티잔 전우였던 회의 참석자들은 주요비치만을 제외하고는 모두가 티토에 대하여 강력한 지지를 천명했다.

티토는 "우리 모두가 사회주의 국가인 소련을 아무리 사랑한다고 하여도 자기의 나라를 덜 사랑할 수 없다"는 자신의 지론을 담은 서한을 소련에 보내기로, 중앙위원회 투표를 통해 결정했다. 이 결정은 역사적인 전환점이 되었다. 공산당 정권이 공산당 종주국인 소련에 저항한 최초의 사건이었다.

스탈린은 반항하는 티토를 제거하기 위해 계속 옛 유고연방 공산당의 내부분열, 국제사회에서의 옛 유고연방 고립을 위해 다방면으로 획책했다. 소련 비밀 요원들을 옛 유고연방에 잠입시키기도 했다. 옛 유고연방 공산당 지도자들은 스탈린의 위협에 차분히 대응했다. 이들은 스탈린의 비난을 부인하면서도 옛 유고연방은 사회주의 종주국인 소련을 사랑하고, 소련을 모범으로 여기고, 소련을 따르고 있다는 말을 기회 있을 때마다 되풀이하는 것을 잊지 않았다. 한편 옛 유고연방은 자신의 실정에 맞도록 사회주의를 수정, 개혁하고 있다는 사실을 강조하는 것도 역시 잊지 않았다.

옛 유고연방의 코민포름으로부터의 축출

결국 스탈린의 음모에 의해 옛 유고연방은 6월 28일 루마니아의 수도인 부쿠레슈티Bucureşti에서 개최된 코민포름에서 축출 당했다.[19] 이어 옛 유고연방은 소련권으로부터 완전한 경제 봉쇄를 당했다. 코민포름의 옛 유고연방 축출 결정에 대한 티토의 반응은 격렬했다. 그는 장총으로 뒷마당의 못에 있는 모든 개구리를 쐈다고 한다.

티토는 공산당 중앙위원회를 소집하고 코민포름의 옛 유고연방 축출이유가 부당하다고 주장했으며, 중앙위원회는 만장일치로 코민포름이 내세운 이유를 전면적으로 부인했다. 그리고 옛 유고연방 공산당 기관지를 발간하여 옛 유고연방이 코민포름에서 부당하게 축출된 경위와 내용을 모두 공개했다. 그 결과 티토에 대한 일반인의 지지는 한층 견고해졌다. 티토는 또한 공산당 서기장으로서 1948년 7월 21일 제5차 유고연방 공산당 전당대회를 개최하고 8시간에 걸친 연설을 통하여 남슬라브족의 단결을 다짐했다.[20] 그러나 그는 8시간에 걸친 연설에서 스탈린에 대한 비난은 단 한 마디도 하지 않았다. 다만 옛 유고연방은 나름대로의 사회주의 길을 택할 것이라는 사실을 강조하여 소련에 대한 맹목적인 충성은 거부했다.

한편 옛 유고연방 비밀경찰은 코민포름 지지자들을 반티토 세력으로 몰고 무자비하게 탄압했다. 티토는 크로아티아 북부 해안에서 멀리 떨어진 나무 한 그루도 없는 무인고도인 골리 오토크 Goli Otok 섬에 정치범 수용소를 설치하고, 1949년에서 1952년 사이에 반티토 세력으로 분류된 1만 2,000명 이상을 투옥시켰다. 심지어 한 여인은 러시아 음악을 좋아해서 모스크바 방송을 들었다는 이유로 수감되었다고 한다.[21]

한편 동유럽 소련 위성국가에서는 티토 숭배자나 추종자들이 대거 숙청당했다. 그리고 그 후 5년간 옛 유고연방 경찰은 티토 암살음모 혐의로 12명의 소련인을 체포했다.

티토는 코민포름에서 축출된 이후 소련의 침공 위협 속에서 이념 문제를 제쳐놓고 서방과의 관계 발전에 주력했다. 서방 세계에게는 티토의 스탈린 노선 이탈은 하늘에서 내린 '축복'이었다. 미국은 처음에는 공산권의 음모라고 해석하기도 했으나 티토의 반스탈린 입장이 확실해지자 1949년 2월 18일 옛 유고연방에 대한 경제 봉쇄를 해제했고, 2,000만 달러 상당의 차관을 제공했다.

티토는 또한 소련의 위협에 대처하기 위한 방안의 하나로 1949년 유엔 안보리의 비상임이사국 선출에 출마를 선언했다. 소련은 옛 유고연방의 진출을 막았으나, 미국의 적극적인 지지하에 옛 유고연방은 1950년 1월 안보리 비상임이사국으로 선출되었다.[22]

옛 유고연방과 한국전쟁

1950년 6월 25일 북한이 남침했을 때 옛 유고연방 관영 신문 〈보르바 Borba〉는 공산권의 북침설과는 정반대로 북한이 남한을 침공했다고 보도했다. 당시 유고 언론은 소련이 옛 유고연방 주변 국가들에게 무기와 군수물자를 제공하면서 1950년 여름 이후 대대적인 옛 유고연방 침략을 준비하고 있다고 보고 있었다. 그런데 한국전쟁 발발로 인하여 이 계획이 취소되어 "발칸 대신 한국에서 전쟁이 났다"고 보도했다. 그리고 옛 유고연방 언론들은 북한의 남침사실을 계속 보도했다.[23]

옛 유고연방은 유엔 안보리에서 1950년 6월 25일 북한을 침략자로 규정한 결의문 채택에 기권했다. 그 결과 안보리 결의문은 반대 없이 통과될 수 있었다.[24] 9월 유엔군이 38선을 돌파하여 북한을 향해 진격했을 때에도 발언권을 행사하지 않았다. 중공군이 의용군이라는 이름 아래 한국 전쟁에 개입하자 유엔총회는 중공군을 침략자로 비난하는 결의문을 통과시켰다. 소련과 위성국가들은 총회의 결의를 거부했지만 옛 유고연방은 이 결의에 기권표를 던졌다. 티토는 인도의 자와할랄 네루Javāharlāl Nehrū 수상이 제안한 유엔과 중공 간의 중재안을 지지함으로써 소련을 불쾌하게 만들었다. 옛 유고연방은 한국전쟁을 계기로 서방 세계와 가까워질 수 있었다.

스탈린의 옛 유고연방 침략 작전안

1951년 1월 스탈린은 동구권 국방장관을 모두 크렘린에 초청하여 옛 유고연방 침공문제를 다시 제기했다.[25] 티토는 소련의 침략에 대비했다. 미국 딘 애치슨Dean Acheson 국무장관은 한국의 경우와는 달리 소련이 옛 유고연방을 침공할 경우 좌시하지 않을 것이라는 경고를 했고, 이어 무기를 지원했다. 영국정부도 미국의 조치를 뒤따랐다.

이 같은 미국의 옛 유고연방에 대한 강력한 지원은 옛 유고연방 자체를 위한 것은 아니었고, 소련의 팽창을 봉쇄하려는 미국의 세계전략의 일환이었다. 미국의 이해관계가 티토의 스탈린 노선으로부터의 이탈, 독립 정책과 맞아떨어져 양국 간 협력관계가 구축된 것이다. 즉 상호 목적은 달랐지만 이해관계가 동일해 우호국이 될 수 있었던 것이다.

한국의 경우에도 마찬가지이다. 북한이 한국을 침략했을 때 미국이 참전한 것은 소련 봉쇄 작전의 일환이었다. 그러나 이런 미국의 정책이 공산 침략을 격퇴시켜야만 하는 한국의 이해관계와 맞아떨어지기 때문에 한미 동맹관계가 구축되었던 것이다.

이승만 대통령은 유엔군과 북한의 휴전협정을 반대했었다. 이승만 대통령은 아이젠하워 대통령의 공식 초청으로 79세의 노구를 이끌고 1954년 7월 26일 미국을 방문하여 상하 양원 특별회의에서 연설했다. 이 자리에서 이승만 대통령은 링컨 대통령이 '노예 반, 자유 반'이 아니고, '전 노예' 해방을 주장한 예를 들면서, '공산주의 반, 민주주의 반'으로는 한반도에서의 평화회복이 불가능한 것이라고 하면서, 미국이 전 한반도 통일대신 남북한 분단을 유지하는 휴전협정을 체결한 것은 "지혜롭지 못하다"고 비판했다. 미 국회의원들이 이승만 박사의 열변에 많은 박수를 보냈지만 미국의 이해관계에 맞지 않는 이 박사의 통일 지원 요청에는 냉담했다. 동맹국이라고 하여 우리가 원하는 것을 모두 지원하리라고 믿는 것은 국제사회에서 통용될 수 없다. 다만 우리의 국가이익을 달성하기 위해 우리의 이해가 동맹국의 이해관계와 일치한다는 것을 설득시킬 수 있는 외교술이 필요한 것이다. 독일이 통일할 수 있었던 것은 모두들 반대했던 독일의 통일이 미국의 이익이 될 것이라는 사실을 설득하는 데 성공했기 때문이었다.

티토주의

서방과의 접촉이 빈번해지면서 옛 유고연방 내 이념적인 변화가 일어났고, 개인의 자유의 폭이 늘어났다. 경제 분야에서도 자본주의 시장경제 제도가 일부 도입되었고, 집단 농장제도는 폐지되었다. 질라스의 주장에 따라 1950년 소개된 노동자 자주관리 제도는 티토의 경제정책의 주축이 되었다.[26] 티토는 경험과 실전을 통해 다져진 공산주의자였다. 티토는 마르크스 이론을 제기한 적이 없다. 오로지 그의 측근인 피야데, 카르델리, 그리고 질라스의 이론과 주의 주장에 귀를 기울였다.[27]

  티토는 1954년 말과 1955년 초에는 인도와 미얀마를 순방했으며, 인도에서는 네루 수상과 관계를 돈독히 했다. 두 사람은 서구 제국주의와 스탈린에 대한 반감을 가지고 있다는 공통점을 기반으로 중립노선을 취했다. 이어 카이로를 방문하여 나세르Nasser 대령과 유대를 강화했다. 1956년 티토는 네루 인도 수상과 나세르 이집트 대통령을 자신의 여름 별장인 브리오니Brioni 섬에 초청하고, 평화공존과 군비축소 그리고 블록 간의 경쟁중지를 약속하는 비동맹회의를 탄생시켰다.

스탈린 이후 티토와 소련의 관계

옛 유고연방과 소련의 관계는 스탈린 사망 후 호전되었다. 흐루시초프는 옛 유고연방과의 경제협력 관계 재개를 허용했고, 스탈린에 의해 투옥된 유고슬라비아인을 석방시켰다. 코민포름도 해체되었다. 티토와 소련의 화해 무드는 1956년 6월 티토가 19일의 일정으로 소련을 공식 방문함으로써 극에 달했다. 티토가 모스크바를 방문한 이후인 1956년 나세르의 수에즈 운하 국유화를 계기로 영국과 프랑스의 이집트 공격이 있었는데, 티토는 소련과 함께 나세르를 지지했다.

이처럼 우호적인 양국관계는 1956년 11월 소련군이 헝가리의 반소련 시위를 계기로 부다페스트에 진격하면서 악화되었다가, 다시 정상화되는 등 우여곡절을 겪었다. 그러나 소련이 사회주의 이외의 이데올로기는 있을 수 없다는 강경 입장으로 선회하면서 티토의 중립노선에 대한 불만이 다시 커졌다. 1957년 8월 미국을 앞지른 대륙간 탄도미사일ICBM 실험의 성공, 1957년 10월 인공위성 스푸트니크Sputnik의 발사 성공은 소련으로 하여금 더욱 위세등등하게 했다.

1958년 6월 3일 흐루시초프는 불가리아의 소피아를 방문한 자리에서 티토가 말썽꾼이라고 비하하면서 1948년 옛 유고연방을 코민포름에서 축출한 결정은 옳은 결정이었다고 언급했다. 그러나 티토는 이에 개의치 않고 비동맹회의를 위해 누구보다도 열정을 쏟아부었다. 티토는 25개 국의 소위 제3세계 지도자들을 베오그라드에 초청하여 1961년 9월 6일 첫 비동맹회의를 개최했다.

티토는 브레즈네프 시대에 들어와서 '프라하의 봄'으로 알려진 개방운동을 억압하기 위해 소련군이 1968년 8월 20일 체코슬로바키아에 진격한 것을 강력히 비난했다. 티토는 소련의 침공에 대비하여 군비를 강화하고 게릴라전을 준비하기도 했고, 루마니아와는 상호 방위를 약속했다. 동시에 미국과의 관계를 증진시켰다. 당시 미국에서는 닉슨이 대통령으로 당선되면서 소위 데탕트가 시작되는 시기였다. 닉슨은

1970년 9월 베오그라드도 방문했다.

    티토가 정열을 기울여 추진했던 비동맹운동은 많은 발전을 했다. 1961년 비동맹회의가 베오그라드에서 처음 열린 후 1964년에는 카이로Cairo에서, 1970년에는 루사카Lusaka에서, 1973년에는 알제Alger에서, 1976년에는 콜롬보Colombo에서, 그리고 1979년에는 아바나La Habana에서 개최되었다. 베오그라드 회의 때는 25개국이 참가했으나 아바나 회의에는 92개국이 참가했다.

▌▌크로아티아의 봄

옛 유고연방은 1960년대 초에 들어서 경제적 어려움을 겪기 시작하면서 정국이 불안해졌다. 크로아티아와 슬로베니아 공화국이 자기들에 대하여 과중한 세금을 부과하는 중앙집권적인 행정체계에 대하여 불만을 제기하면서, 권력 분권화와 중앙집권 강화 주장 간의 논쟁이 표면화하기 시작했다.

    이런 논쟁은 관광 진흥 정책과 관련하여 공화국 간의 정치투쟁으로 확대되었다. 크로아티아의 개방파는 외화수입을 위해 외국인 입국을 자유화하고, 달마티아 해안지역에 관광객 유치를 위해 호텔이나 관광시설을 건립할 것을 주장했다. 티토는 이 주장에 동조하여 관광 담당 부처를 설치하여 옛 유고연방 입국 절차를 완화했고, 옛 유고연방 노동자들의 해외수출을 장려하여 외화수입을 증가시켰다. 그리고 정치 탄압과 문인들에 대한 통제도 완화했다. 티토 자신도 그의 우지치카Užička 가街 15번지에 있는 대통령 관저의 벽을 온통 유고슬라비아 예술가들의 그림으로 장식했다.

그러나 국내치안 총 책임자인 동시에 부통령으로 격상되어 티토의 후계자로 주목받던 란코비치는 치안 확보에 주안점을 두고 외국인에 대한 철저한 감시를 강화함으로써 개방파와 충돌을 초래했다. 란코비치는 공산당 조직 비서도 겸하고 있어서 티토가 언급한 바와 같이 공산당을 수중에 넣고 있었던 실세였다. 그는 공포의 대상이었고 동경의 대상이었으나 동시에 질시의 대상이었다.

불행하게도 그의 오랫동안의 권력 장악은 오만과 부패를 가지고 왔다. 티토는 란코비치가 대통령 관저까지 도청했다는 정보를 보고 받고, 파르티잔 투쟁 경력을 참작하여 반혁명 죄로는 처벌하지는 않았지만 공직에서 물러나게 했다. 란코비치의 숙청은 개혁파에게는 희소식이었고, 세르비아와 보수 세력에게는 비운이었다.

란코비치가 거세되면서 개방파의 움직임이 활발하여졌다. '프라하의 봄'과 같이 개방을 앞세운 지역 민족주의자들의 소위 '크로아티아의 봄' 운동이 크로아티아에서 일어났다. 이 운동은 전통을 자랑하는 크로아티아 문화재단이 1967년 4월 7일 '크로아티아어의 명칭과 위치'라는 선언을 발표함으로써 언어문제로부터 시작되었다.

당시 크로아티아 문화재단 회원 중에는 크로아티아 공화국 대통령이 된 투지만 장군이 포함되어 있었다.

크로아티아 문화재단이 선언을 통해 크로아티아어의 독자성을 주장하자 즉각적으로 세르비아 작가 연맹에서도 세르비아어의 독자적인 언어표기를 주장했다. 베오그라드 텔레비전 방송은 문자판을 완전히 키릴문자로 바꿔야 한다는 주장을 했다.

언어문제를 둘러싼 크로아티아와 세르비아 간의 논쟁이 정치적인 차원으로 비화하자 티토는 크로아티아 정치지도자를 불러 자제토록 종용했다. 그러나 이들은 주장을 굽히지 않았다. 티토는 이 사건을 계기로 투지만과 유지들을 공산당에서 축출했다.

그러나 이 사건은 1968년 크로아티아 공산당 지도자로 새로 임명된 다브체비치 쿠차르Dabčević Kučar를 비롯한 개방파들을 자극했다.[28] 이들은 옛 유고연방 군대, 그리고 크로아티아 경찰 및 공산당 요직에 세르비아인들이 상대적으로 많이 자리를 차지하고 있다는 것과 중앙정부의 크로아티아에 대한 중과세 문제에 대해 불만을 토로했다.

또한 자그레브에서는 옛날 크로아티아 왕국 문장의 기(우스타샤가 사용했던 것임)가 계양되기도 하고, 망명한 크로아티아 농민당 당수 라디치 찬양 행사가 거행되었다. 이어 크로아티아 문화재단은 크로아티아 민족주의 감정을 촉발하는 간행물을 출판, 배포하기 시작했다. 자그레브 대학교 학생들은 개혁을 촉구하는 시위를 대대적으로 벌였다. 1971년 말에 가서 이들은 크로아티아 독립 군대 조직, 크로아티아의 유엔 가입 등을 주장했다. 이와 같은 소위 '크로아티아의 봄'은 지역 민족주의에 기반을 두고 있었기 때문에 이름은 비슷하지만 '프라하의 봄'과는 성격이 달랐다.

티토는 1년 여 동안 사태 발전을 관찰하다가, 자신의 '형제애와 통일'이라는 남슬라브족 통일 이념하에서는 더 이상 좌시할 수 없다고 판단했다. 티토는 1971년 12월 1일 공산당 특별 중앙위원회를 소집하고, 소위 '크로아티아의 봄'을 주창하는 크로아티아의 반혁명 세력을 더 이상 용납할 수 없다고 했다. 티토가 일단 결심하자 그의 숙청은 광범위하고 냉혹한 것이었다.

크로아티아 문화재단은 폐쇄되었고, 주요 회원들은 2년 내지 4년

간 징역형을 선고 받았다. 그 후 6개월에 걸쳐서 크로아티아 공산당원 1,600여 명이 제재를 당했다. 892명이 공산당에서 축출되었고, 280여 명이 사직해야 했다. 투지만은 국내사정과 관련하여 외국 특파원과 면담했다는 죄로 2년 징역형을 선고 받았으나, 파르티잔 부대 출신이라는 경력 덕분에 감형되어 1년 만에 석방되었다.

티토는 크로아티아 민족주의자들을 숙청함에 있어서 균형을 유지하기 위해 세르비아에서도 1972년과 1973년에 같은 부류의 민족주의자들을 숙청했다.

이 숙청이 단행된 이후 크로아티아는 티토 대통령 사망 후 다당제 자유선거 실시될 때까지 거의 17년간 '침묵'의 시기를 보냈다.

한편 해외의 크로아티아 민족주의자들은 티토의 억압적인 조치에 한층 과격화했다. 크로아티아인들을 억압했다는 이유로 스톡홀름 주재 옛 유고연방 대사가 암살당했다. 자칭 민족주의자라고 주장하는 크로아티아 테러리스트들은 1972년 유고항공기를 폭파했고, 1975년 9월 티토가 자그레브에서 오페라하우스 연회에 참석하기 전 소형 폭탄을 터뜨렸다. 1976년에는 미국 여객기를 납치했으며, 1978년 시카고 주재 서독 영사관을 점령하기도 했다.

1974년 헌법

티토는 1974년에 헌법을 개정하여 후계 구도를 만들었다. 개정 헌법에는 소위 '크로아티아의 봄' 등을 통하여 표출된 각 공화국의 자치권 확대 요구가 많이 반영되었다. 즉 연방정부는 군 통수권, 외교권만을 행사하고, 각 공화국에게 옛 유고연방을 탈퇴, 독립할 수 있는 권한을 부여함과 동시에 연방정부의 권한을 대폭 이양했다.

그리고 코소보와 보이보디나의 두 개 자치지역에 실질적으로 6개 공화국과 거의 동일한 지위를 부여했다. 따라서 보이보디나와 코소보 자치 지역은 대외적으로 공화국이라고만 하지 않을 뿐 6개 공화국과 거의 동일한 권한을 향유했다. 이로 인해 세르비아 공화국 내에는 실질적으로 3개의 공화국이 있는 셈이 되었다. 환언하면 세르비아 공화국은 세 개의 공화국으로 분리되었다는 것이다. 1974년 헌법개정과 관련하여 대부분의 세르비아인들은 크로아티아와 알바니아인들에 대한 특혜라고 간주하고 있었는데, 그 이유는 크로아티아 공화국과 보스니아 헤르체고비나 공화국 내의 세르비아계에 대하여는 아무런 자치권을 부여하지 않았기 때문이다. 그렇지 않아도 세르비아 민족주의자들은 몬테네그로인과 마케도니아인이 세르비아인인데도 별개 민족으로 인정하여 독자적인 공화국을 갖도록 한 티토의 정책에 반감을 가지고 있던 터이었다.

한편 크로아티아를 비롯하여 타 공화국들은 이런 헌법 개정을 세르비아 공화국을 약화시키는 것이라고 환영했다.

티토의 헌법 개정은 당시의 시류를 감안할 때 합리적인 조치이긴 했으나 두 가지 점에서 옛 유고연방 와해의 원인을 제공했다.

첫째, 각 공화국에게 연방정부 탈퇴, 독립 권한을 부여했지만 이를 위한 구체적인 절차에 대한 규정이 없었기 때문에 해석상 분쟁의 소지가 있었다. 그리고 공화국의 자치권 확대에 주안점을 둔 결과 지역 간의 화합과 우애를 위한 중앙정부의 통제력과 책임을 소홀히 한 치명적인 실수를 범했다.

둘째, 코소보와 보이보디나 자치주를 공화국과 거의 동일한 지위로 격상시킨 것은, 두 자치주에 대한 관할권이 세르비아 공화국에 속한다는 세르비아 공화국 헌법과 마찰을 초래했다.

티토는 1974년 헌법(333~345조)에 따라 종신 대통령으로 추대되었다. 그리고 6개 공화국과 2개 자치주 대표 8명으로 구성되는 연방 대통령부를 설치하고, 동 대표들이 순번제에 따라 1년 임기의 연방 대통령 및 부통령 각 1인을 선출하기로 했다.

▪▪ 티토의 최후

티토는 건강이 악화하면서 1976년에 들어서는 정치활동을 대폭 줄였다. 티토는 프롤레타리아 계급의 생활과는 달리 극히 귀족적인 생활을 즐겼다. 티토는 사격의 명수로서 사냥을 즐겼기 때문에 옛 유고연방 전역에 산재되어 있는 사냥별장이 유명하다. 티토는 말년에 피아노를 배울 정도로 음악을 좋아했고, 특히 젊은 여자들을 좋아했다. 티토는 공식적으로 3번 결혼했지만, 수많은 정부와 자식들이 있었다고 한다.

티토 관저가 있는 토프치데르Topčider 언덕에는 우지치카Užička 거리가 있다. 토프치데르 언덕은 대사관저들이 많이 위치하고 있는 지역이다. 티토는 1950년 극심한 가뭄 때 해리 트루먼Harry S. Truman 미국 대통령이 보낸 긴급 구호에 대한 감사의 표시로 베오그라드 주재 미국 대사관저로 우지치카 지역에서 두 번째로 좋은 집을 주었다. 현재 한국 대사관과 대사관저도 이 거리에 위치하고 있다.

티토는 1980년 5월 사망했다. 그는 베오그라드 시의 숲이 울창한 토프치데르 언덕에 위치하고 있는 '꽃의 집'에 묻혔다. 그가 사망한 후 첫 4년간 옛 유고연방 전 인구의 반이 되는 1,100만여 명이 '꽃의 집'을 방문하고 조의를 표했다.[29]

세르비아 공화국의 국수주의자들은 옛 티토 대통령 관저에 안치되어 있는 크로아티아인인 티토의 관을 미망인에게 돌려주어야 하며, 만일 미망인이 원하지 않는다면 크로아티아인들에게 주어야 하고, 크로아티아인들이 원하지 않을 경우에는 화장해야 한다고 주장했다.

3 | 티토의 유산

■■ 미국과의 관계

티토는 '형제애와 통일'이라는 기치 아래 옛 유고연방을 35년간 다스렸다. 옛 유고연방은 티토 사망이후 1980년도 중반까지만 해도 동구권에서 지도적인 개혁 사회주의 국가인 동시에 비동맹운동의 핵심 국가로서 국제적인 영향력이 컸다.

티토가 사망한 바로 그 해 11월 미국 대통령 선거에서 레이건 대통령 후보가 카터 현직 대통령을 물리치고 당선되어 1981년 1월 취임했다. 철저한 보수철학을 가지고 있는 레이건 대통령은 1983년 3월 8일 플로리다 주 올랜도Orlando에서 열린 전국 복음 전도회에서 소련 연방을 '악의 제국'이라고 부르는 걸 주저하지 않았다. 그리고 소련 연방의 핵무기 공격을 우주공간에서 방어한다는 '전략 방위 구상Strategic Defence Initiative'을 1983년 3월 23일 발표했다.

이런 레이건 행정부와 옛 유고연방의 협력 관계는 냉전이 계속되는 한 돈독할 수밖에 없었다. 미국은 옛 유고연방 각 민족들 간의 분란 사태에 무관심했고, 국제 금융기관은 옛 유고연방의 외채 상환을 지원하는 등 지원을 계속했다. 1981년 6월 10일 미 국무성 유럽국 차관보 로렌스 이글버거는 하원 외교위원회 청문회에서 미국과 옛 유고연방은 그 어느 때보다 좋은 관계를 유지하고 있다고 설명했다.[30]

옛 유고연방의 전략적 가치 상실

그러나 1980년대 중반기에 냉전이 완화하는 기미가 보이자 옛 유고연방은 그간 누리던 전략적 가치를 상실하기 시작했다.

미소 간의 새로운 데탕트 | 1985년 3월 체르넨코의 뒤를 이어 집권한 54세의 고르바초프는 브레즈네프, 안드로포프, 체르넨코의 노인체제와 결별을 고하고, 국내적으로 개혁(Perestroika)과 개방(Glasnost)을, 대외적으로는 신사고를 정책기조로 내세우며 동서 간 긴장완화의 기수로 등장했다.[31] 그의 평화공세로 레이건 대통령은 수세에 몰리게 되었고, 1986년 6월 해리스 폴Harris Poll에 따르면 여론조사 대상자의 절반이 (51%) 고르바초프에 대하여 호의적인 인상을 가지고 있는 것으로 나타났다.

수세로 밀린 레이건 대통령은 첫 번째 취임식에서와는 달리 재선 취임식에서는 소련연방과의 관계를 더 이상 정의와 불의, 선과 악의 투쟁이라고 주장하지 않았고, 소련연방을 '악의 제국'이라고 부르지도 않았다. 그는 미소 관계는 오해와 불신으로 점철되어 있기 때문에 대화가 중요하다고 했다. 레이건 대통령은 임기 동안에 소련과 네 번에 걸친 정상회담을 가졌다. 그는 고르바초프의 평화공세에 대한 현실적인 접근을 통해 군축에 많은 진전을 가져 왔으며, 소련연방을 개혁 개방의 길로 유도함으로써 냉전을 완화시켰다.

옛 유고연방은 이 같은 미소 간의 화해 분위기 속에서 중립주의의 전략적 가치를 상실하게 되었다. 미국은 이제 일종의 회색지역으로 변한 옛 유고연방과 같은 변두리 국가에 관심이 없었다. 그 첫 신호가 그간 외면했던 코소보 인권문제가 미 의회에서 주요 의제로 제기된 것이었다.[32] 그리고 그간 덮어두었던 티토 대통령이 남긴 체제의 문제점이 노출되기 시작했다.

더불어 걸출한 지도자였던 티토가 사망하자 수면 밑에 있던 지역 민족주의가 재등장하고 경제사정의 악화 등 악재가 밀어닥쳤다.

경제 사정의 악화 | 1970년 대 옛 유고연방은 동유럽에서 지도적인 개혁 사회주의 국가였다. 부분적인 개방 경제와 독일 등에서의 외화벌이 기술자들로 인하여 아드리아 해안에는 아름다운 별장이 우후죽순처럼 생기는 등 모두의 선망의 대상이었다. 그러나 1974년 개정 헌법에 따라 추진한 '계약 경제 체제'가 점점 더 효력을 상실하고 1975년 석유파동 이후 외채가 누적되어 한동안 동구권에서 최고를 자랑하던 경제성장률이 제로가 되었다. 실업률은 증가했고, 인플레이션도 심각했다. 1980년 외채가 180억 달러에 달했고, 무역적자는 1980년에 35억 달러이었다.

티토가 창안한 '노동자 자주관리 제도'는 관료화함으로써 그 활력이 퇴조하고 있었다. 지역의 균형발전이라는 명분 아래 추진했던 개발 사업들은 각 공화국과 지역의 장점과 특징을 최대로 활용하지 못했다. 모든 지역에 공평하게, 예를 들어 같은 크기의 빌딩, 같은 수의 공장을 짓는 식의 형식적인 균형에 머물고 있었기 때문에 시장경제의 기본 원리를 무시하고 있었다. 티토가 사망한 후 경제사정은 깊은 늪에 빠지게 되었다.

옛 유고연방 정부는 경제 난국을 타개하기 위해 1981~1982년 슬로베니아 공화국 대표로서 옛 유고연방 정부의 대통령이었던 세르게이 크레이그헤르Sergej Kreigher를 단장으로 하는 위원회를 구성하여 2년간에 걸친 인플레이션 억제 등 경제 개혁안을 만들었다.[33] 그러나 정치인들은 민주개혁을 주창한 이 안을 채택하지 않았다.

옛 유고연방 정부는 또 다시 크로아티아인인 요시프 브로호베츠Josip Vrhovec를 단장으로 하는 경제위원회를 구성하여 1985~1986년 활동하게 하면서 대안을 제시토록 했다. 브로호베츠도 민주화, 시장경제 도입을 위한 근본적인 정치체질 개선을 건의했다. 그러나 자유 시장경제 체제 도입으로 인하여 영향을 받을 것을 우려한 기존 세력권에서는 전문가의 올바른 처방을 무시했다.

1989년 3월 옛 유고연방 양원에서 수상으로 선출한 크로아티아 출신 안테 마르코비치도 같은 운명의 길을 걸었다. 그는 혁명적인 시장경제체제 전환을 추구하면서 중앙정부의 권한 확대를 요구했다. 그러나 각 공화국 정치인들은 자신들의 권력기반이 손상될 것을 우려하여, 모처럼 주워진 경제개혁안을 또 다시 거부했다.

■ 옛 유고연방의 불운

동유럽 공산권은 냉전 완화를 통하여 소련 공산당의 압제에서 벗어나

갈구하던 진정한 독립을 찾고, 자유민주주의와 시장경제를 향해 나아가고 있었다. 옛 유고연방에서도 국민들은 민주화와 개인의 자유, 그리고 시장경제로의 개혁을 갈구하고 있었다.

그러나 불행하게도 옛 유고연방은 외세로부터의 위협이 아니고 국내적인 문제, 즉 공화국 지역 간의 감정 문제로 혼란을 겪게 되었다. 호랑이가 없어진 산에 여우가 날뛴다는 격언처럼 강력한 티토가 없어진 이후 나타나기 시작한 것은 편협한 지역주의에 기반한 각 지역의 전 공산당 출신 민족주의자들이었다. 결국 이들은 무고한 시민의 목숨을 담보로 정치적 게임을 했다. 옛 유고연방 시민들은 당시 동유럽을 휩쓸고 있는 자유, 민주주의 물결에 동승하지 못하는 역사적으로 불우한 운명을 맞이하게 되었다.

론차르 옛 유고연방 외상은 남슬라브족에게는 과거의 악령이 살아 있는 것으로 보인다고 언급한 적이 있다.[34] 드디어 슬로베니아 공화국은 1991년 6월 25일 독립을 선언했다. 옛 유고연방의 참극이 시작된 것이다.

3
슬로베니아와 크로아티아의 독립전쟁

1 | 슬로베니아 독립전쟁

▮▮ 슬로베니아의 치밀한 전쟁 준비

인구는 200만 명도 안 되고 면적은 2만여 제곱킬로미터 정도 밖에 안 되는 슬로베니아 공화국은 독립선언에 따를 연방군과의 대결을 위해 사전에 지역방위군을 강화했다. 슬로베니아는 연방군에 종사하는 슬로베니아 출신들의 고향 근무제 실시와 탈영을 권장하여 병력 확보를 꾀했다. 그리고 연방군의 지역방위군 소유 무기반납 지시를 무시하고, 이를 지역방위군 무장을 강화하는 데 사용했다. 이에 추가하여 인접국가로부터 최신 무기도 밀수입했다.

    슬로베니아 당국은 단기전을 계획하고, 다윗과 골리앗 간의 전쟁처럼 작고 연약한 신생 민주국가가 거대하고 무지막지한 독재 공산국가로부터 침공당하는 것으로 선전하여, 국제사회로 하여금 연방군에게 압력을 가하여 전면적인 공격을 하지 못하도록 견제하는 작전을 세웠다. 그리고 연방군으로 하여금 먼저 총을 쏘도록 유인하여 자신들은 희생자라는 이미지를 선전하는 계획을 마련했다. 이를 위해 PR 전문가를 고용하여 사전에 국제홍보센터를 설치했다.

군사문제 전문기자 출신인 슬로베니아의 국방장관 얀샤는 연방군의 취약점을 누구보다도 잘 알고 있었다. 그는 연방 대통령부가 마비상태에 있고, 연방군이 크로아티아 공화국내에서의 무력충돌에 집중하고 있는 상황을 이용했다. 1991년 6월 25일 오스트리아, 이탈리아, 헝가리와의 국경선에 위치하고 있는 37개의 옛 유고연방 국경초소를 장악하고, 연방정부 세관원을 축출하고, 옛 유고연방 국기를 내리고 산과 바다를 상징하는 슬로베니아 공화국 국기를 게양함으로써 전쟁을 일으켰다. 도도한 전쟁 도발 행위였다.

슬로베니아 공화국은 이 같은 군사작전과 동시에 EC와 미국 등이 민주적인 옛 유고연방 유지를 바라고 있는 점을 감안하여 자신들의 독립선언은 민족자결주의 원칙에 의한 것임을 강조했다. 슬로베니아 정부는 국제적으로 거부감을 주는 동시에 법적인 문제점을 안고 있는 '이탈, 또는 분리(secession)'라는 용어 대신 '와해(disassociation)'라는 단어를 사용했다. 즉 옛 유고연방의 와해로 인하여 독립하는 것은 자연적인 귀결이라는 주장이었다.[1] '분리'는 모체에서 떨어져 나간다는 것이고, '와해'는 모체 자체가 해체된다는 것이다.

▪▪ 10일 전쟁 작전 개시

슬로베니아 정부의 도도한 전쟁 도발에 대하여 연방군 참모총장은 대규모 군사작전을 통하여 슬로베니아 정부를 전복시키자는 의견을 제시했다. 그러나 옛 유고연방 정부 고위층은 마치 소련의 붉은 군대가 위성국가를 침공하는 것과 같은 인상을 줄 것을 우려했다. 따라서 크로아티아 공화국에 주둔하고 있는 연방군 제5관구 부대 약 2,000명을 차출하여 가능한 빨리 진압토록 한다는 계획을 세웠다. 또 옛 유고연방 국기를 다시 게양하는 정도의 원상 복귀를 위한 제한된 임무만을 부여하기로 결정했다. 민간인에 대한 사격은 금지되었다. 당시 군 최고통수권자인 연방 대통령부 대표가 부재상태에 있었기 때문에 안테 마르코비치 연방정부 수상이 군 동원령을 내렸다.[2] 이 같은 연방군의 동원계획은, 연방 대통령부에 슬로베니아 대표가 참석하고 있었기 때문에 공개적인 것이었다.

슬로베니아 정부는 연방군이 1991년 6월 26일로 예정된 독립선언일을 기점으로 동원될 예정이라는 정보를 사전에 입수하고, 하루 앞당겨 독립선언을 발표하면서, 연방군의 진입로에 지역방위군을 매복시키고 지뢰를 설치했다.

이런 사실을 모르고 제한된 임무를 명령받은 연방군은 6월 27일 전차부대를 앞세우고 슬로베니아로 향하던 중 예상하지 못한 곳에 매복해 있던 슬로베니아 지역방위군의 급습을 받았다. 탱크 안에 있던 연방군의 병사들은 산 상태에서 불탔다.

그러나 TV는 연방군의 탱크가 슬로베니아군이 설치한 바리케이드를 넘어가는 장면만을 방영했고, 연방군은 전형적인 침략자로 보도되었다.[3] 슬로베니아 당국의 사전 각본대로 허위 선전은 서방 여론을 즉각 슬로베니아 공화국 편으로 돌아서게 하는 데 충분했다. 슬로베니아 언론들은 연방군이 화학무기를 사용할 것이라는 등 갖은 허위 선전을 통하여 국민들을 흥분시켰다. 그리고 현장 취재가 어려웠던 외신 기자들은 마감시간에 쫓기어 슬로베니아 당국이 주는 일방적인 내용을 근거로 기사를 쓸 수밖에 없었다. 확인 차 현지에 간 기자들도 있었으나 이들은 날조된 현장에 안내되었다.[4] 질서 회복을 위해 반란군 진압 임무를 수행하려던 연방군은 적반하장 격으로 침략자로 비난받게 되었다. 슬로베니아는 자신들이 사전에 무력으로 국경초소와 세관을 장악한 사실은 전혀 밝히지 않았다.

연방군 부대는 마침내 바리케이드를 헤치면서 류블랴나에 입성했다. 그리고 밀란 쿠찬 대통령에게 연방군의 임무는 원상회복임을 통보하면서 협조를 요청했다. 연방군은 슬로베니아가 연방군의 위세에 굴복할 줄 믿었다. 그러나 반대였다. 연방군의 예상은 빗나갔다. 역사적인 실수였다. 발칸전쟁에서 첫 번째 희생자는 '진실'이었다. 세계 여론에 영향을 받은 베이커 국무장관은 6월 27일 연방정부의 자제를 요구했다. 슬로베니아 정부군은 예전부터 슬로베니아 지역에 주둔하고 있던 무방비의 연방군 막사를 포위하고 공격하기 시작했다.

■ 크로아티아 공화국의 동태

슬로베니아 공화국과 같이 독립을 선언한 크로아티아 공화국 내에서는, 그간 은신 중에 있었던 마르틴 슈페겔리 국방장관이 나타나서 크로아티아 주둔 연방군이 슬로베니아 공화국 진격을 못하도록 물리적인 조치를 취할 것을 건의했다.

투지만 대통령은 슈페겔리 작전안은 매우 위험한 것이라고 하면서 받아들이지 않았다. 투지만 대통령은 "우선 카디예비치 연방 국방장관이 크로아티아를 공격하지 않을 것이라고 확신한다"고 하면서 "아직 옛 연방군과 대적할 만큼 크로아티아 군장비가 충분하지 않다"고 말했다. 그리고 슈페겔리 국방장관에게, 연방군과 슬로베니아 간의 '전쟁'은 사전에 짜여진 게임이라는 사실을 깨닫지 못하고 있느냐고 일침을 가했다. 슈페겔리 장관은 그 후 독일로 망명했다.

사실 당시 연방군의 정보계통이 37개의 옛 유고연방 국경초소가 슬로베니아 지역방위군에 의하여 점령당하고, 연방정부 세관원이 축출되고, 옛 유고연방 국기 대신 슬로베니아 공화국 국기가 게양된 사실을 모르고 있었던 사실과, 연방군이 슬로베니아가 독립을 선포한 이후에나 원상 복귀라는 질서 확립을 위해 출동했다는 사실은, 투지만 대통령이 언급한 바와 같이 사전에 치밀하게 짜여진 각본이라는 의심을 갖지 않을 수 없게 한다.

EC 개입과 휴전 협정 교섭

EC는 슬로베니아에서 무력충돌이 발생했다는 보고를 접수하고, 휴전을 주선하기 위해 6월 28일 전직, 현직, 차기 EC 의장국 외상 3명(이탈리아, 룩셈부르크, 네덜란드)을 현지에 파견했다.[5]

EC 대표 3명의 외상들은 현지에 도착하여 마르코비치 연방정부 수상이 이미 제시한 협상안을 기초로 하여 첫째, 휴전, 둘째, 슬로베니아 공화국과 크로아티아 공화국의 3개월간 독립선언 유예, 셋째, 크로아티아 공화국 대표인 스체판 메시치의 옛 유고연방 대통령부 대표 선출을 통한 대통령부 기능의 정상화, 그리고 연방군의 원상 복귀에 대한 협조 등의 동의를 받았다.

그러나 슬로베니아 지역방위군은 휴전 협정을 무시하고, 6월 29일 연방군이 점령한 요지를 탈환하고 탱크를 포획하는 전과를 올렸다. 한편 유고연방 대통령부는 유명무실했다. EC는 자그마한 슬로베니아가 EC와의 약속을 어긴 것에 대하여 어처구니없어 했다.

슬로베니아가 EC의 권위를 무시한 배경에는 여러 가지 원인이 있었다. 우선 EC 내에 통일된 입장이 결여되어 있었고, 슬로베니아 정부는 이러한 EC의 약점을 계산하고 있었다. 그리고 독일로부터 적극적인 슬로베니아 분리, 독립 지원이 있었다. 콜 독일 수상은 6월 29일 룩셈부르크에서 개최된 EC 정상회담에서 "옛 유고연방의 통일은 무력으로 유지될 수 없다"고 선언하면서 슬로베니아를 공개적으로 지지했다. 독일은 1991년 6월 19일까지만 하여도 옛 유고연방 통일과 영토보장을 지지하는 유럽안보협력회의의 성명서에 투표했다. 뿐만 아니라 독일은 서유럽동맹Western European Union이 슬로베니아와 크로아티아가 독립을 선언한 직후 두 공화국의 일방적인 독립선언에 유감을 표시하고 옛 유고연방의 모든 공화국들이 연방 유지를 위해 대화할 것을 촉구한 성명서를 1991년 6월 27일에도 지지했다. 그러나 슬로베니아에서 무력충돌이 일어나자 독일은 기존의 옛 유고연방 지지 입장을 버렸다. 전투가 재개되면서 한스 겐셔Hans D. Genscher 독일 외상은 류블랴나에서 연 기자회견을 통해 연방군을 비난했다. 미국에서는 상원 원내총무인 밥 돌 상원의원이 겐셔에 이어 연방군을 비난했다.[6]

따라서 EC가 마련한 휴전이 지켜지지 않았던 근본적인 이유는 옛 유고연방 문제에 대한 근본적인 해결방안 없이 단순히 휴전을 위해 임시방편으로 3명의 외상을 파견한 단견 때문이었다.

슬로베니아가 EC와의 휴전 약속을 어기고, 연방군에 대하여 공세를 재개하자, 연방군 참모장인 블라고예 아지치Blagoje Adžić는 총공격을 주장했다.7 그러나 세르비아 공화국과 연방군 고위층에서는 역시 미온적인 태도를 보였다.

옛 유고연방 정부는 총공격 대신 슬로베니아 정부에게 6월 30일까지 휴전을 요구하는 최후통첩을 보냈다. 그러나 슬로베니아 정부는 독립 보장 없는 휴전을 완강히 반대했다. 6월 30일 슬로베니아 지역 방위군의 공세는 한층 강화되어 연방군은 후퇴하기 시작했다.

연방군과 슬로베니아 지역방위군 간의 전투가 다시 격렬해지면서 연방군이 치명상을 입었다. EC 대표 3국 외상들은 EC와의 휴전약속이 파기된 데 대하여 배신감을 느끼며 다시 현지에 돌아가 EC가 제시한 조건에 합의할 때까지 현장을 떠나지 않았다.

슬로베니아 정부는 전과를 일단 올린 후 7월 2일 일방적으로 휴전을 선언했다. 이번에는 참패를 당한 연방군이 휴전을 거부했다. 7월 3일 연방군의 대규모 기갑부대가 온 세계 미디어가 보는 가운데 베오그라드를 출발했다. 목적지가 슬로베니아라는 소문이 퍼지면서 슬로베니아의 운명이 결정될 것이라는 추측이 난무했다. 그러나 탱크부대의 행선지는 밝혀지지 않았으며, 나중에 밝혀진 것이지만 크로아티아 공화국 내로 사라졌다는 것이다. 그 후 연방군의 집중 공중폭격 공세가 있은 다음에야, 슬로베니아 공화국의 요청에 의해 1991년 7월 3일 휴전을 맺을 수 있었다. 미국의 베이커 국무장관은 7월 2일 슬로베니아에 대한 연방군의 무력 사용 위협을 비난했는데, 슬로베니아의 야네즈 드르노브셰크Janez Drnovšek 총리는 이 같은 미국의 우려 표시가 연방군의 슬로베니아 진입을 예방하는 데 도움이 되었다고 언급했다.8

한스 겐셔 독일 외상은 7월 3일 라디오 인터뷰에서 옛 유고연방은 이제 문서상으로만 존재하고 있다고 언명했다. 동시에 독일 기독교민주연합당의 폴커 뤼에 Volker Rühe 사무총장은 "독일은 민족자결주의에 의해 통일을 성취했다"고 하면서, "독일이 민족자결주의를 버리고 현상유지정책을 추구한다든가, 슬로베니아와 크로아티아의 민족자결주의를 인정하지 않는다면, 독일은 도덕적으로나 정치적으로 신의가 없는 것"이라고 말했다.[9] 독일의 모든 정당들이 옛 유고연방 내전이 발발한 지 1주일 만에 EC의 공식입장을 무시하고 슬로베니아와 크로아티아의 독립승인을 요구했다.[10]

슬로베니아 공화국은 EC의 압력에도 불구하고 계속 자기에게 불리한 휴전 내용은 지키지 않았다.[11] 예를 들어 슬로베니아는 휴전협정에서 합의한 연방정부 세관원 복귀, 징수한 관세 납부, 옛 유고연방 국기 계양, 유고 국가 표시 설치 등을 거부했다. EC는 회원국 내의 이견으로 인하여 이러한 슬로베니아에 강력한 압력을 가하지 못했다.

▪▪ 휴전 협정

EC의 전임, 현직, 차기 의장국 외상으로 구성된 협상단은 10일간의 전쟁 후 마침내 브리오니 Brioni 휴전협정을 이끌어냈다. 브리오니 휴전협정은 기본적으로 슬로베니아에게 유리한 것으로, 슬로베니아는 승자로 부상했다. 10일 전쟁 중 슬로베니아인은 18명이 사망하고 82명이 부상당했으며, 연방군 측은 44명이 사망하고 146명이 부상을 입었다.[12]

그리고 휴전협정 중 독립선언 3개월 유예 조항은 실질적으로 분리 독립을 위한 법적 근거를 마련해 주었다. 사실 EC 대표단은 분리 독립을 당분간 연장시키는 것 이외에는 아무것도 할 수 없었다.

연방군이 돌이킬 수 없는 참패를 당한 이유는 많다. 그 중 세르비아의 밀로셰비치 대통령이 자신의 '대세르비아' 건설 야망과 관련하여 슬로베니아의 쿠찬 대통령과 사전 음모가 있었다는 설이 있었다.[13] 즉, 밀로셰비치는 중앙집권적인 옛 유고연방을 주장해 왔지만 이는 협상용이며, 그가 처음부터 외친 "세르비아인은 한 국가에, 한 나라에 산다"는 주장에는, 세르비아계가 살고 있지 않은 슬로베니아 공화국은 제외되어 있었다는 것이다. 따라서 그는 쿠찬 대통령에게 나갈 테면 나가라는 신호를 1991년 1월 24일 베오그라드 회동 때 이미 주었다는 것이다. 이 자리에서 밀로셰비치는 슬로베니아의 분리, 독립을 양보하면서, 옛 유고연방 헌법을 개정하여 크로아티아와 보스니아 헤르체고비나 공화국에 거주하는 세르비아계에게도 분리 권한을 주어야 한다고 강조했다.[14] 또한 슬로베니아 공화국은 옛 유고연방 전역에 걸쳐 세르비아인들이 살고 있는 지역을 세르비아 공화국에 합병시키려는 세르비아 공화국의 주장을 지지해야 한다는 조건을 달았다고 한다. 따라서 쿠찬 대통령은 세르비아와 크로아티아 관계에 있어서 최소한 중립을 지켰다는 설명이다.

이와 관련 데이비드 오언 경 Lord David Owen도 슬로베니아가 분리, 독립할 수 있었던 이유는 슬로베니아에는 세르비아계가 살지 않고 있었기 때문이고, 슬로베니아 지도자들이 세르비아와 크로아티아 전쟁 시 중립을 지키겠다는 약속을 했기 때문이라고 했다.[15]

이와 같은 음모설을 한층 신빙성 있게 만든 것은, 당시 연방정부의 대통령이었고, 밀로셰비치의 측근 중 한 명이었던 보리사브 요비치의 말이었다. 그는 "우리는 세르비아인이 없는 슬로베니아 공화국이 옛 유고연방을 떠나더라도 큰 관심이 없었다. 우리는 슬로베니아 공화국이 옛 유고연방을 떠난다면 세르비아계가 많이 거주하는 크로아티아 공화국에 더 집중할 수 있었다"고 말했다. 이 같은 세르비아의 작전 변경은 2개월 전인 1991년 4월에 있었다.

결론적으로 일방적인 무력에 의해 슬로베니아 공화국이 독립하게 된 것은, 2,300만여 명의 인구를 가진 옛 유고연방 전체를 불필요하게 불길 속으로 뛰어들게 만든 사건이었다. 이후 옛 유고연방 전쟁은 세 차례에 걸쳐 계속된다.

2 | 크로아티아 내전

■ 크로아티아 독립 선언과 세르비아계 자치 선언

1991년 6월 25일 크로아티아 공화국도 독립을 선언했다. 크로아티아 공화국이 독립을 선언하는 날 크로아티아의 세르비아계 지도자 밀란 바비치는 크라이나 세르비아계 자치를 재천명했다. 그리고 보로보Borovo, 슬라보니아Slavonia, 바라냐Baranja, 서부 스렘Western Srem 지역 거주 세르비아계 의회는 자신들의 자치지역에서 오로지 옛 유고연방 헌법만이 유효하다고 선언했다.

■ 유혈사태 악화

슬로베니아 공화국에서 이루어진 브리오니 휴전 협정과 관계없이 크로아티아 공화국 내 곳곳에서는 세르비아계 민병대와 크로아티아 정부군의 유혈사태가 점증하고 있었다.

EC는 옛 유고연방 대통령부의 기능을 복원하여 불안한 정국을 수습하기 위해 크로아티아 대표인 스체판 메시치를 순번제에 따라 연방 대통령부 대표로 91년 7월 1일 임명토록 하는 데 성공한 바 있었다. 그러나 메시치가 투지만 대통령으로부터 받은 훈령은, 일단 대통령부 대표로 임명되면 연방군을 와해시키고, 연방정부의 기능을 중단시키라는 것이었다.[16] EC의 중재노력이 얼마나 현실과 동떨어진 것인지를 보여주는 대표적인 예였다.

옛 유고연방의 공화국 대통령들은 EC를 비롯하여 외부의 압력하에 7월 22일 마케도니아의 오흐리드Ohrid에서 평화회담을 열었다. 그러나 아무런 진전이 없었다. 오히려 투지만 대통령은 귀국하여 전쟁 내각을 구성했다. 그리고 공식 군대조직의 강화를 서둘렀다.

투지만은 충분한 군사력이 확보되기 전까지는 슬로베니아 공화국의 예를 따라 크로아티아가 잔인한 공산 연방군의 희생자라는 것을 부각시켜 연방군에 대한 국제사회의 압력과 비난을 유도하는 전술을 택했다. 이러한 전술은 크로아티아에서 처참한 유혈사태를 선정적으로 보도하고 있는 서방 언론, 특히 독일의 TV를 포함한 언론 매체에 의하여 효과를 보고 있었다.

독일 보수일간지 〈프랑크푸르트 알게마이너 차이퉁Frankfurter Allgemeine Zeitung〉의 편집인 요한 라이스밀러Johanng Reismüller는 매일 세르비아계들을 공격했다. 독일인들은 크로아티아 공화국 내 세르비아계와 크로아티아 정부군의 무력충돌은 '흑과 백' 간의 투쟁이라고 믿게 되었고, 언론은 세르비아인들의 이미지를 악당이라고 굳히는 데 공헌했다.[17] 독일 녹색당 당수 요슈카 피셔Joschka Fisher는 이러한 비난에 추가하여 세르비아인들을 나치와 동일시했다. 독일인 회사에서 일하는 세르비아인들은 소리없이 쫓겨났다.

슬로베니아와 크로아티아의 분리, 독립 선언을 계기로 그간 "경제적 거인이나 정치적 난장이"라고 불렸던 독일은, 옛날의 분단 독일로 주저앉아 있지 않았다. 따라서 '유럽의 독일'이 아니라 '독일의 유럽'이냐는 이야기가 나올 정도였다.

한편 크로아티아 세르비아계는 계속 '해방지역'을 확대하면서 브리오니 휴전협정에 따라 슬로베니아 공화국으로부터 3개월간에 걸쳐 철수해 오는 연방군의 장비를 기다리고 있었다. 당시 크라이나^{Krajina} 세르비아계 민병대 수는 약 3만여 명에 달했다.

크로아티아 과격 민족주의자들은 투지만 대통령이 크라이나 세르비아계에 대한 전면 공격을 자제하고 있는 데에 불만을 품고 투지만 대통령을 제거하려고 했다.[18] 그리고 이들은 8월 1일 세르비아계에 공식적으로 전쟁을 선포할 것을 주장했다.

EC는 크로아티아 공화국에서 무력 충돌이 계속되는 가운데, 8월 3일 전직, 현직, 차기 EC 의장국 외상 3명을 현지에 파견하여 옛 유고연방 문제해결을 위해 무력 사용을 금지하며, 무력에 의한 공화국 간의 경계선과 국경선의 변경을 반대한다고 밝혔다. 또 각 공화국의 소수민족 권리를 보장하라고 촉구했다.

키예보(Kijevo) 마을의 인종청소

크라이나 세르비아 민병대 대장 밀란 마트리치$^{Milan\ Matrić}$[19]는 소련에서 고르바초프에 대한 불발 쿠데타가 있던 다음날인 1991년 8월 21일 크닌 마을 근방에 있는 키예보^{Kijevo} 마을 거주 크로아티아 주민들에게 48

시간 이내에 떠나라는 최후통첩을 보냈다.[20] 이유는 키예보가 세르비아계가 다수 거주하는 지역의 가운데에 있기 때문에 보안상 문제가 있다는 것이었다. 마트리치는 베오그라드 일간 신문과의 인터뷰에서 키예보는 물론 달마티아의 자다르Zadar 항구까지 점령하겠다는 자신만만한 입장을 발표했다. 세르비아계가 이 같이 오만에 가까울 정도의 자신에 찬 발언을 할 수 있었던 건 1991년 6월 연방 육군 제9연대 크닌 지역 참모장으로 라트코 믈라디치Ratko Mladić가 부임한 이래 크라이나 세르비아계 민병대와 연방군의 관계가 긴밀해졌기 때문이었다.[21]

라트코 믈라디치의 등장

라트코 믈라디치는 보스니아 헤르체고비나 공화국 동부지역인 칼리노비크Kalinovik 근방에서 1943년 3월 21일 태어났다. 그의 부친은 믈라디치가 두 살 때 파르티잔 대원으로 우스타샤 부락을 공격하던 중 전사했다.[22] 부친의 '영웅적인 전사'에 영향을 받은 믈라디치는 15세 때 고향을 떠나 베오그라드 건너편 제문Zemun에 있는 군수산업 학교에 견습공으로 등록했다. 후에 베오그라드에 있는 육군사관학교로 진학하여 1965년에 22세의 나이로 임관했다. 철저한 공산당 이념으로 무장하고 열성적이었던 그는 여러 지역 부대 근무를 거쳐 연방군의 제9연대 크닌 지역 참모장이 되었다. 옛 유고연방 내전을 계기로 부친에 대한 복수의 기회를 맞이하게 된 것이다. 그는 밀로셰비치가 지향하는 '대세르비아' 건설의 꿈을 실행할 수 있는 용맹하고 신뢰할 수 있는 장교였다.

크라이나 세르비아 민병대 지도자인 밀란 마트리치는 키예보에 대한 48시간 최후통첩 시한이 끝나자 1991년 8월 26일 믈라디치와 공동작전하에 크로아티아인 인종청소를 통해 키예보를 '해방'시켰다.

블라디치 참모장은 대포를 제공했고, 크라이나 세르비아인들은 보병부대를 제공하는 공동 작전이었다. 키예보 해방작전은 그 후 세르비아계 작전의 대표적인 전례가 되었다. 그간 크로아티아와 세르비아가 공히 옛 유고연방 사태에 책임이 있다고 생각하여 오던 대부분의 EC 회원국들과 미국은 차츰 세르비아를 더 비난하게 되었다.

EC의 휴전노력

키예보 사태 이후 세르비아계 민병대와 크로아티아 경비대 사이에 무력충돌은 한층 격화했다. 독일의 겐셔 외상은 8월 24일 본Bonn에 주재하고 있는 옛 유고연방 대사에게 만일 즉각적인 전투행위를 중지하지 않을 경우 독일은 슬로베니아와 크로아티아의 독립을 승인할 것이라고 위협했다.[23] 겐셔의 이런 일방적인 발언은 그의 EC 외상 동료들에 대한 경고이기도 했다.

8월 27일 EC의 유럽정치협력각료회의European Political Cooperation Ministerial Meeting(통상 EC 외상회의)는 그간 수차례 합의했던 휴전협정이 휴지조각이 되자, 세 가지 원칙을 제시했다. 첫째, 무력에 의한 국내 경계선 또는 국경선의 변경 불가, 둘째, 모든 공화국 내의 소수민족의 권리 보장, 셋째, 그간 무력행사를 통해 얻은 기득권 불인정이었다. 그리고 EC 외상회의는 만일 즉각적으로 무력행사를 중지하지 않을 경우 국제적인 경제 및 군사 제재를 받게 될 것이라는 선언서를 채택했다.

그리고 EC 외상회의는 복잡한 옛 유고연방 문제와 관련한 법률적인 자문을 받기 위해 1991년 8월 27일 '옛 유고연방 평화회의 중재위원회]Arbitration Commission of the Peace Conference on the former Yugoslavia'를 설치했다. 중재위원회는 프랑스, 독일, 이탈리아, 스페인, 벨기에 헌법재판소장들로 구성되었고, 위원장은 프랑스 헌법재판소 소장인 로베르 바댕테르Robert Badinter가 맡았다.

세르비아 공화국은 독일과 오스트리아가 대외정책으로 국경불변원칙을 내세우고 있으면서도, 슬로베니아와 크로아티아의 옛 유고연방으로부터의 분리, 독립을 지원하는 것은 바로 국경변경을 허용하는 것이라고 하면서 독일과 오스트리아의 이중적인 태도를 비난했다. 그리고 슬로베니아나 크로아티아가 옛 유고연방으로부터 분리할 수 있는 권한이 있다면, 크라이나 세르비아계도 크로아티아 공화국으로부터 분리할 권한이 있다고 했다. 세르비아 공화국 의회 부의장인 파비치 오브라도비치Pavić Obradović는 크로아티아 공화국은 옛 유고연방을 떠날 수 있으나, 단 세르비아계가 다수 거주하는 크닌, 슬라보니아, 바라냐, 서부 스렘 지역을 놓고 떠나야 한다고 주장했다.[24]

EC의 경고 이후인 9월 1일 베오그라드에서 6개 공화국 대통령과 옛 유고연방 대통령부 간의 회동이 있었다. 이 회의에서 모두가 EC의 평화회의 개최 제의에 동의함에 따라, EC는 1991년 9월 3일 전 영국외상이자 나토 사무총장이었던 피터 캐링턴 경Lord Peter Carrington을 '옛 유고연방에 관한 평화회의' 의장으로 임명했다.

8월 18일 고르바초프가 건강상 이유로 사임했다는 보도가 있었다. 오랫동안 예견되어왔던 극우 보수파의 쿠데타였다. 밀로셰비치는 쿠데타가 발생하자마자 쿠데타에 지지를 보낸 외국 지도자 가운데 한 명이었다. 강경 보수파의 쿠데타는 3일 천하로 막을 내렸다.

EC의 평화회의 개최

캐링턴 경은 EC로부터 평화회의 주재를 위임받은 직후인 1991년 9월 7일 헤이그 평화궁전에서 EC 대표들, 옛 유고연방 정부의 마르코비치 수상, 옛 유고연방 6개 공화국 대통령, 옛 유고연방 대통령부 대표가 참석하는 평화회의를 열었다.[25] 당시 세르비아계 민병대는 크로아티아 공화국 영토의 15%를 장악하고 있었다.

평화회의에서 현 크로아티아 사태에 대한 세르비아 공화국과 연방군의 책임 추궁이 있었고, EC의 휴전노력에 세르비아가 비협조적일 경우 경제제재를 가할 것이라고 위협했다. 그리고 옛 유고연방으로부터의 분리, 독립을 희망하는 공화국의 독립승인 문제는 개별적으로는 불가하고, 전반적인 옛 유고연방 문제 해결 테두리 내에서만 가능하다고 했다. 캐링턴 경은 휴전 성립을 위해 자신의 명예를 걸고 최선을 다했으나, 겐셔 독일 외상의 후원을 받고 있던 투지만은 초지일관 강경했다. 그리고 남슬라브족의 소위 정치인들은 정직하지 않았다. 이 당시 보스니아 헤르체고비나 공화국 내에서는 유고 연방군과 밀로셰비치의 비밀경찰이 세르비아계 다수 거주 지역을 중심으로 병력과 군장비를 이미 배치하고 있었다.[26]

크로아티아 공화국의 반격과 공방전

캐링턴 경 평화회의 이후 크로아티아 정부는 전국 동원령을 내리고, 세르비아에게 빼앗긴 지역의 탈환 작전을 선언했다. 9월 14일 크로아티아 경비대는 옛날부터 크로아티아 전역에 산재해 주둔하고 있던 연방군의 막사를 포위하고 전기, 음식, 음료수 공급과 전화선을 차단했다.

크로아티아 정부 발표에 따르면 크로아티아 공화국의 59% 지역에서 무력 충돌이 발생하고 있었다. 그간 크라이나 세르비아계 민병대와 연방군이 공동으로 장악하고 있는 지역이 크로아티아 공화국 영토의 4분의 1 내지 3분의 1로 확대되었다고도 했다.

다시 캐링턴 경은 9월 17일 몬테네그로의 이갈로Igalo 지역에 옛 유고연방 공화국 대표들을 초치했다. 이 자리에서 캐링턴 경은 투지만, 밀로셰비치, 카디예비치 연방군 국방장관이 휴전에 서명토록 하는 데 성공했다. 밀로셰비치와 카디예비치 국방장관은 휴전에 서명함으로써 그간 크로아티아 내전과는 전혀 무관하다는 가면을 벗고, 자신들이 전쟁 주체임을 공식적으로 인정하게 되었다.

그러나 휴전협정에 서명한 잉크가 마르기도 전에 연방군이 크로아티아의 달마티아 해안 항구를 봉쇄하기 시작했고, 마르코비치 옛 유고연방정부 수상은 카디예비치 국방장관의 사임을 요구했다.[27]

카디예비치 국방장관은 마르코비치 수상의 사임 요구를 거부하고, 격전 중에 있는 크로아티아 공화국 슬라보니아Slavonia 지역에 있는 부코바르Vukovar와 오시예크Osijek에 대한 포격을 가하면서 세르비아계를 지원했다. 그리고 자그레브에 대한 공습, 달마티아 해안의 자다르Zadar와 스플리트Split 항구를 포격함으로써 캐링턴 경의 휴전노력은 무력화되었다.[28]

특히, 부코바르 사태는 심각했다. 부코바르 사태는 크로아티아 정부가 이 지역 지방의회를 해산하고 크로아티아인을 새로운 대표로 지명함으로써 발생했다. 부코바르 마을 자체는 크로아티아인이 다수 거주하는 지역이지만(크로아티아인 43.7%, 세르비아인 37.4%, 1991년 통계), 부코바르 인근 지역에는 세르비아계가 다수 거주하고 있었다. 세르비아계는 새로운 크로아티아인 대표 지명을 반대했고, 크로아티아 정부는 무력으로 강행하려고 했다.

9월 14일 크로아티아 경비대가 부코바르 인근지역에 주둔하고 있는 연방군 막사를 포위하자, 연방군과 세르비아계 민병대는 부코바르에 대하여 맹공격을 했다. 부코바르 중심지는 피투성이가 되었다.

교전 당사자들이 합의한 이갈로 협정은 휴전 조건에 합의한 것이 아니고, 교전자들이 EC 대표들의 노력에 대한 일종의 성의를 표시한 것에 불과했다.

유엔 안보리의 무기금수조치 결의

캐링턴 경의 휴전노력이 다시 좌절되자, 유엔 안보리는 1991년 9월 25일 옛 유고연방 교전당사자 모두에게 무기금수조치를 가하는 안보리 결의문 713호를 채택했다.[29] 그러나 금수조치는 이미 상대적으로 우위에 있었던 연방군의 전력을 보장하여 준 것이라고 하여 많은 비난을 받았다.

베이커 미 국무장관은 안보리 결의문이 채택된 9월 25일 유엔 연설에서 세르비아와 연방군을 혹평하고 교전자들 간의 화해를 촉구했다. 베이커 장관의 성명은 옛 유고연방 체제의 유지 가능성이 희박해져 가고 있다는 사실을 인정하는 것으로서 미국의 입장 변화를 암시하고 있었다.[30] 이로써 투지만은 외교면에서 밀로셰비치보다 우위를 점하게 되었다.

부코바르 사태는 안보리의 결의문과는 관계없이 악화일로에 있었다. 1991년 10월 4일 부코바르에 대한 연방군의 집중 포화가 있었고, 공중폭격으로 부코바르 중심지에 있는 병원이 파괴되었으며, 민간인 부상자들도 급증했다. 그러나 부코바르 거주 크로아티아인들의 끈질긴 저항으로 세르비아계의 부코바르 점령은 예상 외로 어려움을 겪었다.

한편 크로아티아 경비대는 크로아티아 공화국에 주둔하고 있던 연방군(약 3만 명) 막사를 포위 하고, 식수와 음식 조달을 차단했고, 심지어 이들에게 개밥을 주기도 하는 등 연방군에 대하여 공세를 퍼부었다. 이로 인해 연방군 부대는 본부와는 물론 인근 부대와도 연락이 두절되어 완전 고립 상태에 빠졌다. 따라서 탈영병들이 속출했고, 부대장들이 무기를 버리고 투항하는 사건이 발생하여 지휘계통마저 문란해졌다. 이에 따라 연방군의 전력은 약화되어가고 있었다. 연방군은 이에 대한 보복으로 두브로브니크 항구를 포격하기 시작했다.

유고슬라비아 평화회의

10월 4일 평화회의[31]

10월 4일 EC 외상회의 의장직을 수행하던 네덜란드 외상 한스 브뢰크 Hans Broek는 "독립을 희망하는 공화국에 대한 독립승인은 옛 유고연방의 전반적인 문제 해결 테두리 내에서만 가능하고, 옛 유고연방 장래문제는 모든 공화국의 합의, 소수민족 보호, 계속적인 경제, 안보, 법률적 협력 속에서 이뤄질 것"이라고 EC의 입장을 밝혔다. 그는 EC 각료이

사회 의장 직무를 마치는 12월까지는 유고 문제의 전반적인 해결 무드가 조성될 것이라고 낙관했다.

캐링턴 경은 네덜란드 외상이 밝힌 EC의 기본 노선에 따라 10월 4일 평화회의를 주관하면서, 옛 유고연방 헌법 개정과 함께 소수민족 권리를 보장하고, 옛 유고연방에서 독립을 희망하는 공화국을 독립토록 하고, 잔류를 희망하는 공화국은 잔류토록 한다는 기본 구상을 마련했다. 그리고 평화협상의 기본원칙으로, 첫째, 느슨한 연방 조직, 둘째, 소수민족의 인권보장과 가능한 특별지위 부여, 셋째, 일방적인 경계선 변경 불가 원칙을 제시했다. 각 공화국은 이 3가지 원칙에 대하여 다음과 같이 자신들의 입장을 밝혔다.

투지만은 자신들의 독립성이 침해되지 않는 범위 내에서 캐링턴 경의 제의에 협조하겠다고 했다. 슬로베니아는 최소한도로 필요한 공통적인 분야에서만 연방 조직을 수락하겠다고 했다.

밀로셰비치는 계속 중앙집권적인 연방정부 조직을 주장했다. 그는 옛 유고연방 유지는 최소한도의 공통분모를 기반으로 추진될 것이 아니고, 유고연방 체제가 보장할 수 있는 공동 이해관계가 우선 무엇인지를 규명해야 한다고 했다. 그리고 크로아티아와 보스니아 헤르체고비나 공화국 내 세르비아인이 다수 거주하는 지역에서는 그들이 선택하는 국기, 교육 제도, 자치 의회, 자치 행정기구, 자치 경찰, 자치 사법부를 가질 수 있어야 한다고 했다. 밀로셰비치는 슬로베니아와 크로아티아가 옛 유고연방에서 분리되는 경우 세르비아가 옛 유고연방의 계승자라는 것을 인정받기를 원했다. 그는 이미 신유고연방 정부 대통령으로 도브리차 초시치를 내세워 놓고 있었던 것이다.

캐링턴 경이 주재한 10월 4일 평화회의는 밀로셰비치의 이의 제기로 인하여 소기의 성과를 거두지 못했지만, 분리를 희망하는 공화국의 독립을 승인한다는 원칙에는 합의했다. 단, 독립승인은 옛 유고연방 문제의 전반적인 해결 테두리 내에서만 가능하다는 데 의견을 같이했다. 그리고 느슨한 형태의 연합 체제 구성, 소수민족의 권리 보장, 일방적인 경계선 구획을 추구하지 않는다는 데도 의견을 같이 했다. 또 이 회의에서 교전자들이 휴전을 위해 적극적인 조치를 취하기로 했다. 그러나 이 같은 휴전을 포함한 상호 간의 이해 내지 양해는 크로아티아 공화국 내에서 벌어지고 있는 유혈사태와는 별개였다. 대표적으로 10월 8일 투지만 대통령의 집무실인 대통령궁이 공습을 당했다. 다행히 아무도 다치지는 않았지만 당시 대통령궁에는 투지만 대통령, 메시치 연방 대통령부 대표, 마르코비치 연방정부 수상이 있었다.[32]

연방군은 투지만 대통령궁 공습과 전혀 무관하다고 주장하면서, 크로아티아 정부의 자작극일 가능성이 많다고 했다. 그러나 10월 8일은 브리오니 휴전협정에서 합의한 슬로베니아와 크로아티아의 독립선언 3개월 유예기한이 끝나는 날이었다.[33] 또한 슬로베니아가 연방군 철수 기한을 10월 18일로 정한 사실 등을 종합해 볼 때 연방군의 투지만 대통령궁 공습은 개연성이 많아 보였다.

제2차 평화회의

캐링턴 경은 다시 1991년 10월 8일 헤이그에서 전체 유고 평화회의를 개최했다. EC 각료이사회 의장인 네덜란드 외상, 옛 유고 연방의 모든 공화국 대통령, 수상, 국방장관, 유엔 사무총장 특사인 사이러스 밴스 Cyrus Vance도 참석했다. 캐링턴 경은 옛 유고연방 문제에 대해서는 10월 4일 합의 내지 양해된 바에 따라 정치적 해결을 촉구하고, 우선 휴전을 제의했다.

캐링턴 경의 제의 내용에 대하여 밀로셰비치를 제외하고 5개 공화국 대통령이 모두 동의했다. 밀로셰비치는 헤이그 평화회의와 같은 국제회의가 70년간 존재하여 온 옛 유고연방 국가를 소멸시킬 수 있는 법적 근거가 없다고 했다. 그리고 국경선 변경 불가 원칙과 관련하여 분리, 독립으로 형성되는 공화국 간의 경계선만 변경이 불가능하다고 언급하고, 분리, 독립으로 인한 옛 유고연방 국경선 자체의 변경 문제에 대해서는 전혀 언급이 없음을 지적했다. 이어 자결권은 공화국에만 있는 것이 아니고 크로아티아 거주 세르비아계에도 있다고 주장했다. 밀로셰비치 요구는 크로아티아 공화국 영토의 3분의 1 정도를 장악하고 있는 세르비아계 세력을 인정하라는 것이었다.

한편 10월 8일을 맞이하여 슬로베니아와 크로아티아는 브리오니 휴전협정에 따라 그간 3개월간 유예해왔던 독립을 정식 선언했다. 따라서 10월 8일 평화회의는 아무런 성과 없이 끝났다.

10월 10일 다시 평화회의가 개최되었다. 회담에서 교전 당사자들은 서명하지 않았지만 네덜란드 외상이 EC를 대표하여 합의된 사항을 발표했는데, 주 내용은 1개월, 또는 최대한 2개월 내 크로아티아 공화국에서 연방군의 철수를 완료하고 연말까지 옛 유고연방 장래에 관한 정치적 협상을 마친다는 것이었다.

이에 대하여 밀로셰비치는 연방군이 옛 유고연방 문제에 대한 정치적 해결이 있을 때까지 크로아티아 공화국 내에 거주하는 세르비아계를 보호해야 하기 때문에, 연방군이 현지에 계속 주둔하는 조건으로 휴전할 것을 제의했다. 이와 관련 당사자들 간에 타협점을 발견하지 못한 채 유혈사태는 계속되었다.

옛 유고연방 사태가 악화하면서, 소련연방의 고르바초프와 러시아의 보리스 옐친Boris Yeltsin은 10월 15일 밀로셰비치와 투지만을 모스크바에 초청하여, 즉시 휴전과 정치협상을 조속히 시작한다는 데 합의토록 했다. 밀로셰비치는 고르바초프와 옐친을 만난 후 사기가 올랐고, 투지만은 그렇게 행복해하지 못 했다.

전 세계가 옛 유고연방에서의 평화적인 해결을 바라고 있었다. 그러나 남슬라브족 정치인들은 오로지 힘의 논리만을 믿고 있었다.

크로아티아 세르비아계의 자치권 개념 | 캐링턴 경은 자신이 주재하는 평화회의 소수민족위원회 대표 앙리 위넨츠Henry Wynaents로 하여금 크로아티아 내 세르비아계 대표, 즉 밀란 바비치와, 크라이나, 슬라보니아, 바라냐, 서브 스렘 지역의 소위 세르비아계 자치지역 대표인 고란 하지치Goran Hadžić를 초청하여 정치적 타협점을 찾아보도록 했다. 그러나 세르비아 계 지도자들은 자신들이 소수민족이 아니고 옛 유고연방 주권시민이었기 때문에 위원회의 초청에 응할 수 없다고 거부했다. 따라서 평화회의 소수민족위원회 대표 위넨츠는 10월 12일 이들을 별도로 파리에서 만났다.

이 자리에서 세르비아계 지도자들은 크로아티아 공화국 내 세르비아계 지역을 '자유 지역'으로 규정할 것을 요구했다. 즉 소위 '소국가' 지위와 같은 것을 요구했다. 세르비아계의 요구는 평화회의 소수민족위원회가 예상했던 것보다 강경하고 과다했기 때문에 거부되었다. 이들은 회의 참석 후 기자회견에서 자신들을 크로아티아 공화국 내 소수민족으로 취급하는 데 반대했고, 자신들은 옛 유고연방에 남을 입장인 만큼 기존 크로아티아 공화국의 경계선에 대한 변경을 요구했다고 밝했다. 이들은 당시 크로아티아 공화국 영토의 약 3분의 1을 장악하고 있었다.

캐링턴 경의 소수민족에 관한 절충안 | 캐링턴 경이 1991년 10월 4일 제시했던 협상안 제2항에는 소수민족에게 '특별 지위'를 부여할 수 있다는 내용을 포함하고 있었다. 그리고 이런 '특별 지위' 권한을 보장하기 위해 국제감시단 설치 규정도 마련했다. 단 캐링턴 경은 아직 전반적인 협상안 윤곽이 불분명한 단계였기 때문에 '특별 지위' 부여 후보 지역을 명시하지는 않았다(초안에는 크로아티아 공화국 내 세르비아인 다수 지역을 지칭한 바 있었다). 캐링턴 경은 옛 유고연방 내 소수민족 문제 해결 방안으로, 광범위한 자주권을 부여하고 있는 스페인의 바스크지역과, 이탈리아 북부에 위치한 남부 티롤South Tyrol 지역을 모델로 삼았다.[34] 그리고 '특별 지위' 부여 대상 지역으로는 크로아티아 공화국 내 세르비아계 다수 거주 지역, 보스니아 헤르체고비나 공화국 내 크로아티아계 자치지역, 코소보 내 알바니아계 거주지역 등 전반적인 소수민족 거주 지역을 예정하고 있었다.

캐링턴 경은 10월 16일 이 절충안을 재차 제시했다. 그러나 불행히도 당시 부코바르와 두브로브니크에 대한 연방군의 포격과 이에 대한 유엔의 개입으로 빛을 보지 못했다. 따라서 캐링턴 경은 10월 18일 다시 각 공화국 대통령을 헤이그에 초청하여 절충안에 대한 동의여부를 문의했다. 캐링턴 경은 세르비아계에 대해 특별히 고려를 했기 때문에 밀로세비치가 동의할 것으로 기대했다.

그러나 밀로세비치는 캐링턴 경이 제시한 전반적인 소수 민족 '특별 지위' 부여와 관련하여 반대의사를 밝히면서, '특별 지위'는 크로아티아 세르비아계에게만 한정할 것을 요구했다. 그는 코소보 알바니아인들에게 '특별 지위'를 부여하는 것을 반대했다.

그리고 밀로셰비치는 세르비아 공화국과 몬테네그로 공화국, 그리고 보스니아 헤르체고비나와 크로아티아 공화국 내 세르비아계 자치공동체로 구성되는 '소유고슬라비아'안을 제안했다. 즉 '대세르비아' 수립안이었다. 이어 옛 유고연방 장래 체제는 공화국을 기반으로 하는 대신 민족, 또는 인종을 기반으로 국민투표로 결정할 것을 주장했다.

소수민족 문제와 관련하여서는 투지만 대통령의 입장도 이중적이었다. 그는 크로아티아 공화국 내 세르비아계의 특별 지위를 인정하지 않았다. 그러나 보스니아 헤르체고비나 공화국에 거주하는 크로아티아계 공동체에 대해서는 '특별 지위'를 주장하고 있었던 것이다.

캐링턴 경은 당시의 EC 구조와 자신의 권위만으로 밀로셰비치와 투지만의 극히 이기적이고 이중적인 태도를 견제할 수 없었다.

옛 유고연방 정세는 이제 통제 불가능한 사태로 발전했다. 이 시기에 세르비아 공화국 군대는 코소보에서 발생한 1만 5,000명의 알바니아인들의 시위를 잔혹하게 진압했다. 10월 19일 보스니아 헤르체고비나 공화국에선 세르비아계가 분리 여부를 묻는 주민투표를 실시했다. 마케도니아 공화국도 독립을 위한 투표를 실시했다. 크로아티아의 크라이나 세르비아계는 아드리아 해안지역의 마슬레니차 Maslenica 다리를 점령하여 해안지역과 자그레브 지역 간의 통행을 차단했다. 독일 정부는 크로아티아와 슬로베니아 독립승인 준비를 완료했다는 성명을 발표했다. 이와 관련 카디예비치 연방정부 국방장관은 독일이 한 세기 동안 유고슬라비아를 세 번째 공격하려는 것이라고 비난했다.

옛 유고연방 대통령부의 대표이자 크로아티아 공화국 대표인 스체판 메시치는 군통수권자인 자신의 명령을 거부하는 유고 연방군이 쿠데타를 주도하고 있다고 비난했다. 크로아티아 외무장관은 EC 외상회의에 앞서 회의에 발송한 서한에서 분쟁으로 7월 초부터 약 5,000명이 사망했다고 밝혔다. 동시에 국제적십자사는 전쟁 중 약 28만 명이 집을 떠났다고 발표했다.

산자크Sandjak 지역에서는 이슬람계의 '민주행동당Party of Democratic Action' 주선으로 10월 25~27일 자치제에 관한 주민 투표가 실시됐다. 10월 30일 PDA는 투표자 98.92%가 산자크 자치지역 선포에 동의한다고 발표했다. 이와 관련 세르비아 공화국 정부는 이 주민투표가 불법이라고 선언했다. 10월 말에 이르자 13개국이 슬로베니아의 여권을 인정했다. 단 슬로베니아 독립을 승인하는 의미는 아님을 명백히 했다. 모두들 물리적인 해결을 추구했던 것이다. 캐링턴 경은 외로운 투쟁을 하고 있었다.

미국의 입장 변화 | 당시 옛 유고연방 사태에 대한 미 행정부의 입장과 관련하여 미 국무성 유럽 및 캐나다 지역 담당 차관보 랠프 존슨Ralph Johnson은 1991년 10월 17일 상원외교분과위에서 다음과 같이 밝혔다.

"미국의 옛 유고연방에 대한 초기 정책은 민주화된 통일 유고연방 유지였다. 미국이 옛 유고연방 유지와 민주화를 동시에 지지하기로 결정한 이유는 통일 옛 유고연방 유지가 민주화와 안정을 유지하는 데 최선의 방안이라고 믿었기 때문이다. 민주적인 옛 유고연방 유지만이 남슬라브족의 복잡한 민족 구성과 오랜 역사를 통하여 깊이 뿌리내린 민족 간 분쟁, 그리고 지역 불안정을 없앨 수 있다고 믿었다. 그러나 그간 발생한 폭력사태로 인하여 우리는 더 이상 옛 유고연방 유지에 매달리지 않기로 했다. 이는 옛 유고연방의 통일이 최선의 방법이 아니라는 것이 아니고, 사태 악화 방지가 통일보다 더 우선이라는 의미이다."

크로아티아 내전의 격화

두브로브니크 전황

크로아티아 내전은 한층 격화했다. 10월 슬라보니아, 바라냐, 서부 스렘에서의 총격전은 계속되었고, 연방군은 두브로브니크와 부코바르에 대하여 밤낮 없이 포격을 가했다.

유고 연방군의 두브로브니크 공격 이유는 투지만이 크로아티아 공화국 내에 주둔하고 있는 연방군 막사에 대한 포위망을 풀겠다고 약속한 것을 지키지 않음에 따라, 투지만에게 압력을 가하기 위한 전술의 하나였다. 그러나 연방군은 보복 대상지를 잘못 선정한 셈이 되었다.

두브로브니크는 아드리아 해안의 '진주'라고 불리는 역사적인 관광 항구였다. 여름이면 세계 각국에서, 특히 유럽의 피서객들이 몰려드는 항구였고, 방문한 사람들은 모두들 아름다운 추억을 마음속 깊이 간직하게 되는 곳이다. 연방군은 이런 관광지에 대한 상징적인 포격을 통하여 투지만 대통령의 전의를 꺾으려고 한 것이었다. 그러나 연방군의 폭탄으로 중세 풍의 아름다운 항구의 성과 교회, 그리고 건물들이 파괴되고, 주민들이 피난가는 것이 TV를 통하여 방영되자, 연방군은 투지만보다는 두브로브니크에 대하여 아름다운 추억을 가진 온 세계 사람들에게 포격을 가하는 셈이 되었다. 연방군은 온 세계의 규탄의 대상이 되고 말았다.

연방군은 투지만이 크로아티아 공화국 내 연방군 포위를 푼다는 조건하에 두브로브니크 포격을 중지하고 휴전 협정을 체결했지만, 왜 연방군에게 다른 대안이 없었는지 궁금할 뿐이다.[35]

그리고 나중에 알려졌지만 두브로브니크에서의 상황은 다른 전쟁 터에서와 같이 의도적으로 사실을 왜곡한 대표적인 사례였다. 즉 크로아티아인들은 두브로브니크 항구 성벽 뒤에 타이어를 쌓아 놓고, 불을 질러 마치 두브로브니크 항구가 포격에 의해 화염에 싸였다는 인상을 준 것이었다.[36] 바다 방면에서 이 장면을 잡은 CNN과 기타 매체들은 사실여부를 확인없이 보도한 것이었다.

부코바르 전황

연방군은 투지만이 두브로브니크 항구 포격 중지 조건으로 약속한 연방군에 대한 포위망을 풀지 않고 있자 이번에는 방향을 돌려 11월 3일 부코바르에 대하여 무자비하게 포격을 가하기 시작했다. 일단 거세된 연방군이 의존할 수 있는 것은 오로지 대포였던 것으로 보인다.

옛 유고연방에서 일어나고 있는 참상에 대한 세계 여론이 분분한 가운데 캐링턴 경은 11월 5일 헤이그에서 제8차 평화회의를 개최했으나 역시 별 성과를 얻지 못했다.

11월 8일 로마에서 나토 정상회담이 개최되었다. 이 회담 후 나토 회원국 지도자들은 유고 연방군의 두브로브니크와 기타 크로아티아 도시 공격을 비난하면서, "분리, 독립을 희망하는 공화국에 대한 승인은 전반적인 옛 유고연방 문제 해결 테두리 내에서만 가능하고, 이런 해결 조치는 각 공화국에 있는 소수민족, 또는 인종 단체의 권리를 보장하여야 한다"고 발표했다. 이 입장은 10월 4일 네덜란드 외상이 밝힌 EC의 입장, 그리고 캐링턴 경의 평화안 골자를 재천명한 것이었다.

정상회담을 계기로 EC 외상회의는 EC 제안을 거부하고 있는 교전자들에 대해 통상제재를 가하기로 합의하고, 유엔 안보리에 원유공급 중지 조치를 취할 것을 건의했다. 그러나 옛 유고연방의 교전자들은 나토 정상회담 성명서와 EC의 압력이 각기 자기들의 입장을 지지한다고 자의적으로 해석하고 협상은커녕 한층 더 격렬하게 싸웠다.

연방군의 부코바르 공격은 더욱 가열되었다. 한편 투지만은 크로아티아 공화국 전역에 산재해 있는 연방군 막사 포위를 통하여 연방군의 전력을 약화시켰으며, 이들로부터 획득한 군장비로 크로아티아 경비대의 무장을 강화하는 데 성공했다. 크로아티아 정부는 1991년 11월 7일 자그레브에 주둔하고 있는 연방군의 최대 기지를 공격하기 시작했다.

91년 11월 8일 자 독일 일간지 〈디 벨트Die Welt〉는 투지만이 일인당 약 2,000 마르크를 지불하면서 루마니아인을 비롯한 수천 명의 실업자들을 용병으로 모집하여 전선에 투입시키고 있다고 보도했다. 이탈리아 튜린의 일간지인 〈라 스탐파La Stampa〉는 크로아티아가 아프가니스탄에서 스팅어 미사일을 수입했다고 보도했다. 그리고 아드리아 해 항구를 통하여 오스트리아, 헝가리로부터 무기가 수입되고 있고, 대전차 미사일인 독일제 암브루스트Armbrust가 싱가포르를 통하여 비밀리에 반입되었다고 보도했다.

부코바르 마을에 잔류하고 있던 크로아티아 정부군과 주민들은 필사적으로 방어를 했으나 연방군의 무자비한 집중 공격으로 전황은 절망적이 되었다. 부코바르에 있는 크로아티아인들은 중앙정부에 살려줄 것을 절규했으나 크로아티아 정부는 오로지 TV를 통해 이들의 지옥 같은 실정을 중계할 뿐이었다. 부코바르의 크로아티아계인 시장과 크로아티아 극우 준군사조직단체의 지도자인 도브로슬라브 파라가Dobroslav Paraga는 투지만이 국제적인 동정과 협력을 획득하기 위한 방법의 하나로 자기들을 희생시키고 있다고 절규했다. 사실 크로아티아 정부는 연방군의 폭탄이 부코바르에 떨어져 도시를 파괴하는 장면을 TV로 중계하며 세계 여론이 크로아티아 편으로 돌아서는 호기를 놓치지 않고 있었다.

크로아티아 정부는 부코바르를 희생시키면서도 계속 크로아티아 주둔 연방군 포위를 완전히 풀지 않고 있었다. 연방군은 이들을 구출하기 위해 슬라보니아 도청 소재지이며, 크로아티아 공화국에서 3번째로 큰 오시예크Osijek 시외까지 진격했다. 연방군 참모장 블라고예 아지치는 오시예크를 지나 계속 진격하라고 명령했다.

연방군의 자그레브 위협

연방군은 크로아티아 군대가 오시예크 시를 포기하고 후퇴하자 드라바Drava 강과 사바Sava 강을 따라 진격해 이틀 이내에 자그레브에 입성할 수 있는 지역까지 도달했다. 이때에 밀로셰비치는 연방군의 임무는 세르비아계 거주 지역을 확보하는 것이지 크로아티아 공화국 자체를 점령하는 것이 아니라고 하면서 더 이상의 진격을 중지시켰다.[37] 밀로셰비치는 세르비아계가 크로아티아 공화국 영토의 약 3분의 1을 장악하여 일단 목적을 달성했고, 이미 유엔 사무총장이 제의한 분쟁지역에 대한 유엔 평화 보호군 파견 제의에 동의했기 때문에 더 이상 진격할 이유가 없었다. 그리고 당시 세르비아 공화국 내에서는 반전 운동이 격화하고 있었고, 밀로셰비치의 하야를 주장하는 시위도 전개되고 있었다.

당시 연방군이 자그레브 진격을 하지 못한 데 대하여 카디예비치 국방장관은 후에 다음과 같이 설명했다. 1989년 봄 공화국별 다당제 선거가 실시될 때에, 세르비아 공화국 지도자들은 '대세르비아' 건설 계획을 구상하고 있었다. 이 계획은 우선 슬로베니아 공화국의 옛 유고연방 이탈을 허용한 다음, 슬로베니아 공화국에서 철수하는 연방군으로 하여금 크로아티아 정부를 공격, 크로아티아 공화국을 4개 지역으로 쪼개어 무력화 내지 규모를 축소 시킨 다음 세르비아 공화국의 영향권을 확대시킨다는 것이었다. 그런데 슬로베니아 공화국이 독립을 선언하면서 불필요했던 무력을 동원하고, 통일 독일이 개입했으며, 밀로셰비치가 탈영과 징집 기피로 발생한 전선의 공백을 적기에 보충할 수 있는 인력을 동원하지 못함에 따라 계획은 수포로 돌아가고 말았다. 따라서 연방군은 자그레브에 진격할 수 있는 충분한 전력을 갖추고 있지 못했던 것이다.

따라서 첫 번째 전략이 실패함에 따라 불가피하게 새로이 마련한 것이 크로아티아 공화국 내 세르비아계 민병대를 연방군 무기로 무장시켜, 크로아티아 공화국 영토의 3분의 1 정도를 '해방'시켜 세르비아계 다수지역으로 만든다는 것이었다. 그리고 크로아티아 정부군이 재활할 수 없을 정도로 치명적인 타격을 가한 다음 크로아티아로부터 철수하는 것이었다. 그런데 이 작전이 성공하지 못한 이유는 크로아티아 정부군을 전멸시키지 못한 데 있었던 것이다.[38]

사실 당시 연방군은 자그레브를 점령했더라도 지탱이 불가능했을 것이라는 것이다. 따라서 연방군이 택한 차선책이 부코바르와 같은 무명의 부락만을 쑥대밭으로 만드는 것이었다. 연방군의 3개월에 걸친 부코바르에 대한 무차별 포격과 야만적인 행위는 세르비아 공화국과 연방군에 가졌던 일말의 동정심마저 흔들어 놓았다. 한편 투지만은 인간으로서 참을 수 없는 연방군의 공격과 부코바르 주민들의 3개월간의 저항을 이용하여 크로아티아 공화국의 저력과 독립 의지를 과시함과 동시에 국제적인 동정 여론을 얻어냈다.

3 | 유엔의 개입

■ 밴스 유엔 특사의 등장

유엔 사무총장은 EC 의장의 위임을 받은 캐링턴 경의 평화노력이 진척이 없고, 유고 연방군의 부코바르와 두브로브니크에 대한 포격으로 인하여 세계여론이 분분하여지자, 1991년 10월 8일 미국의 전 국무장관 사이러스 밴스를 옛 유고연방 무력충돌 중재자로 임명했다.[39] 밴스의 유엔 특사 임명은 그간 14번이나 체결되었던 휴전협정이 모두 실패한 후였다.

그러나 유엔의 밴스 특사의 임명은 캐링턴 경의 중재노력을 퇴색시킬 위험성도 있었고, 또한 중복되는 점도 없지 않았다. 이와 관련 캐링턴 경은 "EU는 평화를 만들고(Peace making) 유엔은 평화를 유지하는(Peace keeping) 일을 맡아야 한다"고 언급했다. 사실 밴스 특사는 옛 유고연방의 전반적인 문제를 다루는 캐링턴 경과는 달리, 유엔군 파견을 통한 크로아티아와 세르비아 간의 휴전만을 주선하는 데 전념했다.

밴스 특사는 1991년 11월 23일 제네바에서 밀로셰비치, 투지만, 유고 연방정부 카디예비치 국방장관을 초청하여 협상을 주도했다. 밴스 특사는 이 협상에서 크로아티아 군대가 크로아티아 공화국에 주둔하고 있는 연방군 기지와 막사에 대한 포위를 해제하고, 연방군은 크로아티아 공화국 영토로부터 철수하며, 세르비아계 민병대는 무장 해제하고 무기를 반납한다는 내용의 휴전 합의를 이끌어냈다. 그리고 밴스 특사는 이 휴전 약속 이행을 보장하기 위해 유엔 평화군 파견 계획을 설명하고 이에 무조건 합의토록 했다. 유엔 평화군의 임무는 오로지 휴전 이행을 보장하는 것인 만큼 크로아티아 공화국을 승인하는 것도 아니고 현안 정치적 문제점의 해결을 위한 것도 아니었다. 유엔 안보리는 밴스 특사가 주선한 휴전 합의를 근거로 11월 27일 유엔 평화군 파견을 원칙적으로 결의했다.

밴스 특사가 제의한 휴전내용에서는 3개의 유엔 보호지역United Nations Protected Areas이 설정되었는데, 이 지역은 주로 세르비아계 민병대와 연방군이 장악하고 있는 지역이었다. 약 1만 4,000여 명의 유엔군을 이 세 지역에 배치하고, 유엔 보호지역의 완전 비무장화를 실현하는 것이 목표이었다.

이와 같이 밴스 특사가 휴전을 성사시키고 있을 때, 독일 콜 수상이 11월 27일 난데없이 슬로베니아와 크로아티아에 대한 독일의 승인 조치가 크리스마스 전까지 있을 것이라고 발표했다. 이 발표는 마치 밴스 유엔 특사의 노력과 경쟁하는 듯, 또는 밴스 특사가 주선한 휴전이 두 공화국에 대한 독일의 독립승인 정책에 줄 영향을 사전 차단하는 듯한 인상을 주었다.

▪▪ 유엔 평화군 파견에 대한 교전자들의 입장

크로아티아 공화국

투지만 대통령은 유엔 평화군이 세르비아계 민병대와 크로아티아 군대의 대치 전선에 주둔하는 것을 처음에는 반대하고, 세르비아 공화국과 크로아티아 공화국 간의 경계선에 주둔할 것을 주장했다. 왜냐하면 일단 유엔군이 주둔하면 세르비아계가 장악한 지역을 수복하기 어렵게 될 것이라는 판단에서였다. 그러나 투지만은 미국과 유엔의 지원이 절대적인 상황에서 미국과 유엔이 뒷받침하는 밴스의 유엔군 배치안에 동의하지 않을 수 없었다.

세르비아 공화국

밀로셰비치는 대외적으로는 아직도 크로아티아 공화국이 법률적으로 옛 유고연방에 속해 있기 때문에 유엔 평화군을 주둔시키는 것은 내정간섭이라고 반대했다. 그러나 내심으로는 크로아티아 공화국 독립승인이 조만간 예견되는 상황하에서, 연방군과 세르비아계 민병대가 이미 장악하고 있는 크로아티아 공화국 3분 1의 영토 소유를 조속히 기정사실화하기 위해서는 유엔 평화군의 주둔이 하나의 방안이라고 판단했다.

　밀로셰비치는 유엔군의 배치가 한국이나 사이프러스^{Cyprus} 휴전선의 경우와 같이 세르비아계 지역과 크로아티아 공화국 경계선으로 고정될 것이라고 계산했다. 또한 밀로셰비치는 옛 유고연방 문제가 통일 독일의 영향을 받고 있는 EC보다 유엔으로 넘어가는 것이 유리할 것이라고 보았다. 투지만과 밀로셰비치는 동상이몽 속에서 밴스 특사의 조정안에 합의한 것이었다.

크라이나 세르비아계의 반발

밀로셰비치는 크로아티아 공화국 내 크라이나 세르비아계가 밴스 휴전안에 동의토록 했다. 그러나 밀로셰비치는 크라이나 세르비아계로부터 예기치 않은 반발에 직면했다.

자칭 '크라이나 세르비아공화국 대통령'인 밀란 바비치는 휴전 협정안이 자신들의 무장해제를 규정하고 있는 것에 반대했다.[40] 그리고 휴전 협정안에 규정하고 있는 연방군 철수를 반대했다. 바비치는 밴스 휴전안에 대하여 크라이나 세르비아계 의사를 묻는 주민투표를 실시하여 가부간에 결정하겠다고 했다. 바비치는 심지어 밀로셰비치가 대표권이 없는 크라이나 지역까지 대신하여 휴전 협정안에 서명했다고 하면서 월권행위라고 비난했다.

바비치의 밀로셰비치에 대한 도전은 연방군 내 극우파의 지지를 받고 있었다. 뿐만 아니라 세르비아 급진당 당수 보이슬라브 셰셸리 Vojislav Šešelj는 어떠한 경우라도 크라이나 세르비아계들이 크로아티아 공화국에 흡수되는 것은 용인할 수 없다고 밝혔다.[41]

4 | 독일의 독립승인과 신유고연방 구성

∷ 통일 독일의 주도권

독일 헬무트 콜 수상이 크로아티아와 슬로베니아의 독립승인 조치를 1991년 크리스마스 전까지 취할 예정이라고 발표한 것은 11월 8일 로마에서 개최된 나토 정상회담 공동성명과 배치되는 것이었다. 콜 수상의 두 공화국에 대한 조기 독립승인 발표 배경으로는 11월 14일 독일 4개 주요 정당의 크로아티아와 슬로베니아 독립승인 주장이 주요했던 것으로 알려져 있다. 또 독일에 게스트 아르바이터 Gastarbeiter 로 와 있는 크로아티아인들, 특히 바바리아 Bavaria 지역에 집중 거주하고 있던 이들이 가톨릭신자들로서 로비가 강했기 때문이었다고도 한다.

　그러나 아무리 독일 국내정세가 긴박하더라도 국제외교계의 두 거물인 미국의 밴스와 영국의 캐링턴 경이 옛 유고연방 내전 종식을 위해 최선을 다하고 있는 와중에 찬물을 끼얹는 듯한 독일의 독자 행보는 통일 독일의 새로운 노선을 선보인 것으로 평가되었다.

겐셔의 크로아티아 조기 독립승인 추진

EC 외상회의

사실 독일의 두 공화국에 대한 조기 독립승인 주장에 힘을 실어주었던 것은 다름 아닌 밀로셰비치의 비타협적인 태도였다. EC도, 밀로셰비치가 캐링턴 경의 절충안을 계속 거부하자 당초 교전자들 모두에게 통상제재를 가한다는 계획을 변경하여 12월 5일 선별적으로 세르비아와 몬테네그로 공화국에만 통상제재를 가하기로 결정했다.

당시 EC 회원국은 슬로베니아와 크로아티아 두 공화국에 대한 조기 독립승인 정책에 대하여 3가지 그룹으로 분리되어 있었다. 첫째, 조기 독립승인을 주장한 독일을 중심으로 한 국가들이다. 둘째로, 독립승인 원칙에 동의하나 독립승인 시기가 아직 성숙되어 있지 않다는 중립적인 입장이 있었다. 세 번째, 프랑스와 영국 중심으로 독립승인은 유혈사태를 한층 악화시킬 것이라고 여기는 쪽이었다. 프랑스, 영국 등은 밴스 특사의 주선하에 이루어지는 크로아티아에 대한 유엔 평화군 파견과 휴전을 바탕으로 캐링턴 경의 중재안이 단계적으로 평화를 구축할 것이라는 기대를 가지고 있었다.

또한 부트로스 갈리Boutros Ghali 유엔 사무총장도 1991년 12월 10일 조기 독립승인이 보스니아 헤르체고비나 공화국 내에서 폭력을 유발할 것이라고 우려하며 공화국에 대한 개별적이고 선택적인 독립승인을 반대한다는 서한을 EC 의장국인 네덜란드 외상에게 보냈다. 그는 이 서한의 내용을 공개적으로 밝히기도 했다.

영국과 프랑스는 옛 유고연방 문제가 EC의 단결에 부정적인 영향을 줄 것을 우려하여 독일에게 독립승인 조치를 유예하도록 설득하기로 했다. 이와 관련 EC 외상들은 1991년 12월 15일과 16일 양일간 브뤼셀에서 회의를 개최하기로 합의했다.

프랑스 롤랑 듀마 Roland Dumas 외상은 EC 외상회의에 앞서 12월 10일 네덜란드 마스트리히트 Maastricht에서 열린 EC 정상회담에서 독일 겐셔 외상을 만나 프랑스와 독일이 브뤼셀 EC 외상회의에 제의할 내용을 공동으로 작성할 것을 제의하고, 겐셔가 합의함에 따라 양국 실무자들로 하여금 절충안을 작성토록 했다. 즉 '동구와 소련연방에서의 신생국가 독립승인 지침서'와 '유고슬라비아에 대한 선언' 문안이었다 (Declaration on the 'Guidelines on the Recognition of New States in Eastern Europe and in the Soviet union' and 'Declaration on Yugoslavia'). 마스트리히트 정상회담에서 이 절충안과 관련하여 독일 콜 수상과 프랑스 미테랑 대통령, 그리고 영국 메이저 Major 수상 간에 흥정이 있었을 것이라는 추측도 있었다.[42] 즉, 프랑스와 영국은 독일이 마스트리히트 조약 수정안에 동의하는 조건으로 크로아티아와 슬로베니아 조기 독립승인에 관한 독일의 입장에 동조하기로 했다는 것이다.

12월 12일 유엔 사무총장은 네덜란드 외상에게 서한을 보내고, 이어 마스트리히트 정상회담 이후 독일의 크로아티아와 슬로베니아 독립승인 의도에 대하여 관심을 표명하는 서한을 독일 수상에게도 보냈다.

프랑스의 중재안

12월 16일 프랑스 외상은 독일과 공동으로 작성한 절충안을 EC 외상회의에 제출했다. 절충안에는 그간 EC가 견지하여 왔던 "크로아티아와 슬로베니아 독립승인은 옛 유고연방의 전반적인 문제 해결 테두리 내에서 가능하다"는 언급이 없었다. 즉 개별적인 독립승인의 가능성을 열어두었다.

　EC 외상회의는 프랑스의 절충안에 대하여 1991년 12월 16~17일 10시간 동안 심도 있는 토의를 가졌다. 그 결과 EC 외상들은 새로 독립하는 정부의 승인 지침으로 다음 6개 항에 합의했다. 이 지침 중 5항과 6항은 옛 유고연방에만 해당되는 것이었다.[43] 6개항은 (1) 법의 존중, 민주화, 인권 보장에 관한 유엔 헌장, 헬싱키 협정, 파리 헌장을 수락할 것, (2) 인종 및 소수민족 권한 보장, (3) 모든 국경선의 불변성 존중, (4) 군비 축소와 지역 안정을 위한 모든 약속을 지킬 것, (5) 합의 또는 중재를 통하여 전반적인 옛 유고연방 문제를 해결할 것, (6) 국제 유고 평화회의에서 작성한 유고슬라비아 장래에 관한 협정안을 수용할 것 등이다.

　그리고 독립을 희망하는 옛 유고연방 소속 공화국은 위 조건을 수락하고 독립승인 신청서를 EC에 제출하면, EC는 신청서를 바댕테르 중재위원회로 하여금 검토케 한 후, 1992년 1월 15일까지 독립승인 여부를 건의토록 했다. EC 회원국은 바댕테르위원회의 내용을 검토한 후 1월 15일 독립승인 여부를 최종 결정한다는 것이었다. 이는 일단 겐셔 외상의 두 공화국에 대한 조기승인 조치를 1992년 1월 15일까지 연기시키는 데 의미가 있는 합의였다.

　EC 회원국들은 절충안에 대하여 나름대로 불만인 점이 있었으나 EC 단합을 위하여 모두 동의했다. 그리고 EC 외상들은 겐셔의 성급함을 특별히 고려하여 독립승인을 희망하는 공화국이나 정치단체는 12월 23일까지 EC가 제시한 독립승인 조건을 수락하고 독립신청서를 제출토록 했다.

　조속한 독립승인에 적극적이지 않던 EC 회원국들은 이런 과정을 거치면서 밴스 특사의 주선으로 전투도 일단 중지되었기 때문에 캐링턴 경의 평화안이 92년 1월 15일 전에 관계 공화국 간에 수용될 수 있기를 바랐다. 이런 경우 독일의 일방적인 조기승인 조치도 방지할 수 있다고 믿었던 것이다.

독일의 단독 독립승인 의지 발표

그런데 돌연 겐셔 외상은 EC 회원국들의 내심을 읽고 있는 듯 12월 16일 EC 외상회의에서 합의한 절충안에 동의하나 바댕테르중재위원회의 검토결과가 법적으로 구속력이 있는 것이 아니기 때문에 독일은 바댕테르위원회 검토결과에 구애받지 않고 독자적으로 슬로베니아와 크로아티아 공화국의 독립을 승인할 것이라고 밝혔다.[44] 그는 한 걸음 더 나아가 만일 EC가 슬로베니아와 크로아티아 공화국의 독립을 승인하지 않을 경우에도 독일은 단독으로 두 공화국의 독립을 승인하겠다고 했다.

겐셔 외상의 갑작스럽고 일방적인 독립승인 의지 발표는, 특히 독립승인을 옛 유고연방 문제 해결의 외교적 지렛대로 사용코자 했던 프랑스, 영국, 네덜란드의 노력을 우습게 만든 것이었다. 또한 바댕테르중재위원회의 검토결과는 무시하겠다는 선언이었다. 이는 그간 독일이 EC의 통일된 외교정책을 추구하자고 주장한 것이 허구였다는 사실을 증명하는 하나의 예이기도 했다. 모두가 통일 독일의 힘을 실감하게 되는 찰나였다. 미국은 독일의 입장에 놀랐지만 별다른 반응을 보이지 않았다.[45]

이어 독일 정부는 EC 외상회의가 끝난 지 3일 후인 12월 23일 슬로베니아와 크로아티아의 독립승인 의사를 공식적으로 발표했다. 단 독일은 EC 외상회의의 결정을 존중하는 의미에서 이 결정의 발효는 1

월 15일까지 보류한다고 밝혔다.

겐셔는 크로아티아 공화국이 EC가 요구하는 독립승인 조건을 국내법에 반영했기 때문에 만족하고 있다고 언급했다.[46] 그리고 독일 정부는 크로아티아의 미흡한 소수민족 권리보장 문제와 관련하여, 지난 11월 말 독일 법률전문가들을 크로아티아에 파견하여 소수민족 권리보장을 위한 법률적 조치를 취하도록 한 바 있다고 밝혔다. 이어 겐셔는 이 전문가들이 크로아티아 정부의 소수민족 보호 조치는 유럽에서 모범적인 사례가 될 것이라고 언급했음을 전했다. 그러나 당시 크로아티아 국내 사정을 고려할 때 전문가의 발언 내용을 의심하지 않는 사람은 아무도 없었다.

캐링턴 경은 EC 외상회의에서 독일의 조기 독립승인의 위험성을 경고했다. 밴스 유엔 특사도 반대했다. 베오그라드 주재 EC 회원국의 모든 대사들이, 독일 대사를 포함하여 두 공화국에 대한 조기 독립승인이 특히 보스니아에서의 폭력사태를 유발할 것이라는 우려하에, 본부에 조기 승인이 초래할 문제점들을 보고하고 반대했다.[47] 그러나 주재국 설득보다는 본부 정부 설득이 더 어렵다는 전통적으로 내려오는 이야기가 있는 바와 같이 외교관들의 노력은 어려움을 겪을 수밖에 없었다.

슬로베니아, 크로아티아, 보스니아 헤르체고비나, 마케도니아는 12월 23일 마감일 전에 바댕테르위원회가 제시한 조건에 따라 독립신청서를 제출했다. 크로아티아 공화국 내 세르비아계와 코소보의 이슬람계도 독립승인 신청서를 제출했으나 옛 유고연방 6개 공화국에 한한다는 이유로 거절당했다.

독립 신청에 대한 세르비아계의 반응

세르비아와 몬테네그로 공화국은 독립승인 신청을 하지 않았다. 세르비아 공화국은 1878년 베를린 회의에서 독립을 인정받은 국가로서, 이러한 유서 깊은 국가에게 독립신청서를 제출하라고 하는 것은 일종의 모욕이라고 했다. 그리고 자신들은 독립국인 옛 유고연방의 승계자라고 주장했다.

크로아티아의 세르비아계 3개 자치구 대표는 1991년 12월 19일 크닌 시에서 크라이나 세르비아 공화국 수립을 선포하고 밀란 바비치를 공화국 대통령 겸 수상으로 선출했다. 국기는 3색의 세르비아 공화국 국기로 정하고, 국가는 세르비아 왕국 국가 Bože Prvde를 채택했다.

보스니아 세르비아계는, 자신들의 반대에도 불구하고 보스니아 헤르체고비나 공화국 정부가 독립승인 신청서를 바댕테르위원회에 제출하자, 동방정교도 신년일을 계기로 공화국을 수립할 것을 12월 21일 정식으로 발표했다. 그리고 이슬람계와 크로아티아계만이 합의한 보스니아 헤르체고비나 공화국의 독립신청서는 공화국 헌법에 위배됨을 바댕테르위원회에 통보했다. 한편 옛 유고연방 정부는 1991년 12월 20일 안테 마르코비치 수상 사임으로 그 기능이 정지되었다.

바댕테르중재위원회 의견과 문제점

바댕테르중재위원회는 독립을 희망하는 옛 유고연방 공화국으로부터 신청서를 받은 후, 92년 1월 11일 심사 결과를 15개 항목에 걸쳐 제출했다. 이와 관련한 주요 논쟁사항은 다음과 같다.

각 공화국의 독립 자격 문제 | 바댕테르위원회는 독립승인 신청 공화

국 중 슬로베니아와 마케도니아 공화국만이 독립요건을 충족하고 있다는 결론을 내리고 EC에 독립승인을 건의했다.[48] 그리고 크로아티아 공화국은 독일정부의 견해와는 달리 소수민족, 특히 세르비아계에 대한 충분한 보장을 마련하지 못하고 있으며, 자신의 경계선을 유지할 만한 충분한 능력이 없기 때문에 독립승인 기준에 미달한다고 지적했다. 보스니아 헤르체고비나에 대해서는 우선 국민투표를 실시한 후 그 결과에 따라 독립승인 신청을 하도록 했다. 바댕테르위원회의 의견 및 건의 사항은 곧 논쟁의 대상이 되었다.

네덜란드 외상은 바댕테르위원회가 밝힌 사항 중 특히 크로아티아는 그 영토의 약 3분의 1이 세르비아계에 의해 점령된 상태에 있기 때문에 자신의 영토에 대한 실효적인 지배력 부족으로 독립요건을 구비하지 못하고 있다고 지적했다.

독일 정부는 크로아티아 공화국의 독립 요건 결격사항에 관한 바댕테르위원회의 지적에 대하여 일종의 절충안을 마련했다. 즉 투지만 대통령이 가능한 조속한 시일 내에 문제점을 시정하고, 옛 유고연방 사태 해결을 위한 헤이그 평화안에 맞도록 크로아티아 헌법을 수정할 것이라는 약속 서한(이 약속은 이행되지 않았다)을 제출하면 바댕테르위원회가 지적한 결격 사항을 보완하는 것으로 인정한다는 안이었다.

바댕테르위원회가 독립 자격이 있다고 한 마케도니아 공화국의 독립승인은 EC 회원국인 그리스의 반대에 부딪혔다. 그리스는 마케도니아라는 이름이 그리스 북쪽 지역 지명과 동일하기 때문에 마케도니아 이름을 바꾸지 않는 한 승인하지 못하겠다고 했다. 그리스가 만장일치제인 EC 협의체제에서 극구 반대함에 따라 마케도니아 문제는 결국 그리스의 거부권이 없는 유엔으로 이관되었다. 이로써 EC가 추구하던 통일 외교정책 체제는 회원국 이해관계와 정치적 편의에 의해 붕괴되었다.

바댕테르위원회가 보스니아 헤르체고비나 공화국의 독립승인 요건으로 국민투표 실시를 요청한 것은 외견상으로는 극히 합리적인 결정이었다. 그러나 보스니아 헤르체고비나 헌법은 독립, 주권과 같은 주요사항을 공화국 내 3개 민족 대표 간의 만장일치에 의해 결정하도록 규정하고 있었다. 따라서 세르비아계가 반대하는 국민투표 실시는 보스니아 헤르체고비나 헌법에 위배되는 것이었다. 따라서 국민투표가 실시되는 경우 폭력사태가 예견되었다.

바댕테르위원회 자체에 대한 논쟁 | EC는 옛 유고연방 내전의 복잡성을 고려하여 1991년 8월 27일 법률적인 자문을 받기 위해 바댕테르중재위원회를 설치했다. 따라서 바댕테르중재위원회가 당초 법적문제에 국한하여 의견을 제시토록 되어 있었던 위임사항을 초월하여 공화국의 독립 자격 여부를 검토, 건의하는 것은 월권행위라는 비판을 받았다. 따라서 겐셔가 독일 정부는 바댕테르중재위원회의 의견에 구속될 법적 의무가 없다는 사실을 역설할 수 있는 근거를 제공했다.

캐링턴 경은 1991년 11월 20일 옛 유고연방 공화국 간의 경계선을 국제법에 따라 국경선으로 인정할 수 있는지의 여부에 관하여 바댕테르위원회에게 법적인 자문을 구했다.

이에 대하여 바댕테르위원회는 1991년 1월 11일 유고 사회주의 공화국 연방 헌법과 국제법의 '실효적 지배(uti possidetis)' 원칙에 따라 크로아티아 공화국과 세르비아 공화국 경계선, 그리고 세르비아와 보스니아 헤르체고비나 공화국 간의 경계선, 기타 인접 독립국가 간의 경계선은 자유의사로 합의하지 않은 한 변경될 수 없다는 의견을 제시했다. 또 독립 전 공화국 간의 경계선은 별도 합의가 없는 한 국제법에 의해 보호된다는 의견도 제시했다. 위원회는 이러한 의견을 제시하는 근거로 아프리카의 부루키나파소와 말리의 예를 들었다.

이 의견에 대하여 세르비아 측의 반대가 많았다. 즉 옛 유고연방의 국경선은 남슬라브족들이 수백 년간 외국의 불법 점령 식민지배에 대한 해방투쟁의 산물이라는 것이다. 따라서 바로 국제법의 실효적 지배 원칙에 의거해 옛 유고연방의 국경선이 구성 공화국의 독립 선언으로 변경될 수 없고, 옛 유고연방의 국경선은 존중되어야 한다는 주장이다.

호주 법학자인 피터 라단 Peter Radan도 바댕테르위원회의 의견을 비판했다. 그는 바댕테르위원회가 제시한 의견은 옛 유고연방 헌법 5조와 국제법의 '실효적 지배(uti possidetis)' 원칙에 위배된다는 의견을 밝혔다.[49]

또한 1991년 12월 20일 캐링턴 경은 바댕테르위원회에 옛 유고연방 주권 국민이었던 크로아티아와 보스니아 헤르체고비나에 거주하는 세르비아계의 자결권에 대한 법적인 의견을 질의했다. 캐링턴 경의 질의는 크로아티아와 보스니아 헤르체고비나가 독립한다는 것을 가정한 질문이었다.

바댕테르위원회는 옛 유고연방을 구성하고 있던 6개 공화국은 헌법에 따라 이미 주권이 인정되어 있었기 때문에 옛 유고연방이 와해, 해산되면서 자연 독립할 수 있는 자격이 생긴다는 의견을 밝혔다. 그러나 독립된 크로아티아 공화국에 거주하는 세르비아계는 소수민족으로서 자결권에 의해 자치단체 구성 등 기본적인 권리를 보장받을 수 있으나 크로아티아 공화국으로부터 분리, 독립할 수 있는 자결권은 없다는 해석을 내놓았다.

이 해석에 대해 옛 유고연방의 주권 국민이었던 크로아티아와 보스니아 헤르체고비나 공화국 거주 세르비아계를 소수민족으로 격하시켜 차별대우하는 것을 합리화하기 때문에 부당하다는 비판이 속속 제기됐다.

옛 유고연방 헌법은 국민들이 옛 유고연방 내 또는 외국거주 여부를 결정할 권한을 포함하여 자결권을 보유한다고 규정하고 있는데, 이들을 소수민족으로 격하시켜 단지 희망에 따라 인종, 종교, 또는 언어 집단을 선택할 개인 권한만 있다고 제한한 것이라는 비판이다.

바댕테르위원회는 캐링턴 경의 옛 유고연방 성격에 관한 질의에 대하여 옛 유고연방은 와해되는 과정에 있다는 의견을 제시했다. 즉 독립을 희망하는 공화국은 옛 유고연방으로부터 이탈, 분리하는 것이 아니고 옛 유고연방이 와해되면서 연방을 구성하던 공화국이 개별 국가로 탄생한다는 해석이었다.

이에 대해 "제1차 세계대전 후 탄생한 유고슬라비아 왕국은 패전한 오스트리아–헝가리 2중 제국 지배 하에 있던 슬로베니아와 크로아티아가 당시 독립국가로 존재하던 세르비아와 몬테네그로에 합류하기로 동의함으로써 수립된 것이다. 따라서 크로아티아와 슬로베니아가 옛 유고연방으로부터 분리, 독립하려는 행위는 이 합의를 깨고 이탈하는 행위"라는 반대 주장도 만만치 않았다. 또 세르비아와 몬테네그로 공화국은 옛 유고연방의 승계자인 만큼 옛 유고연방은 와해되고 있는 것이 아니라는 주장도 제기됐다.

■ 슬로베니아와 크로아티아 독립승인에 대한 반응

크로아티아, 슬로베니아

크로아티아의 자그레브에서는 시내와 TV에서 "독일에게 감사합니다"라는 독일어로 된 "Danke, Deutschland"라는 노래 소리가 심심치 않게 들려왔다. 그리고 크로아티아인들은 겐셔 외상에 대한 감사의 마음을 표시하기 위해 카페 이름을 겐셔로 바꾸는 등 유난을 떨었다. 새로 독립을 선언한 슬로베니아와 크로아티아는 40여 개 나라로부터 승인을 받았다.

그러나 당시 크라이나 세르비아계는 크로아티아 공화국 영토의 3분의 1을 점유하고 있었다. 크로아티아 공화국이 완전 독립하기에는 아직도 갈 길이 멀었다.

세르비아

세르비아 공화국은 크로아티아와 슬로베니아 공화국의 독립선언을 인정하지 않았다. 수백 명의 러시아인, 세르비아인, 몬테네그로인들이 모스크바 주재 독일 대사관 앞에서 두 공화국에 대한 독일의 독립승인에 항의하는 시위를 벌였다.[50] 세르비아인들은 독일이 통일 된 지 1년도 지나지 않아 중부유럽에 문어발식의 영향력 행사를 추구하고 있다고 비판했다. 이들은 통일 독일을 '제4의 제국Reich'이라고 비난했다.

세르비아 공화국 야당Serbia Renewal Movement의 당수 부크 드라슈코비치Vuk Drašković는 1992년 2월 7일 미국 방문 중 세르비아, 몬테네그로, 마케도니아, 보스니아 헤르체고비나 공화국으로 구성되는 남슬라브 동맹을 구성하자고 제안하기도 했다.[51]

크로아티아 공화국 내 크라이나 세르비아계

크라이나 지역 세르비아계 공화국 대통령 밀란 바비치는 크라이나, 동슬라보니아, 서부 스렘지역은 세르비아와 몬테네그로 공화국과 같이 독립할 것이며, 옛 유고연방이 계속되는 경우 연방에 속할 것이라고 했다. 바비치가 열거한 지역은 크로아티아 영토의 약 3분의 1에 해당된다.

보스니아 헤르체고비나

보스니아 헤르체고비나 공화국은 바댕테르위원회의 독립 조건에 따라 총선거 준비에 들어갔다. 그러나 대부분이 보스니아에서의 총선거 실시가 세르비아계와의 무력충돌을 야기할 가능성이 많다고 보고 있었다.

독일

독일은 1월 15일 슬로베니아, 크로아티아와 각각 대사급 외교관계 수립에 합의했다. 독일은 EC의 슬로베니아와 크로아티아 독립승인이 독일 외교의 승리이며 크로아티아 독립승인은 옛 유고연방 내전 종식과 발칸 반도에서의 안정 유지 전망을 한층 밝게 하여준다고 주장했다.

미국

1992년 1월 21일 지머만 미국대사는 크로아티아 신문 〈다나스 DANAS〉와의 회견에서 "현재 미국은 크로아티아의 독립을 승인할 생각이 없다. 그러나 이러한 입장은 오래가지 않을 것이다. 미국은 독립승인이 항구적인 평화에 공헌하는 계기가 되도록 노력하고 있다. 현재 크로아티아는 전쟁 중이고, 아직 많은 지역이 세르비아계에 의해 점령당하고 있는 것이 현실이다. 미국은 크로아티아 독립을 승인하지 않고 있는 상태로 연방군, 세르비아계, 세르비아 공화국에게 연방군의 조속한 철수를 요구하는 것이 더 효과적이라고 생각하고 있다"고 언급했다. 주변국들은 미 정부가 독일이 통일된 후에도 독일주둔 미군의 철수를 주장하지 않은 데 대한 대가로 독일의 입장을 지지하고 있다고 보고 있었다. 반면 백악관 안보보좌관이었던 브렌트 스코크로프트와 국무장관 로렌스 이글버거는 독일의 과도한 영향력 행사를 자제토록 미국이 좀 더 영향력을 행사하지 못한 것을 뒤늦게 후회한 바 있다.[52]

■ 조기 독립승인에 대한 평가

12월 16일 EC 외상회의에서 바댕테르위원회에 공화국들의 독립 자격을 92년 1월 15일까지 검토, 건의하여 줄 것을 의뢰하기로 합의 했는데도 불구하고, 독일 정부가 결과를 기다리지 않고 일방적으로 슬로베니아와 크로아티아의 독립승인 의사를 먼저 밝힌 것은 외교 관례상 이해가 되지 않는 행위라는 점에서 논란의 대상이 되었다. 또 옛 유고연방 전쟁을 한층 악화시켰다는 차원에서 비판을 받았다. 독일에 대한 많은 비판 중 대표적인 것은 통일 독일의 패권주의 추구였다. 영국 옥스퍼드대 교수 리처드 카플란 Richard Caplan은 이러한 비난은 근거가 없는 것이라고 주장했다. 반면 영국 런던 킹스 칼리지 교수 제임스 고 James Gow는 독일의 독립승인은 오만한 행위라고 비판했다.[53]

    카플란은 독일이 크로아티아와 슬로베니아에 대한 독립승인을 서둔 이유와 관련하여 다음과 같이 설명하고 있다.

겐셔는 두 공화국에 대한 자신의 독립승인 입장에 반대하는 프랑스와 영국이 자신의 의지를 꺾는 선제 조치를 취할 가능성을 염두에 두고 선수를 쳤다는 것이다. 프랑스와 영국은 1991년 12월 13일 옛 유고연방의 세력균형을 저해할 일방적인 독립승인 조치를 취하지 않을 것을 권고하는 유엔 결의안을 통과시켜 독일의 승인정책을 봉쇄하려고 한 것이다. 비록 독일의 압력에 의해 결의안 추진을 EC 외상회의 직전 포기했지만, 프랑스와 영국에 대한 불신이 겐셔로 하여금 일방적인 선수 조치를 취하도록 자극했다는 것이다. 그리고 겐셔 외상이 바댕테르 위원회의 검토가 크로아티아에 불리할 것이라는 점을 예상하고 사전조치를 취했다고 보는 입장도 있다.

또한 독일의 두 공화국에 대한 조기 독립승인 정책 배경에는 개인적인 이유도 있다는 지적이 있다. 겐셔는 옛 유고연방 내전 발발 직후 베오그라드에서 밀로셰비치와 면담을 가졌는데 밀로셰비치의 오만한 태도에 모욕감을 느꼈다는 것이다.

이 같은 카플란의 독일 조기 독립승인에 대한 해명은 독일의 입장을 이해하는 데 많은 도움이 되지만 이에 대한 반론 또한 강력하다. 첫째, 독일의 조기 독립승인으로 인하여 야기된 결과를 보면 독일의 정책이 옛 유고연방 해체를 위한 음모였다는 사실이 현실적으로 증명되었다고 보는 입장이다. 즉 신생국가에 대한 독립승인 정책은 다민족 국가의 와해를 위한 새로운 도구로 등장했다는 것이다. 그리고 민족주의 자결권에 바탕한 신생 국가에 대한 독립승인 배경에는 인종 순결주의에 대한 묵시적 인정도 자리잡고 있다는 비판이 있다. 특히 독일은 통일을 이루면서 국경 불변 원칙 고수를 강조함으로써 주변국의 반대를 무마했는데, 옛 유고 연방에 대해서는 국경 변경 가능 원칙을 적용하는 이중성을 보였다는 것이다. 그리고 독일의 조기 독립승인 정책은 평화적인 해결책 모색보다는 불행하게도 보스니아 헤르체고비나 전쟁이 보여 준 바와 같이 미국을 포함한 나토의 군사적 개입을 초래했다는 것이다.

둘째, 독일의 발칸지역에 대한 이해관계와 관련해 단순한 수출입 통계로는 알 수 없는, 역사적으로 독일이 느껴온 발칸지역의 전략적 중요성을 간과해서는 안 된다는 것이다. 그러나 겐셔가 그렇게 중요시한 EC의 통일된 외교정책과 안보협력을 희생하면서까지, 두 공화국에 대해 단독 조기 독립승인을 다급히 감행할 정도로 독일의 국가이익에 도움이 되는 일이었는가는 반문하지 않을 수 없다. 이와 관련 프랑스와 영국 일부에서는 독일과 오스트리아가 옛 유고연방 내전을 이용하여 과거 합스부르크 제국 지배 아래 있던 두 공화국을 회유하여 발칸에서 소위 튜톤 블록Teutonic Bloc(대게르만족 블록)을 형성하려는 음모를 꾸민 것이 아닌가 의심하기도 했다.

그리고 EC 자체가 유감스럽게도 통일 독일의 무게를 주체할 수 없을 정도로 허약했다는 것이다. 특히 양차 세계대전을 통하여 독일이 세르비아에 가한 고통을 감안할 때 겐셔가 앞장서는 것은 최소한 자제 내지 견제했어야 한다는 것이다. 국제사회가 독일의 독주를 인정하여 준 것은 마치 일본이 35년간 한반도를 식민지배했다는 이유로 어느 나라보다도 한반도 사정을 잘 알고 있기 때문에 일본이 제시한 한반도 문제 해법을 지지한 것과 마찬가지라는 지적이다.

셋째, 겐셔 외상의 독선적인 역할은 규탄의 대상이 된다는 것이다. 1985~1989년 주독일 미국 대사였던 리처드 버트Richard Burt는 겐셔 외상을 "미꾸라지" 같은 사람이라고 평가했다.

18년 동안 독일 외상을 지낸 겐셔는 모두의 존경을 받고 있는 캐링턴 경과 밴스 특사와 같은 오랜 동료들의 조언을 무시했다. 그리고 외교적인 관례를 깨고 조급히 행동한 것은 새로이 통일된 독일의 힘을 배경으로 한 오만한 성격 때문이라는 비난이었다.

넷째, 독일의 반세르비아 입장에는 무엇보다도 종교적 색채가 강했다는 것이다. 특히 겐셔 외상이 자기 선거구에서 투표권을 가지고 있는 가톨릭 크로아티아 공동체의 표를 의식한 행동이라는 지적인데, 만일 이것이 사실이라면 도덕적으로 극히 불행한 일이 아닐 수 없다.

결론적으로 독일은 통일 이후 독일의 유엔 안보리 상임이사국 승격 주장, 독일어의 EC 제3 공용어 지정 등 독일의 위상제고를 위해 적극적인 입장을 취해 왔는데, 이런 차원에서 슬로베니아와 크로아티아에 대한 일방적인 독립승인을 추진했다는 것이다. 따라서 통일 독일의 패권주의의 한 예라는 비판에서 벗어나기 어렵다.

4년 후 캐링턴 경은 옛 유고연방 전쟁 전 기간을 통하여 가장 큰 실수 중 하나는 독일의 크로아티아 독립승인 결정이었으며, 이에 대하여 EC가 독일의 압력을 이겨내지 못한 것이라고 단언했다.[54]

■ 유엔 평화 보호군 파견

세르비아와 크로아티아 공화국의 동의

세르비아와 크로아티아 공화국은 92년 1월 2일 밴스 특사의 주선 하에 휴전협정에 동의하고, 유엔 평화 보호군 활동을 적극 지원하겠다고 했다. 유엔 평화 보호군의 파견은 1992년 1월 15일에 있었던 크로아티아와 슬로베니아 공화국 독립승인과는 전혀 무관하게 이루어졌다.

크라이나 세르비아계는 이 휴전협정과 유엔 평화 보호군 파견 조건에 대하여 반대했다. 밀로셰비치는 크라이나 세르비아계 대표인 밀란 바비치를 1992년 2월 3일 베오그라드로 초치하여 유엔 평화 보호군의 임무 수행에 적극적인 지원을 하도록 설득을 시도했다. 그러나 바비치는 연방군이 크라이나 지역에 주둔하지 않는 한 자기들은 생존의 길이 없다고 반박했다. 결국 밀로셰비치는 바비치를 대화를 통하여 설득하는 데 실패함으로써 그를 강제로 제거할 수밖에 없었다.

안보리의 유엔 평화 보호군 파견 결의

안보리 결의 743호 | 1992년 2월 21일 유엔UN 안보리는 1만 4,000명의 유엔 평화 보호군UNPROFOR·The United Nations Protection Forces의 파견을 만장일치로 결의했다(안보리 결의 743호). 유엔 평화 보호군의 첫 해 예산은 6억 800만 달러였다. 당시까지 있었던 평화유지 예산으로는 가장 많은 규모였다. 갈리 유엔 사무총장은 유엔군의 공식 명칭을 유엔 평화 보호군이라고 결정했다. 파견지역은 크로아티아 공화국 내 5개 지역이고[55], 유엔 평화 보호군 사령관으로는 인도의 사티시 남비아르Satish Nambiar 장군을 임명했다. 본부는 보스니아 헤르체고비나의 사라예보에 두었다.

유엔 평화 보호군의 역할 | 평화 보호(peace protection), 또는 평화 유지(peace keeping) 임무는 이미 평화가 이뤄진 상태를 감시하는 뜻으로 해석된다. 그러나 평화가 없는 곳에서 평화를 유지 또는 보호한다는 것은 현실을 기만하는 명칭이기도 했다.

사실 유엔 평화 보호군이 주둔하고 있는 크로아티아인 다수 지역에서는 세르비아계 피난민의 귀향은커녕, 세르비아계 재산 차압 내지 축출, 동방정교회 교회 파괴, 세르비아계들의 충성 서약 등 갖은 차별대우가 행하여지고 있었고, 세르비아인 다수 지역에서도 역시 크로아티아인들에 대한 차별대우가 같은 수준으로 계속되었다. 그리고 크닌 지역과 같은 세르비아계 다수 지역은 전쟁으로 고립되어 경제적으로 피폐해지고 있었다.

이런 지역에 배치된 경무장한 유엔 평화 보호군은 생사를 걸고 싸우는 민족 분쟁을 제어할 수 없었고, 날로 악화하는 경제사정과 무정부 상태를 호전시킬 능력 또한 없었다. 특히 유엔 평화 보호군 중에는 파견 국가의 대외 정책에 따라 주둔 지역 주민을 차별적으로 대하는 경향이 있어서 유엔 평화 보호군의 공정성 문제가 제기되기도 했다. 이런 가운데 투지만은 유엔 평화 보호군 주둔을 계기로 성립된 휴전기간을 실지 회복을 위한 전력 강화 준비 기간으로 이용했다.

사라예보 유엔 평화 보호군 사령부 | 유엔은 보스니아 헤르체고비나 사태가 심상치 않자 크로아티아 공화국에 파견된 유엔 평화 보호군 사령부를 보스니아 헤르체고비나 중심지인 사라예보에 설치하고, 캐나다 출신인 루이스 매켄지Lewis MacKenzie 장군을 사령관으로 임명했다(매켄지장군은 사라예보에 사령부를 설치한 것은 군사적으로 우둔한 결정이었다고 비판했다). 사령부를 사라예보에 설치한 이유는 보스니아 난민에 대한 지원 편의를 도모하는 동시에 상징적으로나마 백색의 유엔 평화 보호군 차량이 사라예보에 주둔함으로써 보스니아 헤르체고비나 교전자들의 도발행위를 억제하는 데 도움이 될 것이라는 희망적인 생각 때문이

었다. 이런 유엔의 안이하고 낙관적인 전망은 보스니아 헤르체고비나 사태의 진실을 전혀 제대로 인식하지 못하고 있었다는 사실을 웅변해 준다.

▇ 신유고연방 구성

옛 유고연방을 구성하던 슬로베니아, 크로아티아, 보스니아 헤르체고비나, 마케도니아 공화국이 독립하면서 옛 유고연방이 와해되었다는 주장에 대해, 세르비아 공화국과 몬테네그로 공화국은 옛 유고연방은 와해된 것이 아니고 4개 공화국이 옛 유고연방을 떠났음에도 불구하고 모체인 옛 유고연방은 그대로 존속한다는 대응 논리를 폈다. 그리고 자신들은 모체인 옛 유고연방에 그대로 잔류하고 있기 때문에 자신들이 옛 유고연방의 정통 계승자라고 주장했다.

밀로셰비치 대통령은 1992년 2월 27일 임시 특별 의회를 개최하고, 세르비아 공화국 정부의 주요 정책 3가지를 밝혔다. 첫째, 세르비아 공화국 밖에 거주하는 세르비아인들의 정치적, 신체적 권익 보호, 둘째, 옛 유고연방 정부 계승을 위한 신유고연방 구성, 셋째, 옛 유고연방 위기의 평화적인 해결이었다.[56]

밀로셰비치가 신유고연방 구성에 있어서 무엇보다 우선순위에 두었던 것은 연방군 조직 계승이었다. 그는 옛 유고연방을 계승하는 신유고연방 대통령이 연방군 통수권자가 된다고 했다. 그러나 실권자는 밀로셰비치였다. 밀로셰비치는 연방군 장악을 위해 신유고연방 수립 발표 이전인 2월 25일 연방 국방장관이었던 카디예비치 등을 옛 유고연방군의 규모 축소 차원이라고 하면서 대거 퇴역시켰다. 카디예비치 후임으로는 참모장이었던 세르비아인 블라고예 아지치 장군이 임명되었다.

밀로셰비치는 연방군의 크로아티아 공화국으로부터의 철수가 크로아티아의 독립으로 불가피하게 되자, 연방군을 아직 법적으로는 옛 유고연방에 속해 있는 보스니아 헤르체고비나 지역으로 대거 이동시켰다. 당시 9만여 명의 연방군 중 약 85%가 보스니아 출신 세르비아계였다. 밀로셰비치는 이들을 완전 무장시켜 중무기와 함께 스릅스카Srpska 공화국 방위군으로 비밀리에 전출시켰다.[57]

밀로셰비치가 '대세르비아' 건설의 꿈을 버리지 못하고 국제사회의 압력에 저항하고 있었던 것은 이와 같은 보스니아 세르비아계의 우세한 전력을 믿고 있었기 때문이었다.

옛 연방정부의 대통령이었고, 밀로셰비치의 최측근 중 한 명인 보리사브 요비치는 BBC와의 인터뷰에서 다음과 같이 밝혔다. "보스니아 헤르체고비나가 독립을 국제적으로 승인받으면, 연방군은 외국군대의 지위로 변하여 국제적인 압력 하에 보스니아 헤르체고비나로부터 철수해야 할 입장에 있다. 밀로셰비치와 나는 이런 국제적인 압력을 회피하기 위해 연방군 내 보스니아 출신 세르비아인들을 모두 보스니아 세르비아계 군대로 전직시키고 이들에 대한 모든 경비를 지불할 것을 약속했다. 따라서 잘 무장된 보스니아 세르비아계 군대가 창설되었다."[58]

4
보스니아 헤르체고비나 내전

1 | 보스니아 헤르체고비나 독립승인

▪︎ 보스니아 헤르체고비나의 전운

1992년 1월 15일 바댕테르중재위원회는 국민투표 실시를 조건으로 보스니아 헤르체고비나 공화국의 독립승인을 EC에 건의했다. 그러나 보스니아 헤르체고비나 공화국 헌법은 독립문제와 같은 주요결정은 3개 민족대표의 만장일치에 의한다고 규정하고 있었다. 따라서 당시 헌법에 따라 독립문제와 관련해 상이한 입장을 가진 이슬람계와 세르비아계가 고도의 정치력을 발휘하여 협상을 하지 않고, 국민투표를 강행할 경우 유혈사태가 발생할 것이라고 모두가 끊임없이 경고하고 있었다.

　이미 수차례에 걸쳐 기술했지만, 보스니아 세르비아계들은 이슬람계 민주행동당의 보스니아 헤르체고비나 독립 추진에 반대하는 격렬한 시위를 해왔다. 이들은 1991년 9월 세르비아계 '자치구역'을 설치하고, 검문소를 세우고, 철조망을 설치하기도 했다. 그리고 1991년 10월 14일 이슬람계 민주행동당과 크로아티아민주연합당이 의회에서, 세르비아민주당 참여 없이 보스니아 헤르체고비나 독립 결의안을 일방적으로 통과시키자, 이에 대응하여 세르비아계의 분리, 독립을 선포했다. 즉 세르비아민주당은 세르비아계 주민들만 참석한 주민투표에서, 보스니아 세르비아계 민족 공동체는 보스니아 헤르체고비나 공화국으로부터 분리하여 독자적으로 옛 유고연방에 잔류한다는 결정을 절대다수로 통과시켰다.

이제트베고비치 보스니아 헤르체고비나 대통령은 세르비아계의 움직임을 불법이라고 비난하고, 유혈사태까지 각오한다는 비장한 결의 하에 보스니아 헤르체고비나 공화국 독립을 강행했다. 이에 맞서서 세르비아계 지도자 라도반 카라지치는 만일 보스니아 헤르체고비나 공화국이 독립승인을 받으면, 사산아死産兒가 될 것이라고 위협한 후 강압적인 조치를 취하기 시작했다.[1]

카라지치는 1991년 12월에 들어 EC의 보스니아 헤르체고비나에 대한 독립승인 가능성이 커지자 이를 견제하는 차원에서 보스니아 세르비아계 공동체는 독립(스릅스카 공화국)을 선언하겠다고 발표했다. 스릅스카 공화국의 국경선은 이미 선언한 세르비아 자치구역과 세르비아 다수 거주지를 중심으로 결정될 것이며, 보스니아 헤르체고비나 영토의 60%가 될 것이라고 했다. 그리고 스릅스카 공화국은 옛 유고연방의 일부가 될 것이라고 선언했다.[2]

카라지치는 EC가 슬로베니아와 크로아티아 공화국의 독립을 승인한 1992년 1월 15일 직전인 1월 9일 사전 공고한 대로 세르비아계 공동체인 스릅스카 공화국 수립을 선포했다.

∷ 보스니아 헤르체고비나 공화국 국민투표

이제트베고비치는 1991년 2월 보스니아 헤르체고비나 의회에서 "보스니아 주권을 위해 평화를 희생할 것이며, 평화를 위해 주권을 희생하지 않겠다"는 발언을 통하여 자신의 보스니아 헤르체고비나 독립을 위한 굳은 결의를 밝힌 바 있었다.[3] 이처럼 독립 의지가 강한 이제트베고비치는 바댕테르중재위원회의 요구에 따라 1992년 3월 3일 독립에 관한 국민투표를 강행했다. 이슬람계는 이슬람 인구가 보스니아 전 인구의 43%(187만 명)이며, 여기에 추가하여 17%(74만 명) 되는 크로아티아계를 합치면, 전 인구의 31%(134만 명)인 세르비아계를 제압할 수 있다는 계산을 했다. 국민투표 결과 총 인구의 절반이 넘는 64.4%가 참여한 가운데, 독립 찬성표가 99.7%에 달했다.

보스니아 세르비아계는 국민투표가 위헌이라고 비난하고, 국민투표를 거부했다. 그리고 국민투표 시행 다음날인 3월 4일 세르비아계 공화국 독립을 또 선언하고 자신들은 옛 유고연방에 잔류할 것임을 밝혔다.[4] 한편 보스니아 크로아티아계는 이슬람계가 주도하는 국민투표 참가 조건으로 10여 개 사항에 대한 양보를 받았다.

바댕테르위원회는 보스니아 헤르체고비나 인구의 절반 이상이 투표에 참여했고, 투표자의 절대다수가 독립에 찬성했다는 보고를 받은 후, EC 외상회의에 보스니아 헤르체고비나 공화국 독립승인을 건의했다. 바댕테르위원회는 보스니아 헤르체고비나 국민의 31.46%가 되는 세르비아계가 국민투표에 참여하지 않음으로써 무력충돌 발생 가능성이 농후한 현지 사정을 외면했다.

▪ 호세 쿠칠레이루(Jose Cutileiro) 포르투갈 외상 평화안

네덜란드 정부 다음으로 EC 의장직을 맡은 포르투갈은 보스니아 헤르체고비나 국민 투표 이후 예상되는 보스니아 사태의 해결을 위해 전면에 나섰다. 직업 외교관 출신인 호세 쿠칠레이루(전 유럽재래식군비통제 대표) 포르투갈 외상은 보스니아 헤르체고비나 공화국 장래 문제와 관련하여 원칙적으로 연방제를 추진한다는 취지 아래, 캐링턴 경과 같이 만든 스위스식의 칸톤화 방안을 제의했다. 이 방안은 많은 문제점이 있지만 당시 특별한 대안이 없는 상황에서 관련자들 간의 대화 내지 협상의 하나의 근거로 사용됐다.[5]

    이제트베고비치는 이슬람 중심의 중앙집권적인 체제를 주장하고 있던 상황이라 '칸톤화'에 대하여 매력을 느끼지 못하고 있었다. 그러나 세르비아계의 대대적인 공격이 예상되는 마당에 EC의 지원에 의존할 수밖에 없었던 이제트베고비치는 포르투갈 외상의 제안을 근거로 협상할 것에 동의했다. 이를 시작으로 하여 포르투갈 외상은 우여곡절 끝에 3개 민족 대표로부터 칸톤화 방식에 기본적으로 동의한다는 가서명을 받아냈다.

    그러나 일부 EC 회원국들은, 칸톤화 방안은 약세에 있는 이슬람계의 양보를 강요한 것이며 세르비아계에 대한 유화책이라고 비난했다. 또 칸톤화 방안은 세르비아계가 자기 지역에서 이슬람계를 인종청소할 수 있는 기회를 주는 것으로서 국제외교의 대 실수라고 지적하기도 했다.[6]

    그러나 3개 민족 대표는 리스본에서 포르투갈 외상 제안에 가서명을 한 뒤 귀국했다.[7] 이틀 뒤 이슬람계는 리스본에서의 합의사항을 무효화시켰다.

당황한 포르투갈 외상은 EC를 대표하여 3월 16~18일 다시 사라예보에 가서 새로운 보스니아 헤르체고비나 헌법 제정 원칙안을 제시하고, 이 안에 대하여 크로아티아계와 세르비아계 대표들로부터 서명을 받았다. 이 안의 기본 내용은 단일 보스니아 헤르체고비나 국가를 상정하고 다문화 사회를 이룩한다는 것이었다.

그러나 3월 25일 이제트베고비치는 다시 입장을 번복함으로써 그간 어렵게 마련한 협상을 원점으로 되돌렸다. 이제트베고비치는 자기가 포르투갈 외상이 제시한 절충안에 동의한 것은 이 안이 보스니아 헤르체고비나의 독립을 조건으로 하고 있었기 때문이며, 협상 자체에 동의한 것이지 포르투갈 절충안에 동의한 것은 아니라고 변명했다. 또 이제트베고비치는 이 절충안에는 보스니아 헤르체고비나 영토의 민족 공동체별 분리가 담겨 있기 때문에 절대로 동의할 수 없다는 주장을 되풀이했다.

이 같은 이제트베고비치의 당초 입장으로의 선회는 독일을 비롯한 일부 EC 회원국이 바댕테르위원회의 건의에 따라 보스니아 헤르체고비나의 독립을 승인할 것이라는 사전 보장이 있었기 때문이었다. 따라서 이제트베고비치로서는 구태여 자신의 양보를 강요하는 절충안에 동의할 필요가 없었다는 것이다. 특히 미국이 지원하겠다는 약속을 했기 때문에 이제트베고비치의 입장은 강경했다. 결국 EC는 미국의 영향권에서 벗어날 수 없었을 뿐만 아니라 내분으로 말미암아 자체 결정사항을 집행할 수 없는 가운데 어렵게 만든 3개 민족 공동체 간의 합의를 토대로 한 보스니아 헤르체고비나 문제 해결은 기회를 잃고 말았다.

세르비아계의 무력행사

EC 의장국인 포르투갈 외상의 절충안이 수포로 돌아가면서 1992년 3월과 4월은 보스니아 비극의 달이 되었다. 보스니아 헤르체고비나 전역에서 민족 공동체들 간에 처참한 유혈사태가 발생하기 시작했다.

보스니아 헤르체고비나는 현대식 도시계획에 따라 민족별 거주 지역이 구획되어 있던 곳이 아니다. 7세기부터 세르비아 민족이 산발적으로 이주하여 왔기 때문에 일종의 난개발에 의한 민족 분포 형태를 띠고 있었다. 종교적으로도 한 골짜기에는 동방정교인, 다음 골짜기에는 이슬람, 그 다음 골짜기에는 로마 가톨릭, 또는 보고밀 신자들이 부락을 형성하고 있었다. 그리고 오스만 투르크 제국의 500여 년 동안의 지배 아래 이슬람교로 개종한 사람들은 지배계급으로 신분이 상승되어 행정도시에 집중 거주했고, 반면 동방정교도인들과 가톨릭 신자들은 지방과 산골짜기에 분산해 거주하고 있었다.

세르비아계 지도자 라도반 카라지치는 외딴 섬 모양 산재한 세르비아계 거점을 서로 연결하여 강력한 단일 세르비아계 행정지역을 만든다는 야망을 가지고 있었다. 따라서 보스니아 헤르체고비나의 영토가 3각형 모양으로 되어있기 때문에 세르비아계 다수 거주지인 북부지역 일부와 동부지역을 연결하여 세르비아 공화국과 변경을 같이하는 대략 'ㄱ'자 모양의 단일 행정지역을 만들겠다는 포부를 갖고 있었다. 이 같은 단일 행정지역을 만들기 위해서는 세르비아계 다수 거주지 중간에 있는 이슬람계 부락과 크로아티아계 부락을 세르비아계 지역으로 전환시켜야 했다. 그 방법은 이슬람계와 크로아티아계를 해당지역으로부터 강제로 내쫓고 대신 세르비아계를 이주시키는 소위 '인종청소'였다. 즉 세르비아계 다수 거주 지역을 상호 연결하는 300킬로미터의 통로를 만드는 작전이었다.

그리고 카라지치는 세르비아계 단일 행정지역을 자치지역으로 만든 다음 스릅스카 공화국이라는 독립 국가를 수립하고 옛 유고연방을 구성하는 공화국 중의 하나로 편입하거나 모국격인 세르비아 공화국과 통합한다는 복안을 갖고 있었다. 카라지치는 이런 구상을 가지고 이미 보스니아 헤르체고비나 독립에 대한 국제적인 승인이 있기 전인 1992년 3월 27일부터 2주간 북동 방면의 이슬람계 다수 거주 부락과 세르비아와 접경하고 있는 동쪽의 이슬람계 다수 거주 지역의 일부를 무력으로 장악했다. 그리고 세르비아계 민병대와 준군사조직들은 집단 강간, 절단, 고문 등 갖은 악행을 통하여 이슬람계와 크로아티아계로 하여금 스스로 떠나도록 하면서 소위 순혈 세르비아 마을을 확보해 나갔다. 큰 도시의 경우에는 포위 및 포격을 통하여 압력을 가했는데, 대표적인 곳이 사라예보였다.

■ 보스니아 헤르체고비나 공화국 독립승인

EC는 1992년 4월 6일 보스니아 헤르체고비나 독립을 승인했다. 미국은 그간 보류했던 슬로베니아와 크로아티아 독립을 승인함과 동시에 보스니아 헤르체고비나 공화국 독립을 승인했다. 미국은 독일이 크로아티아와 슬로베니아 독립승인에 앞장선 경우와 같이 보스니아 헤르체고비나 독립승인에 적극적이었다. 베이커 국무장관은 EC 지도자들과 만나 이제트베고비치의 정부를 승인할 것을 촉구했었다. 또 유럽국가에게 '보스니아 칸톤화' 중지를 요구하기도 했다.

　부시 행정부가 보스니아 헤르체고비나 독립승인에 앞장선 이면에는 밀로셰비치의 침략성과 미국 내 반밀로셰비치 로비 활동, 특히 이라크에서의 '사막의 폭풍' 작전 때 자금과 기지를 제공한 사우디아라비아의 요구, 그리고 이 작전 준비에 기여한 이집트와 시리아의 요구 등이 자리 잡고 있었다.[8] 밀로셰비치는 통일 독일에 추가하여 미국과도 싸워야 하는 입장에 처하게 됐다.

　그러나 미국의 보스니아 헤르체고비나 독립승인은 승인 자체에 머물렀고, 자체 방위능력이 없던 보스니아 헤르체고비나의 독립을 보장, 보호, 방어하는 조치를 취한 것은 아니었다. 이와 관련 옛 유고연방 주재 마지막 미국 대사였던 지머만은 "미국의 보스니아 헤르체고비나 독립승인은 보스니아 문제를 국제 문제화함으로써 세르비아의 침략을 방지할 수 있다는 판단 아래 추진되었다"고 회상하면서, "후에 이 같은 판단이 잘못이었다는 사실이 증명되었다"고 언급했다.

■ 보스니아 독립승인에 대한 세르비아계의 대응

스릅스카 공화국 독립 선언

보스니아 헤르체고비나 공화국의 독립이 국제적으로 승인되는 날 바냐루카 Banja Luka 세르비아계 주민 의회는 4월 6일 자정을 기해 예고한 대로 스릅스카 공화국 수립을 공식 선포했다.

　밀로셰비치는 국제사회가 보스니아 헤르체고비나 공화국을 독립국가로 승인했지만, 실질적으로는 국가가 될 수 없음을 발견하게 될 것이라고 했다. 그는 로마 황제 칼리굴라Caligula가 자기의 말馬을 가리켜 원로원이라고 명명했지만, 말馬이 결코 원로원이 될 수 없었던 것과 같이 보스니아 헤르체고비나는 국가로 형성될 수 없다고 말했다.[9]

인종 청소의 양상

보스니아 헤르체고비나의 독립승인은 마치 진군의 나팔소리 같이 보스니아 전역에 걸쳐 세르비아계의 무력행사를 촉발시켰다.[10]

이슬람계 다수 거주지역 | 보스니아 세르비아계의 인종청소에는 방식이 있었다. 우선 연방군은 부락으로 통하는 도로를 차단하고, 부락 내 거주하는 세르비아계들에게 사전 소개하라는 연락을 주었다. 세르비아계들이 피신한 뒤에는 이슬람계와 크로아티아계 주민들에 대한 포격이 며칠 간 계속된다. 포격에 의해 저항세력이 약화되고 공포에 질린 이슬람계와 크로아티아계가 도망가거나 숨으면, 세르비아계 군과 준군사조직들이 진입했다. 특히 크로아티아에서 이미 인종청소의 경험이 있는 아르칸Arkan의 타이거스Tigers, 보이슬라브 셰셸리Vojislav Šešelj의 체트니크Četnik, 미르코 요비치Mirko Jović의 화이트 이글White Eagle 등 준군사조직 대원들이 진입하여 무자비한 인종청소를 감행했다. 이들은 세르비아공화국 비밀경찰과 연관이 되어 있는 것으로 알려져 있었다. 1994년 유엔 보고에 따르면 이 같은 준군사조직이 약 2만 명에 달했으며 단체의 수는 약 83개에 이르렀다. 이들 중 일부는 세르비아공화국 내에 합법적인 정당을 보유하고도 있었다. 아르칸은 세르비아통일당, 셰셸리는 세르비아급진당, 요비치는 세르비아재생당 지도자였다.

위 준군사조직 가운데 '인간 도살자'로 불렸던 아르칸이 대표적 인물로 꼽혔다. 아르칸의 본명은 젤리코 라즈나토비치Željko Ražnatović로서 베오그라드 축구구단의 구단주로 여러 이권사업에 손을 대면서 밀로셰비치의 손발 노릇을 해왔었다. 아르칸은 전쟁이 발발하자 실업자와 거리의 깡패들을 모아 군사훈련을 시킨 뒤 '호랑이'라는 이름을 가진 준군사조직을 발족시켰다. 세르비아 경찰과 유고 연방군(세르비아군)은 이 조직에 탱크와 대포를 대주었다.

지머만 미국 대사가 밀로셰비치에게 세르비아 준군사조직의 테러 및 살상행위에 항의하자, 밀로셰비치는 단 한 명의 세르비아 공화국 사람들의 개입도 없다고 하는, 새빨간 거짓말을 거침없이 해댔다.

준군사조직이 현지의 보스니아 세르비아계 군보다 더 잔악한 짓을 한 것은 외지인들이기 때문에 현지인들에 대해 일말의 양심의 가책도 느끼지 않았기 때문이다. 이들은 잔인할수록 이슬람계 또는 크로아티아계로 하여금 자진해서 떠나도록 하는 데 더 효과가 있다고 믿는 반인륜적인 집단이었다.

보스니아 북서지방의 인종청소 | 보스니아 북서지역 도시와 부락에 대한 '인종청소'는 세르비아계, 이슬람계, 크로아티아계가 서로 엉켜서 살고 있었기 때문에 이슬람계가 다수 거주하는 지역에 비하여 복잡한 양상을 띠었다. 따라서 세르비아계는 여러 방법을 통하여 비세르비아계들이 이 지역에서 더 이상 살지 못하도록 만드는 방법을 택했다. 즉 직장에서 비세르비아계들을 해직시켰으며, 길거리에서도 괴롭혔다. 비세르비아계 소유 사무실은 밤에 폭파되었고, 개인 집도 공격을 받았다. 그리고 비세르비아인들로 하여금 자동차로 여행을 하지 못하게 했고, 전화국 이외에서는 개인 전화를 사용하지 못하게 했다. 오스만 투르크

제국 식민지 시대와 같이 3명 이상 모이지 못하게도 했다. 이 같은 조직적인 탄압에 못 이겨 많은 이슬람계들은 집에 백기를 게양했는데, 이는 조용히 떠날 계획인 만큼 더 이상 괴롭지 말라는 신호였다.

이슬람계와 크로아티아계는 집, 자동차, 사무실, 모든 재산에 대한 권리를 포기하는 각서에 서명하지 않으면 출발 허가를 받지 못했다. 축출당한 크로아티아계 피난민들은 크로아티아로 향했다. 자그레브는 이미 피난민으로 포화상태였기 때문에 더 이상 피난민을 수용할 수 없음을 밝히기도 했다.

피난민 문제가 심각해지자 EC의 12개국 회의가 제네바에서 개최되었다. 독일은 국가의 크기와 능력에 비례하는 쿼터를 정하여 피난민을 수용할 것을 주장했다. 이에 대해 영국 대표는 전쟁이 끝나자마자 피난민이 다시 귀향하는 데 용이토록 하기 위해서는 그들의 고향과 가까운 지역에서 수용하는 게 좋을 것이라고 주장했다.

강제수용소 설치 및 대량학살 | 크로아티아 공화국 정부는 밀려오는 피난민을 더 이상 수용할 수 없다고 하면서 국경을 봉쇄했다. 많은 이슬람계 피난민들은 세르비아계가 설치한 집단 수용소에 감금되어 잔학한 인종청소의 희생양이 되었다. 오마르스카Omarska, 케라테름Keraterm, 마냐차Manjača 강제수용소가 특히 악명이 높았다.

사라예보 포위 | 보스니아 세르비아계는 보스니아가 독립을 승인받은 날부터 사라예보를 포위하고 포격하기 시작했다. 카라지치는 사라예보를 절반으로 분할하여 스릅스카 공화국의 수도로 삼을 것을 계획하고 있었다. 카라지치는 포격을 통하여 사라예보를 마비시킴으로써

이제트베고비치의 보스니아 헤르체고비나 공화국이 허구임을 증명함과 동시에 이제트베고비치의 항복을 받아내려고 했다. 그리고 사라예보 공항을 접수하고 공항건물과 활주로에 탱크를 배치하여 사라예보를 고립시켰다.[11]

1992년 5월 말 보스니아 헤르체코비나 인구의 31%밖에 안 되는 세르비아계는 6주간의 전투를 통해 영토의 약 60%를 장악했다.

카라지치의 초기목적 달성

1992년 5월 말 소기의 목적을 달성한 카라지치의 다음 과제는 장악한 지역에 대한 세르비아계의 지배를 견고히 하면서 보스니아 헤르체고비나로부터 분리, 독립하는 것이었다. 다만 세르비아 공화국과의 연결 통로를 확보하는 데 있어서는 이슬람계, 크로아티아계의 강력한 저항으로 말미암아 계속 치열한 전투를 치뤄야했다.

이제 밀로셰비치는 크로아티아 영토의 3분의 1과 보스니아 헤르체코비나 영토의 3분의 2를 장악하여 '대세르비아' 건설 야망을 달성하기에 이르렀다. 이 같은 밀로셰비치의 야망 달성을 위한 전술은, 비밀 작전안에 따른 것이라고 전 보스니아 헤르체고비나 공화국 국방장관 예르코 도코Jerko Doko가 국제유고전범재판소에서 밝혔다.[12]

밀로셰비치는 크로아티아 공화국에서 철수한 연방군의 총사령관으로 크닌 지역 연방군 참모장이었던 라트코 플라디치 장군을 임명했고, 보스니아 헤르체고비나가 독립하자 플라디치 장군을 스릅스카 공화국 지역방위사령관으로 임명했다. 세르비아 공화국은 전 연방군이었던 보스니아 세르비아계 군 장교들의 봉급을 포함하여 재정적인 지원을 하고 있었으므로 밀로셰비치의 영향력은 절대적인 것이었다.

▓ 국제사회의 확전 방지 노력

EC와 유엔의 노력

옛 유고연방에서는 1차적으로 슬로베니아에서 유혈 사태가 발생했고, 2차적으로는 크로아티아에서 한층 확대된 유혈사태가 있었고, 이제 제3차로 보스니아 헤르체고비나에서 무수한 인명의 희생을 초래하고 있었다. 모든 조치가 실패했음에도 불구하고 아무도 책임을 지지 않았다. 다만 3개 민족공동체들이 전부 무관하다고 하는 준군사조직의 잔학상만 극에 달했다.[13]

EC는 계속되는 유혈사태에 유감을 표시하고 5월 11일 베오그라드 주재 EC 대사들을 업무협의차 본국으로 불러들였다. 밀로셰비치는 EC 대사들의 본국 소환조치를 조롱하듯이 지난 3월 1일 선포한 '신유고연방'이 옛 유고연방을 계승한다고 하면서 '신유고연방'의 유엔 회원국 자격은 계속된다고 주장했다. 그리고 5월 15일 신유고연방 대통령으로 도브리차 초시치가 당선되었다. 신유고연방 정부는 5월 8일 블라고예 아지치 국방장관 대신 밀루틴 쿠카냐츠 Milutin Kukanjac를 임명하고 38명의 장군을 퇴역시키면서 전열을 재정비했다.

초시치는 1922년 1월 4일 생으로서 1983년, 1989년 노벨 문학상 후보였다. 그는 세르비아 민족주의 바람을 일으킨 바 있는 세르비아 '과학 및 예술 학술원' 비망록 작성을 주도한 인물이었다.

EC는 '신유고연방'의 '옛 유고연방' 승계를 인정하지 않았다. EC는 EC의 전임, 현직, 차기 외상을 현지에 파견하고, 평화 및 휴전안과 보스니아 정체에 관한 중재안을 제시했으나 '쇠귀에 경 읽는' 식이었다.

국제사회의 휴전 압력

EC, 유럽안보협력회의CSCE, 미국, 유엔 등은 세르비아 공화국의 보스니아 헤르체고비나 내전 개입을 규탄하고 5월 4일 신유고연방군으로 하여금 보스니아 헤르체고비나 공화국으로부터 15일 이내에 철수하도록 압력을 가했다. 이 압력에 의하여 5월 5일 신유고연방군과 보스니아 이슬람·크로아티아계 간에 휴전협정이 체결됐다. 5월 6일 헬싱키에서 개최된 CSCE 위기관리위원회는 CSCE로부터 세르비아 공화국의 축출을 요구했으나 러시아의 반대로 통과되지 못했다.

휴전은 일시적인 것이었고, 전투는 즉시 재개되었다. 보스니아 헤르체고비나 공화국 독립을 승인한 EC 회원국과 미국을 비롯한 국제사회에서는 폭력사태가 악화하면서 한층 더 강력한 경제적 봉쇄, 외교적 고립을 통해 밀로셰비치 정권을 붕괴시켜야 한다는 강경론이 제기되었다.

〈뉴욕 타임스The New York Times〉의 레슬리 겔브Leslie H. Gelb 논설위원은 유고문제는 전격적인 군사개입 없이는 해결이 불가능한 것으로 보았다.[14] 윌리엄 파프William Pfaff 논설위원도 군사적 개입의 필요성을 주장했다. 그는 미국과 나토의 지도적인 역할을 촉구했다.[15]

1992년 5월 21일 당시 스코크로프트 백악관 안보담당보좌관은 미 백악관에서 전 유고슬라비아 왕국 황태자 알렉산더 2세를 면담했다. 이어 알렉산더 2세는 런던에서 더글러스 허드Douglas Hurd 영국 외상을 예방했는데, 입헌군주제를 주장하는 알렉산더 2세의 미국 및 영국 고위직 면담은 세르비아 공화국에 대한 간접적인 압력의 일환이었다.

2 | 국제사회의 대세르비아 제재 조치

■■ 제1차 제재 조치

유엔 안보리는 1991년 9월 25일 옛 유고연방 교전 당사자 모두에게 무기금수조치를 가하는 안보리 결의문 713호를 채택한 바 있었다.[16] 그 후 안보리는 수차례의 성명 발표를 통해 보스니아 헤르체고비나 내전 종식을 추구해왔으나 실효를 거두지 못하고 있었다.

그런 가운데 1992년 5월 27일 사라예보 시내 Vase Miskina Street에 두 발의 120밀리미터 박격포탄이 날아와 식빵을 사기 위해 줄 선 시민들을 희생시키는 참극이 발생했다. 이 참상이 TV 영상으로 전 세계에 생생하게 전달되면서 모두의 분노를 자아냈고, 급기야 보스니아 헤르체고비나 사태의 모든 책임이 세르비아계에게 있다는 여론이 확산되면서 세르비아계를 징벌해야 한다는 주장이 거세졌다.

유엔 안보리의 세르비아 봉쇄 조치

유엔 안보리는 1992년 5월 30일 세르비아를 제재하는 결의안 757호를 채택했다. 안보리는 이 결의문을 통하여 세르비아와 몬테네그로 공화국에게 보스니아 헤르체고비나 사태에 대한 책임을 묻고, 두 공화국에 대하여 전반적인 경제·정치적 봉쇄를 결의했다. 또한 모든 스포츠, 과학, 기술, 문화 거래를 동결한다고 밝힘과 동시에 유엔 회원국들이 신유고연방에 주재하는 외교관과 영사관의 인원을 감축할 것을 강력히 권고했다.

그리고 유엔 사무총장으로 하여금 포위되어 있는 사라예보와 기타 지역에 대한 유엔 평화 보호군의 인도적 구호품의 원활한 수송을 위해 교전 당사자와 교섭토록 했다. 당초 안보리 결의안 757호는 이라크에 대한 봉쇄와 같이 철저한 고립을 강요하는 강경한 내용을 포함하고 있었으나 러시아의 반대로 규제 내용이 많이 약화된 것이기 때문에 세르비아의 전의를 꺾는 데는 충분하지 못했다.

보스니아 헤르체고비나 사태의 실상

유엔 사무총장은 보스니아 헤르체고비나 사태에 대한 각종 언론 보도가 넘쳐나는 가운데 비교적 자세하고 객관적으로 상황을 분석한 보고서를 1992년 5월 30일 자로 안보리에 제출했다. 이 보고서는 당시 상황을 이해하는 데 도움이 되기 때문에 다음과 같이 간추려 보았다.[17]

(1) 1992년 4월 26일 이제트베고비치 보스니아 헤르체고비나 대통령은 스코페Skopje에서 신유고연방군 참모장 겸 국방장관 대리인 블라고예 아지치 장군, 신유고연방의 브란코 코스티치Branko Kostić 부통령과 회담을 했음. 이 회담에서 확실한 합의사항은 없었으나, 신유고연방

당국은 5월 4일 보스니아 헤르체고비나 공화국 출신이 아닌 연방군 전원을 5월 18일까지 철수시키겠다고 발표하고 3개 민족 대표 간의 협상 회담 개최를 제의했음. 스릅스카 공화국은 동 일자로 연방군에 소속되어 있던 보스니아 출신 세르비아계 군대를 중심으로 한 공화국 군대 조직을 발표하고 스릅스카 공화국 군사령관으로 라트코 믈라디치 장군이 임명되었음을 발표했음.

　(2) 5월 17일 신유고연방군 해군 참모총장 밀란 시미치Milan Simić 제독은 5월 10일 교전 당사자 간, 그리고 유엔 및 EC 관계 기관 간에 합의한 대로 보스니아 지역, 특히 사라예보, 제니카Zenica 등지에 예전부터 주둔하던 연방군의 안전 철수를 위해 유엔 평화 보호군의 지원을 요청하여 왔음. 5월 21일 신유고연방 코스티치 부통령은 다시 사라예보에 주둔하고 있는 연방군 막사를 포위하고 있는 이슬람계 군의 철수가 이루어지도록 이제트베고비치 보스니아 헤르체고비나 대통령과 접촉하여 줄 것을 유엔 평화 보호군에게 요청하여 왔음. 한편 5월 25일 이제트베고비치 대통령은 연방군과 연방군 무기의 철수를 5월 10일 합의한 대로 이행하는지의 여부에 대한 유엔 평화 보호군의 감시를 요구해 왔음.

　(3) 현지 유엔 평화 보호군 보고에 따르면, 현재 보스니아 헤르체고비나 지역에 주둔하는 연방군 병력의 80%가 보스니아 헤르체고비나 공화국 출신이기 때문에 5월 18일까지의 연방군 철수에 이들을 포함시킬 수 없음. 나머지 20%는 이미 대부분 세르비아와 몬테네그로 공화국으로 철수했고, 그 중 잔류 병력이 사라예보 근방 기지와 기타 지역에 산재해 있는데, 현재 이슬람계 군에 의해 포위되어 있음.

　(4) 예전부터 보스니아 헤르체고비나 전역에 주둔하던 연방군에

대한 보스니아 이슬람계 군의 포위 해제와 이들의 안전한 철수 여부는 현재 보스니아 헤르체고비나 정치 문제와 연관되어 있고, 특히 옛 유고 연방군 통제 하에 있던 중무기 철수여부는 더욱 예민한 사항임. 유엔 평화 보호군은 현재 신유고연방 당국으로부터 옛 연방군이 소유하던 무기의 일부 철수와 함께 나머지 일부를 이슬람계에 이관시킬 의향이 있다는 의중을 시사 받고 있는데, 현지 세르비아계 군이 반대하고 있는 실정임.

(5) 보스니아 헤르체고비나 이슬람계 지도층은 스릅스카 공화국 실권자들과의 대화를 거부하고 세르비아 공화국과의 대화만을 주장하고 있음. 현재 세르비아 공화국의 스릅스카 군대 사령관인 플라디치 장군에 대한 통제력은 불확실하며, 스릅스카 군대는 옛 연방군 철수를 방해하기 위해 연방군을 공격까지 한 바 있음. 보스니아 세르비아계 군의 5월 28~29일 사라예보에 대한 대규모의 포격은 플라디치의 독자적인 명령에 의한 것이었음.

(6) 유엔 평화 보호군은 플라디치 장군과 스릅스카 공화국 지도자들에게 무력행사 중지를 호소하고 있음. 그 결과 5월 30일 플라디치 장군은 사라예보에 대한 포격 중지에 동의했음. 플라디치 장군의 독자적인 행동은 유엔 평화 보호군의 임무 수행을 어렵게 만들고 있음.

(7) 보스니아 헤르체고비나 공화국 내의 크로아티아계 군대 철수는 약속대로 이뤄지지 않고 있음. 유엔 평화 보호군의 믿을 만한 정보에 따르면 크로아티아 공화국 정규군이 보스니아 헤르체고비나 공화국 내에서 군사작전을 전개하고 있음. 크로아티아 공화국 당국은 이를 부인하고 있음. 안보리가 요청한 보스니아 헤르체고비나 내 크로아티아군의 해체, 또는 철수가 이뤄질지는 의심스러운 상태임.

(8) 모든 외국군은 철수 또는 해체해야 한다는 안보리 결정의 실행은 보스니아 헤르체고비나에 주둔하는 모든 병력들 간에 합의가 있어야 하는데, 자그레브(크로아티아)와 베오그라드(세르비아) 당국은 현지군 조직에 대한 통제권이 없다고 주장하고 있음. 따라서 유엔 평화 보호군이 독자적으로 행동하는 믈라디치를 공식 협상 대상자로 삼아야 할지가 문제되고 있음.

(9) 보스니아 헤르체고비나 현안 사태 해결과 관련하여 현지 교전자들 간의 기본적인 사항에 대한 합의가 없는 한 국제기구의 개입 여지는 없음. 기본적인 합의사항이 없는 가운데 유엔이 주선하는 휴전 합의는 종잇조각이 되고, 유엔의 위신만 손상시킴.

(10) 유엔 안보리의 신유고연방에 대한 제재조치가 어떠한 영향을 줄지는 아직 미지수이나, 보스니아 헤르체고비나 내전 종식에 필요한 협상을 위해 국제사회의 굳건한 결의 표명이 요망됨.

유엔 평화 보호군의 활동

유엔은 유엔 평화 보호군의 사령부를 사라예보에 설치하고, 캐나다인인 매켄지 장군을 초대 사령관으로 임명한 바 있다.[18]

그 후 유엔 평화 보호군은 안보리 지시에 따라 휴전 주선, 원활한 구호품 공수를 위한 사라예보 공항 정상화, 공항 근방에서의 전투 중지 등을 교전 당사자들과 계속 교섭하고 있었다.

그 결과 1992년 6월 6일 사라예보 공항을 포위하고 있던 세르비아계와 공항 정상화 협상에 성공하여 유엔 평화 보호군은 사라예보 공항 운영에 관한 책임을 맡게 되었다. 동시에 유엔 사무총장은 인도적 구호품 수송 안전을 위해 공항을 지키고 있는 유엔 평화 보호군 병력의 증

원을 건의했다.[19]

　유엔 안보리는 유엔 사무총장의 건의대로 6월 8일 결의 758호를 통하여 유엔 평화 보호군의 강화와 임무 확대를 승인했다. 그러나 보스니아 헤르체고비나 내 유엔 평화 보호군은 기본적으로 크로아티아 내 휴전 감시를 위한 업무의 연장선상에서 임무를 수행하고 있기 때문에 세계 여론이 요구하는 보스니아 헤르체고비나 내 유혈사태 방지를 위해 적극적으로 개입할 수 없었다.

　당시 유엔은 보스니아 헤르체고비나에서 발생하는 무력 충돌을 내전으로 간주하고 있었다.[20] 뿐만 아니라 무력개입을 위해서는 안보리의 승인이 필요한데, 당시 소련의 반대가 예상되는 상황이어서 유엔의 무력개입 자체를 발의할 수 없는 실정이었다. 이와 관련하여 초대 유엔 평화 보호군 사령관이었던 매켄지 장군은 사라예보에 유엔 평화 보호군 사령부를 설치한 것은 군사적으로 우둔한 결정이라고 비판한 바 있었다.

유엔 안보리 결의 757호에 대한 세르비아의 반응

밀로셰비치는 세르비아 공화국이 보스니아 헤르체고비나 내전과는 관계가 없는 데도 불구하고 안보리가 제재를 가한 것은 억울하다고 주장했다. 이어 6월 5일 신유고연방 부통령은 세르비아 공화국이 보스니아 헤르체고비나에 대한 영토적 야심이 없으며, 휴전을 존중해 연방군 철수 조치를 취했고, 준군사조직의 무장을 해제시켰으며, 인도적 물품의 원활한 수송, 피난민의 재정착을 위해 노력하고 있다고 밝히면서 유엔 제재조치 완화를 요구했다. 세르비아 공화국 외상도 6월 8일 로마의 〈리퍼블릭Republic〉 신문과의 인터뷰에서 보스니아 헤르체고비나 내전에는 크로아티아의 용병 이외에 독일, 폴란드, 이탈리아 용병들이 참가하고 있다고 밝히면서 보스니아 헤르체고비나 내전에 대한 크로아티아의 책임을 강조했다.

그리고 세르비아 공화국은 유엔 안보리의 신유고연방에 대한 제재 결의 757호가 같은 날 보고된 유엔 사무총장의 건의 내용을 전혀 반영하지 않은 것으로서 고의적으로 세르비아를 징계하기 위한 음모라고 비난했다.

미국의 제재 조치

미국은 1992년 6월 24일 세르비아계의 야만적이고 비인간적인 사라예보 시민 살상에 대하여 전례 없이 강한 제재조치를 발표했다. 베이커 국무장관은, (1) 베오그라드로부터 미국 대사의 즉각적인 귀국 조치, (2) 시카고 주재 옛 유고연방 총영사관 폐쇄, (3) 사라예보에서의 유엔의 인도적 구호물자 수송 보호 조치 참가, (4) 세르비아 공화국과 몬테네그로 공화국이 구성한 신유고연방의 국제기구 참가 반대, (5) 세르비아 공화국과 몬테네그로 공화국으로 구성된 신유고연방의 옛 유고연방 승계 반대 등의 조치를 발표했다.

그러나 이제트베고비치가 요구한 보스니아 세르비아계에 대한 미 공군의 폭격 제의는 거부했다. 부시 대통령은 1992년 6월 미국은 "세계의 경찰이 아니다"라는 성명을 발표했고, 딕 체니Dick Cheney 국방장관은 7월 1일 지상군 파견은 불가능함을 명백히 했다. 미국의 보스니아 헤르체고비나 전쟁에 대한 입장은 월남과 소말리아에서와 같은 실책을 되풀이하지 않겠다는 것이었다.

보스니아 헤르체고비나 전황

보스니아 헤르체고비나에 대한 투지만의 야욕

보스니아 헤르체고비나 영토에 야심을 가지고 있는 투지만 대통령은 1992년 5월 말 보스니아 헤르체고비나 영토의 약 3분의 2를 장악한 세르비아계의 독주를 방관할 수 없었다. 보스니아 크로아티아계는 이슬람계와 연정을 구성하고 있음에도 불구하고 세르비아계와 같은 방법으로 이슬람계 다수 거주 지역을 공격, 인종청소를 통해 영토 확장을 꾀했다. 이슬람계는 세르비아계와 크로아티아계 양측으로부터 공격을 받았다. 보스니아 크로아티아계 군대는 모스타르Mostar 지역에서 줄곧 승승장구하던 연방군과 세르비아계 군대를 격퇴하는 데 성공하기도 했다.

세르비아계가 보스니아 헤르체고비나 영토의 약 60%를 장악한 데 이어, 크로아티아계가 나머지 40%중 30% 이상을 장악함에 따라, 이제 이슬람계가 장악하고 있는 지역은 보스니아 헤르체고비나 영토의 5~10%뿐이었다.

갈리 유엔 사무총장은 투지만의 보스니아 내전 개입에 대한 비판적인 보고서를 92년 6월 27일 제출했다. 유엔 사무총장은 이 보고서에서 투지만 대통령에게 보스니아 헤르체고비나에서의 크로아티아 공화국 군대 철수와 크로아티아에서의 유엔 평화 보호군 주둔지역에 대한 공격 자제를 호소했다. 또 투지만이 세계 이목이 사라예보에 집중된 틈을 타서 다량의 무기를 밀수입하여 크로아티아 군대의 전투행위를 증가시키고 있다는 것을 밝혔다.

유엔 관계관은 이 보고서와 관련하여 세르비아 공화국이 침략자임은 누구나 의심하지 않고 있으나 크로아티아 공화국도 역시 '대크로아티아' 야욕을 추진하고 있다고 언급했다.²¹ 한편 투지만 대통령은 측근을 세르비아계 지도자인 라도반 카라지치와 오스트리아의 그라츠Graz에서 만나도록 해 보스니아 헤르체고비나 분할 문제를 협의한 것으로 알려졌다. 이는 제2차 세계대전 전 히틀러와 스탈린의 폴란드 분할 음모와 같은 것이었다.²²

이슬람계의 인도적 구호품 수송 방해

1992년 6월 29일 EC 정상회담이 리스본에서 개최되었다. EC 정상들은 신유고연방의 옛 유고연방 승계를 인정하지 않고, 앞으로 인도적 목적을 위한 군사개입을 반대하지 않을 것이며, 보스니아 헤르체고비나 내전의 책임은 모두에게 있지만 특히 세르비아 공화국에게 제일 큰 책임이 있음을 명백히 했다. 그리고 EC 회원국들은 독자적인 개별 조치를 하지 않을 것을 다짐하고 유엔 안보리의 강력한 조치를 요구했다.

75세의 미테랑 프랑스 대통령은 EC 정상회담 참석 후 6시간 동안 사라예보를 방문했다. 미테랑 대통령의 방문을 계기로 세르비아계가 사라예보 공항 포위를 해제함으로써 유엔 평화 보호군의 인도적 물자 공수가 재개될 수 있었다.

모두들 미테랑 대통령의 용감한 사라예보 방문을 환영했으나, 그의 방문은 EC의 무능력에 대한 비난을 잠재우기 위한 것이기도 했으며, 아스피린을 배급하는 것이 대통령의 임무는 아니라는 혹평을 받기도 했다. 마치 이명박 대통령이 취임 직후 공사에 방해가 되는 전봇대 2개를 옮기라고 한 것이 대통령의 특별한 지도력이라고 보도된 것에 대한 반응과 비슷했다.

당시 현장에서는 이슬람계의 방해로 유엔 평화 보호군의 인도적 구호품 수송이 많은 애로를 겪고 있었다. 이슬람계는 유엔 평화 보호군이 인도적 구호품 수송을 위해 세르비아계가 장악하고 있는 지역을 통과하기 위해 세르비아계와 협상하는 것 자체를 방해했다. 방해하는 이유는 첫째, 유엔이 반란군 격의 세르비아계를 대화의 상대로 여기고 있다는 것이고, 둘째, 미국의 무력 개입을 유도하는 방법의 하나는 세르비아계의 야만적인 행위로 인한 이슬람계의 고통을 널리 선전하는 것인데, 인도적인 구호품 수송을 통하여 이슬람계의 고통을 완화하는 것은 자신들의 선전술을 무효화하는 것이라고 여기고 있었기 때문이다.

이슬람계는 세르비아계의 잔학상을 돋보이게 자해 행위도 주저하지 않고 있었다. 이슬람계로서는 세계의 이목이 집중된 사라예보가 세르비아계에 의해 포위된 상태로 있는 것이 오히려 선전상 더 중요하고 필요한 것이었다.[23]

유엔 평화 보호군의 매켄지 사령관은 이 같은 이슬람계의 술책에 분노했다. 이에 대하여 이슬람계는 매켄지 장군을 친세르비아 장군이라고 하면서 체트니크와 같다고 비난했다. 매켄지 장군은 자신의 임무 수행이 어렵게 되고, 자신의 산하에 있는 유엔 평화 보호군의 신변의 위협이 증가하자 10월 말 사임했다.

관계자들의 보스니아 헤르체고비나 내전 종식 노력

유엔, 나토, EC, 미국 등의 제재 노력은 3개 민족 공동체 간의 유혈사태를 중지시키기에는 역부족이었다.

캐링턴 경은 6월 25일과 7월 19일 두 차례에 걸쳐 휴전회담을 열었다. 그러나 그에게는 휴전을 강요할 힘의 뒷받침이 없었다. 캐링턴 경은 휴전 주선에 실패한 후인 1992년 7월 21일 베오그라드에서 가진 언론과의 인터뷰에서 3개 민족 모두 휴전협정을 위반하고 있다고 비난하면서, 보스니아 헤르체고비나 사태가 어디로 발전할지 예측이 불가능하다고 언급했다.[24]

7월 7일 독일에서 열린 G7 정상회담에서는 사라예보에 대한 인도적 구호물자 수송과 관련해 유엔군 파견 문제가 제기되었다. 그리고 7월 8일 유럽안보협력회의CSCE 고위실무자위원회는 신유고연방의 회원 자격을 10월 14일까지 100일간 박탈하기로 결정했다. 한편 이스탄불에서 열린 37개 이슬람 국가 대표가 참석한 회의에서는 보스니아 헤르체고비나 공화국 지원을 위한 군사적 개입 요구가 있었다.

강제집단수용소 설치와 대량학살

세르비아계는 점령지에서 무자비한 인종청소를 감행했다. 특히 세르비아계는 1992년 5월 25일부터 프리예도르Prijedor로부터 20킬로미터 떨어진 광산지역인 오마르스카Omarska에 강제수용소를 설치했는데, 헬싱키 유엔 인권위원들이 취재한 바에 따르면 유대인을 학살한 아우슈비츠Auschwitz 수용소에 버금가는 곳이었다. 오마르스카 수용소에서는 이슬람계를 증오심에 가득 차 파이프와 총대로 무차별 난타했다.[25]

1992년 8월 5일 영국 신문 〈가디언The Guardian〉의 에드 벌리애미Ed Vulliamy 기자 등이 세르비아계로부터 허가를 받고 오마르스카 강제수용소를 취재했다. 이들은 수용소가 세르비아계가 이슬람계를 굶기고, 물 안주고, 때리고, 겁주며 점차적으로 죽이는 곳이라고 보도했다. 현장 보도는 충격적이었다. 이와 관련해 서방 언론과 인권 단체, 이슬람 국가, 미 국무성 실무자 등은 세르비아계의 인종청소를 '대량학살'로 규정할 것을 촉구했다.

이 보도를 계기로 미국 아칸소Arkansas 주지사였던 클린턴 대통령 후보는 보스니아 헤르체고비나에서의 인종청소 문제를 선거 쟁점으로 삼고 소위 국제문제의 달인이라고 하는 부시 대통령을 공격했다. 클린턴은 보스니아 헤르체고비나에 대한 유엔의 무기금수조치를 해제하고, 미국이 세르비아에 대한 공중폭격을 시작해야 한다고 주장했다.[26] 클린턴 대통령 후보는 당선되는 경우 침략자에 대한 집단적인 방위책을 강구하여 국제사회에서 미국의 지도력을 과시하겠다고 했다. 한편 당시 미 국무성 유고문제 담당 과장대리였던 조지 케니George Kenney는 집단수용소에 대한 보도를 확인할 수 없는 실정이나, 미 행정부가 보스니아의 참상을 외면하고 적극적인 조치를 취하지 않고 있었다고 했다.[27]

부시 행정부의 백악관 대변인 말린 피츠워터Marlin Fitzwater는 클린턴 대통령 후보의 주장은 옛 유고연방의 복잡성을 모르는 무모한 접근법이라고 하면서 집에서 외교문제에 대하여 공부를 더 해야 한다고 경멸조로 반박했다.[28] 부시 행정부는 보스니아 헤르체고비나 내전에 직접 개입하지 않고 유엔과 나토에 의한 공중폭격을 주장하면서 유엔에 부담을 돌렸다.

옛 유고연방 주재 대사를 지낸 당시 미 국무장관 대리였던 로렌스 이글버거는 옛 유고연방의 내전은 제3자가 개입할 성격이 아니며, 이슬람계, 세르비아계, 크로아티아계가 서로 살상을 중단할 때까지 제3자는 아무것도 할 수 없다고 말했다.[29]

당시 11월 대통령 선거를 앞둔 부시 대통령은 더 이상의 해외 파병을 원하지 않는 미국 국민의 정서를 무시할 수 없었고, 일단 한 명의 미군이라도 개입하게 되면 결국 확전될 위험성이 있기 때문에 미군 개입에 대한 압력을 단호히 거부했다. 옛 유고연방 주재 미국 대사였던 지머만에 따르면 정부 내에서 공중폭격 가능성을 검토한 바 있지만 월남의 망령을 떠올리며 백지화했다고 한다.

콜린 파월Colin Powell 합참 의장도 전쟁 목적이 명백하지 않고, 승리가 보장되지 않으며, 출구 전략이 없는 한 한 명의 미군도 개입시키지 않겠다고 말했다.[30] 결국 보스니아 헤르체고비나 문제는 1992년 8월 26~27일 런던에서 유엔과 EC가 주최한 공동회의로 넘겨졌다.

오마르스카 수용소 실상 보도와 관련해 미 국무성 고위관리들은 세르비아계의 행위가 '대량살상 행위 선상'에 있다든가, '대량살상 행위에 상당하는' 행위라든가, 또는 '대량살상과 같은 행동'이라고만 표현하고, 대량살상 금지조약 위배를 문제 삼는 '대량살상 행위'라는 결정적 표현을 사용하지 않았다.

왜냐하면 인종청소가 공식적으로 대량학살 사건으로 규정되면 조약의 서명자들은 대량학살자를 징벌할 의무가 생기기 때문이었다. 즉 범죄자들에 대해서는 처벌만 가능하고, 이들과 협상을 추구하는 것 자체가 불법인 것이다. 따라서 미국에게 있어 보스니아 헤르체고비나에서의 인종청소를 대량살상 행위로 규정하는 것은 정치적으로 극히 예민한 문제이었다.

제2차 제재 조치

런던회의

보스니아의 유혈사태가 악화하면서 전쟁터를 이탈한 피난민 홍수가 급기야 유럽 전체의 심각한 문제로 대두했다. 전체적으로 유럽에는 약 50

만여 명의 피난민이 흘러들어 있었고, 옛 유고연방 자체에는 약 200만여 명의 피난민이 발생했다.[31]

이런 시기에 순번제에 따라 EC 의장이 된 영국수상은 유엔 사무총장과 공동으로 보스니아 문제 해결 방안을 찾기 위해 1992년 8월 26~27일 런던회의를 개최했다. 이 회의는 40여 개 국가와 유엔 등 국제기구 대표가 참석한 대규모 회의였다.

메이저 영국 수상은 개회사에서 보스니아 내전의 즉각적인 중지와 문명인으로서의 행동, 인종청소 금지, 강제수용소 폐지, 소수민족 권리 보장, 공화국 간의 경계선 존중 등을 주장했다.

보스니아 헤르체고비나 문제해결을 위한 기본원칙 설정 | 런던회의에서는 많은 토론을 통하여 전반적인 문제에 대하여 해결의 기본 틀을 마련하고 다음과 같은 원칙에 합의했다. (1) 그간 무력으로 획득한 영토의 반환, 인종청소의 금지, (2) 즉각적인 평화 협상 개시, 인권 존중, 강제수용소 폐쇄, (3) 피난민 귀향 조치, 강제 인구 재배치 금지, 보상 조치, (4) 인권 감시단의 코소보 파견, (5) 독립, 주권, 영토 불가침권 보장 등이 원칙으로 합의된 것이다.

폭력 중지를 위한 구체적인 방안으로는 도시와 부락에 대한 포위 해제, 96시간 내 모든 중무기의 유엔 통보, 준군사조직에 대한 통제력 강화, 외부 세력의 간섭 배제, 점진적인 무장해제 등을 추구하기로 했다.

런던회의에서는 4가지 문서(헌법문제, 소수민족 보호문제, 신뢰 및 안보 증진, 사찰제도)에 합의했는데, 중요 합의 사항은 (1) 유엔 평화 보호군 강화, (2) 옛 유고슬라비아에 대한 국제회의ICFY 설립, (3) 비행금지 지역 설정, (4) 유엔으로부터의 세르비아 공화국 축출 등이었다.

런던회의는 평화교섭을 위해 그간 유고슬라비아 문제의 조정역할을 하다 사임한 캐링턴 경 대신 오언 경을 중재자로 임명했다.[32]

신유고연방의 파니치 수상과 초시치 대통령 | 밀로셰비치는 국제사회의 비난의 화살이 자기를 겨냥하고 있음을 의식하고, 신유고연방 대통령 도브리차 초시치와, 미국 캘리포니아에서 제약회사를 설립하여 재벌이 된 미국 국적 세르비아인 밀란 파니치Milan Panić 신유고연방 수상을 대외적으로 내세웠다.

62세의 파니치는 옛 유고연방 올림픽 사이클 대표선수였는데 티토 대통령 시절인 1955년 미국으로 망명, 무일푼으로 시작하여 캘리포니아 주에서 ICN 제약회사를 설립해 재벌이 된 신화적 인물이었다. 그는 당시 전 세계에 15개의 제약회사를 보유하고 있었다.

밀로셰비치가 파니치를 수상으로 추대한 주요 이유는 파니치가 정치 헌금을 통하여 미국 내 주요 정치인과 관계를 많이 맺고 있는 점을 이용하여 미국의 경제제재 완화를 이끌어 낼 로비활동을 시키기 위한 것이었다. 또한 그를 대외적인 방패막이로 이용하여 자신은 평화의 전도사라는 이미지를 형성하기 위한 것이었다.[33] 파니치의 수상 임명은 1992년 6월 14일 신유고연방 대통령으로 초시치가 당선되기 하루 전에 발표되었다.

파니치는 '할 수 있다'는 기업가 정신으로 봉급도 받지 않고 수상직을 수락했다. 그리고 봉쇄제재를 풀기 위해 최선의 노력을 다했다. 그럼에도 불구하고 세르비아에 대한 제재는 완화되지 않았다. 그는 밀로셰비치가 실권을 가지고 있는 한 해결의 실마리를 찾을 수 없다는 사실을 뒤늦게 깨닫고, 자신이 새로운 실권자임을 의도적으로 과시하면서 유화적인 태도를 취하는 동시에 밀로셰비치를 비하하는 발언을 런던 회의에서 했다.[34] 그는 투지만 대통령에게 만일 크로아티아 정부가 크라이나 세르비아계에게 자치지역을 허용할 경우 크로아티아 공화국의 독립을 인정할 의사가 있음을 내비쳤다. 또한 8월 27일 런던에서 코소보 민주동맹당 지도자 이브라힘 루고바를 면담하고 코소보에 대한 광범위한 자치권 부여와 9월 알바니아 대학교 개교를 약속하는 발언을 했다. 이 같은 유화적 발언은 세르비아 공화국 내에서 즉시 정치적 문제로 비화했고, 밀로셰비치를 비롯한 세르비아 지도자들을 불편하게 만들었다.[35] 무엇보다도 문제는, 밀로셰비치 자신이 파니치가 자신을 비하하는 발언을 한 것을 모욕으로 받아들였다는 것이다. 밀로셰비치의 파니치 수상 임명은 처음부터 빗나간 꼼수였다. 우선 자수성가한 미국 이민자들이 정치 헌금을 통하여 백악관의 초대를 받고 유명 정치인과 기념 촬영을 하는 등 사교 활동을 한다고 곧 미국 정책에 영향을 미칠 수 있다고 본 밀로셰비치의 미국관이 잘못된 것이었다.

또한 파니치는 동물적인 권력욕에 사로잡혀 있는 밀로셰비치의 정체에 대하여 전혀 모르고 있었다. 파니치 총리는 국내 기반이 전혀 없는 여건하에서 혼자의 힘으로 신유고연방의 난국을 해결할 수 없었다. 따라서 파니치는 미국의 지원에 매달렸는데, 미국 정부는 파니치가 밀로셰비치의 함정에 빠졌다고 보고, 파니치를 도와주는 것은 밀로셰비치의 속임수에 넘어가는 것이라고 생각하고 있었다. 파니치가 미국으로부터 받은 도움은 단지 미국 시민권 보유자로서 외국의 총리직을 수행할 수 있다는 허락과 총리직 수행이 유엔 제재에 어긋나지 않는다는 미국무성의 해석뿐이었다.

신유고연방의 도브리차 초시치 대통령도, 밴스와 오언 경이 참석한 회의에서 크라이나 세르비아계에 대한 문제 제기 없이 크로아티아의 독립승인에 합의했다고 비판을 받았다. 그러나 그는 오해라고 해명하면서 자신은 신유고연방 대외정책을 충실히 따랐다고 변명했다.

런던회의 평가

런던회의는 전반적으로 세르비아를 공격하는 회의였다. 메이저 영국 수상은 런던회의가 처음으로 옛 유고연방 문제에 대한 총체적인 해결의 틀을 만들었다는 데 큰 의의가 있었다고 평가했다.

그러나 런던회의는 기존 유럽안보협력회의CSCE의 인권 보장과 국경 변경 불가라는 상호 모순되는 원칙을 강조함으로써 오히려 타협의 여지를 없애버린 격이 되었다.

크라이나 세르비아계는 런던회의에서 소수민족 권익보호 차원에서 자신들이 이미 장악하고 있는 지역의 지배만이라도 기정사실로 인정받기를 기대했으나 폭력을 통하여 지배를 기정사실화한 것은 인정하지 않는다는 선언으로 말미암아 기대가 무산되었다.

밀로셰비치는 런던회의가 세르비아 공화국을 공격하는 회의였으나, 구체적으로 군사적 조치가 없다는 데 안도감으로 가지고, '대세르비아' 건설 야욕을 버리지 못했다. 세르비아가 국제적으로 고립되고 이념적으로 사탄이라고 낙인 찍혀 세르비아 역사상 가장 수치스러운 일을 당하고 있다고 역설한 초시치 대통령이나, 신유고연방의 이미지를 바꾸려고 노력한 파니치 수상의 노력은 무위로 끝났다. 이들은 오히려 밀로셰비치의 숙청 대상이 되었다.

그리고 런던회의가 옛 유고연방 전쟁을 종식시키는 데 한계를 노정한 데에는 주요 국가들이 보스니아 헤르체고비나 사태 자체의 해결

보다는 보스니아 헤르체고비나 사태를 국내 정치를 위해 이용하고 있다는 점도 간과할 수 없었다. 미국의 경우는 대통령 선거에서 외교문제에 관하여 열세에 있던 클린턴이 부시를 공격하는 데 보스니아 헤르체고비나 내전을 이용했다. 독일 사회민주당은 콜의 집권 연장을 위해 역시 옛 유고연방 사태를 이용하고 있었다. 미테랑의 사라예보 방문도 국내 정치용이었다는 것은 누구도 부인할 수 없었다.

또한 유엔 안보리 상임이사국인 러시아와 중국은 EC나 미국과 달리 세르비아와 몬테네그로로 구성된 신유고연방의 옛 유고연방 계승권을 인정하고 있었는데, 이런 안보리 상임이사국 간의 이견도 런던회의의 한계점이었다.

런던회의에서 유엔 안보리가 평화 회복을 위한 모든 필요한 조치를 취한다고 결의할 때 나토가 즉시 휴전집행을 위해 무력으로 개입했더라면 유혈극을 방지할 수 있었을 것이다. 결국 기회를 놓침으로써 보스니아 헤르체고비나는 1995년까지 피로 물든 전쟁터가 되고 말았다. 캐링턴 경은 런던회의 참석을 마지막으로 사임했다. 그는 EC의 의뢰를 받고 옛 유고연방 위기 해결을 위해 노력했으나 다름 아닌 EC 회원국 간의 발칸지역에 있어서의 이해관계 대립으로 희생양이 되었다.[36] EC가 처음부터 확실한 입장을 가지고 있었더라면 정직하고 유능한 캐링턴 경과 같은 희생자가 발생하지 않았을 것이다.

3 | 세르비아 국내정세와 투지만의 내전 개입

■■ 세르비아 공화국 국내 정치 상황

밀로셰비치는 1992년에 보스니아 세르비아계가 보스니아 헤르체고비나 영토의 3분의 2를 장악함으로써 그의 야망인 '대세르비아 건설'을 위한 1차 목표를 달성했다. 그러나 국내정치에 있어서 1992년은 밀로셰비치에게 위기의 해였다.

세르비아 공화국 국민은 밀로셰비치의 국수주의적이고 오만한 태도로 인해 국제적으로 고립되고, 경제적으로 절망적인 상태에 빠지게 되었다는 사실을 통감했다. 베오그라드에서는 "밀로셰비치는 사담 후세인이다"라는 구호를 외치는 반정부 시위가 빈번히 발생했다.

밀로셰비치에게 닥친 첫 번째 정치적 위기는 왕정 복귀 여론이었다.[37] 일각에서 옛날 왕정에 대한 향수를 느끼고 카라조르제비치 왕조의 페타르 2세의 아들 알렉산더 2세를 복귀시켜야 한다는 주장을 하기에 이르렀다. 사태의 위급함을 느낀 밀로셰비치 일당은 알렉산더 2세의 삼촌 토미슬라브Tomislav 왕자를 대신 내세우면서 왕족 간의 알력을 조장하여 일차 위기를 모면했다.

두 번째의 위기는 밀로셰비치의 '대세르비아' 건설을 지지한 바 있었던 세르비아 공화국 민족주의자들의 반정부 운동이었다. 이들은 자기들이 지지했던 '대세르비아' 건설 계획은 크로아티아와 슬로베니아의 독립으로 사장되었을 뿐만 아니라 오히려 자신들이 파산상태에 빠졌다며 밀로셰비치를 제거해야 한다고 주장했다.

밀로셰비치는 난국 타개를 위해 민족주의자이며 국민들로부터 존경을 받는 야인인 도브리차 초시치를 신유고연방 대통령으로 추대하여 반정부 운동을 일단 좌초시키고, 파니치를 신유고연방 수상으로 임명하여 새로운 국면을 마련했던 것이다. 그러나 이제 파니치가 자신의 경쟁자로 성장하게 됨에 따라 파니치를 제거하게 되었다.

파니치 수상 제거

런던회의에서 밀로셰비치에게 도전한 파니치 수상은 귀국 직후인 1992년 9월 14일 신유고연방 의회에서 불신임 위기에 처했다. 파니치가 수상으로 임명 된 지 45일 만이었다. 밀로셰비치의 하수인 격인 세르비아 급진당Serbian Radical Party 지도자 보이슬라브 셰셸리는 파니치가 미국 첩자이며 세르비아 정부의 전복을 기도하고 있다는 이유로 불신임안 제안을 주도했다. 다행히 야당이 파니치를 지원함으로써 불신임안은 부결되었다.

이제 밀로셰비치는 파니치를 정적으로 삼고, 파니치 수상을 제거하기 위해 음모를 꾸였다. 그런데 예상치 않은 장애가 발생했다. 즉 세르비아 공화국 내 파니치 수상의 인기가 밀로셰비치보다 높아지고 있었던 것이다. 세르비아인들은 파니치의 신선한 열정에 감동을 받고 그의 활동에 기대가 컸던 것이다.

또한 파니치도 자기의 높은 인기에 자신을 가지고 1992년 12월 예정인 세르비아 공화국 대통령 선거에서 밀로셰비치에 도전을 했다.[38] 당시 파니치의 당선 가능성은 높았다고 한다. 그러나 파니치는 간악한 수법과 부정행위를 일삼는 밀로셰비치의 적수가 될 수 없었다. 파니치는 다급한 가운데 코소보에 가서 자기가 집권하는 경우 티토 시절에 부여했던 코소보 자치권의 부활을 약속한다며, 90만여 명 되는 코소보 알바니아인들이 선거에 참여하여 줄 것을 요청하기도 했다. 그러나 오로지 독립에 집착하고 있던 코소보의 알바니아인들은 파니치의 협조 요구를 거절했다.

밀로셰비치는 비밀경찰, 극우단체를 동원하여 대규모 부정, 불법행위를 통하여 파니치의 선거활동을 방해했다. 결국 파니치는 밀로셰비치의 음모로 홀로 짐을 싸고 베오그라드를 떠났다.

밀로셰비치의 부인 미랴나

밀로셰비치가 1992년 정치적 위기를 겪고 있을 때 구원의 손길이 그의 부인인 미랴나Mirjana로부터 왔다. 밀로셰비치의 부인은 1990년에 공산주의운동연맹이라는 새로운 공산당을 창당했다. 그리고 후에 다시 이름을 '유고슬라비아 좌파연합당YUL'이라고 변경했다. 좌파연합당YUL은 옛날 공산당 시절에 대한 향수를 가지고 있던 23개의 작은 좌파정당의 연합체로서 처음에는 별 영향력이 없었다. 그러나 밀로셰비치의 정당인 사회당과 합류하여 다시 좌파이념을 부활시키기 시작했다. 그녀는 세르비아 경제의 붕괴상태를 자본주의 제도의 도입에 따른 부패에 의한 것이라고 했다. 미랴나는 한 격주간지에 칼럼을 쓰기 시작했는데, 1992년 여름 밀로셰비치 반대세력에 대한 공격을 시작했다.

밀로셰비치가 권력지향적인 실용주의자라면 미랴나는 이념적으로나 행동에 있어서 철저한 마르크스 레닌주의자였다.

미랴나의 어머니인 베라 밀레티치Vera Miletić는 부유한 가정에서 태어나서 젊은 파르티잔인 모마 마르코비치Moma Marković와 결혼하고 공산당원이 되었다. 독일 점령하에서 남편은 티토 장군을 수행하여 산으로 들어갔고, 그녀는 베오그라드 공산당 조직의 서기로 지하활동을 하다가 1943년 3월 게슈타포에 체포되었다. 그 후 많은 공산당 지하 조직에 있던 인사들이 체포되었다. 이에 대하여 파르티잔은 미랴나 어머니가 독일군의 고문에 못 이겨 비밀을 밝히고 살아났다고 하여 배반자로 낙인을 찍고 총살했다.

한편 게릴라전에서 전과를 많이 올린 남편 모마 마르코비치는 장군이 되어 국민영웅 칭호를 받았다. 그러나 그는 전쟁이 끝난 후 딸인 미랴나를 버리고 떠나 버렸다.[39]

미랴나는 어머니의 사촌이며 티토의 애인이었던 다보랸카 즈덴카Davorjanka Zdenka의 부모의 양녀로 입양된 후 베오그라드에서 동쪽으로 50마일 떨어진 포자레바츠Požarevac에서 살았다. 티토는 젊은 비서 즈덴카를 항상 옆에 두고 있었는데, 실제로는 부인이나 다름없었다. 그녀는 1948년 5월 1일 27세의 나이에 폐결핵으로 죽었다.

포자레바츠에는 페타르 2세의 먼 친척이 되는 카라조르제비치 가문의 일원이 소유하고 있던 15세기에 지은 인상적인 저택이 있었다. 1945년 저택의 소유자가 행방불명이 되자 정부는 중세 세르비아 건축양식을 보존한다는 취지에서 국유화한 뒤 박물관으로 활용할 계획을 세웠다. 그러나 티토는 이 저택을 즈덴카의 부모에게 주었다.

즈덴카의 부모는 살던 저택을 입양한 미랴나에게 상속할 것을 유언했다. 이 저택의 소유자가 된 미랴나는 밀로셰비치와 결혼한 후 이를 시골별장으로 이용하고 있었다.

미랴나는 자기 어머니가 중상모략에 의해 처형되었다고 생각하면서 어머니의 죽음 때문에 정신적 고통을 받고 있었다.

밀로셰비치의 외교 감각 부족

밀로셰비치는 권력욕이 강한 무자비한 국내 정치꾼이었다. 그는 비밀경찰 조직, 언론, 그리고 군만을 믿고 있었다. 그에 비하여 투지만은 주변정세에 예민했고 자기 목적을 달성하기 위해 외세를 이용하는 외교 감각을 지니고 있었다.

밀로셰비치는 소련에서 1991년 8월 19일 고르바초프 축출을 위한 쿠데타가 발생했을 때 강경파를 지지했다. 당시 강경파에 지지를 보낸 정치 지도자는 리비아의 무아마르 카다피Muammar Gaddafi와 이라크의 사담 후세인Saddam Hussein뿐이었다. 그 후 밀로셰비치는 옐친을 비롯한 진보 세력과의 관계 정상화를 위하여 많은 노력을 했으나 별 성과를 거두지 못했다.

밀로셰비치는 1990년 가을 코소보 독립을 주장하는 밥 돌Bob Dole 상원의원이 이끄는 8명의 미 상원의원 사절단 면담 요청을 거절했다.[40] 미국 백악관과 국무성 고위관리로 최고의 발칸 전문가들이 활약하고 있었지만 밀로셰비치는 이들로부터도 지지를 받지 못하고 있었다. 미 국무성 차관인 이글버거는 베오그라드에 초년 외교관으로서, 그리고 대사로서 2번이나 근무한 경력을 가지고 있었다. 그는 미국인 중 유고슬라비아 지역 최고 전문가였다. 백악관 안보담당보좌관 스코크로프트도 주베오그라드 미국대사관 공군 무관으로 근무한 경험이 있었다. 그의 박사학위 논문은 유고슬라비아에 관한 것이었다. 또한 노련한 유고슬라비아 전문가로는 1961~1963년 주베오그라드 미국 대사를 지낸 조지 케넌George F. Kennan이 있었다. 밀로셰비치는 그러나 이런 외교 자산을 전혀 이용하지 못했다.

세르비아 왕조 계보

유고슬라비아 왕조는 제2차 세계대전이 끝나면서 티토가 공산국가인 옛 유고연방을 수립함으로써 폐위되었다. 그 후 옛 유고연방이 와해되면서 세르비아 공화국이 밀로셰비치의 치하에서 절망적인 상태에 빠지자 지칠 대로 지친 세르비아인들은 옛날 왕조에 대한 향수를 느끼고 왕정복귀를 주장하기에 이르렀다. 그러나 밀로셰비치의 음모로 왕조복귀 운동은 무산되었다. 참고로 세르비아 왕조의 역사를 살펴보면 다음과 같다.

세르비아 왕국은 카라조르제비치Karađorđević와 오브레노비치Obrenović 두 가문 간의 경쟁, 싸움의 역사라고 할 수 있다.

카라조르제 페트로비치의 등장 | 세르비아인들은 코소보 전투 이후 오스만 투르크 제국 압제 아래 500여 년간 인간 이하의 생활을 했다. 오스만 투르크 제국이 쇠락의 길로 들어서면서, 한 때 정예부대였던 예니체리Yeniçeri 부대들의 행패와 과중한 세금으로 형언할 수 없을 정도의 절망상태에 빠지게 되었다. 예니체리 부대는 1804년 1월과 2월에 무고한 세르비아 농민들을 학살함과 동시에 72명에 달하는 세르비아 촌

장Knez들의 목을 잘라 베오그라드 요새 벽을 장식하는 야만적인 만행을 저질렀다.[41] 세르비아 농민들의 인내에는 한계가 있었다.

시대가 영웅을 만든다는 말처럼 36세의 카라조르제 페트로비치 Karađorđe Petrović가 세르비아인들의 지도자로 선출되었다. 그는 돼지 무역업자로서 오스만 투르크 제국에 대하여 게릴라전을 경험한 바도 있었고 장사를 통하여 재산을 모은 재력가였다.

카라조르제비치를 지도자로 추대한 세르비아 무장 농민들은 예니체리를 추방하는 데 성공하고, 오스만 투르크 제국 내에서 강력한 무장 기독교 세력으로 등장하게 되었다. 그리고 마침내 베오그라드를 정복하고, 1807년 6월 세르비아 최북단 지역의 성까지 함락시켰다.[42] 이어 자치권 확보를 위해 노력했다. 세르비아 국민의회는 카라조르제비치를 최고의 지도자로 존중했고, 그의 후계자에 대한 충성을 맹세함으로써 세습제를 인정했다. 그러나 불행히도 카라조르제비치는 차츰 독재성향을 보이기 시작했다.

당시 유럽은 나폴레옹 전쟁 시기였다. 결국 발칸반도를 둘러싼 프랑스, 러시아, 오스만 투르크 제국 간의 각축이 한창인 상황에서 세르비아는 믿었던 러시아의 무능으로 인하여 다시 오스만 투르크 제국의 예속 아래 들어가게 되었다.

나폴레옹 전쟁 중 봉기하여 9년간의 자유, 자치, 독립운동을 전개했던 세르비아 무장 농민들의 애절한 노력은 이렇게 막을 내렸다. 또 다시 세르비아는 잔악한 오스만 투르크 제국의 수탈의 대상이 되었다. 카라조르제비치는 1813년 10월 3일 동료들을 버리고 다뉴브 강을 건너 오스트리아로 도망쳤다.

밀로시(Miloš) 오브레노비치의 등장 | 나폴레옹은 1812년 6월 10일 대군을 이끌고 러시아를 침공했으나 참패를 당하고 모스크바로부터 후퇴했다. 이 시기에 세르비아 정세에 아무도 관심을 가질 수 없는 틈을 이용하여 오스만 투르크 제국 관료와 군인들은 다시 세르비아인들에게 보복적인 악독한 탄압을 가했다. 1814년 이들은 세르비아 농민 지도자들을 교수형에 처했고, 부녀자들에 대한 강간을 일삼았다.[43]

세르비아 농민들은 결국 제2차 세르비아 농민 봉기를 음모하고, 1815년 4월 24일 지도자로 촌장 밀로시 오브레노비치를 추대했다. 밀로시는 카라조르제비치와 같이 군인 기질은 없었으나, 모사가였다.

밀로시는 세르비아 무장 농민들을 이끌고 오스만 투르크 제국 부대와 여러 곳에서 접전 끝에 승리를 거두었다. 밀로시는 6개월 뒤 세르비아 농민 지도자의 자격으로 술탄의 특사와도 교섭할 수 있을 정도로 세를 불렸다.

밀로시는 당시 나폴레옹 실권 이후의 비엔나 회의 분위기를 염두에 두면서 오스만 투르크 제국과 무력으로 정면 충돌하는 것보다는 협상에 우선순위를 두었다. 이 같은 그의 외교술이 유효하여 밀로시는 오스만 투르크 제국으로부터 세르비아 공국의 지위를 인정받았다. 밀로시는 세르비아에 비밀리에 잠입한 카라조르제비치의 목을 1817년 7월 25일 도끼로 베어, 콘스탄티노플의 술탄에 바치기도 했다.[44] 카라조르제비치가 오스만 투르크 제국 내 기독교인들의 봉기를 음모했다는 것이 죄목이었다.[45] 밀로시는 술탄에게 충성을 다짐하면서 무력충돌 없이 세르비아의 자치정부를 국제적으로 인정받는 방향으로 이끌어갔다. 그러나 그가 카라조르제비치를 잔인하게 살해한 사건이 씨앗이 되어 세르비아는 그 후 100여 년간 이 두 집안 간의 싸움의 희생물이 되었다.

세르비아는 러시아의 1829년 9월 아드리아노플Adrianople 조약을 통해 오스만 투르크 제국에 압력을 넣어 자치정부를 국제적으로 승인받을 수 있었다. 1830년 2월 6일 밀로시는 당시 세르비아의 수도 크라구예바츠Kragujevac에서 세르비아의 자치를 인정하는 술탄의 칙령을 공식 발표했다.⁴⁶ 이어 술탄은 다음 해 러시아의 압력으로 밀로시를 세르비아의 세습제 왕자로 인정함으로써 밀로시는 국제적으로 인정받는 실질적인 세르비아의 지배자로 등장하게 되었다.⁴⁷

밀로시 치하에서 세르비아는 자치 정권을 획득했지만 그의 독재 성향은 카라조르제비치와 별 차이가 없었다. 밀로시는 문맹인이었지만 약삭빠르고 교활했다. 밀로시는 빈 회의 이후 전제군주제도가 복귀하는 시기에 맞추어, 절대권력 확보에 치중했다. 그러나 이를 견제하려는 세르비아 유지들의 반항도 끊임이 없었다.⁴⁸ 결국 밀로시는 1839년 6월 15일 망명의 길을 떠났다.

밀로시가 망명한 뒤 그의 후계자로 큰아들인 밀란Milan이 추대되었으나 즉위한 지 한 달 만에 사망했다. 따라서 다시 16세 된 그의 동생 미하일로Mihailo가 1839년 7월 8일 후계자로 추대되었다. 그러나 쿠데타 발생으로 미하일로는 망명을 가야 했으며 오브레노비치 가문과 지지자들은 모진 탄압을 당했다.

카라조르제비치의 복귀와 오브레노비치 왕조의 재등장 | 세르비아는 첫 무장 농민봉기의 지도자였던 카라조르제비치의 아들 알렉산더 카라조르제비치(재위 1843~1858)를 새로운 지도자로 선언했다.⁴⁹ 그는 선의의 군주였으나 난세의 인물은 아니었다. 그는 16년간 통치를 했는데, 재위 기간 중 세르비아의 실권은 상원의원들에게 있었고, 정부 내 파벌 싸움

과 부패가 난무했다.

세르비아 국민들의 알렉산더 왕자에 대한 불만이 고조됨에 따라 1858년 12월 국민의회는 알렉산더 왕자의 폐위를 결정하고, 후임으로 당시 79세인 밀로시 오브레노비치를 다시 추대하여 지도자로 선언했다.

밀로시는 모든 것을 1838년 이전으로 돌려놓았고, 자신을 강제 퇴위시킨 옛 정적들을 감옥에 집어넣었다. 그는 갖가지 계략으로 보수주의자들과 자유주의자들의 알력을 이용했다.

밀로시 오브레노비치는 오래가지 못했다. 80세 되는 해에 사망한 것이다. 그가 사망하자 그의 아들 미하일로가 아버지의 뒤를 이어 1860년 다시 후계자로 추대되었다. 그는 아버지의 뒤를 이어 두 번째로 지도자의 지위에 오른 것이다. 미하일로는 현대 세르비아 역사상 가장 성공적인 지도자로 평가된다. 미하일로는 당시 35세로서 쿠데타로 쫓겨 난 이후 해외에서 유럽 교육을 받고 문명인이 되어 있었다.

미하일로는 외교술로 세르비아에 남은 오스만 투르크 군대를 전부 철수시켰다. 그러나 불행하게도 미하일로는 1868년 6월 10일 암살되었다.[50] 미하일로는 대외정책에 있어서는 많은 업적을 쌓았지만 국내 정치에 있어서는 그의 아버지와 같은 독재자이었다. 특히 그의 사생활은 전통적으로 보수적인 농민들의 빈축을 샀다.

미하일로 후임으로 그의 사촌인 14세의 밀란 오브레노비치(재위 1868~1889)가 추대되었다. 그는 파리에서 공부하다가 왔는데 버릇없이 자란 귀공자였다. 그는 오스트리아의 제국주의에 대항하기보다는 오스트리아로부터 돈을 얻어 썼다.

21년간의 밀란 왕자 재위 기간 중 베를린 회의에서 세르비아 왕국에 대한 독립승인이 있었다. 그러나 그의 오스트리아에 대한 굴욕적인 정책은 국내에서 과격한 반발을 초래했고, 추잡한 개인 생활은 국민들을 실망시켰다.

밀란 왕은 실추된 인기를 만회하려고, 오스트리아의 책략에 넘어가 1885년 11월 14일 불가리아에게 전쟁을 선포하는 무모한 짓을 했다. 불가리아의 맹렬한 반격으로 밀린 밀란 왕은 국민들로부터 더 이상 지지를 받지 못했다. 결국 밀란 왕은 1889년 3월 그의 아들 알렉산더에게 왕위를 양위하고 망명했다. 당시 36세였다.

새로 즉위한 알렉산더 오브레노비치 왕은 그의 부친 밀란 왕과 부정적인 면에서 공통점이 너무 많았다. 알렉산더 왕은 완전히 합스부르크 왕조의 손 안에서 놀았고 자의적이고 부패했으며 개인생활은 지저분했다. 그는 전통적인 독재성향을 보이면서 의회의 다수파인 급진파와 충돌을 초래했다.

또한 알렉산더 왕은 자기보다 10세 연상인 자기 어머니의 시녀였던 소문난 과부 드라가 마신Draga Mašin과 결혼하여 국민의 빈축을 샀다. 반대파들은 카라조르제비치 왕가의 복귀를 주장하기에 이르렀다.

1903년 6월 10일 새벽 2시에 약 20여 명의 젊은 장교단이 궁에 침입하여 왕과 왕비를 침대에서 도살하고, 훼손한 시신을 궁정 안에 모인 흥분한 대중 속으로 던져버렸다. 수상, 국방장관, 기타 왕족들도 그날 밤 전부 살해되었다. 1903년 오브레노비치 왕조는 피로 물든 최후를 맞았다.

카라조르제비치 왕조의 재등장 | 세르비아 국민의회는 1889년 제정된 민주적인 헌법을 다시 채택하고, 60세 된 페타르 1세를 왕으로 추대

했다. 페타르 1세는 45년간의 망명생활 끝에 베오그라드로 돌아왔다. 페타르 1세 재위 기간 오스트리아와 '돼지 전쟁Pig War'이 있었다. '돼지 전쟁'은 오스트리아가 세르비아 왕국에 대하여 정치적, 경제적 주도권을 유지하기 위해 벌인 것이었다.[51]

제1차 세계대전을 겪은 후 페타르 1세는 왕권 강화에 힘쓰다 1921년 사망했다. 후계자로 둘째 아들인 알렉산더 1세가 왕위에 올랐으나 1934년 프랑스에서 암살당하고, 후계자로 다시 그의 아들인 페타르 2세가 1941년 3월 즉위했다. 그러나 히틀러의 침공을 받고 영국으로 망명했다. 종전 후 티토 공산정권이 들어서면서 왕권을 박탈당하고, 귀국하지 못한 채 1970년 11월 미국에서 사망했다.

로마 제국 쇠망시기에 변방에서 많은 장수들이 반란을 일으키면서 자신들을 황제라고 선언했다. 그리고 이들은 빠짐없이 자신과 가족들의 안위를 위해 정권의 세습제 인정을 요구했다.

갈리아지역에서 메로빙거Merovingian의 왕을 폐위한 프랑크Frank족인 피핀Pepin도, 알프스 산을 넘어 자신의 보호를 요청하여 온 로마 교황 스테파노Stephanus 2세(재위 752~757)를 지원한 대가로 교황의 축복하에 자신의 왕위를 정당화시키고 아들들에 대한 세습제를 인정받았다.

세습제와 관련하여 2012년 12월 마치 후진국의 관행처럼 '동북아 세습체제'라는 새로운 현상이 발생했다는 보도가 있었다. 즉 한국에서는 박정희 전 대통령의 딸이 대통령으로 당선되고, 일본에서는 기시 노부스케岸信介 전 총리의 외손자 아베 신조安倍晉三가 총리로 복귀하고, 중국에서는 혁명 원로인 시중쉰習仲勳 전 부총리의 아들인 시진핑習近平이 국가주석으로 추대되었고 북한에서는 김정은이 지도자가 되었다는 것이다. 이들이 모두 조상의 후광을 받았다는 점에서 공통점이 있으나, 김정은만은 선거에 의해 선출되지 않고, 3대 대물림에 의해 정권을 이어받았다는 것을 명백히 할 필요가 있다. 북한에도 하루 빨리 국민이 뽑는 지도자가 나타나기를 기대해본다.

▪ 투지만의 보스니아 내전 개입

'헤르체그 – 보스나 크로아티아 공동체'

투지만 대통령은 기본적으로 보스니아 헤르체고비나 공화국을 인위적인 창조물로 간주하고 이슬람계를 인정하지 않았다.⁵² 투지만은 세르비아계가 보스니아 헤르체고비나 영토의 약 60%를 장악하자, 나머지 40% 중 30% 이상을 역시 이슬람계 인종청소를 통하여 장악했다.

1992년 7월 5일 투지만 대통령의 후원을 받고 있던 마테 보반은 모스타르 지역에서 정규군대를 보유한 '헤르체그 – 보스나 크로아티아 공동체Croatian Community of Herceg-Bosna'라는 국가를 창설했다.⁵³ 그리고 크로아티아 공화국 국기를 게양했으며, 크로아티아 학교 운영, 크로아티아어의 공식언어 지정, 크로아티아 화폐 사용 등 크로아티아 공화국과 똑같은 행정체제를 갖추었다.⁵⁴

이 공동체는 세르비아계의 스릅스카 공화국과 동일한 성격이었다. 크로아티아 정당이 이슬람계와 연정을 구성하고 있고, 크로아티아 공화국이 보스니아 헤르체고비나 공화국과 군사동맹을 맺고 있다는 것이 다른 점이었다. 그럼에도 불구하고 보반은 독자적으로 독립 국가를 선포하고 이슬람계와 전투를 하면서 영토를 확장하고 있었던 것이다.

보반은 세르비아계가 사라예보 시를 봉쇄, 포격한 것과 같이 모스타르 시내를 봉쇄하고 포격했는데, 이는 세르비아계보다 더 잔인했고 무차별적이었다. 크로아티아계는 런던회의(1992년 8월 26~27일) 이후 모스타르에 독립적인 크로아티아계 공동체를 확고히 한 다음 북상하면서 크로아티아계 영토를 계속 확장했다. 이러한 크로아티아계의 만행은 당시 세계적인 TV나 언론들이 사라예보에서 발생하고 있는 선정적인 장면만을 쫓고 있었기 때문에 전혀 알려지지 않았다.

크로아티아계 만행에 대한 비난

이제트베고비치 보스니아 헤르체고비나 대통령은 크로아티아계가 자기와의 연정을 수립하고 있음에도 불구하고 이슬람계 다수 지역인 노비 트라브니크Novi Travnik, 비테즈Vitez, 프로조르Prozor를 공격하고, 이슬람계에 대한 국제사회의 인도적 물품 수송도 차단하는 데 격분했다. 특히 모스타르를 중심으로 한 헤르체그 보스나 공동체 설립을 비난하며 10월 28일 투지만에게 강한 항의 서한을 발송했다.

투지만은 이 같은 이제트베고비치의 항의서한에 대하여 답변을 서한으로 보내는 대신 TV 방송을 통하여 이슬람계 정치인들은 현실을 직시해 보스니아 헤르체고비나 장래에 대한 이상적인 꿈을 포기하여야 한다고 모멸적인 경고를 보냈다. 1992년 10월 중순 이후 보스니아 헤르체고비나 전쟁은 3파전으로 변했다.

4 | 보스니아 헤르체고비나 평화 협상안

▇▇ 밴스 – 오언 평화안

1992년 8월 런던회의에서 평화중재 임무를 부여받은 밴스와 오언 경은 4개월에 걸쳐 보스니아 평화안을 만든 다음 1993년 1월 제출했다.

이 평화안은 보스니아 헤르체고비나 공화국의 현 경계선을 그대로 국경선으로 인정한다는 원칙 아래 산재한 민족별 분포를 중심으로 지역을 구분했다. 즉 3개의 다수 세르비아계 거주지, 3개의 다수 이슬람계 거주지, 2개의 다수 크로아티아계 거주지, 하나의 크로아티아계와 이슬람계 혼재 지역, 그리고 하나의 3개 민족 혼재 지역(사라예보)으로 분리하여 총 10개 지역을 만들었다.

이 안은 세르비아계에게 보스니아 영토의 43%를, 이슬람계에게 27%, 크로아티아계에게 23%를 할애한 것이었다. 단 사라예보를 중심으로 하여 약 4%의 지역은 중립지대로 설정했다. 정부형태는 영토 분할을 전제로 한 느슨한 연방제 수립을 권고했다.[55]

밴스-오언 평화안은 당시 상황에서는 최선을 다한 '작품'이었으나 다음과 같은 문제점이 있었다.

(1) 3개 민족은 보스니아 헤르체고비나 전 지역에 산재해 있었다. 따라서 민족별로 깨끗하게 지역을 구분하기 위해서는 소수민족이 된 타 민족은 자기 민족이 다수 거주하는 지역으로 이주해야 하는 것이다. 이렇게 되면 보스니아 전체 인구의 9%~58.4%가 강제 이주해야 하는데, 이는 현실성이 없다는 것이었다.

(2) 이슬람계가 보스니아 헤르체고비나 내에서 43.7%라는 인구비율을 차지하지만 그들이 차지하는 영토는 27%에 불과하다. 반면에 세르비아 계는 34.1%라는 인구로 43%의 면적을 차지하게 되는데, 이 같은 불균형이 계속 분쟁의 소지가 된 것이다.

밴스-오언 평화안에 대한 반응

크로아티아계 │ 크로아티아계는 밴스-오언 평화안이 보스니아 헤르체고비나 인구의 17%만을 차지하는 크로아티아계에게 보스니아 영토의 4분의 1 이상을 할애했고 특히 크로아티아인의 모국 격인 크로아티아 공화국과 연결되도록 지역을 할애하고 있어 대환영이었다.

세르비아계 │ 세르비아계는 반대했다. 왜냐하면 이미 인종청소를 완료한 동남쪽의 드리나Drina 강 계곡지역과 서북방면 지역의 약 20%를 이슬람계에 다시 돌려주어야 하기 때문이었다. 그리고 이 평화안에 따르면 그동안 피 흘리며 싸워서 확보한 세르비아계 거주지역 간의 상호 연결망을 포기해야 하고 결국 세르비아계 단일 통치지역 구축이 무산되는 것이었다.

이슬람계 | 이슬람계는 당초 밴스-오언 평화안을 반대했다. 왜냐하면 이제트베고비치가 주장하는 보스니아 헤르체고비나 공화국 중앙정부의 권한 강화안과 배치되기 때문이었다. 그리고 이 평화안은 그간의 세르비아계의 인종청소를 합법화한다는 것이다. 그러나 이제트베고비치는 나중에 동의했는데, 자기가 반대하지 않더라도 세르비아계가 반대할 것이기 때문에 자기가 구태여 밴스-오언 평화안을 반대함으로써 대외적으로 비협조적이라는 인상을 줄 필요가 없다는 계산이었다. 즉, 선전 전략상 동의한 것이었다.

미행정부의 반응 | 1993년 1월 말 출범한 클린턴 미 행정부는 밴스-오언 평화안이 인종청소 결과를 합법화하는 것이라고 반대했다. 이 같은 클린턴 행정부의 공식 반대 입장 발표에 앞서, 1993년 1월 8일자 〈뉴욕 타임스〉에는 안토니 루이스Anthony Lewis가 밴스-오언 평화안이 세르비아계의 인종청소를 합법화하는 것이라고 비난하는 글을 게재했다. 이 기고문의 내용은 우연의 일치인지 모르나 이제트베고비치의 입장을 대변하는 것이었다. 기고문은 당시 미국 내 보스니아 이슬람계들의 활발한 로비 활동과 무관하지 않다는 의구심을 갖게 했다.

당시 보스니아 이슬람계와 크로아티아 공화국은 미국 법무부에 등록된 워싱턴 주재 홍보대행업체Rudder Finn Global Public Affairs를 정식 고용하고, 매우 적극적인 로비활동을 전개하고 있었다.

고르바초프의 반응 | 전 소련 대통령 고르바초프는 밴스-오언 평화

안은 현재까지 제시된 보스니아 헤르체고비나 사태 해결 방안 중 가장 합리적이고 현실적이라고 평가했다. 그는 장래의 위기상황을 미연에 방지하고 필요한 경우 즉각 투입할 수 있는 군사조직을 보유한 유럽 자체의 안전보장기구가 절실하다고 하면서, 그러나 유엔 테두리 내에서 이뤄져야 하며, 단순한 평화유지 기능뿐만 아니라 평화창출 기능까지 담당하는 것이 바람직하다고 평했다.[56]

무력사용과 관련하여 레이건 행정부에서 국무장관을 역임한 조지 슐츠George P. Shultz는 군사력과 외교협상은 선택사항이 아니라 모두 필수적인 과정이며 무력을 마지막 수단이라는 이름으로 행사할 것이 아니라, 사태가 심각한 상황으로 발전하기 전에 예방 조치로 사용하는 것이 효과적일 수 있다고 밝혔다.[57]

오언 경의 설득 노력

밀로셰비치 설득 | 오언 경은 밴스-오언 평화안에 대한 찬반 양론이 있는 가운데 1993년 4월 밀로셰비치와 접촉하여 호의적인 반응을 끌어냈다. 밀로셰비치는 자기보다 보스니아 세르비아계를 설득하는 것이 관건이라고 말했다.

밀로셰비치가 긍정적인 반응을 보인 이유는, 첫째, 당시 악화할 대로 악화한 세르비아 공화국 경제 사정하에서 국제적 평화협상 노력을 거부함으로써 예상되는 미국의 새로운 금융 제재를 감당할 수 없었다.[58]

둘째, 밴스-오언 평화안은 밀로셰비치가 우려하던 보스니아 서북 방면 거주 세르비아계와 세르비아 공화국 간의 연결 통로 확보를 유엔군을 주둔시켜 보장하여 주었기 때문이었다(러시아는 이 통로에 군대를 파견하기로 약속했다).

셋째, 밴스-오언 평화안은 3개 민족 대표로 구성되는 새로운 보스니아 헤르체고비나 공화국 대통령부가 만장일치 원칙을 채택하도록 함으로써 세르비아계의 거부권을 보장하고 있었기 때문이었다.

넷째, 보스니아 세르비아계에 대한 세계 언론의 비난 강도가 높아지자 밀로셰비치 자신은 보스니아 세르비아계와는 다르다는 점을 부각시킬 필요가 있었다.

보스니아 세르비아계의 반대 | 보스니아 세르비아계 지도자들은 밴스-오언 평화안에 반대했다. 이들은 밴스-오언 평화안에 동의하라는 밀로셰비치를 비난하기까지 했다.[59] 1993년 5월 1일 밴스와 오언은 보스니아 세르비아계에 대한 영향력에 한계가 있음을 깨닫고, 보스니아 세르비아계와 특별한 관계인 그리스 수상 콘스탄티노스 미초타키스 Konstantinos Mitsotakis에게 중재를 부탁했다.

미초타키스는 밴스와 오언의 부탁을 받고 보스니아 평화구축 관계국의 수뇌회담을 아테네에서 개최하는 데 동의했다.[60] 회담에는 밀로셰비치, 투지만, 보스니아 이슬람·세르비아·크로아티아계 지도자들이 모두 참석했다. 모두들 회담에서 보스니아 세르비아계에게 밴스-오언 평화안에 동의토록 압력을 가했다. 그러나 보스니아 세르비아계 대표인 라도반 카라지치는 선뜻 동의하지 않았다.

카라지치는 보스니아 헤르체고비나가 독립하기 12시간 전 세르비아계가 독립 국가를 선언했기 때문에 자신들의 독립을 포기하고 보스니아 헤르체고비나 공화국의 일부가 되는 안에 합의할 수 없다고 저항했다. 그러나 카라지치는 밴스-오언 평화안에 서명하지 않을 경우 아테네를 떠날 수 없을 것이라는 강력한 압력을 받고서는, 귀국하여 보스니아 세르비아계 의회의 비준을 받는다는 조건 하에, 가서명만 하겠다고 물러섰다. 모두들 카라지치의 가서명으로 성공을 자축하는 분위기가 되었다.

아테네 정상회담을 계기로 오래 전부터 은퇴 의사를 밝혀온 밴스 특사가 사퇴하고 후임으로 노르웨이의 전 외상 토르발드 스톨텐베르그 Thorvald Stoltenberg가 임명되었다.[61] 밴스는 사임 이유로 허리 디스크를 들었지만 실은 자신을 밀어 줄 것으로 믿던 미 행정부가 자신의 평화안에 반대한 데 크게 실망하여 사임한 것으로 알려졌다.

아테네 회담 직후 그리스 수상 미초타키스는 의전상의 문제가 있었으나 밀로셰비치와 같이 보스니아 세르비아계 본부가 있는 팔레Palje에 직접 가서 밴스-오언 평화안을 비준토록 압력을 가했다. 그러나 평화안이 비준을 위해 의회에 상정되자 세르비아계 군 사령관 플라디치 장군은 밴스-오언 평화안에 동의하는 경우 그간 피 흘린 노력이 무위로 끝날 것이며, 몇몇 세르비아계 다수 지역이 고립되어 위험한 상황에 처하게 될 것이라며 반대했다.[62] 그는 누구도 세르비아계의 주장을 막을 수 없다는 자신 만만한 태도를 보였다.[63] 밴스-오언 평화안은 결국 보스니아 세르비아계 주민투표에서 부결되었다.

밀로셰비치는 보스니아 세르비아계의 평화안 거부는 모든 세르비아인의 이익을 배반하는 행위라고 규탄하고, 세르비아 공화국은 보스니아 세르비아계와 모든 정치적, 경제적 관계를 단절하고 보스니아 세르비아계 지도부의 세르비아 공화국 거주 내지 입국을 금지한다고 밝혔다. 세르비아 공화국 언론 매체는 보스니아 세르비아계를 범죄 집단이라고 규탄했다. 카라지치는 인종청소의 주모자라고 비난했다.[64] 한편 카라지치는 세르비아인 투쟁의 진정한 지도자라고 보스니아 언론에 보도되었고, 밀로셰비치보다 더 인기가 올라갔다.

크리스토퍼와 밴스의 앙금
오언 경은 새로 취임한 클린턴 행정부가 밴스 - 오언 평화안을 반대한 이면에는 카터 행정부 시절 국무장관이었던 밴스와 당시 국무장관인 워런 크리스토퍼Warren Christopher 간의 개인적인 앙금이 작용한 것도 없지 않다고 보았다.

　1980년 카터 대통령이 주테헤란 미국 대사관의 미국인 인질 구출을 위해 특공대를 투입할 때, 밴스는 작전에 반대하고 사임하면서 후임으로 당시 차관인 크리스토퍼를 추천한 바 있었다. 그러나 카터 대통령은 크리스토퍼 대신 상원의원인 에드먼드 머스키Edmund Muskie를 임명했던 것이다. 이로써 당시 밴스와 크리스토퍼 두 사람 사이에 오해가 있었으리라는 추측이 있다.

클린턴 대통령의 '정의 구현'에 대한 시비

말 뿐인 '정의 구현'
클린턴 대통령은 대통령 선거유세 중 외교 정책 면에서 인종청소를 금지해야 한다는 '정의 구현' 주장으로 부시 대통령을 공격했다. 클린턴은 대통령으로 당선된 후에도 인종청소는 용납할 수 없다고 하면서, 밴스 - 오언 평화안은 인종청소를 합법화하는 것이라고 거부했다. 따라서 보스니아 이슬람계를 비롯하여 모두가 미국의 단호한 조치가 있을 것으로 예상했다.

그러나 클린턴 행정부는 1993년 2월 4일 EC를 대표하는 클라우스 킨켈Klaus Kinkel 독일 외무장관에게 미국은 인종청소를 반대하지만 보스니아 헤르체고비나 내전에 직접 개입할 의사는 없음을 분명히 했다. 특히 크리스토퍼 국무장관은 옛 유고연방 사태는 유럽인들의 문제라고 거듭 강조했다.[65]

당시 클린턴 대통령이 선거기간 내세웠던 '정의 실현'이라는 공약을 실현하기 위하여 미국이 보스니아 헤르체고비나 내전에 직접 개입해야 하느냐는 문제를 놓고 백악관 참모들은 분열되어 있었다.

콜린 파월 미 합참의장 등 군부는 "제2의 베트남 전쟁을 각오해야 한다"며 군사적 개입을 강력히 반대했다. 이에 대하여 보스니아 헤르체고비나에 유엔 평화 보호군으로 지상군을 파견하고 있던 프랑스와 영국은 미국을 "겁쟁이"라고 비난했다.

매들린 올브라이트Madeleine Albright 미 유엔 대사는 미국의 막강한 군사력이 무슨 소용이 있느냐며 1993년 4월 23일 클린턴 대통령에게 공습을 건의했다. 12명의 국무성 중견 외교관들도 클린턴 대통령에게 군사력 사용을 건의하는 서한을 올렸다. 이에 대해 파월 장군은 미군을 장난감 군대와 같이 함부로 옮겨서는 안 된다고 했다.[66] 미국의 옛 유고연방 주재 마지막 대사였던 지머만은 미국의 정책을 두 단어로 요약했다. 즉 월남 신드롬과 '파월 정책'이라고 했다.

영국 언론은 클린턴 정책에 대하여 "모든 것이 보이는 사막 같은 곳에서만 전투를 하고 정글과 산속 같은 곳에는 군사적 개입을 하지 않는다"며 비난했다. 유럽 국가들은 클린턴의 말뿐인 '정의 구현'이 이슬람계에게 헛된 꿈을 꾸게 만들어, 이슬람계의 무모한 전쟁 수행을 권장하고 있다고 했다. 따라서 이슬람계로 하여금 EC 중심의 밴스-오언 평화 협상을 거부토록 만들었다고 신랄하게 비난했다.

독일은 헌법규정 때문에 군대를 보낼 수 없는 처지이면서도 세르비아 제재를 위한 군사개입을 가장 강력히 주장했다.

미국은 정책 발표에 있어서 정의와 평화의 개념을 명백히 할 필요가 있었다. 사실 정의 추구는 '악'을 징벌할 때까지 전투행위를 계속하는 것이고, 평화 추구는 정의롭지 못한 상황에서도 전투 행위 중지를 위해 협상 내지 절충안을 모색하는 것을 의미한다.[67] 클린턴 대통령이 언급한 '평화와 정의의 구현'은 두 개의 개념을 혼돈하여 사용했기 때문에 정치적 수사에 불과하다는 비난을 받았다.

국제 이슬람계의 지원

클린턴 대통령은 보스니아 헤르체고비나 전쟁의 '미국화'를 반대했고, 해외 군사 불개입을 좌우명으로 삼고 있었던 그의 정치보좌관 딕 모리스Dick Morris에 많이 의존하고 있었다.[68] 그러나 1993년 봄 미국은 걸프 전쟁 때 신세 진 중동국가에 빚을 갚아야 한다는 부담감을 갖고 있었고 특히 미국이 보스니아 이슬람계를 지원하여 주기를 바라는 사우디아라비아의 입장 때문에, 이슬람계에 대한 지원 방안을 모색하지 않을 수 없었다. 이와 관련 앨 고어Al Gore 부통령은 이슬람계의 무장을 주장했고 클린턴 행정부 고위층은 클린턴 행정부 공식 출범 이전에 벌써 이슬람계 지도자들을 만났다.[69] 클린턴은 리처드 홀브룩Richard Holbrooke 차관보 중심으로 이슬람계 무장화 방안을 모색하기도 한 바 있었다. 그러나 이 방안은 유럽 동맹국의 반발을 우려하여 거부되었다.[70]

클린턴 행정부는 보스니아 헤르체고비나 내전 직접 개입 거부 입장을 갖고 있었으나 이슬람국가들의 직접 개입 요구도 거부할 수 없는 진퇴양란의 처지에 빠져있었다. 이러한 곤궁에서 묘안을 찾아낸 것이 '공중폭격과 무기금수조치 해제' 주장이었다. 결국 클린턴 대통령의 '정의 구현' 약속은 오로지 공중폭격과 이슬람계에 대한 무기금수조치 해제임이 판명되었다.

무기금수조치 해제와 공중폭격

클린턴 행정부의 크리스토퍼 국무장관은 1993년 5월 6일 유럽 국가를 방문하면서 나토의 공습과 이슬람계에 대한 무기금수조치 해제를 설득코자 노력했다.[71] 그러나 보스니아 헤르체고비나에 지상군을 파견하고 있는 프랑스, 영국, 캐나다 등 나토 동맹국들은 나토의 무차별 공습이 보스니아 세르비아계를 자극하여 자국의 병사들로 구성되어 있는 유엔 평화 보호군에 대한 공격을 촉발할 위험성이 있다는 이유로 냉담한 반응을 보였다. 러시아도 일방적인 미국의 공습 주장에 반대했다. 그리고 오언 경은 미국 TV와의 인터뷰에서 보스니아 헤르체고비나 문제를 1만 피트 상공에서 해결할 수 없다고 주장하면서 공습이 아닌 미군 지상군 파견이 필요하다고 밝혔다.

결국 크리스토퍼는 무기금수조치 해제와 공중폭격 설득에 실패한 후 귀국하여 5월 22일 밴스 - 오언 평화안 대신 '공동 행동 프로그램(Joint Action Program)'을 발표한다.

『의지 부족의 승리 Triumph of the Lack of Will』의 저자인 제임스 고는 클린턴 행정부의 보스니아 헤르체고비나 사태 해결책과 관련하여 인도적인 원칙을 제창했지만, 실제로는 거짓말이었을 뿐만 아니라 제3자가 추구한 평화안이나 정책도 무효화시켰다고 평가했다. 그는 보스니아 전쟁은 외교와 무력사용 위협을 통한 협상에 의해 종료될 수 있는 것이었다고 주장했다.

■ 무기금수조치 해제에 대한 논란

노엘 맬컴은 그의 저서 『보스니아 약사 Bosnia: A Short History』에서 보스니아 이슬람계가 세르비아계나 크로아티아계에 비해 열세가 된 원인의 하나는 다름 아닌 무기금수조치라고 지적했다.[72] 유엔의 무기금수조치로 인한 현상 유지는 절대적으로 우위에 있었던 연방군과 세르비아계에 특혜를 준 것이라고 했다.

또한 맬컴은 유엔 안보리가 1991년 9월 결정한 옛 유고연방에 대한 무기금수조치는 보스니아 헤르체고비나 공화국이 1992년 4월 6일 독립했기 때문에 더 이상 적용할 수 없는데도 불구하고 계속 무기금수조치를 취한 것은 부당한 일이라고 지적했다.

이에 대하여 만일 이슬람계가 이슬람 국가로부터 무기를 마음대로 수입했더라면 최신무기에 의한 인명 살상이 상상을 초월했을 것이라는 점도 간과할 수 없다는 반론이 만만치 않다. 왜냐하면 러시아와 같은 친세르비아 국가들도 수수방관하지 않았을 것이라는 얘기이다. 따라서 다량의 최신 무기가 경쟁적으로 도입되는 경우 보스니아 헤르체고비나 내전은 외세의 대리전 양상을 띠면서 인간 도살장이 되었을 것이며 한 걸음 더 나아가 주변 지역으로의 확전 가능성도 있었던 것으로 보여진다.

세르비아계가 일반적으로 무기의 양과 질에서 이슬람계보다 압도적 우위에 있었던 것으로 보도되고 있었으나 실상은 그렇게 단순하지 않았다. 이슬람계는 투지만에게 일정 수수료를 제공하면서 자그레브를 통하여 이슬람 국가로부터 무기를 밀수입하고 있었을 뿐만 아니라 이슬람 의용군을 받아들이고 있었다.

유럽의 대테러 담당 경찰은 1995년 9월 전직 수단 외교관이 운영하던 '제3세계 구호기구 The Third World Relief Agency'를 수색한 바 있었는데, 조사 결과 보스니아 헤르체고비나 대통령 이제트베고비치가 유엔의 무기금수조치를 피해 무기를 밀수입한 정황이 드러났다.

따라서 보스니아와 크로아티아의 무기 밀수입은 실질적으로 활발했기 때문에 유엔의 무기금수조치 효과는 별로 없었던 것이다.

5 | 인종청소와 '안전 지역' 설정

▌이슬람계 다수 지역인 스레브레니차 인종청소

보스니아 세르비아계는 보스니아지역과 세르비아 공화국(서북부) 연결 선상에 있는 보스니아 헤르체고비나 동부의 주요 도시를 장악하여 도로 연결망을 구축한 다음 동남부에 위치한 이슬람계 다수 거주지역인 고라즈데Goražde, 제파Žepa, 체르스카Cerska, 스레브레니차Srebrenica를 공격 목표로 삼았다. 특히 사라예보 동쪽지역에 있는 스레브레니차는 모두에게 전략적으로 중요한 지역의 하나였다.

스레브레니차는 '은silver광'이라는 뜻이다. 스레브레니차는 광산 지역임과 동시에 섬유산업이 발달한 지역으로서 오스만 투르크 제국 지배 시절부터 부유한 이슬람계가 다수 거주하여 오던 지역이었다. 1990년 옛 유고연방 통계에 따르면 스레브레니차 지역 인구는 3만 6,666명이고, 이중 75.2%가 이슬람계였다. 세르비아계는 22.7%였다. 스레브레니차 부락 자체 인구는 6,000명이었다.[73]

스레브레니차는 보스니아 헤르체고비나 공화국이 국제적으로 독립을 인정받은 1992년 4월 중순, 세르비아계에 의해 일차 인종청소를 당했다. 그러나 세르비아계의 공격을 피하여 산으로 피신했던 25세의 나세르 오리치Naser Orić는 곧 이슬람계 민병대를 재정비한 후 스레브레니차를 탈환했다.[74]

오리치는 스레브레니차를 기지로 하여 1992년 5월부터 인근 세르비아계 민간 부락을 게릴라식으로 공격하고 세르비아계에 대한 인종청소를 역으로 감행했다. 이슬람계가 성공적으로 저항한 유일한 예였다.[75] 그러나 스레브레니차 지역 외곽을 세르비아계 군대가 포위하고 있었기 때문에 스레브레니차의 생활상은 절망적이었다. 유엔 평화 보호군은 스레브레니차 주민들을 구제하기 위해 스레브레니차 외곽을 포위하고 있는 세르비아계 군대와 교섭에 성공하여, 전쟁 발발 후 6개월 만인 1992년 11월 구호물자를 처음으로 스레브레니차에 보낼 수 있었다.

오리치 부대는 이 같은 유엔 평화 보호군의 노력으로 첫 구호물자 보급을 받았으나, 2주 후 세르비아계 군대가 있는 스레브레니차 외곽 지역인 브라투나츠Bratunac에 대하여 대대적인 공격을 감행했다. 이어 1993년 1월 7일 동방정교도 성탄절에 세르비아계 다수 거주지인 크라비차Kravica를 공격하여 40명 이상의 세르비아계를 사살했다. 그는 성탄절 습격과 인종청소를 감행한 이후 드리나 강 교량을 파괴하려고 했다.

이슬람계의 역선전술

세르비아계 군대는 오리치 이슬람계 부대가 반격을 가하자 스레브레니차 지역 외곽 포위를 한층 강화하여 유엔 평화 보호군의 구호물자 수송이 더 어려워졌다. 유엔 평화 보호군은 스레브레니차 주민들에게 구호 물자를 원활히 공급하기 위해서는 세르비아계를 자극하지 않아야 함에도 오히려 세르비아계를 공격하는 오리치 부대를 이해할 수 없었다.

이와 관련 현지 유엔 평화 보호군 관계자는 오언 경에게 이슬람계가 더러운 계책을 꾸미고 있다고 보고했다. 즉 이슬람계 지도부는 아사상태의 스레브레니차 주민들의 비참한 상황을 널리 선전함으로써 국제적인 동정심을 유발하여, 세르비아계에 대한 국제 사회의 강력한 대응을 유인하고 있다는 것이었다. 따라서 보급품이 제대로 수송되는 것은 이슬람계 지도부의 계책에 도움이 안 된다는 것이었다. 이런 비극적인 드라마는 투지만이 부코바르에서 사용한 계책이기도 했다. 1993년 이슬람계 지도부의 계책대로 스레브레니차 주민들의 참상은 널리 홍보되었다. 그 결과 새로 취임한 클린턴 미 대통령은 1993년 3월부터 6월 사이에 스레브레니차 지역에 약 1,900톤의 식품과 의약품을 낙하시키기도 했다. 그러나 이슬람계는 클린턴 행정부가 세르비아계의 만행을 처벌하기 위해 무력 개입을 하는 대신 인도적 구호품만 낙하하는 것에 실망이 컸다.

역경속의 이슬람계 피난민

한편 보스니아 세르비아계 군의 믈라디치 장군은 더 이상 오리치의 도전을 방치할 수 없다는 결정하에 1993년 3월 반격을 시작해 스레브레니차 시외까지 진출하면서 이슬람계를 압박했다.

이슬람계들은 세르비아계 군의 공격을 피하여 스레브레니차를 포함한 사라예보 북방지역으로 대거 몰려갔다. 크로아티아계 군은 이슬람계 피난민들이 크로아티아 다수 거주 지역으로 몰려올 경우 발생할 혼란을 막기 위해 크로아티아계 다수 거주 지역 한가운데 위치한 이슬람계 다수 거주지 아흐미치Ahmići부락을 인종청소하여 피난민이 올 수 없도록 했다.[76] 이 같은 크로아티아계 군의 이슬람계 인종청소는 계속되었다. 보스니아 헤르체고비나 공화국은 투지만과 밀로셰비치의 야심대로 두 동강이 나는 듯했다.

이슬람계들은 그간 헤이그 평화회담, 런던회의 등 국제적 노력들이 이슬람계에게 참담한 결과를 초래했을 뿐이라는 사실을 뼈에 사무치게 느끼고 자구책을 강구하기 시작했다. 역경 속에서 살아남아 피난해온 이슬람계 장정들은 자구책의 하나로 자체 군대를 조직하여 저항했다. 이와 같이 보스니아 헤르체고비나 전쟁이 3개 민족공동체 간의 3파전으로 변하고 있을 때 보스니아 전선에 지하드 용사를 비롯한 이슬람계 의용군의 그림자가 나타나기 시작했다.

유엔 평화 보호군 개입

유엔 안보리는 세르비아계 군이 스레브레니차 인근지역인 체르스카Cerska를 점령하고 난 뒤 대량학살을 자행했다는 보고를 받고 1993년 3월 3일 유엔 사무총장에게 유엔 평화 보호군 증강을 위한 즉각적인 조치를 취할 것을 요구했다. 스레브레니차 내의 이슬람계 군도 좁혀 들어오는 세르비아계 군대의 포위망을 더 이상 견딜 수 없다는 상황을 보고하면서 유엔 평화 보호군의 증강을 요구했다.

보스니아 주둔 유엔 평화 보호군 사령관인 프랑스 필립 모리용Philippe Morillon 장군은 여러 난관을 무릅쓰고 체르스카와 스레브레니차에 들어가서 현지를 답사했다. 그는 그간 보도된 내용이 과장된 것이 많이 있었으나, 플라디치가 많은 이슬람계 민간인을 살해하고 빼앗겼던 지역을 재탈환하고 있음을 알게 되었다.

모리용 장군은 현지의 역경 속에서 세르비아계와 이슬람계 간의 휴전안을 마련했다. 그 결과 3월 18일 이슬람계는 스레브레니차의 비무장화안에 동의 의사를 표시하고, 구호품 수송에 합의를 했다. 그리고 이슬람계의 노약자, 환자를 투즐라Tuzla로 소개시켰다. 소개시키는 과정에서 먼저 빈 트럭에 올라타기 위해 악을 쓰는 주민들의 모습은 차마 눈 뜨고 볼 수 없는 참극이었다.

라트코 믈라디치 장군은 스레브레니차에 대한 포위를 완화하면서 이슬람계 피난민 송출을 위한 유엔 평화 보호군의 활동을 지원했다.[77] 그런데 놀랍게도 유엔 평화 보호군은 노약자나 환자의 더 이상의 탈출 수송을 반대하는 이슬람계 지도부의 강경한 입장에 부닥쳤다. 반대 이유는 만일 대규모의 이슬람계 피난민들이 스레브레니차를 탈출하게 되면 스레브레니차에는 이슬람계 민간인이 없어질 것이고, 그런 경우 스레브레니차는 유엔군의 보호 대상에서 제외될 것이며, 결국 세르비아계로 넘어가게 될 것이라는 계산이었다. 이슬람계 지도부가 더 이상의 이슬람계 환자와 노약자들의 송출을 막는 아이러니한 상황이 발생한 것이다.

그러나 유엔은 인도적인 측면에서 가능한 많은 인명의 구출을 우선으로 삼았다. 4월 2일 이제트베고비치는 더 이상의 이슬람계의 소개를 금지한다고 발표했다. 그러나 유엔 난민고등판무관은 1993년 4월 말까지 약 8,000명 내지 9,000명의 이슬람계 주민들을 투즐라로 소개토록 했다.

세르비아계는 이슬람 지도부가 주민 소개에 주저하고 있음에 따라 4월 5일 다시 스레브레니차를 공격하기 시작했다. 4월 13일 스레브레니차의 함락이 목전에 다가오고 있었다.

▪ 휴전 협정과 '안전 지역' 선포

휴전 협정

유엔 평화 보호군의 개입으로 4월 15일 라트코 믈라디치 세르비아계 군 사령관과 이슬람계 지역 방위 총사령관 세페르 할릴로비치 Sefer Halilović 사이에 휴전 협정이 성사되었다. 내용은 모든 전투행위의 동결과 이슬람계의 비무장화였다. 그리고 143명의 캐나다 유엔 평화 보호군이 스레브레니차에 주둔하면서 휴전 이행 여부를 감시한다는 것이었다.

캐나다 정부는 유엔으로부터 군 파견 요청을 받았을 때 인도적 임무만 수행하는 줄 알고 있었으나 현장에 도착해 이슬람계가 반대하는 무장해제라는 위험한 과제를 수행해야 한다는 사실을 알게 되었다.

스레브레니차를 비롯한 6개 '안전 지역' 설정

유엔 안보리는 세르비아계의 스레브레니차 공격을 제대로 견제하지 못했다는 비난을 받았다. 이에 자극받은 안보리는 스레브레니차 휴전이 성립된 다음날인 1993년 4월 16일 프랑스의 제의에 따라 결의문 819호를 통해 스레브레니차와 그 인근을 유엔 '안전 지역 safe area'으로 선포했다. 이어 미 국무장관의 제의에 따라 보스니아 헤르체고비나에 지상군을 파견한 영국, 프랑스, 스페인 외상들이 워싱턴에서 회의를 개최하여[78] '공동 행동 프로그램 Joint Action Program'에 합의했다. 이 프로그램에 의해 사라예보를 비롯하여 투즐라, 제파, 고라즈데, 비하치가 추가로 안전 지역으로 설정되었고, 국제유고전범재판소가 설치되었다.

'안전 지역' 개념

스레브레니차 '안전 지역' 개념(안보리 결의 819호)
1991년 이라크 전쟁 때 유엔은 이라크 북방에 있는 쿠르드족을 보호하기 위해 '안전 피난 지역 safe haven'을 설정하여 당초 목적을 달성한 바 있었다. 단, 이때는 물리적 뒷받침이 있었다.

유엔 안보리의 스레브레니차의 안전 지역 설치에 관한 결의문에는 쿠르드족의 경우에 사용되었던 '안전 피난 지역'이라는 말이 사용되지 않고 막연히 '안전 지역 safe area'이라는 용어가 채택되었다. '안전 지역'과 '안전 피난 지역'은 분명한 차이가 있다. '안전 피난 지역'은 국제법상 명백히 그 내용이 규정되어 있는 곳으로, 피난처를 구하는 모두에게 공격으로부터의 보호를 보장하는 곳이다. 공격으로부터의 보호라는 말은 '안전 피난 지역' 유지를 위해 "무력의 뒷받침이 있다"는 것을 의미한다. 그리고 유엔의 '안전 피난 지역' 설치는 '안전 지역'과는 달리 분쟁 당사자들 간의 합의에 구애됨이 없이 일방적으로 선언할 수 있는 것이다. 그런데 유엔 안보리 결의 819호의 '안전 지역'은 군사력이 뒷받침되는 유엔의 선언에 의한 것이 아니고, 단지 세르비아계와 이슬람계에게 스레브레니차 안전의 책임을 부여한 것이었다. 일반적으로 세계 최대 강국이나 유엔의 강력한 무력의 뒷받침이 없는 '안전 지역'은 일종의 잔인한 소설의 마지막과 같은 종말을 맞는다.

여기서 특히 지적하고자 하는 바는 불행히도 스레브레니차의 '안전 지역'이 '안전 피난 지역'으로 오해되어 많은 부작용을 낳았다는 것이다. 즉 스레브레니차가 세르비아계 공격으로부터 보호받을 것이라는 기대를 부풀려 놓았기 때문에 그만큼 실망도 컸다는 것이다. 그리고 현지 유엔 평화 보호군은 선언적인 뜻이 강한 유엔 안보리 결의 이행에 많은 혼란을 겪었다. 그럼에도 불구하고 안보리는 다급한 가운데 이런 애매한 내용의 '안전 지역' 확대를 위한 결의문 824호를 추가로 채택해 혼란을 가중시켰다.

공동 행동 프로그램

유엔 안보리는 '공동 행동 프로그램Joint Action Program'에 따라 사라예보, 투즐라, 제파, 고라즈데, 비하치를 안전 지역으로 추가한 1993년 5월 6일자 안보리 결의문 824호 실천을 위해 구체적인 조치를 마련했다.

이 과정에서 안보리 이사국 중 비동맹국가 대표들은 6월 2일 세르비아계 점령지 반환 요구가 없는 5개 상임이사국의 '공동 행동 프로그램'에 반대를 표시하고, 밴스-오언 평화안에 명시된 이슬람계와 크로아티아계 지역의 유엔 보호지역 지정을 요구했다. 안보리 상임 이사국이 이 요구에 불응하자, 양 진영은 협상을 통하여 안보리 결의문 836호(6월 6일자)를 채택했다.

그러나 안보리 결의문 836호도 내용에 상호모순 되는 점이 있었다. 우선 결의문 836호는 무력행사를 규정한 유엔 헌장 7장을 인용하고 있고 '평화를 강요한다'는 등 강경한 표현을 사용했지만 실제로는 별 알맹이가 없는 것이었다.

구체적으로 살펴보면, 안보리 결의 836호의 5항은 비동맹국 대표들 주장에 따라 당초 '안전 지역을 방어한다(to defend the safe areas)'로 되어 있었는데, 미국과 지상군을 파견한 국가들이 '안전지역에 대한 공격을 억지한다(to deter attacks against the safe areas)'는 내용으로 수정됐다. 비동맹국 대표들이 이 문안을 양보하는 대가로 보스니아 헤르체고비나 정부군은 '안전 지역' 내에 주둔할 수 있다는 내용이 삽입되었다. 이는 안보리가 이슬람계를 지원한다는 해석을 낳게 함과 동시에 실제에 있어서 '안전 지역'을 무장한 이슬람계 통제 지역으로 만든 것이었다. 안보리 결의 836호 9항은 당초 5항에서 유엔 평화 보호군 임무 수행에 있어서, 안전 지역에 주둔하고 있는 유엔 평화 보호군은 무력적인 공격에 대해 무력을 사용한다고 규정했는데, "지상군 파견 국가들은 무력사용에 있어서 '자위를 위한 행동(acting in self-defence)'에 한한다"는 문구를 담고 있었다. 유엔 평화 보호군의 '안전 지역' 유지에 '억지'와 '자위'만을 인정한 것은 실제 교전자들의 도발을 막기보다는 일종의 상징적이고 정치적인 수사에 그친 측면이 있다고 볼 수 있다.

유엔 사무총장은 1993년 6월 14일 안보리 결의 836호의 '억지'와 '자위' 임무 수행을 위해 3만 4,000명의 추가 병력이 필요하다고 판단했다. 그러나 우선 급한 대로 최소한인 7,600명의 파병을 건의했다.

그러나 영국, 프랑스, 스페인은 더 이상의 지상군 파견을 거절했다. 미국은 공습 지원만이 가능하다는 종래의 입장을 되풀이하면서 역시 지상군 파견을 거절했다. 러시아와 스칸디나비아 국가들도 거절했다. 오로지 네덜란드만이 스레브레니차 주둔 캐나다군 교체를 지원했다. 7,600명의 추가 지원군 파견은 불가능했다. 결국 '안전 지역'은 세르비아계 공격을 견제할 수 없는 여건 하에서 불안전 지역으로 전락하였다. 한편 '안전 지역'은 오히려 이슬람계 지역 방위군의 요새가 되어 세르

비아계 공격의 목표가 되기도 했다.[79]

각종 평화안의 좌절

오언-스톨텐베르그안(보스니아 영토 53: 30: 17 분할안)
데이비드 오언과 토르발드 스톨텐베르그는 끊임없는 교전자들과의 접촉을 통하여 새로운 협상안을 제의했다. 교전자들은 협상이 진행되는 도중 마지막 고지를 차지하기 위해 치열한 전투를 전개했다.

3개 민족 대표는 아드리아 해에 정박 중인 영국 항공모함에서 오언-스톨텐베르그안을 근거로 합의한 보스니아 헤르체고비나 분할안을 발표했다. 이 안은 보스니아 영토의 53%를 세르비아계에게, 17%를 크로아티아계에게, 나머지 30%를 이슬람계에 할애하는 것이었다. 사라예보는 2년간 유엔이 다스리며, 모스타르는 잠정적으로 EU 통제 하에 두었다. 이슬람계는 완전히 내륙에 갇힌 상태가 되기 때문에 사바 강과 아드리아 해 접근을 보장하여 주었다.

오언-스톨텐베르그는 이 협상안의 실천을 위해 현 유엔 평화 보호군UNPROFOR 1만 명에 추가하여 4만 명의 증원을 요청했다. 그러나 이슬람계 대표 이제트베고비치는 오언-스톨텐베르그안에 일차 동의했다가 다시 입장을 바꾸어 협상안을 거부한다고 밝혔다.[80] 포르투갈 외상의 중재안에 대하여 입장을 번복한 것의 재판이었다.

입장을 번복한 이제트베고비치는 1993년 7월 31일 방송을 통하여 앞으로는 외교적 방법보다는 무력에 의한 실지 회복을 추구하겠다고 선언했다. 그리고 앞으로의 협상 내지 평화 성취 여부는 세르비아계에 대한 공중 폭격에 달려 있다고 말했다. 오언과 스톨텐베르그의 실망은 클 수밖에 없었다.

이처럼 이제트베고비치가 강력한 투쟁 의지를 밝힌 배경에는 1993년 7월 3일 이슬람국제회의OIC에서 이란, 파키스탄 등이 이슬람군 파견을 결의한 것이 중요하게 자리잡고 있었다. 한편 1993년 8월 9일 개최된 나토 긴급 대책회의는 세르비아계에 대한 공중폭격을 결의했다.[81] 이제 보스니아의 3개 민족 공동체 간의 싸움은 서방 국가와 이슬람 국가가 참여하는 국제전의 성격을 띠게 되었다.

전세가 악화되자 프랑스와 독일 외상은 1993년 11월과 12월에 오언-스톨텐베르그안을 수정하여 다시 교전자들 간의 협상을 촉구했다. 수정안은 이슬람계에게 보스니아 영토의 33.3%를, 크로아티아계에 17.5%를 할애하는 것이었다. 이와 관련 세르비아계는 사라예보 분할 요구를 철회하는 대신 제파, 스레브레니차, 고라즈데를 요구해왔다. 이슬람계는 이러한 세르비아 요구를 다시 거절했다.

보스니아 헤르체고비나 3파전

외교적 절충이 실패하면서 3민족 공동체 간에 한 평의 땅이라도 더 차지하려는 전투가 치열하게 전개되었다. 특히 크로아티아계의 모스타르Mostar 시 중심에 대한 최악의 포격 사태가 벌어졌다. 1993년 11월 9일 크로아티아계의 포격으로 모스타르의 역사적인 다리가 끊어져 검푸른 네레트바Neretva 강 계곡 속으로 무너져 버렸다.[82] 이 다리는 유서 깊은 다리였다. 다리의 파괴는 크로아티아계가 세르비아계에 못지 않게 잔인하다는 것을 보여주는 상징이었다. 보스니아 헤르체고비나 정부는 이날을 애도의 날로 정했다.

이런 가운데 '옛 유고슬라비아 국제회의ICFY' 공동의장단은 각종 평화안을 제시했다. 동시에 영국과 프랑스는 더 이상 평화를 위한 노력이 의미가 없다는 판단하에 보스니아 헤르체고비나 문제는 당사자들 간의 협상에 위임하고 유엔 평화 보호군에 파견한 지상군을 철수하는 방안을 제기하기 시작했다.

1993년에 이루어진 모든 평화 협상이 부진한 가운데 보스니아 세르비아계의 사라예보 포격은 끊임없이 계속되었다. 터키, 이란, 말레시아, 파키스탄, 사우디아라비아의 보스니아 이슬람계에 대한 물질적, 외교적 지원이 증가했다. 보스니아 헤르체고비나 내전은 한층 잔혹성과 광기를 띠기 시작했다.

6 | 미국의 개입

▋▋ 새로운 미국 대사 부임

보스니아 헤르체고비나에서 3개 민족 공동체 간의 3파전이 치열히 전개되고 있는 시기에 미국의 첫 크로아티아 공화국 대사로 피터 갤브레이스Peter Galbraith가 임명되었다. 갤브레이스 대사는 저명한 경제학자인 존 갤브레이스John Galbraith의 아들이다. 그는 상원 전문위원으로 있으면서 이라크와 쿠르드족 관계 업무를 다룬 바 있었다. 그는 친이슬람계인 클린턴 대통령의 입장을 반영하는 듯 1993년 7월 부임 직후부터 이슬람계에게 동정적인 입장을 취하면서 우선 크로아티아계와 이슬람계의 싸움을 중지시키는 방안을 강구했다. 당시 '접촉 그룹(Contact Group)' 에 대한 클린턴 대통령 특사였던 찰스 레드먼Charels Redman 대사는 업무차 자그레브를 자주 방문하고 있었는데, 그도 갤브레이스 대사와 같은 생각을 가지고 있었다.

미 정부는 두 대사의 건의를 토대로 투지만이 보스니아 헤르체고비나 이슬람계와 협력을 할 경우 크라이나 세르비아계가 장악하고 있는 크로아티아 공화국 내 영토의 회복을 위한 투지만의 노력을 지원하겠다고 밝혔다. 물론 투지만은 보스니아 헤르체고비나 공화국의 독립과 존엄성을 지지하여야 한다는 조건을 달았다. 동시에 미국은 보스니아 헤르체고비나 영토 내에 불법 주둔 중인 약 3만 명의 크로아티아 공화국 정규군의 문제점도 지적하고 압박을 가했다. 그 결과 투지만은 크로아티아계의 국수주의자인 마테 보반 일당을 제거하고 화해주의자를 내세움으로써 이슬람계와의 연방 추진 가능성을 열었다.[83] 그리고 투지만은 미국에 협조하는 대가로 1993년 말 그의 국방장관 고이코 슈샤크Gojko Šušak가 미 국방성에 군사 원조를 호소할 것이라고 했다. 당시 미 국방 차관 존 도이치John Deutsch는 유엔의 무기금수조치로 군사 원조를 제공할 수 없지만 미국의 민간 군사 자문단과 접촉하라고 언질을 주었다. 이 언질에 따라 크로아티아 공화국은 미 버지니아 주 알렉산드리아에 있는 군사전문 재원조달 용역회사 MPRI와 계약을 맺었다. 이 회사에는 전 미 육군참모총장 칼 부오노Carl Vuono 장군과 전 국방성 정보국장 에드 소이스터Ed Soyster 장군 등 퇴역 장성들이 일하고 있었다.[84]

미 정부는 크로아티아계와 이슬람계의 협력 방안으로 두 민족공동체 간의 연방을 구성하는 방안을 강구했다. 그러나 다음과 같은 보스니아 헤르체고비나 사태의 악화로 진척을 이룰 수가 없었다. (1) 보스니아 이슬람계가 이슬람 국가들로부터 무기를 비밀리에 도입하여 전력을 재정비한 후 그간 세르비아계에 빼앗겼던 영토 회복을 위해 공격을 개시한 것이었다.[85] 그리고 3년째 치열한 전투를 벌이고 있는 보스니아 헤르체고비나에 3개 민족 공동체는 모두 외국인 용병들을 끌어들이고 있었다. (2) 보스니아 세르비아계는 이슬람계의 공세에 대한 대응책으로 사라예보를 포위하고 계속 포격을 가했다.

사라예보가 포격을 받고 있던 중 1994년 2월 5일 오후 사라예보시 중심 지역에 있는 마르칼레Markale 시장에서 물건을 사던 민간인들을 향해 난데없는 포탄이 날아들었다. 68명이 사망하고 200여명이 부상을 입은 참상이 TV를 통해 방영되자 전 세계는 세르비아계에 대한 응징을 주장했다.[86] 나토는 2월 9일 세르비아계에 최후통첩을 하고 2월 11일부터 10일 이내에 사라예보 20킬로미터 밖으로 중무기를 철수하고, 보호군의 감시 하에 두지 않으면 세르비아계 진지를 대대적으로 공습하겠다고 경고했다.

세르비아계는 나토의 최후통첩을 무시했다. 사태가 악화할 기미가 있자 그간 보스니아 문제에 개입을 거부하던 러시아가 EU의 제의를 받아들여, 사라예보에 400명의 군대를 파견하면서 세르비아계가 나토의 최후통첩에 따르도록 했다. 세르비아계는 러시아의 충고에 따라 대포, 탱크, 박격포를 사라예보 근교로 철수시키고 기타 중무기를 유엔 평화 보호군 관할하의 무기고로 넘겼다.[87] 나토는 2월 20일 세르비아계가 나토의 최후통첩에 부응했다고 선언하면서 공습 계획을 취소했다. 그 후 사라예보에 대한 포격이 감소되었고 일시적인 휴전이 성립되었다.

한편 사라예보 주둔 유엔 평화 보호군UNPROFOR은 포탄의 발사지점을 조사한 후, 2월 8일 이제트베고비치 보스니아 헤르체고비나 대통령에게 사라예보에 날아온 박격포탄은 세르비아계 지역이 아니고 이슬람계 지역으로부터 발사된 사실이 기술적으로 확인되었음을 통보했다. 또한 11명의 대포 전문가들이 9일간 조사한 결과 내린 공식적인 판단도 포격은 이슬람계 군에 의해 자행됐다는 것이었다.[88] 영국, 캐나다, 덴마크, 스웨덴, 노르웨이, 벨기에, 네덜란드 정보기관들도 독자적으로 포격사건을 조사했는데, 역시 이슬람계 만행이라는 결론을 내렸다.

유엔 평화 보호군은 이슬람계의 자해행위가 처음이 아니었기 때문에 새삼스레 놀라지는 않았다.[89] 국제사회도 이를 문제삼지 않았다.

이슬람계와 크로아티아계의 연방 구성

미 행정부는 1994년 2월 마르칼레 시장 폭격 이후 3주쯤 지나서 크로아티아계 대표와 이슬람계 대표들을 워싱턴에 초치하여 연방 체제 구성을 위한 절충안에 동의토록 하는 데 성공했다.

1994년 3월 18일 클린턴 대통령은 워싱턴에서 이슬람 - 크로아티아 연방 구성에 관한 서명식을 주재했다. 이 연방을 통해 이슬람계는 크로아티아 공화국과 '느슨한 국가연합 Confederation'을 구성했다.[90] 이는 미국의 크나큰 외교적 성과였다.

연방 구성으로 인해 이슬람 국가들이 비밀리에 크로아티아를 경유해 무기를 공급할 수 있게 되어 보스니아 이슬람계는 전력을 증강할 수 있게 되었다. 이 같이 이슬람계가 전력 증강을 통하여 세르비아계를 공격할 수 있는 능력을 보유하게 됨에 따라 클린턴은 대통령 재선을 앞두고 자살행위와 같은 미국 지상군 파견 압력을 면할 수 있었다. 특히 밥 돌 상원 원내 총무와 공화당 의원들이 주장하는 보스니아 헤르체고비나에 대한 미국만의 단독 무기금수조치 해제 압력을 피할 수 있었다. 이슬람계와 크로아티아계의 연방 수립 이면에는 독일의 영향력이 크게 작용한 사실도 간과할 수 없다.

투지만은 미국지원을 일단 확보했기 때문에 다음 단계는 크로아티아 공화국에 주둔하고 있는 유엔 평화 보호군과 EU를 제치고, 크라이나 세르비아계 문제를 무력으로 해결한다는 구상을 세웠다.[91]

■ 보스니아 영토의 51:49 분할안

크로아티아 공화국 내 크라이나 세르비아계들의 고립
크로아티아 공화국 내 크라이나 세르비아계는 이슬람계와 크로아티아계의 연방 결성이 자신들에게 치명적인 영향을 준다는 사실을 깨닫지 못하고 있었다. 보스니아 세르비아계 지도자 라도반 카라지치는 이들이 연방을 구성한 것처럼 크로아티아 공화국 내 크라이나 세르비아계와 자신들도 세르비아 공화국과 연합을 구성할 수 있으리라고 판단했을 뿐이었다. 밀로셰비치도 역시 아전인수 격인 견해를 가지고 있었다.

'안전 지역' 고라즈데 사태
세르비아계들이 이처럼 안이한 정세 판단을 하고 있을 때 '안전 지역'으로 설정된 고라즈데Goražde 사태가 1994년 4월 발생했다.

고라즈데는 보스니아 남부 드리나 강 계곡에 위치하고 있는 전략적으로 매우 중요한 도시로서, 스레브레니차의 경우와 같이 잘 무장된 이슬람계 지역 방위군이 지키고 있었다. 이슬람계들은 고라즈데 '안전 지역'을 기지로 삼고, 고라즈데를 포위하고 있는 세르비아계 군을 공격하기도 하고 인근의 세르비아계 부락을 습격하기도 했다. 이런 습격에 대해 1994년 4월 초 세르비아계 군의 강한 보복 공격이 있었다.

4월 중순 유엔 평화 보호군 사령관은 세르비아계 군사령관 라트코 믈라디치와 만나 고라즈데 공격의 즉각적인 중지를 요구하고 이를 수용하지 않을 경우 나토의 공습이 있을 것이라고 위협했다. 그러나 세르비아계 군이 계속 공격을 가하자 나토 공군은 현지 유엔 평화 보호군의 건의에 따라 4월 11일 공습을 감행했다. 믈라디치 장군은 나토가 공습을 계속할 경우 유엔 직원은 아무도 살아서 돌아갈 수 없다고 오히려 협박하면서, 영국이 우려한 대로 150명의 영국 유엔 평화 보호군과 관계 직원을 인질로 삼았다.

당시 나토 내부는 분열되어 있었다. 미국은 공습을 주장했다. 그러나 영국은 현지에 파견한 영국군의 신변이 위험하게 된다는 이유로 공습을 반대했다. 미국은 영국의 비겁함을 경멸했고, 영국은 지상군 파견을 꺼리는 미국의 비겁함을 비난했다.

우여곡절 끝에 유엔 평화 보호군, 지상군 파견국, 나토의 압력하에 고라즈데에서 세르비아계와 휴전이 성립되어 총성은 멈추었고 인질은 석방되었으며 고라즈데 안전 지역의 비무장화, 휴전 감시, 교전자 간 중간에 유엔 평화 보호군 배치 등의 조치가 이뤄졌다.

믈라디치의 인질 작전은 성공했다. 한편 고라즈데 사태로 미국과 영국은 한층 더 소원해졌다. 영국과 프랑스는 만일 미국이 계속 공습을 주장하는 경우 보스니아 헤르체고비나에 파견한 지상군 철수 문제를 제기하겠다고 했다.

새로운 평화안

1994년 4월 고라즈데 사태를 계기로 서방세계의 단결의 필요성을 느낀 미국, 영국, 프랑스, 독일, 이탈리아, 러시아는 5월 '접촉 그룹(Contact Group)'이라는 이름으로 새로운 평화안을 제시했다. 주요내용은 보스니아 헤르체고비나 공화국의 현 국경선을 유지하면서 보스니아 영토의 51%를 이슬람계와 크로아티아계에게 할애하고, 49%를 스릅스카 공화국에 할애한다는 것이었다. 이 안은 현재 세르비아계가 장악하고 있는 약 60%의 영토의 상당 부분을 포기하도록 하는 것이었다.

'접촉 그룹' 평화안은 캐링턴 – 쿠칠레이루 평화안(1992년 2월 3일), 밴스 – 오언 평화안(1993년 1~5월), 오언 – 스톨텐베르그 평화안(1993년 7~8월) 다음으로 네 번째로 제시된 안이었다.

세르비아계의 거부 | 보스니아 세르비아계 지도자 카라지치는 '접촉 그룹' 평화안에 반대했다. 그러나 밀로셰비치는 '접촉 그룹' 평화안에 찬성하고, 세르비아계의 '접촉 그룹' 안 동의를 촉구했다.

한편 7월 27일 러시아 국방장관 파벨 그라체프Pavel Grachev는 베오그라드를 방문하여 믈라디치를 만나 '접촉 그룹'의 안을 수용하여 영토 분할에 동의하고 전쟁을 끝내도록 설득했다. 그러나 세르비아계는 끝내 '접촉 그룹' 안을 거부했다.

밀로셰비치는 보스니아 세르비아계가 평화안을 거부하자 보스니아 세르비아계와의 정치, 경제적 관계를 포함하여 식료품, 의류, 의약품을 제외한 모든 거래를 중단하는 전면적인 봉쇄조치를 취했다. 밀로셰비치의 강경책은 국제적으로 호의적인 반응을 얻었고, 그 대가로 세르비아 공화국은 7월 10일 국제 항공 노선, 스포츠 및 문화교류 등의 분야에서 75일간의 유엔 제재 유예 조치를 얻어냈다.

이슬람계 반응 | 이슬람계 지도자 이제트베고비치는 처음에는 접촉 그룹이 제시한 평화안은 세르비아계가 무력으로 인종청소한 뒤 불법

획득한 지역을 합법화시키는 것이라고 비난했다. 그러다가 이제트베고비치는 구태여 자기가 전면에 나서 거부함으로써 국제적 비난을 받을 필요가 없다는 이유로 '접촉 그룹' 안에 동의했다. 이제트베고비치는 밴스-오언 평화안의 경우와 같이 이중적인 입장을 취했다.

7 | 교전자들의 전투력 강화

■ 이슬람 – 크로아티아계의 전투력 증강과 비하치 전투

'접촉 그룹'의 평화안이 실패하면서 보스니아 헤르체고비나 문제는 대화에 의한 협상보다는 전선에서 해결점을 찾는 길로 가고 있었다. 이슬람계와 크로아티아계는 지난 3월 미국 주선 하에 연방을 수립한 후 증강된 전력을 바탕으로 공세를 취하여 전에 없던 전과를 올리기도 했다.

투지만은 그간 증강된 전력으로 크로아티아 공화국 내에서 크라이나 세르비아계에게 빼앗겼던 지역의 일부를 되찾았다.

보스니아 이슬람계 군대도 크로아티아 공화국 정규군과 같이 미국 군사전문 재원조달 용역회사 MPRI로부터 군사훈련을 받아 전투능력을 향상시켰다.[92]

이슬람계 군은 중부 보스니아 헤르체고비나 지역에서 세르비아계 군대와 싸우면서 6개 부락을 탈환하는 데 성공했다. 이슬람계 군은 6월 26일 세르비아계가 점유하고 있는 보스니아 헤르체고비나 중부의 제니카Zenica와 투즐라 시 근방을 공격하여 이슬람계 점령지와 아드리아 해안의 통로를 확보하는 데 성공했다.

1994년 10월 28일 올브라이트 미 유엔 대사는 유엔 안보리에 보스니아 헤르체고비나에 대한 무기금수조치 해제안을 제안했다. 그러나 이 안은 안보리에서 즉시 부결되었다. 미국이 이 안을 안보리에 제의한 것은 국내외 압력을 모면하기 위한 궁여지책이었으나 이슬람계에게는 큰 선물이었다.[93]

이슬람계의 비하치 공격

비하치 시는 1993년 3월 유엔이 안전 지역으로 설정한 지역이었다. 비하치 시는 이슬람계 다수 거주지이나 이제트베고비치 대통령을 반대하는 이슬람계들이 거주하는 곳으로 이제트베고비치가 반동분자로 낙인찍은 피크레트 아브디치Fikret Abdić가 지도자로 있었다.

비하치는 제2차 세계대전 때, 티토가 1942년 '유고슬라비아 민족해방 반파시트 평의회AVNOJ'를 개최하고 6개 항목에 달하는 소위 '비하치 선언문'을 채택했던 곳이었다. 비하치 지역은 크로아티아 공화국 국경과 가까운 곳으로서 3개 민족공동체 모두에게 중요한 지역이었다.

이슬람계 5연대는 8월 21일 비하치를 공격하여 '반동분자'인 아브디치파를 축출하는 쾌거를 올렸다. 이어 비하치를 기지로 하여 1994년 10월 말 세르비아계 군의 포위망을 뚫고 인근 지역까지 탈환하는 데 성공했다. 서방 언론들은 이슬람계 군의 선전을 환영했으며, 보스니아 헤르체고비나 주재 미국 대사와 크로아티아 공화국 주재 미국 대사는 제5여단에게 축하의 뜻을 표하기도 했다. 이슬람계는 다른 지역에서도 선전했다.

이슬람계와 크로아티아계의 6월과 10월 사이의 공세 기간에 사라예보 주재 유엔 평화 보호군은 이슬람계 군의 공격을 견제하기 위해 탱크를 동원했고, 이슬람계 군에 대한 나토의 공중 폭격을 요청했다. 그러나 나토는 이슬람계 군에 대해 경고도 하지 않았을 뿐만 아니라 로즈 현지 유엔군 사령관의 공중 폭격 요청도 거부했다. 오히려 나토는 6월과 10월 사이 세르비아계에게 두 번의 공중 폭격을 가했다. 나토는 현지 사령관과는 정반대의 입장을 취했다.[94]

세르비아계 군의 반격

보스니아 세르비아계 지도자 믈라디치 장군은 나토의 지원을 받는 이슬람계 군의 공세로 일단 후퇴했다가 다시 재정비하고 반격에 나섰다. 그는 비하치 시에서 쫓겨난 아브디치 세력과 약 3,000여 명에 달하는 크라이나 세르비아계 군, 그리고 소위 의용군으로 구성된 1만여 명의 전력을 재정비한 다음 총반격을 11월에 강행했다.

이 작전에서 크로아티아 공화국 내 크라이나 세르비아계 소속 비행기가 처음으로 국경을 넘어 11월 18일과 19일 두 차례에 걸쳐 비하치 지역을 공습했다. 크라이나 세르비아계 비행기의 보스니아 헤르체고비나 폭격은 나토가 설정한 보스니아 헤르체고비나 영공 비행 금지구역을 침입한 것이기 때문에 제재의 대상이 되었다. 그러나 나토 공군은 크라이나 세르비아계 폭격기 비행장이 크로아티아 공화국 내에 위치하고 있었기 때문에 크로아티아 영공에 진입할 권리가 없었다. 따라서 유엔 안보리는 결의문 958호를 채택하여 나토 전투기의 크로아티아 영공 비행권을 11월 21일 즉각 허가했다. 공습 허가를 받은 나토는 39대의 전투기를 출격시켜 크라이나 세르비아계의 우드비나^{Udbina} 공항의 활주로를 파괴하고 인근 세르비아계 군사시설을 공습했다. 그러나 보스니아 세르비아계 지상군의 비하치 공격은 계속되었다.

1994년 11월 26일 유엔 대변인은 세르비아계 군이 비하치 지역의 3분의 1을 이미 점령했다고 확인했다.

믈라디치 장군은 나토공습에 대한 보복으로 400여 명의 유엔 평화 보호군을 인질로 체포했다. 고라즈데 작전 시 나토공습에 대한 보복으로 150명의 유엔직원을 인질로 삼은 예를 따른 것이었다. 나토는 12월 2일 공습을 중단했다. 그러나 미국은 계속적인 나토의 폭격을 주장했다. 반면 프랑스, 영국 등은 자국 군대의 보호를 위해 계속적인 나토의 공습을 반대했다.

세르비아계 군은 마침내 1994년 11월 비하치 시에 진입하는 데 성공했다. 유엔 평화 보호군은 전력이 월등한 세르비아계 군대를 제재할 능력이 없었다.

세르비아계의 비하치 점령에 대한 반응[95]

유엔 안보리는 1994년 11월 26일 비하치 지역에서 즉각적인 휴전과 세르비아계 군의 철수를 요구했다. 이를 위해 나토의 공습 주장이 있었으나, 세르비아계 군이 인질로 잡은 400여 명의 유엔 평화 보호군에 대한 신변 안전문제로 거부되었다. 갈리 사무총장은 유엔 평화 보호군의 신변 안전을 위해 유엔 평화 보호군의 철수를 고려해야 한다는 입장을 보였다. 그는 유엔의 중립이 지켜지지 않는 상황에서 유엔 평화 보호군이 임무를 더 이상 계속할 수 없다고 했다.[96]

비하치 사태를 계기로 그간의 서방 세계의 입장에 대한 재검토가 이뤄졌다.

미국의 반응[97] | 밥 돌 상원의원은 11월 27일 NBC TV 프로그램에 출연, "나토가 이제 완전 무너져 내렸다"고 지적하면서 유엔과 나토는 처음부터 세르비아계 전사들을 돕는 역할밖에 못했다고 비난했다. 윌리엄 페리 William J. Perry 미 국방장관은 같은 날 프로그램에 출연하여 세르비아계 군이 보스니아 헤르체고비나 내전에서 승리했음을 인정하고 "이슬람계 군이 사태를 돌이킬 가능성은 없다"고 언급했다. 미국 일부에서는 현지 유엔 사령관인 마이클 로즈 Michael Rose 장군이 영국인으로서 공습을 반대하고 있는 영국 정부의 정책을 따르고 있다고 비난했다. 독일 헬무트 콜 총리는 "보스니아 헤르체고비나 내전의 결과는 유럽 전체의 망신"이라고 11월 28일 말했다.

이 같은 유엔 비난에 대하여 유엔 평화 보호군을 총 지휘하던 코피 아난 Kofi A. Annan 유엔 사무 부총장은 11월 28일 보스니아 헤르체고비나 사태를 해결하기 위한 국제사회의 강력한 의지가 없기 때문에 유엔이 '희생양'이 되고 있다고 반박했다.

지상군 파견 국가의 반응 | 보스니아에 지상군을 파견한 국가 지도자들은 단 한 명의 지상군도 파견하지 않은 미국이 지난 32개 월 동안 생명의 위험을 무릅쓰고 보스니아 헤르체고비나에 지상군을 파견한 동맹국들을 심판할 권한은 없다고 반박했다. 따라서 유럽과 미국의 갈등은 1956년 수에즈 운하 위기 이후 최악으로 평가되고 있었다.

러시아는 최근의 공격적인 나토 활동에 우려를 나타내는 한편 미국의 친보스니아 이슬람계 입장을 비난하며 유엔 평화 보호군에 파견한 러시아군을 철수하겠다고 위협하기도 했다. 우크라이나의 대통령도 우크라이나군의 철수를 검토할 수 있다고 말했다.

이슬람 국가들의 반응 | 베나지르 부토Benazir Bhutto 파키스탄 총리는 11월 27일 유엔이 침략자인 세르비아계에 대해 보다 강경한 태도를 취해야 한다고 주장하면서 "만약 유엔이 세르비아계를 막기 위한 군사적 조치를 취할 수 없다면 최소한 보스니아 이슬람계에게 자위권이라도 줘야 한다"고 강조했다.

보스니아 헤르체고비나 주재 유엔사령관의 한계 | 영국 장군인 마이클 로즈 보스니아 주둔 유엔사령관은 휴전을 추진하면서 "군사적 측면에서 세르비아계가 비하치 시를 완전 장악하려 할 경우 유엔으로서는 이를 저지할 수 없다"고 말했다.[98]

윌리엄 새파이어William Safire는 미국 일간지 〈뉴욕 타임스〉 사설에서 마이클 로즈 장군이 2만 3,000명의 유엔 평화 보호군이 보스니아 세르비아계 세력을 억제할 수 없다고 했는데, 이는 유엔군의 세르비아계에 대한 항복과 같은 발언이라고 비난했다.

이 같은 보스니아 유엔 평화 보호군 로즈 사령관에 대한 비난에 대한 반론도 만만치 않았다.[99] 즉 로즈 장군의 입장은 안보리 상임이사국들이 유엔 평화 보호군 파견을 결정할 때 부여한 임무의 한계를 보여준 것뿐이며, 비하치의 참극은 유엔 안보리의 결의문 824호 및 836호로 설정한 안전 지역 개념이 모호했기 때문에 일어났다고 했다. 특히 결의문 836호 문장을 자세히 살펴보면 안전 지역 방위도 불가능했고 유엔군 증원도 불가능했다는 것이다.

그리고 안전 지역이라는 개념에 대한 해석도 세르비아계와 이슬람계가 서로 달랐다는 것이다. 세르비아계는 안전 지역을 비무장화시킨다는 것으로 이해하고 있었다. 반면 이슬람계는 안보리 결의문에 자신들의 비무장화를 명시하지 않고 있는 것을 이용하여 안전 지역을 거점으로 삼았던 것이다.

사실 유엔 평화 보호군은 안전 지역 보호를 위해 추가로 3만 2,000명의 병력이 필요하다고 건의 했으나, 건의는 부결되고 말았다. 그런데 이제 와서 안전 지역을 지키지 못했다고 유엔 평화 보호군을 비난하는 것은 미국인 일부가 유엔과 로즈 장군을 희생양으로 삼는 극히 정직하지 못한 짓이라고 반박했다.

비하치 전투를 계기로 제기된 문제 해결 방안

비하치 사태를 계기로 보스니아 헤르체고비나 문제 해결을 위해 제기된 몇 가지 대표적인 주장을 살펴보면 다음과 같다.

세르비아계에 대한 강경책

우선 강경책으로 보스니아 헤르체고비나에 대한 무기금수조치 해제의 필요성이 강조되었다.[100] 클린턴 행정부를 비롯하여 보스니아 역사책을 저술한 노엘 맬컴을 비롯한 5명의 학자들이 이슬람계에 대한 무기금수조치 해제의 필요성을 다시 강조했다.

하버드 대학의 스탠리 호프먼Stanley Hoffman 교수는 보스니아 헤르체고비나 사태를 다루는 국제 사회가 1935년과 1936년 이탈리아의 에티오피아 침공사태와 1938년 체코 위기를 다룬 예를 되풀이하고 있다고 주장하면서 강력한 대세르비아 응징을 촉구했다.[101]

협상론

미 국무성 보스니아 담당관이었던 조지 케니는 1991년 8월 클린턴 행정부의 보스니아 헤르체고비나에 대한 미온적인 정책에 항의하면서 사직을 했던 강경파였다. 그런 그가 비하치 사태를 계기로 더 이상의 유혈 사태를 막기 위해 현상 유지가 필요하다고 입장을 바꿨다. 그는 미국은 무기금수조치 해제 능력도 없다는 것을 명백히 해야 하며,[102] 이슬람계로 하여금 적극 휴전 내지 평화 협상에 나서도록 유도해야 한다고 주장했다.

유엔 평화 보호군 철수 반대 입장

보스니아 세르비아계는 크로아티아 – 이슬람계가 연방을 결성한 것처럼 세르비아 공화국과의 연합을 원하고 있었다. 따라서 유엔 평화 보호군 철수에 반대하는 사람들은 미국이 세르비아계에게도 동일한 권리를 인정해야 하며 최악의 상태에서 벗어나려면 유럽과의 협력을 강화하는 길밖에 없다고 보았다.[103] 그리고 유엔 평화 보호군 철수는 사태를 더욱 악화시킬 것이 예상되므로 계속 주둔해야 한다는 입장을 갖고 있었다.

이슬람계가 '무고한 희생자'라는 신화는 깨져야 한다

이제트베고비치는 다민족, 다문화, 다종교 민주국가 건설을 지향한다고 선전했지만, 그의 정치적 야망은 투지만의 '대크로아티아' 건설, 밀로셰비치의 '대세르비아' 건설과 같이 근본주의적인 이슬람국가 형성에 있었다.

보스니아 이슬람계가 "세르비아 민족의 침략에 따라 발생한 무고하고 억울한 희생자"라는 신화는 중동 산유 국가들의 재정 후원을 받고 있던 월 스트리트의 직업적인 PR회사(Hill&Knowlton과 Ruder Finn)의 선전술에 의해 형성된 것이다. 왜곡된 언론 보도는 미 의회로 하여금 '무고한 이슬람계'라는 환상에 사로잡히게 하여 이슬람계에 대한 무기 지원 반대가 비도덕적일 뿐만 아니라 정치적 자살행위라는 생각을 갖게 했다. 이제트베고비치는 국제유고전범재판소의 조사를 받아야 한다는 입장도 있었다.

왜곡된 언론 보도의 대표적인 예는 초대 유엔 평화 보호군 사령관이었던 캐나다의 매켄지 장군이 세르비아 여자 친구가 있었다고 모함한 것이고, 영국 마이클 로즈 사령관을 친세르비아계로 묘사한 것이었다. 현지 미국 대사는 이런 여론에 영향을 받아 로즈 장군이 임무를 완료한 후 귀국하기에 앞서 환송 연회도 열지 않았다.

8 | 이란의 무기 공급과 미국의 묵인

■ 크로아티아와 보스니아 이슬람계의 무기 조달

1994년은 크로아티아와 이슬람계가 군비를 강화하고 그간의 열악했던 전세를 만회하는 시기였다. 클린턴 대통령은 이 시기에 이슬람계에 대한 무기금수조치를 해제하라는 강한 압력을 받았지만, 공식적으로는 줄곧 미국이 유엔 안보리의 무기금수조치를 변함없이 존중한다고 확인했다.

그런데 이 같은 클린턴의 발언은 전적으로 허위였다는 것이 밝혀져서 세계를 놀라게 했다. 1996년 4월 5일 자 〈로스앤젤레스 타임스Los Angels Times〉는 보스니아 헤르체고비나 전쟁이 끝나고 6개월이 지난 후 클린턴 행정부가 대외적으로는 무기금수조치를 존중한다고 강조해왔지만, 실제로는 테러 지원국가로 지정한 이란의 보스니아 이슬람계에 대한 무기 비밀 공급을 묵인했다는 보도를 내보내 클린턴 대통령의 기만성과 이중성을 폭로했다.[104] 따라서 이란-콘트라 사건의 재판이라는 평을 받았다.

　　미국 법에 따르면 비밀 해외 공작은 정부가 국가이익을 위해 외국 정부, 주요 인사 및 기관, 그리고 정치, 사회, 군사 분야에서의 영향력 행사를 위해 활동하는 것을 지칭한다. 그러나 이러한 비밀 해외 공작이 의회의 사전 양해, 또는 동의 없이 감행된 경우에는 위법이었다. 미 상하 양원에서는, 클린턴 행정부가 보스니아 이슬람계에 대한 이란의 무기 비밀 공급을 묵인했다는 사실이 폭로되자 1996년 4월과 5월 사이 국제관계위원회, 국가안보위원회, 정보관계위원회, 법사관계위원회가 각각 청문회를 개최했다. 상하 양원은 이에 추가하여 특별조사분과위원회를 구성하여 청문회를 개최, 미국 법 위배 여부를 가렸다.

　　다음은 미국 상하 양원의 특별조사위 청문회 내용과 조사결과의 요점을 발췌하여 사건 내용을 재구성 것이다. 이 경위를 기술하는 데 있어 네덜란드 전쟁기록소에서 발견한 내용도 참고했다.[105]

투지만 대통령의 미국정부 입장 타진

투지만 대통령은 미 정부 주선 하에 이슬람 - 크로아티아 연방을 구성하면서 미 정부의 지원을 확보한 뒤 이란으로부터의 크로아티아와 이슬람계에 대한 무기 비밀공급 가능성을 미국 정부에 다시 타진하기로 했다. 부시 행정부는 무기 비밀 공급을 반대해왔던 것이다.

　　크로아티아 공화국은 유엔의 무기금수조치를 받고 있었지만 보스니아 헤르체고비나와는 달리 유엔의 '비행 금지 구역'은 아니었다. 따라서 이를 이용하여 이란의 보스니아 이슬람계에 대한 무기 비밀 공급 경유지를 제공하여 주면서 대가로 무기 수송량의 3분의 1, 또는 절반 가량을 취득하여 부족한 전력을 강화할 수 있었다.

미국의 입장

자그레브 주재 갤브레이스 미국 대사는 이란의 보스니아 이슬람계에 대한 무기 비밀 공급건과 관련된 제반 사정을 본국에 보고하면서,[106] 투지만 대통령이 이 문제에 관한 미국의 입장을 공식적으로 타진할 예정인 만큼 이 건에 대한 훈령이 필요하다고 요청했다. 갤브레이스 대사는 훈령을 건의하면서, 미 정부가 이 건에 대하여 반대하지 않는다는 신호를 주는 게 좋을 것이라는 의견을 첨가했다.

당시 미 국무성 유럽 및 캐나다 담당 부차관보 알렉산더 버시바우 Alexander Vershbow는 갤브레이스 대사 건의에 대하여 두 가지 방안을 고려했다고 나중에 청문회에서 증언했다. 첫째, 미국은 유엔의 무기금수조치를 준수하고, 타국도 이를 준수해야 한다는 단호한 입장을 표시하는 것, 둘째, 갤브레이스 대사가 본부로부터 이 건에 대하여 "훈령이 없다"는 입장을 견지해 미국은 부정도, 긍정도 하지 않는 입장을 취하는 것이었다. 한편 관련 법무관들은 미 정부가 이란의 이슬람계에 대한 무기 비밀 공급 공작에 직간접적으로 개입하는 경우 미국 법 위반 여부를 검토했다. 검토 결과 미 행정부가 제3의 외국정부에게 이란으로부터의 무기 구입을 권장하는 행위는 미국 법에 위배되는 비밀 해외 공작이 아니라는 결론이 내려졌다.[107]

갤브레이스 대사는 추가로 미국이 이 건에 관해 협조하지 않는 경우 크로아티아가 미국 주선 하에 결성한 이슬람–크로아티아 연방에서 탈퇴할 가능성이 있다고 보고했다. 이어 보스니아 이슬람계에 대한 이란의 무기 비밀 공급 문제와 관련하여 미국이 간여하더라도 증거를 남기지 않고 빈틈없이 처리할 수 있다고 언급하면서 본부의 호의적인 반응을 바란다고 했다.

미 국무성의 피터 타노프Peter Tarnoff 정무담당 차관은 갤브레이스 대사의 독촉을 받고 실무자들의 검토를 토대로 중동에 출장 중인 크리스토퍼 국무장관과의 통화에서 3가지 방안을 제시했다. 첫째, 찬성, 둘째, 반대, 셋째, "훈령이 없다"는 지침을 내리는 것이었다. 그리고 실무담당관들 간에는 세 번째 안인 "훈령이 없다"는 지침을 내리는 데 견해가 일치하고 있다고 보고했다. 크리스토퍼 장관은 이 보고를 받고 셋째 안을 택하는 데 대하여 이의가 없다고 말했다.

이어 백악관 안보담당보좌관 앤서니 레이크Anthony Lake와 국무성 부장관 스트로브 탤벗Strobe Talbott은 캘리포니아에서 거행된 닉슨 전 대통령 장례식 참석 후 귀임하는 대통령 전용 비행기에서 국무성이 건의한 3가지 방안을 검토했다. 레이크 보좌관은 검토 후 클린턴 대통령을 찾아가 "훈령이 없다"는 방침에 대한 대통령의 재가를 받았다. 이 지침은 부시 행정부 이래 견지해 온 미국 정책의 변화를 의미했다.[108]

대통령의 결재를 받은 "훈령이 없다"는 지침은 곧 갤브레이스 대사에게 타전되었다. 당시 국무성은 이를 극비사항으로 취급하여 제임스 울시James Woolsey CIA 국장에게도 통보하지 않았다.[109]

'청신호' 통보

갤브레이스 대사는 지시대로 "훈령이 없다"는 미 정부 입장을 크로아티아 당국에 전달했다. 그러나 내용이 불분명하다는 크로아티아측의 재문의가 있었고, 이에 대하여 다시 미국 입장을 통보했다.

투지만 대통령은 1994년 4월 29일 갤브레이스 대사와 접촉 그룹(Contact Group) 특사인 찰스 레드먼Charles Redman을 대통령궁 만찬에 초대하고 미 정부의 확실한 입장을 되물었다. 갤브레이스 대사는 다시

"본부로부터 훈령이 없다"는 통보를 받았다고 투지만 대통령에게 그대로 알려주었다. 투지만 대통령은 '아직도 훈령이 없다'는 것이 무엇을 의미하는 것인지 이해할 수 없다는 표정을 지으면서 레드먼 특사를 옆으로 끌어내어 "본부로부터 훈령이 없다"는 것이 무슨 뜻이냐고 재차 물었다. 이에 대하여 레드먼 특사는 "이 문제는 근본적으로 당신들이 결정할 사항이다. 우리는 부쯔라는 말을 할 입장에 있지 않다"고 추가로 해명했다. 즉 미국은 크로아티아의 경유지 제공에 반대하지 않는다는 '청신호'를 보낸 것이었다. 투지만이 기다린 답이었다.

'청신호' 이후 이란의 무기 공급 활동

이란과 크로아티아 공화국은 미국의 '청신호'를 기다렸다는 듯 본격적으로 무기 비밀 공급 활동을 전개했다. 클린턴 행정부는 이런 비밀 거래에 대한 정보를 우방국과 전혀 공유하지 않았다. 또한 미 의회에도 알리지 않고 극비로 취급했다.

투지만 대통령은 이란 무기의 크로아티아 영토 통과 수수료로 최소한 3할을 챙겼다. 이란과 크로아티아 공화국 간의 협력 관계는 확대되어 2년 사이 크로아티아 자그레브에 있는 대사관이 유럽에 있는 이란 대사관 중 제일 큰 규모로 성장했다. 1995년 초 이란의 무기 수송기는 일주일에 3회에 걸쳐 자그레브에 도착했고 무기 공급은 순조롭게 진행되었다.[110]

클린턴 미 행정부의 '청신호' 훈령 은폐

이란의 보스니아 이슬람계에 대한 비밀 무기 수송이 증가하면서 언론은 계속 미국의 개입을 의심하는 보도를 내보냈다. 당시 이 건에 대한 미 정부의 홍보 지침은 시종 일관 유엔의 무기금수조치를 지지하며, 이 조치는 존중되어야 한다는 것, 유엔 결의를 위반하는 이슬람계에 대한 무기 공급을 반대한다는 입장을 표명하는 것이었다. 또 미국은 이란의 무기 공급을 지원하지 않으며, 이와 관련해 미국의 공모나 어떠한 묵인도 없음을 분명히 하는 것이었다. 미국은 영국 및 네덜란드 정부가 우려를 표시한 바 있었으나 역시 부인으로 일관했다.

백악관 정보감독위원회의 조사

미 정부 내 관계자들 사이에 클린턴 대통령이 소위 '청신호'를 보냈다는 소문이 무성해지면서, 이는 미국 정책을 어기는 조치라는 우려의 목소리가 차츰 커지기 시작했다. 한편 클린턴 대통령의 '청신호' 훈령 내용을 모르고 있던 유엔, CIA, 국방성은 나름대로 첩보를 수집하고 무기 금수조치 위반 사항을 조사했다.

'청신호' 훈령에 관하여 전혀 모르고 있던 CIA 울시 국장은 주자그레브 대사관 CIA 파견관 보고와 위성사진을 통하여 수집한 이란의 무기 비밀 수송 관련 정보를 가지고 1994년 10월 5일 백악관 안보담당 보좌관 앤소니 레이크와 국무 장관 및 기타 관계자들에게 조회했다.

레이크 보좌관은 울시 CIA 국장의 문의를 받은 후 본인이 직접 당사자였음에도 불구하고 전혀 모르는 듯 백악관 정보감독위원회에 이 건을 송부하여 조사토록 했다.

백악관 정보감독위원회는 레이크 보좌관의 요청에 따라 6개월간 조사했다. 위원회는 조사 후 미국이 1994년 이란의 크로아티아를 경유한 보스니아 이슬람계에 대한 무기 비밀 공급에 무기 제공이나 재정지원 같은 직접적 개입을 하지 않았다고 확인했다. 또한 '청신호' 훈령 지침과 이의 이행을 위한 대사들의 활동은 미국 보안법이 정한 불법 해외 공작이 아니고 전통적인 외교관 활동 범주에 속한다고 확인했다. 그리고 제3국으로 하여금 무기를 비밀리에 공급토록 장려하는 행위 자체도 미국 법에 따른 불법 비밀 공작이 될 수 없다는 해석을 내렸다. 백악관 정보감독위원회는 미 행정부 관리들의 위법행위가 없었다는 면제부를 주었다.

백악관 정보감독위원회는 클린턴 행정부 관리들의 '과잉 보안' 조치의 문제점만을 지적했다.[111] 백악관 정보감독위원회가 조사하는 동안 1995년 초 울시 CIA 국장은 클린턴 대통령과 불화가 있다는 소문이 퍼지는 가운데 사임하고 후임으로 존 도이치 John Deutch 가 임명되었다.

미 상하 양원 청문회 조사

미 상하 양원은 1996년 4월 5일 자 〈로스앤젤레스 타임스〉의 폭로 기사 이후 1996년 4월과 5월 사이 분야별 청문회를 개최했는데, 주요 증언 내용을 간추려 보면 다음과 같다.

'청신호' 훈령 관련 주요 증언 | 당시 국무성 부장관이었던 스트로브 탤벗은 1994년 보스니아 이슬람계는 군사적으로나 정치적으로 막다른 골목에 몰린 가운데 세르비아계 공격을 막기 위해 무기가 필요했다고 밝혔다.[112] 그러나 미국은 유럽 동맹국과의 관계와 유엔 결의를 무시하고 보스니아 이슬람계에 직접적으로 무기를 공급할 수 없는 처지였다는 것이다. 따라서 미국은 미국 국내법을 위배하지 않는 가운데 유럽 동맹국들과의 관계와 유엔의 결의를 고려하여 투지만에게 "훈령이 없다"는 방침을 극비리에 전달하고 이의 실행과 관련한 기록을 없애는 것이

최선의 방법이라고 생각했다고 한다.

만일 미국이 보스니아 이슬람계 앞으로 보내는 화물(무기)의 자그레브 공항 통과를 승인하지 않았더라면, 치명상을 입을 이슬람계는 크로아티아계와의 연방을 파기했을 것이라고 했다.

리처드 홀브룩 유럽 및 캐나다 담당 차관보는 그의 책 『전쟁의 종결을 위하여 To End the War』에서 '청신호' 훈령은 올바른 정책 결정이었다고 하면서 유엔의 무기금수조치 결의문을 위반하는 행동이었지만 보스니아 이슬람계의 생명을 구해주는 조치였다고 말했다. 따라서 미국이 그런 지원을 반대하는 것은 비양심적인 것이었다고 덧붙였다.

홀브룩은 클린턴 대통령이 취임하기 전인 1993년 1월 13일 레이크 안보담당 보좌관과 국무장관으로 지명된 크리스토퍼에게 미국이 안보리 결의문을 어기는 단점이 있지만 보스니아 이슬람계에 대한 무기 공급을 허가하자고 건의한 바 있었다.[113] 홀브룩은 허가 조치가 보스니아 이슬람계의 이슬람 근본주의 국가들에 대한 의존을 약화시킬 것이라고 주장했다.

갤브레이스 대사는 "정부로부터 훈령을 받은 바 없다"고 투지만에게 얘기했지만, 이는 다른 말로는 반대하지 않는다는 뜻이었다고 밝히면서, 당시 상황하에서는 이란의 무기 비밀 공급을 눈감아주는 게 최상의 조치였다고 주장했다. 갤브레이스 대사는 결론적으로 '청신호' 훈령과 관련하여 "이는 개인의 판단 문제인데, 나로서는 한 순간도 후회한 적이 없다"고 언급했다.

'청신호' 훈령과 이란 진출 | 상하 양원 조사위에서는 특별히 이란과의 관계에 초점을 맞추어 조사했다. 이와 관련해 레이크 백악관 안보담

당보좌관은 청신호 훈령 지침 결정 이전에 이란은 이미 발칸반도에 진출하여 있었고, 청신호 훈령 이후 이란의 영향력이 급증했다는 증거는 없다고 했다. 갤브레이스 대사는 청신호 훈령은 오히려 이란의 영향력을 대폭 줄이는 데 공헌했다고 증언했다. 피터 타노프 정무차관은 청신호 훈령 결정은 이란에게 닫혀 있던 문을 연 것이 아니며, 문은 사실상 이미 열려 있었다고 주장했다.

미 행정부는 증거를 남기지 않고 크로아티아 공화국과 이슬람계의 전투력을 보강함으로써 세르비아계에 더 잘 대항토록 하는 묘안을 창출한 셈이었다. 그러나 묘안이기는 했지만 미국의 이중적이고 위선적인 태도를 보여주는 것이었고 미국 국내법을 위반하는 해외 비밀 공작인지의 여부가 문제였다. 따라서 청문회는 관련자들의 행위가 미국 보안법에 저촉될 가능성이 농후하다는 의심을 갖고 조사를 해나갔다.

그 결과 증인들의 불성실한 증언, 정부의 의회에 대한 정책 은폐, 국민에 대한 거짓말, 석연치 않은 정책 결정 과정, 미국 보안법 저촉 등에 관하여 많은 비난과 권고가 있었지만 현저한 국내법 위반 사항은 없다는 결론이 내려졌다. 그리고 청신호 훈령 결정 및 이행에 있어서 하자는 많지만 결론적으로 데이턴 협정을 체결할 수 있는 여건을 만드는 데 기여한 바가 많다고 보았다.

▪▪ 미 상하 양원의 청문회 결과 평가

상하 양원 청문회 조사는 미국이 국내 정치의 계절로 접어들면서 하나의 정치적 스캔들로 끝났다. 그리고 청신호 훈령 지침 결정과 이행에 있어서 밝혀진 클린턴 대통령의 기만성, 이중성, 허위성은 그의 르윈스키 성 추문과 같이 세계 최강국 지도자의 체면과 신뢰를 깎아먹는 것이었다.

클린턴 전 미 대통령은 2009년 2월 18일 부인인 힐러리 클린턴의 국무장관 지명을 조건으로 공개키로 한 자신의 자선재단 기부자 명단을 발표했다. 기부자는 총 20만 5,000명이었고, 이들이 기부한 액수는 1997년 재단 설립 이후 최소 4억 9,200만 달러에 달했다. 사우디아라비아 정부가 외국 정부 중에서 가장 많이 기부를 했다.[114] 클린턴 전 대통령은 자신의 기념 도서관 건립에 소요되는 예산이 1억 6,500만 달러였는데, 이 중 10% 이상을 해외에서 기증받았으며, 사우디아라비아는 1,000만 달러 가량을 기부했다고 밝혔다.[115] 클린턴과 이슬람계의 긴밀한 관계를 증명하는 자료의 하나이다.

9 | 카터의 휴전 주선과 미국의 협상 추진

▪▪ 카터의 4개월간의 임시 휴전 주선

지미 카터Jimmy Carter 전 미 대통령은 보스니아 세르비아계 지도자 라도반 카라지치의 초청에 따라 1994년 12월 말 보스니아 헤르체고비나를 방문하여 1995년 1월부터 5일 1일까지 4개월간의 한시적 휴전을 성사시켰다. 이제트베고비치는 이슬람계 군이 이제 겨우 세르비아계와의 전투에서 승리할 수 있을 정도가 되니까 카터가 휴전을 주선하여 현상 유지를 강요하고 있다고 하면서 카터의 휴전 주선을 못마땅하게 여겼다. 이제트베고비치는 3개 민족 공동체들이 모두가 겨울 동안은 싸울 수 없기 때문에 서로가 동의한 것이지 날이 풀리면 전쟁이 한층 가열될 것이라고 보았다.[116]

세계는 새해와 더불어 카터가 마련한 4개월간의 휴전을 토대로 보스니아 헤르체고비나 내전 종식과 평화의 도래를 간절히 바라고 있었다. 그러나 교전자들은 휴전 기간을 이용하여 전력 강화에 진력하면서 마지막 결전을 준비하고 있었다. 미국 정부는 전직 대통령의 외교문제에 대한 간섭을 반가워하지 않고 있었다.

이슬람계는 크로아티아를 경유한 이란의 중무기 및 재정적 지원을 받아 전투력을 강화하고, 세르비아계 군대와 9번에 걸친 접전에서 7번을 승리했다고 자랑했다.[117]

투지만 대통령은 크로아티아 공화국 내 크라이나 세르비아계가 장악하고 있는 영토의 회복을 위해 대화를 통한 평화적인 협상 보다는 무력에 의한 해결을 선택했다.

투지만 대통령은 1995년 1월 12일 유엔 평화 보호군의 임무가 같은 해 3월 31일 만료됨을 유엔 사무총장에게 상기시키면서 유엔 평화 보호군 주둔이 더 이상 필요 없게 된 만큼 6월말까지 철수할 것을 요구했다.

투지만의 요구는 오언 경이 자그레브 주재 미국 대사와 함께 크로아티아 정부와 크라이나 세르비아계 간의 신뢰구축을 위한 많은 조치를 진행시키고 있었던 시기에 나왔다.[118] 그리고 1995년 1월 30일 소위 'Z-A 평화협상'이 열렸다. 이 때는 자그레브 주재 미국, 러시아, 유엔, EU 4개국 대표 등을 중심으로 크라이나 세르비아계에 대한 자치권 부여, 크로아티아 공화국의 주권 존중 등에 관해 협상을 시도하던 시기였다.

그럼에도 불구하고 투지만의 유엔 평화 보호군 철수 주장은 완고했다. 그러던 중 3월 12일 코펜하겐에서 열린 '사회발전에 관한 세계회의'에 참석한 앨 고어 미국 부통령의 개입으로 유엔 평화 보호군의 계속 주둔에 동의했다. 그러나 이 때 크로아티아 주둔 유엔 평화 보호군의 성격이 바뀌고 말았다.

우선 평화 보호군의 인원을 1만 5,000명에서 8,750명으로 줄였다. UNPROFOR의 이름도 바꾸어 '유엔 신뢰회복 작전UNCRO · United Nations Confidence Restoration Operation in Croatia'으로 변경시켰다.¹¹⁹

보스니아 세르비아계는 신년을 맞이하여 걱정이 많았다. 전선은 확장되는 상황인데 이를 유지할 병력이 부족했다. 세르비아계는 개전 초기 약 6만 명 내지 7만 명의 병력으로 공격을 시작했는데, 전쟁 중 보스니아 이슬람계 병력은 3배로 증가한 상황이었다. 그리고 1994년 3월 미국 주선에 의해 이슬람 – 크로아티아 연방이 수립된 이후 이슬람계는 이란으로부터 많은 무기를 지원받아 사기도 높아져 있었다. 보스니아 세르비아계 지도자 라트코 믈라디치는 시간의 촉박함을 느꼈다. 그는 1995년 새로운 해를 맞이하여 처음 세웠던 작전 목표를 조속히 달성해야겠다고 생각했다. 우선 사라예보에 대한 포격을 계속하여 이슬람계에게 더 이상의 저항은 불가능하다는 것을 확신시켜야 했고, 두 번째 단계로 그간 확보한 세르비아계 지역을 통합할 수 있도록 중간에 산재한 이슬람계 다수 거주 지역을 장악하고자 했다. 곧 '안전 지역'으로 지정된 스레브레니차, 제파, 고라즈데, 비하치를 공격하여 손아귀에 넣는다는 구상이었다. 이를 위해 우선 '안전 지역' 포위를 강화하여 인도적 구호품 수송을 차단하고 유엔과 나토를 중립화시키는 방안을 강구했다. 그는 연말까지 결말을 볼 수 있도록 군사적 압력을 가하기로 결심했다.

▪▪ 미국의 협상 추진

미국은 1995년 4월 경제적 어려움을 겪고 있는 밀로셰비치와 직거래를 위해 대통령 특사 로버트 프레이슈어Robert C. Frasure를 베오그라드에 파견했다. 프레이슈어는 21년 경력의 직업 외교관으로 당시 국무성 유럽 및 캐나다 담당 부차관보로 일하고 있었다.[120]

프레이슈어 특사는 밀로셰비치와 접촉하여, 유엔 제재를 일부 해제 하는 조건으로 밀로셰비치가 보스니아 세르비아계의 자치를 인정하는 보스니아 헤르체고비나 공화국의 독립을 승인한다는 데 합의했다. 또 밀로셰비치가 보스니아 세르비아계가 접촉 그룹의 평화안에 동의 하도록 계속 압력을 가한다는 데도 합의했다. 클린턴 정부의 강경파는 1995년 5월 18일 프레이슈어 특사의 협상안에 대한 보고를 받고, 유엔 제제의 일부 해제는 밀로셰비치에 대한 채찍을 없애는 악수라며 우려를 표명했다. 클린턴 대통령은 채찍이 없는 협상안을 미국 국민에게 설득 시키기 어렵다고 했고, 올브라이트 대사는 미국이 밀로셰비치에 대하여 양보를 하는 경우 사퇴하겠다며 밀로셰비치에 대한 양보를 반대했다.

프레이슈어 특사는 다시 베오그라드에 가서 밀로셰비치를 만나 합의 사항을 지키지 않을 경우 유엔 제재가 다시 시작될 것이라고 위협했다. 미국은 언제든지 다시 유엔제재를 가한다는 의도를 갖고 있었던 것이다. 이에 대해 밀로셰비치는 미국이 협상할 의향이 없는 것이라고 하면서, 그간 외교적인 협상에서 추구하여 왔던 입장을 바꾸어 믈라디치와 카라지치가 마음대로 하도록 방임했다.

과거를 회고하여 보면 프레이슈어가 추진한 협상안은 당시 외교적 해결을 위한 마지막 기회였다. 프레이슈어는 유능한 직업 외교관이었다. 그의 재치와 현지 상항을 생생하게 묘사하는 문장력은 국무성에 널리 알려져 있었고, 그의 보고서는 누구나 한 번쯤 읽기를 바라는 문건의 하나였다.

5
파국의 보스니아 헤르체고비나

1 | 투지만의 세르비아계 축출과 세르비아계의 보복

▓ 투지만의 번개 작전(Operation Flash)

휴전 기한이 끝난 1995년 5월은 잔인한 달이었다. 투지만은 미국의 적극적인 지원 하에 실지 회복을 위한 수순을 밟아갔다. 투지만은 마치 먹이의 움직임을 기다리는 사냥꾼처럼 강경 일변도의 크라이나 세르비아계 지도자 밀란 마트리치Milan Matrić의 도전적인 행동을 기다리고 있었다. 마침내 투지만이 기다리고 있던 기회가 왔다. 1995년 4월 28일 자그레브-베오그라드 고속도로 상의 주유소에서 크로아티아인과 세르비아인의 싸움이 벌어져 세르비아인이 사망한 사건이 발생했다. 사망한 세르비아인 형제가 보복행위로 크로아티아인 자동차에 총격을 가함으로써 사건이 확대되자 마트리치는 자그레브-베오그라드 간 고속도로를 차단시켰다. 이 사건 발생 4일 전에 국제유고전범재판소는 카라지치, 플라디치, 보스니아 세르비아계 경찰 서장에 대한 범죄수사를 개시한다고 발표함으로써 세르비아계에 대한 세계 여론이 악화하고 있는 상황이었다.

투지만은 절호의 기회가 왔다고 판단하고 치밀하고 대대적인 무력 공세를 가했다.

미국 예비역 장성이 훈련시킨 7,200여 명의 크로아티아 정규군은 1995년 5월 1일 세르비아계 다수 거주 지역으로 '유엔 신뢰회복 작전 UNCRO' 군이 주둔하고 있던 유엔 보호 지역인 서슬라보니아를 '번개작전Operation Flash'이라는 이름하에 전격적으로 공격했다. 탱크, 박격포, 밀수입한 미그 전투기까지 동원했다.

크로아티아 정규군은 무방비 상태인 세르비아계 집들을 불태우고 대량학살을 자행했다. 이에 따라 밴스 특사가 주선한 휴전협정 체제는 파괴되었다.

세르비아계의 마트르치 크닌 시장은 격분한 나머지 5월 2일 자그레브 시에 미사일을 발사했다. 그 결과 7명이 사망하고 200여 명이 부상당했다.[1] 이를 계기로 사태가 확대될 조짐이 보였으나 크로아티아 정규군의 신속한 작전으로 세르비아계 민병대는 완전히 제압당했다.

크로아티아 정규군의 서슬라보니아 지역 탈환은 모든 세르비아계의 크로아티아로부터의 축출이라는 투지만의 야망을 향한 전주곡이었다. EU 감시단의 일원이었던 독일인 군터 바론Gunter Baron은 크로아티아 군대가 '번개 작전' 중 범한 잔학상 보도와 관련한 조사 보고서에서, "크로아티아 정규군의 잔학상에 관한 비난은 근거가 없고, 크로아티아 정규군 작전은 '훌륭했고, 전문적이었고, 유능하고 옳은' 것"이라고 평했다.[2]

투지만의 서슬라보니아 지역에서의 성공적인 작전은 1993년 1월 마슬레니차Maslenica 해협을 장악한 이래 두 번째의 쾌거였다.[3] 투지만 대통령의 번개 작전 성공은 공중 폭격을 포함한 대규모의 공세가 보스니아 헤르체고비나 교착상태를 타개할 수 있으리라는 미국 전략가들의 확신을 강화해 주었다.[4] 이제 투지만의 다음 목표는 크닌 지역이었다.

■ 밀로셰비치의 세르비아계 축출에 대한 반응

투지만의 서슬라보니아 지역에서의 세르비아계 인종청소에 대하여 유엔 안보리는 비난 성명만 발표했다. 밀로셰비치는 투지만의 세르비아계 인종청소로 인하여 매우 난처한 입장에 놓였을 것이라고 모두들 추측하고 있었다.

그러나 밀로셰비치는 오히려 크로아티아 군대를 도발한 세르비아계 지도자 밀란 마트리치를 비난했다. 그리고 유엔 평화 보호군 감시하에 있는 동슬라보니아 지역 보호를 위해 세르비아 공화국 군대를 움직인 것 이외에는 아무런 조치를 취하지 않았다.

밀로셰비치가 별 반응을 보이지 않은 것은, 그간 자기에게 순응하지 않은 크로아티아 세르비아계에 대한 응징인 동시에, 만일 자기가 이들을 보호하기 위해 군대를 동원할 경우 세르비아 공화국에 대한 유엔의 경제제재 해제를 위한 노력이 수포로 돌아갈 것이라는 나름의 판단 때문이었다.

한편 밀로셰비치의 서슬라보니아 사태에 대한 입장과 관련해 사전 모종의 음모가 있었다는 설도 난무했다. 서슬라보니아 지역은 무상한 발칸 반도 역사의 일면을 보여주는 곳이다.[5]

세르비아계의 사라예보 공격과 나토의 대응

나토 공군의 팔레 공습 건의
1995년 5월 말 보스니아 세르비아계는 투지만의 '번개 작전'에 대한 보복으로, 그리고 전반적으로 공세 입장을 취하고 있는 이슬람계에 대항하여 사라예보에 대한 포위와 포격을 강화했다. 이에 대해 사라예보 주둔 유엔 평화 보호군 사령관인 영국의 루퍼트 스미스Rupert Smith 장군은 5월 25일과 26일 세르비아계 스릅스카 공화국 수도인 팔레 근방의 무기 창고에 대한 공습을 나토에 건의했다.

나토공습에 대한 유엔 사무총장의 입장 | 보스니아 헤르체고비나 대통령 이제트베고비치는 스미스 장군이 나토 공군의 공습을 건의하기 전, 즉 투지만의 번개 작전 직후인 5월 8일 세르비아계 진지에 대한 나토 공군의 공습을 건의한 바 있었다.

갈리 유엔 사무총장은 이제트베고비치의 건의가 특정지역에 국한하지 않고 보스니아 헤르체고비나 전 영토에 산재한 세르비아계 진지에 대한 공습을 요청한 것이어서 전쟁 확대의 위험이 있고, 유엔의 중립 유지 입장을 훼손한다는 이유로 수용하지 않았다. 나토는 유엔의 재가 없이 단독으로 공습할 권한이 없었다.

미국은 과거에도 갈리 사무총장의 공중폭격 반대 입장을 수차례에 걸쳐 혹평한 바 있었다. 미국은 이제트베고비치의 건의에 동조하면서 이번에도 공습은 효과적인 방법일 것이라고 발표했다. 한편 지상군을 파견한 유럽 국가들 사이에서는 보스니아 헤르체고비나 유혈사태가 심각한 국면으로 치닫고 나토의 공습 주장이 빈번이 나오면서 자국군 보호를 위해 철수해야 한다는 목소리가 커졌다.

자연 갈리 사무총장은 공습을 주장하는 미국과 불편한 관계에 놓이게 되었다. 결국 갈리 사무총장은 미국의 지속적인 압력과 세르비아계의 공세로 인한 유혈사태의 확산으로 중립적인 입장만을 고수할 수 없게 되었다.

따라서 그는 5월 16일 보스니아 헤르체고비나 내전으로 162명의 유엔 평화 보호군이 사망하고 1,420명이 부상을 입었다고 발표하면서 보스니아 헤르체고비나 내전 해결을 위한 3가지 방안을 제시했다. 첫째, 현상 유지, 둘째, 적극적인 대비책 강구, 셋째 유엔 평화 보호군의 삭감 내지 규모 축소(안전 지역에서 철수) 등이었다. 그리고 유엔 평화 보호군의 임무와 관련하여 현지 사령관과 함께 전반적으로 재검토할 것임을 발표하기에 이르렀다.

스미스 장군의 강경책 | 스미스 장군은 로즈 장군의 후임으로서 세르비아계가 금년 내 결말을 보기 위해 총력을 기울일 것으로 전망하고 있었다. 그는 세르비아계의 사라예보에 대한 포격을 중지시키기 위해서는 종전과는 달리 세르비아계 정치 중심지인 팔레뿐만 아니라 산재한 세르비아계 군 진지에 대한 대규모 공중폭격을 통하여 세르비아계의 사기를 꺾어야 한다고 주장했다.

그는 믈라디치가 나토의 공습에 대한 보복으로 이전처럼 유엔 평화 보호군 인질작전을 전개할 것을 예상했다. 따라서 이에 대한 방지책으로 '안전 지역'에 주둔하고 있는 인질 대상인 유엔 평화 보호군을 사전에 철수시키는, 즉 불안전한 '안전 지역'의 포기계획을 세웠다.

그리고 믈라디치가 유엔 평화 보호군을 인질로 체포하더라도 지상군 파견 국가 전체를 상대로 전쟁을 선포하는 것과 마찬가지인 인질 처형을 하지는 못할 것이라고 믿고 있었다.

　　스미스 장군은 갈리 유엔 사무총장과 나토 본부가 현지 유엔 평화 보호군의 공습 건의를 수용하자 즉시 전례 없이 강한 최후통첩을 세르비아계에 보냈다. 세르비아계는 이런 최후통첩은 과거에도 수차례 있었기 때문에 무시했다. 마침내 나토 폭격기가 5월 25일 세르비아계 거점인 팔레 근방의 2개 지역 탄약 창고를 폭격하고, 5월 26일에는 6개의 탄약 창고를 파괴했다.

유엔 평화 보호군의 작전 실패

그러나 스미스 장군의 유엔 평화 보호군 인질사태 예방을 위한 '안전 지역' 포기작전은 올브라이트 미국 유엔 대사의 정면 반박으로 차질을 빚었다.[6] 유엔 평화 보호군 총 사령관인 베르나르 장비에Bernard Janvier 장군은 '안전 지역'으로부터의 유엔 평화 보호군 사전 철수 작전에 대한 유엔 본부의 허가를 받기 위해 뉴욕으로 날아갔다.

　　설득 작업을 하던 중 안전 지역의 필요성을 주장했던 올브라이트 대사가 국제사회의 협력으로 설정한 안전 지역을 포기하려 한다며 그를 강렬히 비난했다. 그녀의 격렬한 반대에 대하여, 스레브레니차에 유엔 평화 보호군으로 지상군을 파견한 네덜란드의 대사만이 이론을 제기했을 뿐이었다.

　　이 시점에 라트코 믈라디치는 나토의 공격에 대한 보복조치로 6개 안전지역에 대한 포격을 명령했다. 세르비아계는 안전 지역인 투즐라에 로켓을 발사하여 71명을 사살했다. 그리고 앞으로 나토의 공습이 계속 되는 경우 유엔 평화 보호군을 적으로 간주하겠다고 위협했다.

믈라디치의 위협에도 불구하고 나토의 공습이 계속되자 믈라디치는 영국, 프랑스, 캐나다 등으로 구성된 유엔 평화 보호군 375명을 인질로 잡고 '인간 방패'로 삼았다. 믈라디치는 나토의 공습이 계속 될 경우 이들을 처형하겠다고 위협했다. 카라지치는 세르비아계가 이들 인질을 처형하는 것이 아니고 나토 폭격기가 처형할 것이라고 협박했다. 세르비아계는 인질들을 나토 전투기 공습 대상 지역의 전봇대에 쇠사슬로 묶고 더 이상의 나토공습이 있을 경우 처형하겠다고 협박했다.[7] 그리고 이 사건을 취재하도록 외신기자들을 초청하여 땡볕 아래 처참하고 무기력하게 매여 있는 유엔 평화 보호군의 모습을 방영토록 했다.

세계강국들은 발칸반도의 산골짜기에 평화를 위해 종군하고 있는 자국병사들이 3류의 무장 집단들에 의해 인질로 잡혀 무기력한 모습으로 TV 화면에 비쳐진 것에 심한 굴욕감을 느꼈다.

스미스 장군은 세르비아계의 인질극을 일단 극복하고 계속 세르비아계 본부를 강타하면 세르비아계의 기세를 꺾을 수 있다는 판단을 했다. 그러나 지상군 파견 국가들은 인질들이 처형될 경우 예상되는 국내외 반응을 고려할 때 세르비아계의 요구를 들어줄 수밖에 없는 처지였다. 보스니아 헤르체고비나에 지상군을 파견한 유럽 국가들은 미국을 비롯한 강경론자에 대하여 남의 자식 생명을 가지고 도박하는 것이라고 비난했다. 믈라디치의 작전은 성공했고, 스미스 장군의 작전은 실패했다.

믈라디치 장군은 인질을 석방하는 대신 나토의 공습 중지를 담은 휴전 협정을 야스시 아카시 Yasushi Akashi 유엔 특사와 체결했다. 휴전 협정 이후 믈라디치는 다음 단계인 스레브레니차 공격 준비에 들어갔다.

■ 유엔 평화 보호군 철수 논의와 긴급 대응군 창설안

유엔 평화 보호군이 세르비아계의 인질 및 공격의 대상이 되면서 그간의 서방세계의 역할에 대한 재검토가 다시 심각하게 이루어졌다. 영국의 메이저 수상은 영국 지상군의 보스니아 헤르체고비나 주둔 계속을 지지하고 있었으나 대부분의 각료들은 겨울철이 다가오기 전에 철수할 것을 주장했다. 캐나다도 철수안을 제의했다. 새로 취임한 프랑스 자크 시라크Jacques Chirac 대통령은 유엔 평화 보호군을 강화하여 세르비아계를 응징하든가, 아니면 철수할 것을 주장했다.

시라크는 보스니아 헤르체고비나 문제 해결을 위해서는 미국의 개입과 지원이 절대적이라고 보았다. 그런데 미국이 개입과 지원을 거부한다면 프랑스도 철수할 수밖에 없다고 했다. 이어 시라크 대통령은 관계국 회의를 주관하고, 영국, 프랑스, 네덜란드는 1995년 6월 3일 유엔 평화 보호군을 돕기 위해 '긴급 대응군'을 창설하기로 결정했다고 발표했다.

그러나 긴급 대응군의 역할이 기존의 유엔 평화 보호군을 강화하는 것인지, 또는 유엔 평화 보호군 철수를 돕기 위한 것인지, 그 목적은 확실치 않았다.

미국은 영국과 프랑스가 지상군을 철수시키는 경우 이들의 안전한 철수를 위해 미군 2만 5,000여 명을 현지에 파견한다는 내용의 비밀 협정을 나토와 맺은 바 있었다. 따라서 영국과 프랑스는 지상군을 철수시키는 경우 미군의 개입은 불가피하다는 점을 염두에 두고 미국에 압력을 가하기 위해 철수 문제를 제기한 것이었다.[8]

■ 진퇴양란에 빠진 미국

유엔 평화 보호군의 철수와 미국의 개입은 불가분의 관계에 있었다. 1994년 여름 나토 동맹국들은 보스니아 헤르체고비나 사태가 유엔 평화 보호군이 임무를 수행할 수 없을 정도로 악화할 경우에 대비하여 유엔 평화 보호군 철수를 위한 비상계획(Op-plan 40104)을 유엔의 요구에 따라 마련했다. 이 계획에 따르면 동원 병력은 총 6만 명이고, 그 중 미군 해병대가 2만 5,000명, 영국군이 2만 명을 차지했다. 철수 작전 기간은 6개월로 책정했다.[9] 그리고 이 계획에는 철수하는 유엔 평화 보호군을 지원하기 위한 교량 건설, 야간 수송, 사망자에 부착할 명찰 등 세밀한 사항까지 포함되어 있었다. 나토군의 중추를 이루고 있는 미 국방성은 이 계획에 동의하면서 내용을 비밀로 하고 있었기 때문에 관계 기관조차도 잘 모르고 있었다.

1995년 6월 18일 크리스토퍼 국무장관도 이 내용을 보고 받고 놀랐다. 클린턴 대통령도 작전 내용을 공식적으로 승인한 바 없었고, 읽어 본 적도 없었고, 보고 받은 적도 없다고 말했다. 작전 계획(Op-Plan 40104)이 뒤늦게 고위직에게 알려지자 작전의 법적인 문제도 구설에 올랐다.

그러나 이 작전은 미국을 비롯하여 나토 회원국 대표가 모두 참석한 가운데 브뤼셀 나토 사령부에서 적법한 절차에 따라 공식적으로 합의한 것이었다. 단 작전 계획은 실무선에서 작성한 극히 사무적인 성격이었기 때문에 실행과정에서 발생할 수 있는 위험성과 정치적 중요성을 간과하고 있었을 뿐이었다.

미국은 나토 이사국 회의에서 절대적인 영향력을 가지고 있는 국가로서 이 작전 계획이 국익에 반하는 경우 수정, 변경 또는 중지 시킬 수 있었다. 그렇지 않아도 클린턴 대통령은 보스니아 헤르체고비나에 지상군 파병을 줄곧 거부하여 왔기 때문에 이 작전 계획을 포기할 수 있는 입장이었다. 그리고 미 지상군을 파견하는 경우 보스니아 헤르체고비나 전쟁 종료와 평화를 위한 것이 아니고, 보스니아 수렁으로부터 수치스럽게 퇴각하는 유럽 동맹국의 철수를 보호하는 것이기 때문에 국민들을 설득할 명분이 약했다.

그러나 미국이 나토의 정책 결정 절차에 따라 합의한 작전계획(Op-Plan 40104)을 포기하는 경우 동맹 국가로서 신뢰를 잃고 위신에 먹칠을 하게 될 것은 명백했다.[10] 특히 미 군부는 육군 참모총장을 비롯하여 모두가 이 작전 계획을 거부해 나토 동맹국을 버리는 것은 있을 수 없는 일이라고 주장하고 있었다. 클린턴 정부는 지상군 파견을 이미 승낙하고 있었으면서도 계속 이를 은폐한 셈이 되었던 것이다. 클린턴 대통령은 국내 정서에 반하는 미군의 해외 파견과 관련하여 나토 동맹 국가들과의 약속을 지키느냐, 나토 동맹을 포기하느냐는 심각한 고민에 봉착하게 되었다.

클린턴이 이 같이 어려운 입장에서 벗어날 수 있는 길은, 미국이 나토와 동맹관계를 유지하면서도 보스니아 전선에 미군의 자동 개입을 모면하고, 동시에 유엔 평화 보호군의 철수가 이루어지지 않도록 하는 방안을 모색하는 것이었다. 이 같은 논의가 계속되는 동안 스레브레니차에서 대량살상전이 벌어졌다.

2 | 스레브레니차 대량학살

▌스레브레니차 안전 지역의 요새화

스레브레니차는 2년 전인 1993년 5월 6일 유엔에 의해 처음으로 '안전 지역'으로 지정된 이후 계속 이슬람계 다수 거주 지역으로 유지되어 왔다. 유엔은 스레브레니차를 '안전 지역'으로 선포하면서 이슬람계와 세르비아계 간의 휴전협정 이행 여부를 감시하기 위해 유엔 평화 보호군으로 153명의 경무장한 캐나다 군을 현지에 파견했다.

스레브레니차의 이슬람계 지역 방위군 책임자는 밀로셰비치의 경호관이었던 이슬람계 역도 선수 오리치였다. 오리치는 그간 비밀리에 조달받은 무기로 전력을 강화한 뒤 스레브레니차를 기지로 하여 인근 세르비아계 부락을 공격하는 용감성을 끊임없이 과시했다. 오리치는 1994년 2월 27일 미국 일간지 〈워싱턴 포스트 The Washington Post〉와의 인터뷰에서 세르비아계를 칼과 도끼로 살해한 것을 자랑까지 했다. 오리치는 후에 국제유고전범재판소 법정에서도 스레브레니차 '안전 지

역'을 인근 세르비아 지역 공세 기지로 삼았다고 증언했다.[11]

경무장한 153명의 캐나다 유엔 평화 보호군은 1994년 3월로 임무가 끝났다. 그리고 네덜란드군이 대신 파견되었다. 네덜란드 정부는 유엔 평화 보호군 임무와 권한 그리고 '안전 지역'에 대한 충분한 현지 사정 파악 없이 유엔 사무총장의 호소에 응하여 인도적인 차원에서 군대 파견을 결정했다.

네덜란드 유엔 평화 보호군이 스레브레니차에 도착 후 알게 된 현실은 휴전협정은 휴지조각이며 '안전 지역'은 '불안전 지역'이고, 현지 사정에 대한 체계적인 정보 제공 경로가 없는 가운데 고립상태에 놓이게 되었다는 것이었다. 또한 당시 스레브레니차를 포위하고 있던 세르비아계 군이 스레브레니차 지역에 대한 교통을 완전히 통제하고 있었기 때문에 스레브레니차 거주 이슬람계들은 물론 네덜란드군도 세르비아계의 협조 없이는 생필품 조달이 불가능한 상황이었다.

이슬람계의 스레브레니차 인근에 대한 도발이 빈번해 지면서 세르비아계 군은 스레브레니차 포위를 강화했다. 7월에 들어서 네덜란드군은 연료와 탄약이 바닥나기 시작했고, 세르비아계 군이 일시 떠났던 네덜란드군의 귀임을 허가하지 않았기 때문에 600명에서 429명으로 규모가 축소되었다.

▓ 믈라디치의 공격

사전 준비
세르비아계의 스레브레니차 공격 작전의 기본 목적은 크로아티아계와 이슬람계의 전력 증강을 통한 더 이상의 도전을 견제하고 세르비아계의 요구 사항을 받아들이라는 압박을 가하는 것이었다.

일반적으로 '안전 지역'을 공격하면 나토의 공습이 있을 것으로 예상하고 있었다. 그러나 믈라디치는 과거 나토의 공습이 있을 때마다 유엔 평화 보호군 인질 작전을 통하여 공습을 중지시킨 바 있기 때문에 다시 나토의 공습이 시작되더라도 네덜란드군을 인질로 삼으면 공습을 중립화시킬 수 있다는 계산을 하고 있었다.

한편 이슬람계는 스레브레니차 지역 자체에 대한 집착은 없었다. 스레브레니차는 1993년의 밴스-오언의 보스니아 10개 칸톤화 방안에서 이슬람계 지역인 투즐라 지역으로 예속시킨 바 있었다. 그러나 밀로셰비치가 강력히 반발함에 따라 접촉 그룹이 제시한 51 대 49 평화안에서는 세르비아계가 다수 거주하는 사라예보 근방의 지역과 스레브레니차를 맞교환하는 것으로 되어 있었다. 따라서 세르비아계의 공격을 받기 전 오리치와 그의 참모들은 5월 투즐라로 피신했다. 뒤늦게 알려진 것이지만 그 이유는 스레브레니차를 사라예보를 위해 희생시킬 수밖에 없다는 결정을 했다는 것이다.[12]

공격 개시

1995년 7월 6일 믈라디치 장군은 약 1만 명 이상 되는 이슬람계 28사단이 주둔하던 스레브레니차 지역에 대하여 종래 작전 교범에 따라 대대적인 포격을 가하기 시작했다. 작전명은 '크리바야 작전 95 Operation Krivaja 95'이었다.

보스니아 세르비아계 지도자인 카라지치는 이 작전과 관련해 다음과 같은 제7호 명령을 세르비아계 군에 하달한 바 있었다. 즉 첫째, 이슬람계 다수 거주지인 스레브레니차와 제파와의 연결 고리를 차단할 것, 둘째, 스레브레니차 거주 이슬람계가 생존할 수 있다는 희망을 갖지 못하도록 최악의 환경을 조성할 것 등이었다.[13]

스레브레니차의 함락

세르비아계가 공격을 개시할 당시 네덜란드 유엔 평화 보호군의 대대 본부는 스레브레니차 마을 변방인 포토차리Potočari에 있었다. 네덜란드군은 50킬로미터에 걸쳐 설치한 13개의 초소에 산재해 있었고, 각 초소에 평균 7명을 투입해 세르비아계 군의 움직임을 관찰하고 있었다.

7월 6일 세르비아계의 대대적인 포격이 있은 다음 보병이 진격하면서 네덜란드 유엔 평화 보호군의 5개 초소를 차례로 장악했다. 네덜란드군은 우세한 세르비아계 군의 진격을 못 견디어 후퇴하거나, 투항하지 않을 수 없었다. 동시에 이슬람계 군도 후퇴하여 스레브레니차 중심으로 밀려들어갔다.

이슬람계 군은 후퇴하면서 진격해 오는 세르비아계 군을 막을 방패가 필요했다. 이슬람계 군은 이제까지 자기들을 보호해 주던 네덜란드 군인들이 더 이상 후퇴하지 못하도록 네덜란드군에게 충격을 가했다. 이 와중에 이슬람계는 네덜란드 장갑차에 수류탄을 던져 탑승하고 있던 네덜란드 군인R. van Renssen 1명이 사망하는 사건이 발생했다.

카라지치는 7월 9일 저녁 첫 전투에서 승리하면서 사기가 높아진 세르비아계 군의 드리나Drina 여단旅團에게 스레브레니차를 점령하라는 새로운 명령을 내렸다. 이슬람계의 저항이 미미하고 국제사회로부터도 별 반응이 없는 데 따른 조치였다. 한편 이 명령으로 당초 스레브레니차와 제파의 연골 고리를 차단하려던 '크리바야 작전 95'는 스레브레니차 점령을 목표로 하는 대규모 공격작전으로 확대되었다.

사실 믈라디치 장군은 카라지치에게 스레브레니차 점령은 이슬람계를 대량 살상하지 않는 한 불가능한 것이라고 미리 경고한 바 있다고 한다.

도청에 의하여 후에 밝혀진 내용이지만 세르비아계 군의 작전이 스레브레니차를 점령하는 것으로 확대되자 7월 9일 스레브레니차 이슬람계 시장인 오스만 술리치Osman Suljić는 이제트베고비치 대통령에게 주민들의 피난을 위해 필요한 조치를 취해 줄 것을 요구했다. 그러나 이제트베고비치는 도와줄 수 없다고 하면서 스레브레니차 이슬람계의 운명은 유엔 평화 보호군에 달렸다고 퉁명스럽게 이야기했다고 한다.

믈라디치는 7월 9일 네덜란드군과 이슬람계 주민들의 탈출을 보장한다며, 네덜란드군과 이슬람계 주민들은 48시간 내에 스레브레니차를 떠나라는 최후통첩을 했다. 믈라디치는 이슬람계로부터 반응이 없자 예고한 대로 7월 10일 스레브레니차 중심부로 진격했다. 한편 네덜란드군은 진격해오는 세르비아계 군과 자신들의 후퇴를 막는 이슬람계 군 사이에 끼여 진퇴양란의 상황에 처하게 되었다.

톰 카레만스Thom Karremans 네덜란드군 대대장은 나토에게 스레브레니차 방위를 위해 공습을 요구했다. 그러나 7월 11일 오후 2시 30분경이 되어서야 영국의 경호를 받는 2대의 네덜란드 F-16이 세르비아계 탱크를 폭격했다. 그러나 공습은 너무 늦었고, 규모도 작았으며, 날씨도 좋지 않았기 때문에 세르비아계의 진격을 막지 못했다.

그 후 나토는 세르비아계가 인질로 잡은 네덜란드군과 프랑스 공군조종사의 처형 위협과 네덜란드군의 포토차리 대대본부, 그리고 2만 내지 3만 여명의 이슬람계에 대한 무차별 포격 위협에 밀려 공습 계획을 포기하고 말았다. 네덜란드 국방장관은 믈라디치의 협박 내용을 청취한 즉시 유엔과 나토 사령관에게 직접 폭격 중지를 요청했다. 따라서 나토의 공습은 공식적으로 취소되었다.

7월 11일 스레브레니차는 세르비아계 군 수중에 마침내 들어갔다. 네덜란드군은 유엔이 설정한 '안전 지역'을 방위하지 못했다는 비판을 받았다.

미국 정보기관의 사전 정보 입수에 관한 논란

세르비아계 군의 스레브레니차 점령 작전은 앞에 밝힌 대로 카라지치가 7월 9일 전세가 유리하게 전개되자 당초의 작전 계획을 확대하여 내린 것이었다. 따라서 네덜란드군이 세르비아계의 스레브레니차 점령 의도를 사전에 탐지하지 못하여 적절한 조치를 하지 못했다는 비난은 전혀 근거가 없는 것이었다. 당시 유엔 감시기구 UNMO와 EC 감시단에게도 사전 정보가 있을 수 없었다.[14] 유엔 난민 기구도 마찬가지였다. 이는 네덜란드 전쟁기록소가 확인한 바 있고, 후에 국제유고전범재판소에서도 "'크리바야 작전 95'의 당초 목표는 스레브레니차를 무력으로 점령하는 것이 아니었다"고 밝혔다.

1995년 가을 여러 유럽 신문들이 미국은 스레브레니차 함락 3주 전 세르비아계 군 공격 계획을 인지하고 있었다고 보도했다. 보도는 대부분 미국 무인정찰기가 세르비아계의 스레브레니차 공격 준비 상황을 촬영했다는 것에 근거를 두고 있었다.[15] 또한 미국 정보기관은 믈라디치 장군과 유고 연방군 참모장 모미칠로 페리시치 Momičlo Perisić와의 통화 내용을 1995년 6월 17일부터 3주간 도청했는데, 도청을 통하여 두 장군이 1만 명 이상의 군대와 30여 대의 대포를 동원하는 대규모 공세를 협의한 것을 알고 있었다는 것이다.[16] 언론은 독일도 사전 정보를 가지고 있었다고 보도했다.

1995년 10월 29일 자 〈뉴욕 타임스〉와 〈워싱턴 포스트〉도 유럽 신문을 인용하면서 사전 정보가 있었다고 보도했다. 그러나 이 같은 세르비아계 군의 스레브레니차 점령 작전에 대하여 사전 정보를 갖고 있었다는 추측 기사는, 카라지치 자신이 7월 9일 스레브레니차 점령을 결정했기 때문에 전혀 근거가 없는 것이었다.

대량학살

1995년 7월 11일 약 2만 내지 2만 5,000명의 이슬람계 피난민이 네덜란드 대대 본부가 위치하고 있는 포토차리에 몰려와 보호를 요청했다. 포토차리는 식수마저 부족한 상황이라 아수라장으로 변했다.

스레브레니차에 입성한 세르비아계 군대는 이슬람계 주민들을 이슬람계 다수 거주 지역으로 송출하기 용이하게 우선 한 곳으로 모으기 시작했다. 그리고 이들을 이슬람계 지역으로 송출하기 위해 세르비아계는 차량을 제공하고 유엔은 휘발유를 제공하기로 했다.

7월 12일 아침부터 세르비아계 군은 포토차리에 있는 이슬람계 피난민을 부녀자, 노인, 10대 소년~50대 장년 등으로 구분했다. 세르비아계 군은 이슬람계를 구분한 다음 네덜란드 유엔 평화 보호군이 보는 앞에서 노인, 부녀자들만 버스에 태워 투즐라, 제파 등 이슬람계 지역으로 강제 이송했다. 반면 10대 소년에서 50대 장년에 이르는 이슬람계들은 별도로 운동장, 창고, 산속으로 끌고 갔다. 그리고 무차별하게 학살한 후 집단 무덤에 파묻었다. 세르비아계 군은 저항하는 이슬람계 남성들을 속이기 위해 유엔 평화 보호군의 푸른 헬멧과 하얀 차량으로 위장하고 이들을 '인간 도살장'으로 유인했다.

한편 7월 11일 저녁 일부 이슬람계 피난민들은 스레브레니차에 주둔하고 있던 이슬람계 28사단의 약 1만 명 내지 1만 5,000명 되는 군인들, 스레브레니차 시 직원들과 같이 피난민 행렬을 이루며 이슬람계 지역인 투즐라로 향했다. 투즐라는 스레브레니차로부터 55킬로미터 떨어져 있었고, 가는 길이 험악한 산악지대여서 가는 데 최소한 2일이 걸렸다. 세르비아계는 피난민 행렬에 대한 정보를 입수하고 잠복하여 있다가 이들이 나타나자 무차별 총격을 가하여 살해했다. 극히 일부만이 구사일생으로 살아남아 7월 16일 전후로 투즐라에 도착할 수 있었다. 이 이외에 많은 이슬람계들이 여러 경로를 통하여 스레브레니차를 탈출해 이슬람계 지역으로 몰래 가다가 세르비아계 군에 의하여 포로로 잡혀 창고, 산속 등으로 끌려가 사살되었다. 2010년 3월 현재 6,414명이 사살된 것으로 확인되었다. 왜 세르비아계 군이 대량살상 행위를 저질렀는지는 보통 상식으로 설명하기 불가능하다.

400여 명으로 구성된 네덜란드 유엔 평화 보호군은 세르비아계의 스레브레니차 지역에서의 대량살상을 방지하기 위해 아무런 조치를 취하지 못했다. 이와 관련 네덜란드군은 네덜란드 대대 본부 건물에 피신했던 약 300여 명의 민간인을 보호하지 못한 데 대하여 책임문제가 제기되었다.

1995년 11월 16일 국제유고전범재판소ICTY는 보스니아 세르비아계 지도자인 스릅스카 공화국 대통령 카라지치와 보스니아 세르비아계 군 총사령관 믈라디치를 스레브레니차 안전 지역에서의 대량학살 책임자로 기소했다. 카라지치는 2008년 7월 21일 13년의 도주 끝에 베오그라드에서 체포되어 국제유고전범재판소로 이송되어 재판을 받는 중이다. 믈라디치는 '인종청소' 혐의로 1995년 국제유고전범재판소에 의해 기소된 이후, 16년 동안 도피해오다가 2011년 5월 26일 세르비아 공화국에서 검거됐다. 믈라디치는 세르비아의 북부 도시 즈레냐닌Zrenjanin에 '밀로라드 코마디치Milorad Komadić'라는 가명으로 은신하고 있었던 것으로 전해졌다.[17] 이슬람계를 대량살상토록 직접 명령한 라디슬라브 크르스티치Radislav Krstić 드리나 여단장은 국제유고전범재판소에서 2001년 8월 2일 42년 징역형을 선고 받았고, 후에 11년 감형을 받은 다음 현재 영국 감옥Wakefield Prison에 수감 중이다.

■ 유엔 평화 보호군의 취약점

유엔이 설정한 스레브레니차 '안전 지역'이 세르비아계 군에 의하여 함락되고 대량학살이 발생한 것과 관련하여 유엔 평화 보호군의 취약점이 크게 부각되었는데 주요 내용은 다음과 같다.

정보 협조 체제 미약

유엔 평화 보호군으로 파견된 군대들은 법률상으로는 유엔 사무총장 산하의 유엔 평화 보호군 총사령관의 지휘, 통제를 받게 되어 있었다. 그러나 유엔 평화 보호군은 파견 국가를 단위로 지역별로 분산되어 있었고 본국의 지원에 더 의존하고 있었던 관계로 유엔 평화 보호군 상호 간의 정보 교환 등 업무에 필요한 협조가 순조롭지 못했다. 특히 유엔은 자체적으로 독립적인 정보수집, 평가, 처리, 배포 등의 기능을 갖추지 못했고, 지상군을 파견하지 않은 미군은 막대한 정보를 보유하고 있었지만 타국과 정보를 공유하는 데 인색했다는 것이다. 나토도 역시 자체 정보 수집 기관이 없기 때문에 위성정보와 같은 것은 전적으로 회원국에 의존하지 않으면 안 되었다. 따라서 정보 제공에 인색한 미국과 기타 지상군 파견 국가 간의 관계는 긴장상태에 있었다.[18]

영국은 미국과 기본적으로 긴밀한 관계이지만 협조 체제는 양국 지도자 간의 관계에 따라 반드시 긴밀하지만은 않았다. 클린턴 행정부는 영국 정부가 미국 대통령 선거에서 부시 대통령을 지원한 탓으로 영국과의 정보 협조에 소극적이었다. 캐나다는 비교적 미국과 정보교환이 활발했는데, 캐나다 관계관에 따르면 미국이 제공한 정보 서류에는 85%가 오로지 미국, 캐나다 용이라는 도장이 찍혀있었다고 한다.

독일 해외 정보기관 BND·Bundes Nachrichten Dienst은 크로아티아 정부 국가안보담당기구 The Bureau for National Security 및 군정보기관 OSHV과 긴밀한 관계를 유지하고 있었고, 미국과 같이 반세르비아적이었기 때문에 친크로아티아 입장에서 정세를 판단하고 있었다.

통역 부족

유엔 평화 보호군으로 지상군을 파견한 국가들은 정보 수집에 있어서 현지어인 세르보-크로아티아어 전문가가 부족하여 많은 곤란을 겪었다. 보스니아 유엔 평화 보호군의 사령관이었던 영국인 로즈Rose 장군의 통역관이었던 밀로시 스탄코비치Miloš Stanković는 그의 저서에서 영국군 중 세르보-크로아티아어를 통역할 수 있었던 요원은 오로지 2명뿐이었다고 기록하고 있다.[19]

네덜란드군도 역시 1994년 5월에 들어서야 5명의 통역관을 임명할 수 있었다. 영국 정보에 따르면 이슬람계들은 계속 피난민 수를 과장해 보도했고, 유엔 평화 보호군 수송 구호물자의 약 30%가 지역 교전자들과 암시장으로 유출되고 있었다. 그러나 유엔 평화 보호군은 현지어 구사 요원의 부재로 인하여 이에 대한 정보를 전혀 갖고 있지 못했다. 서방 정보기관은 무려 50여 년 동안 바르샤바 동맹국에 대한 정보 활동에만 집중한 탓으로 보스니아의 협곡에 대해서는 깜깜한 상태였고, 심지어 5만분의 1 축척의 군사 지도도 없을 정도였다고 한다.

도청의 문제점

2001년 국제유고전범재판소에서 스레브레니차 대량살상과 관련하여 밝혀진 도청은 세르비아계 군의 드리나 여단장인 크르스티치 장군과 여단의 참모장인 드라간 오브레노비츠Dragan Obrenovic 간에 있었던 통화 내용이었다. 크르스티치 장군은 이슬람계가 도청한 통화에서 스레브레니차로부터 투즐라로 탈출하는 이슬람계 군을 수색하고 있었던 오브레노비츠 중령에게 이슬람계 포로들을 전부 살해하라고 지시했던 것이다. 도청한 구체적인 내용은 다음과 같다.

    크르스티치 장군은 "상항은 어떠한가. 더 잡아야 할 물고기가 있는가"라고 물었다. 물고기는 이슬람계 피난 행렬을 의미했다. 이어 크르스티치 장군이 "모두를 살해하라"는 명령을 하달했는데, 오브레노비츠 중령은 아직도 "3,500개의 물건(이슬람계)을 배포(처형)해야만 한다"고 불만을 토로하며 인원보강을 요청했던 것이다.

    이 같은 도청 내용이 2000년 11월 이전까지 법정에 제출되지 못한 이유 중 하나는 도청내용이 방대해 그 동안 제대로 풀지 못했기 때문인 것으로 추정되고 있다.

    보스니아 헤르체고비나에 관심을 가지고 있는 모든 국가의 정보기관은 각자 가능한 방법을 동원하여 보스니아 헤르체고비나 내의 전화, 팩스, e-mail 등 모든 통신을 도청했다. 그러나 일반적으로 도청한 자료는 광범위하고 대량이기 때문에 특정 목표가 사전에 정해지기 전에는 짚더미 속에서 바늘 찾기와 같은 일이었다.

그리고 모든 것을 도청할 만한 능력이 있다고 하더라도 도청내용을 분석, 정보화하여 적기에 관계기관에 배포할 수 있는 능력은 별개의 문제라는 것이다. 네덜란드 전쟁연구소의 조사에 따르면 이슬람계는 세르비아계 군 지휘관들 사이에 있었던 대화 내용을 도청할 능력은 있었으나, 이를 적기에 해독한 후 관계기관에 배포할 능력은 갖지 못했다. 그리고 보스니아 헤르체고비나와 같이 산골짜기에서 휴대용 전화기를 사용할 경우 도청 자체도 어려웠다. 따라서 대량학살 사건에 대한 여러 가지 설은 많았으나 이의 예방에 필요한 사전 정보는 적기에 공급된 바가 없었다.

보스니아 헤르체고비나에 지상군을 파견한 국가들, 독일 오스트리아 등 인접국가들, 옛 유고연방 교전 당사자들은 모두 상호 도청을 했다. 그러나 역시 제때 사용할 수 있도록 도청한 내용을 해독, 해석, 평가하는 일은 별개의 문제였다. 도청 내용은 다만 후에 증거물이나 정치적 목적에 따라 선택적으로 발췌되어 사용되었을 뿐이다.

나사NASA도 교전자들의 전화내용을 집중적으로 도청했다. 그러나 막대한 도청내용을 통역할 세르보-크로아티아어 통역관의 부족이 문제였다. 따라서 나사는 1993년 4월 신문에 대대적으로 125명의 세르보-크로아티아어 통역관 모집공고를 내기도 했다.

공중 및 위성 촬영의 문제점

스레브레니차 공격 전후 미국은 첩보 위성, U-2기, 무인정찰기를 이용해 세르비아계의 공격 준비 움직임, 그리고 대량살상 장면을 담은 사진도 보유하고 있을 것으로 추정되고 있다.[20]

이와 관련해 동맹국들은 미국 정보기관이 정보를 은폐하고 있었다고 비난했지만, 국제유고전범재판소에 제시된 정보를 취합해 볼때 대량살상 전후의 사진은 있어도 대량살상 현장에 관한 사진은 없는 것 같다. 존 도이치 당시 미 CIA 국장은 스레브레니차에 대한 세르비아계의 공격을 사전에 인지하지 못하고 있었기 때문에 우방국에도 알려주지 못했다고 했다.

미국 정보기관은 옛 유고연방 상공에서 위성(KH-8, 9, 11), U-2기, 무인정찰기(Predator)를 동원하여 지상 목표물을 촬영했다. 이 기구들을 이용해 촬영한 사진은 대량살상 후 시체를 묻은 일정 지역을 감별할 수 있을 정도로 정확하다. 그리고 제 때 정책 결정자와 관계 기관에 송달될 수도 있었다.

그러나 앞에서 말한 것처럼 일정지역을 사전 목표물로 지정하고 집중적으로 조사하는 경우에만 가능한 것이었다.

스레브레니차 대량학살 사건이 발생한 이후 이를 확인하기 위하여 과거의 위성사진을 추적하는 것도 용이한 것은 아니다. 왜냐하면 옛 유고연방 지역 전체를 촬영한 광범위하고 많은 위성사진 속에서 대량살상이 감행된 사진을 발견하여 사진 내용을 분석, 정보화하는 데는 많은 인원과 시간이 소요되기 때문이다.

촬영 사진도 도청 문제와 같이 제 때 분석 평가되어 정책결정자나 실무자에게 배포되지 않는 한 무용지물이다. 예를 들어, 올브라이트 미국 유엔 대사는 1995년 8월 10일에 가서야 스레브레니차에 있었던 대량살상 시체를 묻은 장소에 관한 위성사진을 안보리에 공개할 수 있었다.[21] 이 사진도 투즐라에 도착한 피난민의 진술에 따라 당시의 위성사진 등 각종 자료를 집중적으로 조사한 결과 찾을 수 있었다. 즉 인간으로부터 나온 정보가 위성사진을 사후에 조사토록 한 것이다.

그리고 정보 수집에 있어서 공중, 위성사진에 전적으로 의존할 수도 없다. 예를 들어 인도는 핵실험을 하는 경우 폭풍과 천둥이 있는 날을 택하여 실시했다.[22] 걸프 전쟁 중 이라크 군인들은 폭격 맞은 탱크를 다른 지역으로 옮겨놓아 위성사진을 촬영케 함으로써 미사일 공격을 유도했다. 보스니아 헤르체고비나 전쟁 중에도 세르비아계는 부서진 탱크를 옮겨 놓아 공습을 유도하기도 했다. 그 결과 나토 공군은 위성사진을 근거로 같은 탱크를 여러 번 공격할 수밖에 없었다.

최근 위성, U-2기, 무인정찰기의 정보수집 능력은 괄목할 만한 성장을 이루었다. 그러나 아직도 현지 기후, 분석 요원 확보, 정보 수집 순위 등 가변적인 요소가 많기 때문에 사후 증거 자료로 이용되거나 정치적 도구로 사용되고 있다.

■ 네덜란드 유엔 평화 보호군의 책임 문제

스레브레니차 학살사건은 네덜란드에서 오랜 논란의 대상이 되었다. 1996년 네덜란드 정부는 전쟁기록연구소NIOD로 하여금 스레브레니차 사건 전후로 일어난 일들을 조사, 보고토록 했다.

2002년에 출판된 이 보고서는 네덜란드 정부가 1993년 현실적으로 임무수행이 불가능했던 보스니아 헤르체고비나에 네덜란드 군대를 파견한 것은 발칸의 특수성을 이해하지 못한 잘못된 결정이라고 보았다. 그리고 스레브레니차에 주둔하던 네덜란드군에게는 아무런 잘못이 없다며 무죄를 주장했다.[23]

그러나 보고서는 출간된 이후 자주 비난에 휩싸였으며, 결국 전쟁평화연구소Institute for War and Peace Reporting에 의해 논란 대상으로 규정되었다. 네덜란드의 수상 빔 코크Wim Kok는 네덜란드군이 현지에 주둔하는 동안 세르비아계 군이 자행한 대량학살 사건에 도의적 책임을 지고 2002년 사임했다.

네덜란드군의 책임문제와 관련하여 뒤늦게 네덜란드 항소법원이 당시 피해자였던 이슬람계에 대하여 배상하라는 판결을 2011년 7월 5일 내린 일이 있었다. 세르비아계 군이 스레브레니차를 점령한 후 네덜란드군에게 군 막사 피난 캠프에 있던 남자들을 넘기라고 요구하자 네덜란드군이 이들을 캠프 밖으로 내보내 결국 300여 명이 학살된 사건이었다. 이 판결은 유엔 지휘하에 군사적 활동을 했다 하더라도, 특정 국가 군대가 관할하는 지역에서 문제가 생길 경우 유엔이 아닌 파병 국가가 배상 책임을 질 수도 있음을 보여주는 사례가 되었다.[24]

프랑스 국회는 2001년 발표한 보고서에서 스레브레니차 사건은 유엔 안보리 상임이사국으로서 '프랑스가 저지른 실패(un echec de la France)'라고 결론지었다.

2004년 스릅스카 공화국의 대통령 드라간 사비치Dragan Savić는 "세르비아계가 국제법을 어겼고 수천 명의 민간인을 살해했다"며 "스레브레니차 사건은 세르비아계 역사의 어두운 일면으로 기록될 것"이라고 두 번째로 공식 사죄 발언을 했다.

▪▪ 세르비아계의 비하치(Bihać) 공격

보스니아 세르비아계 군대는 스레브레니차를 장악한 다음 79명의 우크라이나 군대가 지키고 있던 제파 부락도 7월 21일 점령했다. 그리고 보스니아 헤르체고비나 서북쪽 끝에 있는 이슬람계 다수 지역인 비하치Bihać 지역을 피크레트 아브디치 군대와 함께 집중 공격했다.

스레브레니차의 세르비아계 군 기지에서 비하치를 공격한 것은 한반도에 비유하자면 부산에서 신의주를 공격한 것으로, 세르비아계 군대의 취약점이 노출될 수밖에 없었다. 특히 보스니아 세르비아계는 1993년 8월 밀로셰비치 대통령의 제재 이후 군장비 보급 면에서 어려움을 겪고 있었던 반면, 이슬람계 전력은 미국 주선으로 이뤄진 크로아티아 정부군과의 군사협력을 통하여 강화되어 있었다.

▪▪ 나토공습 명령 절차의 간소화

보스니아 헤르체고비나에 지상군을 파견한 국가들은 세르비아계 군의 스레브레니차 함락과 비하치 지역에 대한 재공격 직후인 7월 21일 미국이 참여하는 외상 및 국방상 회의를 개최했다. 회의 참가자 모두는 또다시 악몽이 되풀이 되는 걸 막기 위해서는 '안전 지역'을 방위하기 위해 무제한의 나토공습을 가능하도록 하고, 인질이 될 위험이 있는 유엔 평화 보호군은 사전에 은밀히 철수시키기로 하는 데 동의했다. 그리고 나토의 공습을 용이하게 하기 위하여 나토 사령관과 유엔이 각각 결제하는 2중 절차 대신 유엔의 권한을 나토에 완전히 위임하는 방안을 건의했다.

　그러나 갈리 유엔 사무총장은 제한 없는 광범위한 공습권을 나토에 백지 위임하는 것은 유엔 안보리 결의에 위배되는 것이라고 반대했다.

　유엔 사무총장의 반대에 대하여 프랑스 시라크 대통령은 무제한적인 공습권을 나토에 위임하기 보다는 목표에 따라 공습의 종류를 세 단계로 분류하여 그 중 두 단계는 나토에 전적으로 공습권을 위임하자는 절충안을 내놓았다. 즉, 제1단계인 '안전 지역'을 직접 공격한 세르비아계 군에 대한 공습, 제2단계인 '안전 지역' 공격에 관련되어 있는 모든 세르비아계 군 시설에 대한 공습은 나토에 위임한다는 것이다. 제3단계인 보스니아 헤르체고비나 전역에 걸친 세르비아계 군 및 무기 집결지, 전력 전송 등과 같은 사회간접시설에 대한 공습만 유엔 사무총장이 최후 결재권을 보유한다는 것이었다.

　미국은 제3단계 공습까지도 나토에 위임할 것을 제의했다. 그러나 갈리 사무총장은 나토에 백지위임 할 수 없다는 입장을 고수하여 지상군 파견 국가들은 제3단계 공습권에 대해서는 갈리 사무총장의 입장을 따르기로 했다.

3 | 투지만의 역사적 과업 완수: 크닌지역 세르비아계의 축출

▪▪ 크로아티아 정규군과 이슬람계 군대의 공동작전

보스니아 헤르체고비나는 인간 도살장으로 변할 정도로 전투가 치열하게 과열되고 있었다. 1995년 7월 19일 세르비아계의 비하치 지역에 대한 추가 공격이 격렬해졌다. 비하치는 모두에게 중요한 전략적 요충지였다. 크라이나 세르비아계에게는 일종의 생명선이었다.[25] 투지만도 비하치 지역이 세르비아계 수중에 들어가는 것을 좌시할 수 없었다.

투지만은 일대 결전 의지를 가다듬고 비하치 안전 지역을 방위한다는 명분하에 군대를 결집하기 시작했다. 미국은 7월 22일 옛날 로마황제 디오클레티아누스의 궁전이 있던 아드리아 해안 도시 스플리트에서 이제트베고비치 보스니아 헤르체고비나 대통령과 투지만 크로아티아 공화국 대통령의 군사협력 증진을 위한 협의를 주선했다.[26] 이제트베고비치는 이 자리에서 세르비아계에 대한 군사작전에 투지만의 참여를 공식으로 요구했고, 투지만이 동의함으로써 양 민족 공동체 간에 새로운 군사동맹이 형성되었다.

사실 투지만은 그간 증강된 전력으로 세르비아계를 공격할 수 있는 기회만을 노리고 있었던 관계로, 구태여 세르비아계를 공격하자는 이제트베고비치의 요구가 필요 없었으나 자신의 속셈을 은폐하기 위해 동의했던 것이다.[27] 투지만의 내심은 차제에 크라이나 지역 세르비아계를 제거하는 것이었다. 투지만은 이슬람계를 위해 전쟁을 하기에는 너무나 영악한 정치인이었다.

투지만의 야심을 알고 있는 미국은 만일 투지만이 크라이나 지역을 공격하는 경우 전쟁이 확대될 가능성이 컸기 때문에 자그레브 주재 미국대사로 하여금 크로아티아 정규군의 공격을 비하치 지역에 제한하도록 했다. 투지만은 미국을 안심시키기 위해 크라이나 지역으로의 군사 행동을 확장할 의사가 없다는 것을 확약했다.[28]

한편 클린턴 대통령은 러시아의 보리스 옐친 대통령에게 자기와 독일 헬무트 콜 수상이 비록 투지만과 이제트베고비치가 공동 작전을 펴더라도 투지만으로 하여금 전쟁을 확대하지 않도록 경고했다고 통보하고, 이 메시지를 밀로셰비치에게도 전달해줄 것을 요구했다. 즉 밀로셰비치를 묶어 놓는 것이었다.

■ 크로아티아 공화국 정규군의 보스니아 진입

크로아티아 정규군은 7월 28일 보스니아 헤르체고비나 영토에 진입했다. 이들은 비하치 지역을 포위하고 있는 보스니아 세르비아계와 크라이나 세르비아계의 보급로를 4일간의 공세를 통하여 차단하고 계속 진군했다. 이로 인하여 약 8,000명에 달하는 세르비아계 군대와 세르비아계 피난민이 이 지역에서 축출되었다.

7월 말 크로아티아계와 이슬람계 연합군은 서부 보스니아 지역을 탈환했다. 그리고 연합군은 보스니아 세르비아계의 제일 중요한 요새인 바냐 루카 Banja Luka 로 진격했다.

보스니아 세르비아계는 밀리기 시작했다. 그러나 투지만은 이슬람계와 자신의 공동 목표이던 비하치 지역 공격에 적극적이지 않았다. 왜냐하면 세르비아계의 저항으로 많은 전력이 손실될 것을 우려하기도 했지만, 크로아티아군을 '크라이나 세르비아 공화국'의 수도인 크닌 시 점령에 집중시켜야 했기 때문이었다.

이 시기에 유엔 특사인 아카시와 EU 대표는 크닌 시를 방문하고 크로아티아 정부와 크라이나 세르비아계의 협상을 주선하고 있었다. 그러나 투지만은 협상을 거절했다. 8월 3일 제네바에서 유엔 주선하에 다시 양측의 협상이 열렸다. 절박한 사정하에 있었던 크라이나 세르비아계의 지도자인 밀란 바비치는 과거 투지만이 제안한 조건과 갤브레이스 미 대사의 제안 모두를 받아들였다. 그러나 실지 회복 열망에 불타고 있던 투지만은 바비치의 동의는 시간을 끌려는 술책이라고 하면서 협상 자체를 거부했다.

투지만은 자신의 역사적 임무를 실현할 때가 왔다고 판단하고, 16만 명의 군대를 동원했다. 갤브레이스 미국 대사는 대규모 군대 동원에 우려를 표시했다. 그러나 투지만은 과거 미국이 크로아티아 경유 이슬람계에 대한 무기 비밀 공급에 '청신호'를 보낸 것과 같이 이번에도 자신의 작전에 반대하지 않는 것으로 받아들였다.

투지만의 이런 역사적 과업의 성공 여부는 신유고연방군의 동원

여부에 달려 있었는데, 천만다행으로 밀로셰비치는 움직이지 않았다. 물론 옐친 대통령의 경고도 있었지만, 밀로셰비치는 신유고연방군을 동원하는 경우 유엔의 경제봉쇄 완화 가능성은 없어지고 서방세계와 정면충돌을 초래하여 국내사정이 더욱 악화할 것을 우려하고 있었던 것이다.[29]

투지만은 유엔과 미국에게 개입할 여지를 주기 않기 위해 크라이나 지역을 공격하기 전에 유엔 평화 보호군에게 군사훈련을 위해 병력 증강이 있을 것이라고 통고했고, 고속도로 재개를 위해 경찰 이동이 있을 것이라고만 전했다.

크닌 지역 함락

8월 4일 새벽 투지만은 '폭풍 작전'이라는 이름 아래 크라이나 지역에 대한 총 공격을 명령했다. 크로아티아 정규군대는 30여 곳에서 크라이나 지역을 총공격했다. 나토 전투기는 세르비아계 통신시설을 파괴하여 크로아티아 정규군을 도왔다. 세르비아계 소속 400대의 탱크와 4만 명의 군인들은 제대로 저항도 못하고 후퇴하기 시작했다. 세르비아계 군인들은 세르비아계들에게 더 이상 보호할 수 없게 되었다고 하면서 피난 갈 것을 종용했다.

크로아티아 정규군은 3일 만에 크닌 지역을 장악하여 세르비아계 군의 불패의 신화에 종지부를 찍었다. 8월 6일 투지만은 크닌 시에 크로아티아 국기를 게양했다. 투지만의 크라이나 지역 점령 작전은 짧았지만 깨끗하지 못했다. 약 15만여 명의 세르비아계 피난민들이 갖은 굴욕과 혼란 속에서 보스니아로 향하는 길을 메웠다. 옛 유고연방 전쟁 발발 이후 단일 사건으로는 최대의 인종청소였다. 투지만은 결국 60만 명에 달하던 크로아티아 내 세르비아계를 10만 명으로 줄이는 데 성공했다. 크로아티아 정규군은 세르비아 공화국의 별다른 반격을 받지 않은 상태에서 옛 유고연방 지도를 새로이 만들었다.[30] 마침내 자칭 '크라이나 세르비아 공화국'은 사라진 것이다.

세르비아인들의 움직임

밀로셰비치의 반응

밀로셰비치의 태도는 투지만이 서슬라보니아를 공격할 때와 같았다. 세르비아 공화국 국민들은 밀로셰비치가 그간 추구한 무모한 정책으로 인하여 극에 달한 경제난을 겪으면서, 한 때 세르비아 민족의 긍지와 자존심을 걸고 '대세르비아' 건설을 외쳤고, 강대국의 야욕에 대하여 정의로운 투쟁을 주장했던 밀로셰비치에게 등을 돌리고 있었다. 그는 유엔 제재조치와 국내외 압력을 더 이상 버틸 수 없는 거세된 정치인이 되었다.

밀로셰비치는 크라이나 세르비아계를 설득하는 데도 실패했다. 밀로셰비치는 크닌 지역에서 쫓겨난 세르비아계 난민들이 세르비아 공화국으로 밀려오자 이들을 코소보 지역으로 이주시키는 방안을 제시했다고 한다.

투지만이나 밀로셰비치는 자기 국민들을 사람으로 취급하지 않았다. 이들은 민족 이동과 관련해서 보면 스탈린과 다를 바가 없었다. 스탈린은 1937년 8월 21일 17만 5,000명의 연해주 고려인들을 중앙아시아로 강제 이주시키는 반인륜적인 조치를 취했다.

고려인들이 거의 맨몸으로 40일 넘는 기차 여행 끝에 도착한 곳은 연해주에서 수천 킬로미터 떨어진 카자흐스탄과 우즈베키스탄이었다. 추위, 굶주림, 병으로 1만 1,000명이 숨졌다. 이들은 낯설고 물 설은 땅에 간신히 정착한 뒤에도 '적성敵性 민족'으로 취급되어 오랫동안 취업과 진학, 여행에 제한을 받는 참혹한 생활을 영위해야만 했다.

투지만과 밀로셰비치는 민족주의라는 이름 아래 인간을 짐승처럼 다룬 히틀러나 스탈린 같은 야만적인 지도자였다.

보스니아 세르비아계의 반응

보스니아 세르비아계는 크라이나 함락 사실을 공포 속에서 지켜보고 있었다. 이들은 밀로셰비치가 투지만과의 비밀 협상에서 크라이나 지역을 팔았다고 믿고 있었다.

보스니아 세르비아계 일반인들은 정치 지도자들의 부패와 서로 헐뜯고 경멸하는 다툼에 환멸을 느끼고 있었다. 당시 세르비아계는 카라지치와 믈라디치 장군의 세력 다툼으로 구심점을 잃고 있었다. 카라지치는 크라이나 지역 상실과 관련하여 믈라디치에게 책임을 묻고 본인이 군 통수권자임을 선언했다. 그러나 믈라디치는 이 선언을 불법으로 간주하고 카라지치의 해임 조치를 무시했다. 8월 6일 세르비아계 군 참모진 18명은 카라지치와 권력투쟁을 벌이는 믈라디치 장군에게 충성을 다시 확약했다.

밀로셰비치는 이 사건 이후 카라지치를 제쳐놓고 믈라디치 장군과의 접촉만을 유지했다. 이 같은 보스니아 세르비아계의 내분 및 고립 상황이 지속되는 가운데, 세르비아계는 투지만의 치밀하고 전광석화 같은 작전에 속절없이 무너졌다.

■ 투지만의 '폭풍 작전'에 대한 국제적인 반응

미 국방성은 투지만의 공세가 밀로셰비치를 자극하여 전쟁이 확대될 위험이 있다는 판단을 하고 있었다.[31] 그러나 미 행정부는 크로아티아 정규군이 속전속결 작전으로 승리를 거듭하면서 크라이나 지역을 점령하는 것을 제어할 수 없었고, 또 모처럼 세르비아계에게 패배를 안겨주는 것을 막을 필요도 없었다. 미 행정부는 이미 투지만이 이슬람계와 연방을 구성할 경우 세르비아계가 장악하고 있는 지역의 수복을 위해 지원에 나선다는 약속을 한 바 있었다. 그리고 미 행정부는 보스니아 헤르체고비나에 지상군을 파견할 수 없는 입장에서 크로아티아 정규군이 미국 대신 역할을 해 주기를 바라고 있었고, 이러한 관점에서 성공적인 '폭풍 작전'은 미국과 나토의 부담을 덜어주는 것이라고 생각했다.[32]

서방 세계는 일반적으로 그간에 보여준 크라이나 세르비아계의 비타협성이 투지만의 공격을 자초한 것이라고 여기고 있었고, 유엔 안보리도 투지만의 공세를 징계하지 않는다는 분위기였다. 따라서 미 행정부가 '폭풍 작전'에 대해서 공식적으로 '청신호'를 보낼 수 없었지만 '노란 불' 신호를 준 것으로 볼 수 있었다.

클린턴 대통령은 그의 회고록에서 자신은 크로아티아를 성원했으며, 세르비아계와의 외교교섭은 세르비아계가 상당한 정도의 피해를 입기 전에는 성공할 수 없을 것이라는 사실을 알고 있었다고 했다. 크리

스토퍼 국무장관도 투지만의 크라이나 지역 공세는 유용한 결과를 초래했다고 술회했다.[33]

8월 9일 크닌 지역에서 세르비아계에 대한 대량살상 사건이 발생한 직후 모두들 크로아티아인들의 잔인한 인종청소에 경악을 금치 못하고 있었다. 이런 와중에 미국은 위성사진을 분석해 세르비아계의 스레브레니차 대량살상을 증명하는 대규모 무덤이 있는 장소를 공개했다. 이는 세르비아계의 잔학상도 크로아티아인의 잔학상 못지 않다는 사실을 보여주려 한다는 인상을 주었다.

한편 보스니아에 지상군을 파견하고 있던 영국과 프랑스 등은 미국과 독일의 적극적인 크로아티아 지원과는 달리 중립적인 입장을 취했다. EU 대표인 칼 빌트Carl Bildt는 크로아티아 정규군의 인종청소와 관련하여 투지만을 전쟁범죄자로 기소할 수 있다고 언급했다. 그는 이 발언으로 크로아티아 입국이 불가능하게 되었다. 러시아는 보스니아 헤르체고비나에서의 세력 균형을 깰 크로아티아 정규군의 군사적 공세를 중지시키기 위해 유엔 안보리의 결의를 추진할 것이라고 했다. 외세 개입은 보스니아 헤르체고비나 사태를 한층 복잡하게 만들고 있었다.

▪ 평가: 대규모 인명 살상과 피난민 발생

1995년 초 카터 대통령의 주선 하에 이뤄졌던 4개월 간의 휴전이 끝나면서 전례 없이 참혹한 인종청소와 대규모 피난민이 연쇄적으로 발생했다. 크로아티아 정규군이 서슬라보니아 지역에서 세르비아계를 인종청소 한 결과 1,650여 명의 사상자가 생기고 1만 5,000명의 피난민이 발생했다. 크로아티아군 33명, 경찰관 9명도 숨졌다. 보스니아 세르비아계는 스레브레니차와 제파에서 이슬람계 7,000여 명을 학살했고, 이때 5만여 명의 이슬람계 난민이 발생했다. 이어 크로아티아 정규군의 크라이나 지역과 크닌 시[34] 공격으로 수천 명이 숨졌으며 15만~20만 명의 피난민이 생겨났다. 투지만은 크로아티아 내 세르비아계를 크로아티아 총인구의 12%에서 3%로 줄일 수 있었다.[35] 그 결과 보스니아 헤르체고비나 공화국 지도는 '접촉 그룹'이 제시한 51 대 49 분할안에 접근하고 있었다.

유엔은 4년간 외교, 대화, 협상, 평화유지, 인도주의, 모든 노력을 경주했으나 유혈사태를 막지 못했다. 나토, 미국, EU, 심지어 국제적십자도 실패했다. 오로지 무자비한 무력행사만이 성공했다.

우리는 모두들 인종청소를 비난한다. 그러나 인종청소를 방지하기 위해 또 다시 인종청소가 저질러진 역사를 본다. 휴전, 또는 평화 교섭은 패배자가 더 이상의 손실을 감당할 수 없게 되고, 승자는 더 이상 얻은 것을 유지할 수 없다고 판단할 때 이뤄진다는 냉혹한 역사적 교훈을 되새기게 된다.

6
보스니아 헤르체고비나 종전 교섭

1 | 내전 종식을 위한 미국의 셔틀 외교

■ 미국의 협상 주도권 행사

미 정부는 '폭풍 작전' 이후 보스니아 헤르체고비나 교전자들 간의 세력이 어느 정도 비슷하게 되어 협상을 추진할 수 있는 분위가 조성되고 있다고 판단했다. 그리고 클린턴 행정부는 국내외적으로 보스니아 헤르체고비나 내전을 급히 종결시켜야 할 입장에 있었다.

우선 9월 초 미 의회가 개원하면 밥 돌 상원의원을 중심으로 추진하고 있던 보스니아에 대한 무기금수조치 해제안이 확정될 것이기 때문에 이를 사전에 봉쇄해야 할 처지였다. 둘째로, 프랑스와 영국이 1995년 11월 자국 군대를 철수하겠다고 위협하고 있는데, 만일 철수가 강행되면 미군이 개입하지 않을 수 없는 '작전 계획(Op-Plan 40104)'을 시행해야 할 입장이었다. 셋째로, 보스니아 헤르체고비나에서 유혈사태가 계속되는 경우 클린턴 대통령의 선거 운동에 악영향을 주기 때문이었다.

미국 정부의 평화교섭안

따라서 클린턴 대통령은 나토의 공중 폭격 권한을 확대하고 그간 강화된 크로아티아 및 이슬람계 군대의 전력을 바탕으로 세르비아계로 하여금 휴전 교섭에 응하도록 유인하려 했다. 동시에 보스니아 헤르체고비나 장래를 위한 평화 교섭도 적극 전개하기로 했다. 이에 따라 유럽 동맹국의 협력을 구하고자 백악관 안보담당보좌관 레이크가 다음과 같은 구체안을 가지고 8월 9일 유럽을 방문했다. 주요 내용은 다음과 같다.

(1) 그간 '접촉 그룹'이 주장했던 보스니아 영토의 51 대 49 분할안을 기초로 하여 종합적인 휴전 및 평화 협상을 추진한다.

(2) 휴전 후 3개 민족 공동체들 간의 상호 인정을 추진한다.

(3) 최근 보스니아 헤르체고비나 전세를 근거로 경계선 확정 교섭을 하고 이에 필요한 상호 점령지역 교환 문제를 협의한다.

(4) 보스니아 헤르체고비나 공화국은 통일된 단일 헌법을 가진 국가로 존립하지만 두 개의 자치 민족공동체로 구성한다.

(5) 미국은 평화협상에 따라 세르비아에 대한 경제 제재를 완화한다.

(6) 세르비아계가 장악하고 있는 크로아티아 공화국 내 동슬라보니아 지역 해결 방안을 강구한다.

(7) 보스니아 헤르체고비나 공화국 경제 재건을 위한 종합적인 계획을 작성한다.

레이크 보좌관은 유럽 순방을 통하여 앞서 밝힌 기본 노선에 대하여 유럽 동맹국들과 대체적인 합의를 보았다. 따라서 구체적인 외교교섭은 미 국무성 유럽담당 차관보로 있는 리처드 홀브룩을 특사로 임명하여 수행토록 했다. 레이크 보좌관은 홀브룩 차관보가 성격상 독주하는 경향이 있기 때문에 그의 임명에 유보적이었다. 그러나 그런 성격이 남슬라브족들과의 교섭에 유리할 것이라는 크리스토퍼 미 국무장관의 적극적인 추천이 있었기 때문에 그대로 임명했다. 이제 보스니아 헤르체고비나 평화 교섭은 미국 주연의 쇼로 펼쳐지게 되었다.

■ 리처드 홀브룩 특사의 등장

홀브룩은 특사로 임명되기 전에 이미 보스니아 이슬람계와 인연을 맺고 있었다. 홀브룩은 보스니아 헤르체고비나의 유엔 대사 무함마드 세서비Muhammad Secirbey[1]가 1992년 봄 미국 TV에서 보스니아 헤르체고비나를 구해 달라고 호소하는 장면에 감명을 받고 그에게 전화를 걸어 자진해서 도와줄 용의가 있음을 전했다고 한다. 그 인연으로 홀브룩은 나중에 외상이 된 그와 친구가 되었다고 술회했다.[2] 또한 홀브룩은 1992년 8월 민간단체인 '국제구호위원회International Rescue Committee' 이사로 재임할 때 보스니아 헤르체고비나 현지에 가서 세르비아계의 참혹한 인간청소 현장을 목격했다고 그의 책『전쟁의 종결을 위하여To End A War』에서 언급하고 있다.

민주당원인 홀브룩은 1992년 여름 클린턴 대통령 후보 진영에 합류하여 부시의 보스니아 헤르체고비나 유혈사태에 대한 무관심을 공격하고 나토의 세르비아계 공습을 주장하도록 클린턴에게 건의한 바도 있었다. 그는 이슬람계에 대한 무기금수조치 해제와 미국의 적극적인 간여를 주장했다.

클린턴 대통령은 선거운동에 공이 큰 홀브룩에게 보상을 하기 위해 희망사항을 물어본 적이 있었다. 이에 대하여 홀브룩은 미 국무성 차관직이 아니면 외교적으로 제일 난제로 알려진 문제 해결을 위한 미국 협상 대표가 되기를 희망했다고 한다. 레이크 안보담당 보좌관은 홀브룩은 왕자병이 있다고 했다.[3]

홀브룩의 제1차 셔틀 외교

미국 평화안에 대한 반응

홀브룩 특사는 일차 교전자들을 방문하고 미국입장을 타진했다. 그 결과 반응은 다음과 같았다.

이슬람계 | 홀브룩은 제일 처음 8월 15일 보스니아 이슬람계의 외상과 면담했다. 이 외상은 미국 평화안은 실패할 가능성이 많다는 전제 하에 나토 공군이 세르비아를 강타한다는 것, 이슬람계에 대하여 무기금수조치를 해제한다는 것, 이슬람 군 훈련 및 장비를 강화하여 준다는 것에만 관심을 보였다. 그리고 이슬람계는 접촉그룹이 제안한 51 대 49 평화안과 관련하여 이미 원칙적으로 수락한 바 있었으나, 그간의 전세가 호전되어 구태여 세르비아계와 휴전할 필요가 없다고 하면서 좀 더 유리한 협상을 위해서도 전쟁을 계속할 것이라고 주장했다.

크로아티아 공화국 ｜ 홀브룩 팀은 다음날 자그레브를 방문하여 투지만 대통령과 접촉했다. 투지만은 자신의 세르비아계에 대한 군사적 승리가 보스니아 헤르체고비나 평화안 교섭에 유리한 여건을 조성했다고 자랑하면서, 미국의 평화안에 대하여 긍정적인 반응을 보였다. 그리고 자신의 우선 과제는 세르비아계가 아직도 장악하고 있는 크로아티아 공화국 내의 동슬라보니아 지역 수복이라고 했다. 투지만은 보스니아 헤르체고비나 문제 해결을 위한 유일한 방안은 보스니아 헤르체고비나 영토를 민족 단위별로 3분하는 것이며, 이는 서방세계와 동방세계 간의 경계선을 긋는 것이라고 했다. 홀브룩 팀은 보스니아 헤르체고비나 분할을 역사적인 귀결로 보는 투지만의 견해에 반대의사를 표명했다.

세르비아 공화국 ｜ 마지막으로 홀브룩은 1995년 8월 17일 베오그라드를 방문했다. 그는 밀로셰비치 대통령을 처음 만나 장장 6시간 동안 회담을 가졌다.[4] 밀로셰비치는 자신의 최대 관심사는 세르비아 공화국에 대한 경제제재 해제라고 했다. 그리고 자신은 보스니아 세르비아계 지도자들과 다르다고 강조하면서, 보스니아 세르비아계에 대한 자신의 통제력을 과시하는 것을 잊지 않았다.

홀브룩은 3개 민족 대표와 접촉한 결과 모두가 미국 평화안에 정면으로 반대하지 않고 있음을 발견했다. 그러나 승기를 잡은 이슬람계의 계속적인 군사 작전 요구, 투지만 대통령의 보스니아 영토 분할 주장과 실지 회복, 밀로셰비치의 경제완화 조치 요구 등 비타협적인 태도로 인하여 갈 길은 멀었다.

홀브룩 팀이 3개 민족 대표들 사이에서 셔틀 외교를 추진하고 있는 와중에 충격적인 사고가 일어났다. 1995년 8월 19일 프레이슈어 대사를 포함하여 미국 교섭단 일행 3명이 사라예보 국제공항이 폐쇄됨에 따라 자동차로 험준한 산악도로를 통해 사라예보로 들어가다가 절벽에서 떨어지는 사고가 발생한 것이다. 이 사고로 홀브룩 팀이 받은 충격은 컸으나, 반면 이들의 사명감을 한층 자극했다.

미국 평화안의 구체화와 교섭 전략

홀브룩 팀은 1차 셔틀외교를 마치고 난 뒤 이를 토대로 구체적인 계획을 작성했다. 우선 이슬람계 군대에게 휴전을 강요하기 보다는 승세에 있는 이슬람계로 하여금 보스니아 영토의 51 대 49 분할선에 접근할 수 있도록 영토회복의 기회를 주는 것이었다. 그리고 이 영토분할을 기초로 하여 보스니아 헤르체고비나 연방 구성, 의회 선거, 헌법 제정의 절차를 밟는다는 계획이었다. 마지막으로 전후 복구사업을 위한 재원 확보 방안을 모색하고자 했다. 홀브룩은 밀로셰비치에 대해서는 나토공습과 경제제재를 지렛대로 사용하기로 했다. 그리고 밀로셰비치의 나서기를 좋아하는 성격을 이용하여, 밀로셰비치를 유일한 대세르비아 교섭 창구로 정했다. 오언 경이 그간 보스니아 전쟁 주역인 카라지치, 믈라디치와 직접 협상을 해온 방법과는 다른 접근이었다.

■ 홀브룩의 제2차 셔틀 외교

세르비아계의 사라예보 시장 포격에 대한 나토의 폭격

홀브룩 팀이 워싱턴에서 동료들의 장례식을 끝마치고 새로운 협상 전략을 가지고 현장으로 돌아가는 도중이던 8월 28일 사라예보 마르칼레 시장에서 포격으로 37명이 사망하고 85명이 부상당하는 사건이 발생했다. 홀브룩은 이 사건을 기화로 당시 국무장관 대리인 스트로브 탤벗에게 보스니아 세르비아계를 징계할 수 있는 대대적인 나토의 공습을 건의했다. 클린턴 대통령은 탤벗 국무장관 대리의 건의를 받아들여 "확실히 쳐라!"는 지시를 내렸다.

마르칼레 시장 포격에 관한 음모설 | 8월 28일 사라예보 마르칼레Markale 시장 포격에 대해서는 1994년 2월 5일에 있었던 포격 사건과 같이 음모설이 나돌았다.

1995년 10월 데이비드 바인더David Binder 기자는 주간지 〈네이션The Nation〉에 4명의 유엔 평화 보호군 전문가(러시아, 캐나다, 두 명의 미국인)가 이슬람계 군의 자작극이라는 결론을 내렸다고 보도했다.[5] 런던의 〈선데이 타임스The Sunday Times〉도 영국과 프랑스의 포탄 분석 전문가들이 사정거리, 사용한 휴즈, 박격포 탄도 조사 후 바인더의 결론을 지지하고 있지만 유엔에 의해 무시당했다고 보도했다.

러시아 정보기관은 이 포격의 주모자가 이슬람계 라심 델리치Rasim Delić 장군이라고까지 지적했다.[6] 러시아는 8월 28일 이번 포격사건이 세르비아계의 책임이라는 결론은 너무 조급한 것이라고 하면서 세르비아계에 대한 나토의 공습을 반대했다.

유엔의 공습 거부권 포기 | 갈리 유엔 사무총장은 마르칼레Markale 시장 포격사건을 통렬히 비난하면서, 관계관에게 즉시 현장을 조사한 후 대응책을 마련하도록 했다. 홀브룩은 이번 사건을 계기로 세르비아계에 대한 강한 응징이 필요한데, 갈리 사무총장의 사무적인 발언은 유엔

이 구체적인 행동을 취할 의향이 없다는 사실을 내비치는 것이라고 비난했다.[7]

갈리 사무총장은 옛 유고연방 전쟁을 '부자들의 싸움'이라고 하면서 유엔의 관심이 필요한 지역은 옛 유고연방 말고도 많다고 했다. 갈리 사무총장은 미국이 주장하는 세르비아계에 대한 공습에 반대했다. 그러던 중 갈리 유엔 사무총장이 출장으로 연락이 두절된 상태에서 유엔 평화 보호군 업무를 관장하던 유엔 사무차장 코피 아난이 유엔 사무총장 대리자격으로 미국에게 "유엔은 보스니아 헤르체고비나 공습에 대한 거부권을 포기한다"고 통보했다. 따라서 세르비아계에 대한 공습권이 나토에 위임된 것이다.

이 때 마침 나토의 공습을 저지할 수 있었던 보스니아 유엔군 사령관 베르나르 장비에(Bernard Janvier) 장군도 자리에 없었다. 그가 없는 동안 나토의 폭격 필요성을 강조하던 영국의 스미스 장군이 대리를 맡고 있었다. 나토가 보스니아 공습 권한을 위임 받자마자 스미스 장군은 '안전 지역'에서 유엔 평화 보호군을 비밀리에 철수시켜 세르비아계 군에 의한 유엔 평화 보호군 인질 사태가 일어나지 않도록 예방조치를 취하고, 나토공습 작전을 준비했다.

홀브룩은 코피 아난이 미국 입장에 동조하여 유엔의 공습권을 나토에 위임한 결정이 미국으로 하여금 그를 갈리 사무총장 후임으로 추대토록 하는 계기가 되었다고 그의 책에서 술회했다. 갈리 사무총장은 미국의 반대로 재임명을 받지 못했다.[8] 유엔 사무총장 임명에는 미국의 입김이 강하게 작용한다.[9]

나토의 공중 폭격 개시 | 나토는 보스니아 세르비아계 군에게 사라

예보 포격의 중지를 요구하는 최후통첩을 보냈다. 세르비아계가 이에 불응하자 1995년 8월 30일 새벽 2시에 공습을 개시했다. 전투기는 이탈리아 미 공군 기지와 아드리아 해에 있는 미 항공모함에서 출발하여 파도 물결과 같이 줄을 지어 보스니아 헤르체고비나 전역에 걸친 세르비아계 통신시설, 방공시설, 탄약고를 강타했다. 3주 동안 3,515회의 출격이 있었다. 출격한 전투기의 3분의 2는 미국 전투기였다.

이제트베고비치는 그간 그토록 강하게 주장하던 나토의 공습이 현실화하면서 미국의 새로운 평화안에 많은 유보사항이 있었지만 전반적으로 호의적인 반응을 보였다.

밀로셰비치의 평화교섭 전권 획득과 국제 평화회담 제의

나토의 사정없는 공습이 이루어지는 가운데 밀로셰비치는 보스니아 세르비아계 지도자들을 포함하여 동방정교회 주교 등 주요 인사들을 초치했다. 그는 이 자리에서 그간 보스니아 세르비아계가 평화협상을 거부한 탓으로 나토의 대대적인 공습을 초래했다고 비난하고 앞으로 서방측의 평화 제의에 동의하는 것 이외에는 선택의 여지가 없음을 역설했다. 나토의 대대적인 폭격에 거세된 보스니아 세르비아계 지도자들은 밀로셰비치에게 미국과의 교섭 전권을 위임한다는 내용의 문서에 서명했다.[10]

나토공습을 이용하여 홀브룩은 8월 30일 베오그라드에 급히 가서 밀로셰비치와 접촉했다. 밀로셰비치는 전 세르비아 지도자들로부터 받은 교섭 전권 위임장을 홀브룩에 보여주면서, 그간 교착상태에 빠졌던 협상의 물꼬를 텄다. 나토의 집중적인 폭격의 효과였다.

밀로셰비치는 51 대 49 비율로 보스니아 헤르체고비나를 분할하는 안을 근거로 협상을 진행시킬 것과, 본인, 투지만, 이제트베고비치가 참석하는 국제회의 개최를 통하여 모든 문제를 단숨에 해결할 것을 제의했다. 그리고 정상회담 전에 3개 민족공동체 대표 외상회의 개최도 유익할 것이라는 견해를 표명했다. 홀브룩이 구상하던 것이었다.

그리고 밀로셰비치는 나토공습 중지가 협상 진행에 도움이 될 것이라고 언급했다. 이에 대하여 홀브룩은 나토공습을 중지시킬 직접적인 권한은 없으나 나토공습을 유예시키도록 노력하겠다고 함으로써 나토공습을 협상의 지렛대로 삼았다. 밀로셰비치와 홀브룩은 성격적으로 주연급 역할을 자처하는 인물들이었기 때문에 이상적인 파트너가 되었다.[11]

3민족 공동체 대표 외상회의

1995년 9월 1일 세르비아계 믈라디치 장군과 보스니아 헤르체고비나 주둔 유엔 평화 보호군 사령관이 나토의 공습과 관련해 군사회담을 열면서 나토의 공습이 일시 유예되었다. 홀브룩은 자신의 평화 교섭 추진이 나토공습 효과 때문에 가능한 것인데, 군인들 간의 성공적인 휴전교섭에 의하여 나토의 공습이 중지되면 자신의 평화 교섭에 부정적인 영향을 주지 않을까 우려했다. 따라서 홀브룩은 급히 군인들 간의 성공적인 휴전합의로 인하여 나토공습이 중지되기 전, 3민족 공동체 대표 외상회의 개최를 촉구하고, 3민족의 대통령으로부터 동의를 받았다.

홀브룩은 제네바에서의 성공적인 3자 외상회담을 위해 사전에 3민족 공동체 간의 기본 입장을 조율했다. 즉 이슬람 - 크로아티아 연방과 세르비아계 민족 공동체는 51 대 49 영토 분할원칙을 토대로, 보스니아 헤르체고비나 공화국 독립승인, 기존 보스니아 헤르체고비나 경계선 존중 등에 대하여 대체적인 합의를 끌어냈다. 보스니아 헤르체고비나 공화국의 공식 국가명과 관련하여 이제트베고비치는 '보스니아 헤르체고비나 공화국Republic of Bosnia and Herzegovina'이라는 호칭을 주장했다. 이와 대해 밀로셰비치는 공화국(Republic) 대신 '연방(Union)' 또는 '연합(Confederation)'을 주장했다.¹² 이제트베고비치가 밀로셰비치의 수정안에 절대 반대함으로써 홀브룩 팀은 일본의 예를 들어 단순히 '보스니아 헤르체고비나Bosnia Herzegovina'라고 호칭하자는 절충안을 제시해 동의를 받았다. 이제트베고비치는 세르비아계의 '스릅스카 공화국Republika Srpska'이라는 이름에서 '공화국'을 삭제하라고 요구했다. 왜냐하면 공화국은 주권국가를 의미하기 때문이라는 것이었다. 밀로셰비치는 삭제에 절대 반대했다. 홀브룩 팀은 미국의 경우 텍사스 주는 공화국이라고 호칭하고 있고, 매사추세츠 주는 연합이라고 호칭하고 있다며, 공화국이나 연합 등 여러 가지 이름을 붙이고 있지만, 결국 미국이라는 한 국가에 속하는 것이기 때문에 아무런 의미가 없다고 했다. 그러므로 이제트베고비치가 밀로셰비치의 입장에 동의토록 설득했다. 그러나 발칸 반도에서는 '공화국'이라고 하면 일단 독립국이라는 의미를 지니고 있기 때문에, 나중에 홀브룩은 '공화국'이라는 단어를 삭제하지 못한 것을 후회했다.¹³

미국은 이제트베고비치를 순화시키기 위해 그가 주장하는 세르비아계 진지에 대한 나토공습을, 군사회담이 개최되는 동안 일시 유예했지만, 재개할 것을 약속하기도 했다. 투지만은 제네바 회담에서 합의할 기본 사항에 대하여 이의가 없었고, 세르비아계 점령하에 있는 동슬라보니아 지역 회복에만 관심을 집중시키고 있었다.

홀브룩은 9월 8일 3개 민족 공동체 지도자들과 사전 조율한 내용을 의제로 삼아 제네바 외상 회의를 개최했다. 홀브룩에게는 천만다행으로 유엔 평화 보호군 사령관과 믈라디치 장군 간의 휴전교섭이 실패함으로써 그간 일시 유예했던 공습이 제네바 회의 전날부터 다시 재개되었다. 홀브룩은 우연히도 나토공습이라는 크나큰 몽둥이를 들고, 제네바 외상회담을 진행할 수 있게 된 것이다.

제네바 외상회담은 홀브룩의 노련한 외교 감각과 경험을 토대로 치밀하게 준비되었다. 외교에 있어서는 흔히 사소한 문제 때문에 전체를 망치는 경우가 많은데, 좌석 배치 같은 것이 예이다. 그는 둥근 탁자를 준비했다. 그리고 3민족 외상, 접촉그룹 대표 5명, EU 대표 1명, 도합 9명만이 서로 어깨가 닿을 정도로 좁게 앉도록 했다. 보스니아 세르비아계가 끼어 앉을 수 없게 만든 것이다. 국기는 접촉 그룹 경우에만 사용했고, 명패에는 이름만 기재했다. 좌석 배치에 있어서 제일 무난한 것은 상석과 하석이 없도록 만드는 것이다.

홀브룩 팀의 치밀한 사전 준비가 있었음에도 불구하고 합의한 사항을 뒤집는 발칸식 악습이 나타났다. 그러나 홀브룩은 나토공습을 배경으로 위세등등한 회의 진행을 통해 '접촉 그룹'이 작성한 분할안과 사전 조정한 '공동 합의 원칙'을 채택토록 했다. 3민족 대통령 간 평화협상의 기초가 닦인 것이다.

나토공습의 문제점

홀브룩이 평화협상을 위해 전력을 다하고 있을 때 이슬람계는 홀브룩이 추구하는 협상에 응하는 경우 자기들에게 유리한 나토공습이 중지될 것을 우려하여 협상 진행을 방해하고 있었다.

홀브룩도 보스니아 헤르체고비나에서의 세력 균형을 위해서는 좀 더 세르비아계의 양보가 필요한 만큼 세르비아에 압력을 가하기 위해서 자신의 권한 밖에 있던 나토공습이 계속되기를 바랐다. 그러나 백악관 안보담당보좌관 레이크는 유혈사태 중지에 주안점을 두고 나토공습을 중지하는 한편 3민족 대통령이 조속히 평화회의를 개최해야 한다고 촉구했다.

홀브룩이 계속적인 나토공습을 바라고 있을 때 미 합참의장은 그간 위임받은 나토공습 목표를 달성했기 때문에 추가적인 공습을 위해서는 유엔과 나토의 2중 결재가 필요하다고 보고했다. 2중 결재가 없는 한 3일 이내로 나토공습을 중지하지 않을 수 없다는 것이었다.

홀브룩의 3차 셔틀외교

나토공습의 이용

홀브룩은 나토공습 종료 72시간 연기를 클린턴 대통령에게 강력히 건의하고 이 시간을 평화협상 추진에 활용했다. 후에 홀브룩은 공직에 있는 사람으로서 공개적으로 공습을 주장하는 것은 어려운 일이었다고 술회했다.[14]

나토공습 종료 시한을 일단 연장시킨 홀브룩 팀은 9월 13일 즉시 베오그라드로 가서 밀로셰비치와 접촉했다. 밀로셰비치는 나토공습이 중지되는 경우 세르비아계의 사라예보 포위를 해제할 수 있음을 시사했다. 이 자리에서 홀브룩은 사라예보 공항의 24시간 내 재개항 등 세르비아계로부터 사라예보에서의 휴전 약속을 받아냈다.

이어 밀로셰비치는 나토공습을 전면 중지하면 보스니아 헤르체고비나 전역에 걸쳐 세르비아계가 휴전에 응하도록 조치할 것이라고 했다. 그러나 홀브룩은 이 제의에 반대했다. 왜냐하면 이 경우 승세에 있는 이슬람-크로아티아 연방의 공세를 중단시켜 실지회복의 기회를 갖지 못하게 하기 때문이었다. 따라서 홀브룩은 우선 사라예보 지역에 한하여 휴전 협상을 진행하고, 이슬람계와 크로아티아계가 계속해서 세르비아계 점령지역을 탈환할 수 있도록 시간과 기회를 주었다. 나토공습 속에서 크로아티아군과 이슬람계 군은 많은 지역을 확보했다. 홀브룩은 정부 훈령에 따라 이들에게 공세를 자제하도록 공식적으로 통고했지만, 크로아티아군과 이슬람계 군이 계속 실지회복을 하는 것이 '접촉 그룹'이 제시한 51대 49 안에 가까워진다는 사실을 염두에 두고 공세를 조장하는 동시에 평화협상을 이어갔다. 홀브룩은 9월 17일 투지만과의 회담에서 그의 공세가 홀브룩 자신의 평화 협상 추진에 크게 기여하고 있다고 솔직하게 언급하면서, 투지만에게 세르비아계에 의해 인종청소가 이미 이뤄진 대표 지역인 산스키 모스트Sanski Most, 프리예도르Prijedor, 보산스키 노비Bosanski Novi를 점령토록 구체적으로 종용하기까지 했다. 왜냐하면 투지만이 본격적인 평화협상 시작 전에 이 지역을 점령하면 자동적으로 이슬람-크로아티아 연방 영토가 되겠지만, 그렇지 않을 경우 협상을 통해 이 지역을 반환받는 것은 어렵다는 이유에서였다. 홀브룩은 이제트베고비치에게도 투지만에게 조언한 바와 같이 그간 세르비아계에게 빼앗겼던 지역을 최대한 회복하는 것이 중요하다고 말했다. 그 결과 홀브룩은 72시간 내에 자동 중지될 나토의 폭격을 최대로 이용하여 '접촉 그룹'이 제시한 51대 49 분할안에 접근하고 있었다. 결국 그간 세르비아계를 포상한 것이라고 비난했던 밴스-오언 평화안으로 되돌아간 것이다. 나토 폭격은 9월 14일 중지되었다.

뉴욕에서 열린 3민족 공동체 대표 외상회의

홀브룩은 3개 민족 공동체 외상들이 유엔 총회 참석차 뉴욕을 방문하는 기간을 이용하여, 현재의 균형 잡힌 전선을 고정시키는 한편 단일 보스니아 헤르체고비나 국가 수립, 대통령부의 권한, 행정부와 의회 조직, 헌법 문제 등에 관한 구체안을 만들어 3민족 외상들이 대체적으로 합의토록 했다. 외상회의는 이 합의를 조건으로 클린턴 대통령이 보스니아 헤르체고비나는 국제적으로 인정받은 단일 국가이며, 미국은 보스니아 헤르체고비나의 분할에 반대한다는 성명을 발표할 것을 주장했다. 클린턴 대통령은 9월 26일 비슷한 취지의 성명을 발표했다.

홀브룩의 4차 셔틀 외교

보스니아 헤르체고비나 휴전 교섭

홀브룩은 2일 간의 뉴욕 외상회의에서 '새로운 뉴욕 원칙'의 합의를 도출한 다음, 보스니아 헤르체고비나 전반에 걸친 휴전협정을 체결하고, 이어 3개 민족 공동체 정상회담을 개최하는 안을 추진했다. 그런데 이제트베고비치는 끝까지 휴전이 조속히 체결되는 것을 방해하기 위해 많은 시간을 필요로 하고 실행이 어려운 세 가지 휴전 조건을 내세웠다. 첫째, 휴전은 현재 진행 중인 군사작전이 끝난 이후에야 가능하며, 둘째, 사라예보에 전기와 가스가 다시 공급되어야 하며, 셋째, 세르비아계가 포위하고 있는 고라즈데에 접근할 수 있는 도로가 개통되어야 한다는 것이었다.

휴전 조건 중 전기와 가스 공급 등은 시간이 많이 걸리는 것으로서 이슬람계의 군사작전을 연장할 수 있는 좋은 구실이었다. 특히 가스 공급은 러시아 가즈프롬Gazprom공사의 관할 사항으로 그간 약 10억 달러 가량의 부채문제가 걸려 있어 해결에 시간이 걸리는 난제였다.

그러나 10월에 들어서면서 세르비아계가 다시 전력을 가다듬고 반격을 개시함으로써 전황이 이슬람계에게 불리하게 전개되었다. 이제트베고비치에게 동정적이었던 홀브룩은 급히 밀로셰비치와의 협상을 통해 휴전에 관하여 원칙적인 동의를 받고, 이에 대하여 투지만과 이제트베고비치의 서명을 받아냈다. 그리고 휴전협정 발효를 위해 전기공급과 가스 공급 재개에 총력을 기울였다.

클린턴 대통령의 휴전 발표

마침내 10월 5일 클린턴 대통령은 5일 이내에 휴전이 성립될 것이라고 역사적인 발표를 했다.[15] 그리고 미국에서 3민족 공동체 대통령이 참여하는 회담이 개최될 것이라고 발표했다. 홀브룩 팀은 5일 후 발효될 휴전 이전이라도 끝까지 전투를 계속해 영토를 확보할 것을 투지만과 이제트베고비치에게 조언하는 친절을 잊지 않았다. 평화 협상에서 이슬람계와 크로아티아계로부터 협력을 얻고자 하는 계획의 하나였다.

그리고 홀브룩 팀의 전력투구 결과 10월 11일 정말로 오랜만에 사라예보에 전기가 들어왔고, 가스도 임시적으로 보급되는 극적이고 역사적 일이 일어났다.[16]

정상회담

프랑스는 3민족 공동체 정상회담 장소와 관련하여 에비앙Evian을 제시했고, 칼 빌트 EU 대표는 스톡홀름Stockholm을 추천했다. 그러나 세르비아, 이슬람, 크로아티아 모두가 미국 내 개최를 희망했다. 미국에서 개최해야만 미국의 힘을 배경으로 예상되는 3민족 간의 이견을 조정할 수 있다는 계산이었다.

유럽 국가들은 보스니아 헤르체고비나 내전 종식과 관련하여 뉴욕에서 외상회의가 개최되었고, 또한 앞으로 열릴 정상회담 장소도 미국 데이턴Dayton으로 결정됨에 따라 소외감을 금치 못하고 있었다. 따라서 홀브룩은 데이턴에서의 정상회담에서는 가서명만 하고, 정식 서명식은 파리에서 갖기로 했다. 이어 런던에서는 데이턴 협정 이행에 관한 회의를 개최키로 하여 모두의 참여의식을 북돋우었다. 러시아는 데이턴에서 개최되는 국제회의 공동의장으로 참석케 했고, 옛 유고연방과 접경하고 있으면서도 접촉 그룹에서 제외된 이탈리아에서는 접촉그룹 확대회의를 개최하기로 했다.

클린턴 대통령의 휴전 발표 시기에 맞춰 나토가 주도하는 평화 이행군IFOR의 보스니아 헤르체고비나 파견이 결정됐다. 총 6만 명의 평화 이행군에 미국은 2만 4,000명을, 영국은 1만 3,000명을 투입하기로 했다.

2 | 데이턴 평화협정

▨ 데이턴 평화협정과 종전

미국 주도하에 3년 반의 보스니아 헤르체고비나 내전을 종료하는 평화회의가 1995년 11월 1일부터 21일까지 미국 오하이오 주 데이턴Dayton 공군기지에서 개최되었다. 홀브룩은 데이턴 정상회담도 제네바 3민족 대표 외상회의 때처럼 소위 '근접 외교(The Dayton Proximity Talks)' 형식을 택했다. 데이턴 평화협정은 홀브룩의 검투사와 같은 전투적인 방법은 통하고 점잖은 접근은 통하지 않는다는 사실을 보여준 대표적인 예라고 평가되었다. 또한 군사력 없는 외교는 악기 없는 음악과 같은 것이었다. 홀브룩은 보스니아 헤르체고비나 문제해결을 위한 외교를 전개하는 과정에서 한반도의 분단과 같은 비극을 초래하지 않겠다고 다짐했다.

    데이턴 평화교섭은 난항을 거듭한 끝에 드디어 11월 21일 최종 합의를 보았다. 한 달 뒤인 1995년 12월 14일 파리의 엘리제궁에서 평화

협정이 정식 서명되었다.[17] 이로써 20만 명 이상의 희생자를 내고 230만 명의 난민을 발생시킨 보스니아 내전이 정식으로 막을 내리게 되었다.[18]

■■ 주요 합의내용

데이턴 평화협정은 11개 부속서로 구성되었다. 개괄적인 내용은 다음과 같다.

　(1) 1995년 10월 5일 합의한 휴전은 계속된다. 그간 보스니아 헤르체고비나 내전 중에 투입된 외국 전투부대는 30일 이내에 전부 철수한다. 신뢰 구축 방안으로 교전 당사자들은 교전지에서 중무기를 4킬로미터 이상 철수시킨다. 나토 평화 이행군 IFOR의 임무수행에 협조한다.

　(2) 지역 안정을 위한 신뢰 구축 조치로 군대의 이동, 훈련 등에 대한 사전 통고와 중무기 금수조치 등 무기통제협정을 체결한다.

　(3) 이슬람-크로아티아 연방과 스릅스카 공화국 간의 경계선 획정에 동의한다. 사라예보는 중앙 정부하에 통일된 지역으로서 모든 국민에게 개방된다. 고라즈데는 이슬람-크로아티아 연방과 연결될 수 있는 통로를 확보토록 하고 브르츠코 Brcko 문제는 일 년 내 국제중재재판에 의해 결정한다.

　(4) 대통령부와 중앙정부의 상하 양원 선거는 앞으로 6~9개월 사이에 실시하며, 유럽안보협력기구 OSCE가 총선거를 감독한다.

　(5) 중앙정부는 대통령부, 두 개의 입법기관, 헌법재판소 등으로 구성하며, 중앙정부는 외교, 법집행, 영공 통제, 통신 업무를 관장한다. 군

사 문제는 별도위원회를 구성하여 처리한다.

(6) 중재재판소를 설치한다.

(7) 국제적으로 인정된 인권 보호, 창달을 위한 기관을 설치한다.

(8) 피난민 및 강제 이주를 당한 가족의 귀한, 잃어버린 재산의 회복, 보상책 등의 업무를 관장할 위원회를 설치한다.

(9) 역사적, 종교적, 민족적 유물의 보존 및 운영을 담당할 기관을 설치한다.

(10) 도로, 철로, 항구 등 공공 교통망 운영을 위한 정부 공공사업기관을 설치한다.

(11) 유엔은 보스니아 헤르체고비나 경찰력 훈련 및 자문을 통하여 법 집행 활동 및 시설을 감시할 국제경찰 특별부대를 신설한다.

(12) 동슬라보니아 지역의 크로아티아 공화국으로의 반환을 위해 임시 조정 팀을 구성한다.

믈라디치와 카라지치는 전쟁범죄자로 국제유고전범재판소에 기소되었다. 13년 간의 도피 끝에 체포된 카라지치(당시 63세)는 2008년 7월 31일 첫 공판에서 당시 홀브룩 대사가 자신에게 "모든 공직을 그만두고 도망치면 전범재판소에 기소되지 않도록 해 주겠다고 언급했다"고 주장했다. 이에 대하여 홀브룩은 CNN과 인터뷰에서 "그는 도피 당시에도 미국이 뒤를 쫓지 않겠다고 내가 약속했다는 거짓말을 했다"며 "발칸 반도의 모든 악인들 가운데 최악의 인물"이라고 말했다.[19]

미국은 보스니아 헤르체고비나 전쟁 동안 여러 이슬람국가에서 파견한 약 4,000여 명의 성전(지하드) 병사들의 주둔에 대하여 특별히 우려를 표시했고, 이슬람계는 모든 이슬람 근본주의 전투 병사들을 데이턴 협정에 따라 30일 내에 보스니아를 떠나도록 하겠다고 발표했다.

데이턴 평화협정이 발효되면서 이를 뒷받침하기 위해 평화 이행군IFOR과 아울러 유엔임시행정청을 비롯한 국제기구들이 오랜 전란으로 만신창이가 된 보스니아 헤르체고비나로 들어갔다. 1995년 12월 20일 49개 정부와 20개 국제기구가 브뤼셀에 모여 보스니아 헤르체고비나 지원문제를 협의했다. 조화로운 다민족사회를 건설하기 위한 각종 국제적 노력이 경주되었다. 전쟁터는 일종의 국제 정치 실험 장소가 되었다.

한국도 유럽안보협력기구 OSCE 협력 동반자국으로서 1996년 9월 보스니아 헤르체고비나 선거 때 선거감시단으로 12명을 파견했으며 1998년 9월에 실시된 선거에도 감시단을 파견했다.

데이턴 협정 이행

세상을 정복하는 것 보다는 다스리는 것이 더 어렵다는 중국 고사처럼 전후 보스니아 헤르체고비나를 다스린다는 것은 결코 쉬운 일이 아니었다.

데이턴 협정의 대표적 성과

데이턴 협정 서명 이후 9개월 만인 1996년 9월 14일 총선거가 실시되었다. 국제사회는 보스니아에서 제퍼슨 민주주의의 실천을 바란 것은 아니었기 때문에, 선거는 OSCE 감시 하에 비교적 자유롭고 공정한 분위기 속에서 치러졌다.

보스니아 헤르체고비나는 두 개의 정치단체로 구성되었다. 보스니아 이슬람교도와 크로아티아계를 합친 '이슬람 – 크로아티아 연방'과 세르비아계의 '스릅스카 공화국'이다. 따라서 '보스니아 헤르체고비나'는 1국가 2체제로 구성되었고, 사라예보를 통합 수도로 지정했다.

3개 민족단위는 각기 자체의 대통령, 행정부와 의회를 두고 별도로 선거를 실시했다. 3개 민족단위는 각기 1명씩의 대통령을 선출하여 연방 대통령부에 파견키로 했다. 이들은 순번제로 돌아가며 8개월에 한 번씩 대통령직을 수행키로 했다. 4년이 임기이므로 두 번씩 '대표 대통령직'을 맡는 셈이 되었다. 그러나 이러한 묘안을 실천하는 것은 별개의 문제였다.[20]

평화 안정군(SFOR · Stabilization Force for Bosna)의 주둔 │ 평화협정이 체결되자 유엔은 나토 주도하의 평화 이행군IFOR 6만 명을 보스니아 헤르체고비나에 주둔시켰다. 평화 이행군IFOR은 교전자들을 갈라 놓았고, 중무기 철거, 유혈사태 중지 등 많은 업적을 쌓았다. 9월 총선거도 안전하게 끝내도록 치안 유지에 공헌했고, 국제유고전범재판소 업무도 지원했다.

클린턴 정부는 1995년 11월 대통령 선거를 의식하고 데이턴 협정 이행을 위해 미군 파견 약속을 하면서 미군은 약 1년 간 보스니아 헤르체고비나에 주둔할 것이라고 했다. 클린턴 대통령은 1년이 지난 후 평화 이행군은 기대이상으로 성공을 거두었다고 언급하면서, 미군 파견 기간을 1년 더 연장했다. 그러나 평화 이행군의 규모가 축소됨에 따라 나토 중심으로 편제가 바뀌면서 이름도 평화 안정군SFOR으로 바뀌었다. 평화 안정군은 1996년 12월 20일부터 업무를 시작해 현지 사정의 필요로 인하여 2004년 12월 21일까지 활동했다. 평화 안정군SFOR 의 임무는 2004년 12월 2일 다시 유럽연합군EUFOR에게 인계되었다. 2007년 10월 유럽연합군EUFOR은 그 인원수가 7,000명에서 2,500명으로 줄어들면서 평화유지 업무에서 시민 경찰업무를 수행하는 군대로 성격이 바뀌었다. 2008년 6월 현재 다시 감축되어 28개국에서 파견한 2,173명이 주둔하게 되었다. 유럽연합군EUFOR은 규모가 축소되고 임무도 제한됨에 따라 인종전쟁이 재발하거나 긴급사태가 발생할 경우 대처 능력에 한계가 있었다.[21]

보스니아 헤르체고비나 복구와 재건 | 보스니아 헤르체고비나에서는 내전 종식 후 3년 간 수천 명의 국제기구 관계관, 인권 관계관, 군인들이 미국인을 중심으로 구석구석 누비고 있었다.[22]

이들은 치안 확보, 금융 정책, 모스크 건설에까지 참여했다. 예를 들어 뉴질랜드 인사가 은행 책임자로 일하고, 전 LA 경찰이 국제 경찰 업무를 수행했다. 국제기구 요원들은 독립적인 통화 제조, 국기와 국가 만들기, 통일된 여권, 자동차 번호판 제정 등 다양한 업무에 종사하고 있었다. 사라예보에만 이런 인사들이 1만여 명 있었다. 그러나 데이턴 협정은 어떤 의미에서는 완전한 군정을 의미하는 것이었기 때문에 민간 부문을 담당하고 있는 EU와 구조적인 갈등을 안고 있었다.

동슬라보니아 반환 | 동슬라보니아는 1995년 11월 12일 에르두트Erdut 협정이 서명된 이후 1998년 1월 15일 크로아티아로 되돌려졌다. 그러나 이 지역에서 축출 당했던 6만 명의 크로아티아인 집들은 세르비아인들이 이미 점거하고 있어서 계속 문제로 남아있었다.[23]

이 지역의 와인은 애호가들에게 널리 알려져 있다. 7만 5,000리터의 와인을 저장할 수 있는 150년 된 오크나무 저장통은 세계에서 제일 큰 것으로 기네스북에 등재되어 있다.

브르츠코 지역의 중립화 | 1999년 12월 국제 조정위원회는 세르비아, 크로아티아, 이슬람계가 공히 접하고 있는 브르츠코Brcko 지역을 보스니아 헤르체고비나 주권하의 단일 지방자치지역으로 유지토록 하면서 세르비아, 크로아티아, 이슬람계가 공동 통치하도록 했다. 브르츠코 지역은 데이턴 협정내용 중 영토문제에 관하여 마지막 해결을 본 곳이다.

데이턴 협정 이행의 문제점

3개 민족 공동체의 독자성 | 데이턴 협정으로 내전은 끝났지만 3민족 공동체 간의 진정한 화해를 이루기에는 과거의 불행한 기억이 너무나 생생했다. 모두가 데이턴 합의사항을 자기에게 유리하게 해석하고, 자기 편의대로 행동했기 때문에 상호 협력한다는 것은 빈말이었다.

데이턴 평화 협정에서 '보스니아 헤르체고비나'는 단일 국가로 인정을 받았으나 3개 민족 공동체가 독자적인 군대조직을 보유하는 등 자치정부를 운영하고 있어서 정상적인 단일국가 기능을 발휘할 수 없었다.

이제트베고비치가 우려한 바와 같이 세르비아계 공동체를 '스릅스카 공화국'이라고 명명함에 따라 상징적으로나 현실적으로 세르비아계는 독립적인 정치단체의 성격을 띠었다. 데이턴 협정 이름 자체도 '보스니아 헤르체고비나에 관한 평화협정'이라고 정해 협정이 이슬람-크로아티아 연방을 주축으로 마련되었다는 사실을 암시했고 스릅스카 공화국을 배제하는 인상을 주는 실수를 범했다. 실제로 스릅스카 공화국 대표는 협정에 서명하지 않았다. 대신 서명한 사람은 밀로셰비치였다. 따라서 세르비아계들에게 계속 분리, 독립을 주장할 수 있는 근거를 준 셈이었다.

홀브룩이 평화협상을 추진함에 있어서 밀로셰비치를 교섭 창구로 정한 것은 효과적이었으나, 평화안을 실천하는 데 있어서는 문제가 되었다. 현지인들의 협력이 절대적으로 필요한 상황에서 이들을 협상에서 완전히 제외하는 결과를 초래한 것이다. 단견이 아닐 수 없었다. 전반적으로 홀브룩은 그의 저서에서 인정하고 있지만, 미국의 독주를 허용하기보다는 유럽의 견해를 좀 더 경청할 필요가 있었다.

외국군 철수문제 | 미국의 '청신호' 훈령 때문에 데이턴 협정이 가능했다고 하지만, 이란의 보스니아 헤르체고비나에서의 영향력 증가는 데이턴 협정 이행에 있어서 큰 실책 중 하나였다. 1995년 당시 보스니아 헤르체고비나에 머문 이란 혁명 전위대 요원은 약 300~400여 명으로 추산되었다. 데이턴 협정 부속서 1A의 제3조에 의하면 모든 외국 부대는 데이턴 협정 발효 30일 이내, 즉 1996년 1월 13일까지 보스니아로부터 철수해야 했다. 그러나 이슬람 의용군들 중 일부는 계속 보스니아에 잔류하고 있었다.

보스니아 이슬람계는 역경에 처해 있을 때 도와준 이란인을 축출할 수 없었다. 그러나 이제트베고비치는 미국의 강력한 압력하에 이들을 늦게나마 축출했다고 확인했으나, 미국 일간지 〈보스턴 글러브Boston

Glove)는 많은 무자히딘과 이란 전위대들이 보스니아 헤르체고비나 공화국을 떠나기는커녕, 보스니아 이슬람계 경찰 잔류, 보스니아 이슬람계 여자들과의 강제 결혼 등의 방법을 통하여 보스니아 헤르체고비나 시민권을 획득했다고 보도했다. 이제트베고비치는 이들을 국내 정치 반대 세력 억압에 이용하고 있었다.

피난민 귀향문제 | 강제 추방당한 피난민들의 귀향조치 문제에 있어서 3개 민족 공동체가 모두 비협조적이었다. 예를 들어 크로아티아 정부는 축출된 세르비아인들의 주택을 몰수하여 보스니아와 세르비아에서 쫓겨난 크로아티아인들에게 이미 배분해 준 상태였다. 따라서 크로아티아에서 쫓겨난 약 35만 명의 세르비아계들은 갈 곳이 없어졌다.[24] 마찬가지로 세르비아와 이슬람계도 같은 조치를 취했다. 크로아티아 공화국 아드리아 해안에 세르비아인들이 소유했던 별장들은 전부 몰수됐다.

3개 민족 공동체 간의 화합 실패 | 이슬람계, 크로아티아계, 세르비아계는 각자의 화폐를 사용하고 있었다. 데이턴 협정은 또 보스니아 헤르체고비나 전역에서 통일된 전신, 전화 체계를 구성할 것을 규정하고 있었으나 실제로는 민족 단위별로 3개의 전신, 전화체계가 운영되고 있었다. 15마일 밖에 안 되는 사라예보와 팔레 간의 전화 통화는 베오그라드를 통해야만 가능했다. 사라예보에서 크로아티아계가 거주하는 서부 모스타르 지역과의 통화는 자그레브를 통해야 가능했다.

데이턴 협정 평가

옛 유고연방 문제에 관여한 많은 인사들이 예측한 대로 보스니아 헤르체고비나 독립승인은 유혈사태를 초래했다. 일단 피를 흘리기 시작하자 그 많은 경고가 있었음에도 서로 지칠 때까지 멈출 줄을 몰랐다.

결국 미국의 개입으로 유혈사태는 끝났다. 그러나 미국은 보스니아 헤르체고비나 사태 자체의 해결을 위해 개입한 것이 아니었다. 일부 학자들은 서방세계에 의한 보스니아 헤르체고비나 내전 종료는 '싸울 의사가 없었던 전쟁에서의 승리(Triumph of Lack of Will)'라고 평가했다. 클린턴 대통령은 정적인 밥 돌 상원의원의 정치 공세를 차단하고, 미군 파견을 불가피하게 만들 유엔 평화 보호군 철수를 예방하기 위해 개입하기 시작한 것이었다. 따라서 데이턴 협정은 보스니아 헤르체고비나 문제를 근본적으로 해결하기보다는 당장 발등에 떨어진 불을 끄는 식의 임시변통에 가까운 조치였다. 따라서 미봉책이 많았고, 이로 인하여 데이턴 협정은 태생적으로 한계가 있었다.

그러나 미국은 뒤늦게나마 데이턴 협정을 성사시켰고, 보스니아 헤르체고비나 내 상호 적대적인 민족 공동체들로 하여금 총선을 통하여 단일국가 형태를 만들도록 했다. 미국의 크나큰 외교적 성과였다.

7
투지만, 이제트베고비치, 밀로셰비치

1 | 유고 내전의 3인방

■■ 투지만

투지만은 크로아티아 공화국의 독립을 성취함으로써 신화적 인물이 되었다. 독립을 추구함에 있어서 크로아티아 총 인구 480만 명 중 12%를 차지했던 세르비아계를 4.5%로 감소시킨 유능한 '인종청소가'였다.

투지만은 보스니아 헤르체고비나 내전 종식 이후에도 이 지역에 대한 영토 야심을 버리지 않았다. 보스니아 크로아티아계는 헤르체고비나 지역에서 크로아티아 국기를 게양하고, 크로아티아 화폐를 사용했다.

투지만은 1997년 대통령 3선 출마(당시 75세)를 위해 대통령 중임만을 허용하는 헌법을 개정코자 했다. 그러나 헌법 개정에 필요한 3분의 2 이상의 의석을 확보하는 데 실패했다.[1]

투지만은 말기에 독재자로 변했다. 투지만은 자그레브 지방 선거에서 당선된 야당연합 출신 시장의 임명을 강제로 무효화시키기도 했다. 이유는 수도 자그레브 시장은 야당 출신이 될 수 없다는 것이었다.

크로아티아의 TV는 투지만의 개인 소유물이 되었다. 투지만은 야당 성향이 강한 방송국(Radio 101)에 대하여 고액의 차별적인 세금을 부과하는 등 강권을 휘둘렀다.[2] 그리고 자기 권력 강화에 공헌이 큰 재외교포들에게 의석(12석)을 나누어주기도 했다.

투지만의 국유재산 사유화 정책은 해방 이후 한국에서의 적산가옥 처리나 러시아의 사유화 정책보다 더 심각한 실패를 향해 나아가고 있었다. 투지만은 국유재산을 자신의 친인척과 측근에게 불하했다. 또한 많은 공기업들이 투지만의 보스니아 크로아티아계 출신 측근들에게 분배되었는데, 그 숫자는 300여 개에 달했다. 투지만 측근 중 일부는 공기업을 분배받은 즉시 매각하여 현금화한 후 해외로 도피했다. 공장들은 문을 닫았고 실업률은 상승했다.

투지만은 1995년 8월의 '폭풍 작전' 이후 병세가 차츰 악화되어 1996년 11월 22일 미국 월터 리드Walter Reed 병원에서 암 치료를 받았다. 그는 국민들로부터 멀어지기 시작했다. 투지만은 한 때 자기를 지지했던 자그레브 주재 미국 대사가 크로아티아 인권문제를 거론하자, 자신을 제거하기 위해 야당세력을 방조하고 있다고 비난했다. 예를 들어, 그의 미국에 대한 불만은 항공기 구입 협상에도 영향을 미쳤다. 1996년 11월 28일 크로아티아 항공사는 미국 보잉사의 4억 달러 상당의 새로운 737기 7대의 구입 협상을 진행 중이었으나, 2억 5,000만 달러 상당의 유럽 에어버스 6대를 구입하는 것으로 결정됐다.

1998년 2월 투지만은 증세가 악화하면서 독재자들의 특징인 아첨꾼들의 득세를 막지 못했다. 투지만이 주최하는 연회 참석자들은 손에 연필을 들고 받아쓰기 준비를 하고 있었다.

투지만은 데이턴 협정이행에 충실하지 않았다. 이로 인해 크로아티아는 국제 금융기관의 차관 거부 등 제한 조치를 받았다. 경제사정은 악화되어 크로아티아 정부의 외채는 100억 독일 마르크에 달했다. 투지만은 3,000여 개의 은행계좌에 정부예산을 분산 관리하면서 자신의 정치적 목적을 위해 남용했고, 보스니아 크로아티아계 지원금으로 전용했다. 은행장으로 있던 그의 손자는 법망을 피해 다른 곳도 아닌 세르비아 공화국 수도 베오그라드로 도망갔고, 그의 딸은 권력형 비리와 부패를 자인하기도 했다. 그는 미국의 닉슨 대통령과 같이 자신의 집무실에서 대화를 전부 녹음하여, 스스로의 무덤을 팠다.[3] 그는 말기에 아들을 비밀경찰 책임자로 임명하는 등 친인척 중심 정치를 강행했다.

투지만은 77세가 되는 1999년 12월 10일 뇌일혈로 사망했다. 투지만 대통령 장례식에는 터키를 제외하고는 세계 국가원수 중 누구도 참석하지 않았다.

투지만 사망 이후 2000년 1월 3일과 1월 24일 크로아티아에서 총선이 있었다. 그 결과 투지만 정당인 민주통일당은 의석의 28% 밖에 얻지 못하여 야당이 되었다. 1995년에는 45% 국민의 지지를 받았었다.

투지만 대통령은 유능한 투사였으나 나라를 다스리는 능력까지는 갖추고 있지 못했다. 그러나 국제유고전범재판소에서 사망한 밀로셰비치 보다는 성공적이라고 할 수 있었다.

■ 이제트베고비치

'보스니아의 아버지'이며, '이슬람 저항의 영웅'인 알리야 이제트베고비치 대통령은 2003년 10월 19일 사라예보 병원에서 78세로 타계했다. 사망 원인은 낙상으로 악화한 심장질환이었다.

이제트베고비치는 보스니아 헤르체고비나 독립을 위해 투신할 당시 신앙심이 깊은 이슬람 학자이며 변호사로 알려져 있었다. 그리고 밀로셰비치와 투지만 간의 싸움의 희생양으로 인식되어 많은 동정을 받고 있었다. 미국은 이제트베고비치의 다민족, 다종교, 다문화 사회창조 주장을 지원하고 있었다.

옛 유고연방 주재 미국 대사였던 지머만은 1992년 1월 21일 크로아티아 신문 〈다나스DANAS〉와의 회견에서 이렇게 말했다. "이제트베고비치를 이슬람 근본주의자라고 부르는 사람이 있다. 우리는 이란에서의 경험을 통하여 근본주의자들이 어떤 사람들인지 알고 있으며 따라서 이제트베고비치가 일반적으로 국제사회에서 통칭하는 이슬람 근본주의자라고 믿지 않고 있다. 사실 그는 최악의 상태에 처해 있는 가운데 최선의 노력을 다하려 한 온건한 정치인으로 평가해야 한다." 그리고 그의 저서들은 이슬람교의 정치적, 종교적 철학에 대한 깊은 지식뿐만 아니라 서양의 정치 철학에 대해서도 해박한 지식이 있음을 보여주고 있다고 평가했다.

반면 그의 내면을 잘 들여다보면 호전적인 이슬람 근본주의자임을 알 수 있다고 비난하는 사람도 많다. 이제트베고비치는 보스니아 헤르체고비나 공화국이 독립을 선언하는 경우 많은 희생이 따른다는 사실을 알고 있었다. 그는 무고한 주민들의 생명을 담보로 도박을 했다. 국제적인 지원 확보를 위해 1992년 5월, 1994년 2월, 그리고 1995년 8월 사라예보 포격 사건 같은 자해 행위를 서슴지 않았다는 의심까지 받았다.

이제트베고비치는 데이턴 협정 때 불만 가득한 침묵을 지키며 협정에 서명한 것으로 보도되었다. 그는 데이턴 협정에 의해 전쟁은 끝났지만, 이슬람계의 승리를 이루지 못한 것을 후회했다고 한다.

데이턴 평화협정에 따라 민족 공동체별로 선거가 실시되었다. 이제트베고비치는 총선에서 자기의 정적이 된 하리스 실라이지치Haris Silajdžić를 공개적으로 협박하는 것도 주저하지 않았다.

이제트베고비치가 대통령으로 당선되자 그의 사무실은 권위주의적이고 이슬람 근본주의적인 반서구, 반미 집단의 소굴이 되었다. 경제 사정은 국제사회의 적극적인 재건사업에도 불구하고 호전되지 않고 있었다. 3개 민족 공동체 간의 알력은 계속되고 있었고, 크로아티아계와 이슬람계의 분리 움직임도 사라지지 않았다.

밀로셰비치

밀로셰비치는 데이턴 협정 체결 이후 자신의 권력기반을 다지기 위해 대대적인 정치권 물갈이를 단행했다. 그는 최측근이자 옛 유고연방 대통령이었던 보리사브 요비치도 물러나게 했다.

밀로셰비치는 데이턴 협정 체결을 통하여 평화 구축에 기여했고 세르비아 공화국에 대한 경제 제재를 완화시켰다며 자신의 외교적 성공을 대대적으로 선전했다. 그 결과 총선에서 그의 정당인 사회당은 99.88%의 지지를 받을 수 있었고 밀로셰비치는 다시 당수로 선출되었다(총투표 중 반대 1표, 무효 1표). 한편 밀로셰비치는 부인의 좌파연합당과 사회당의 공조관계를 긴밀히 추진해 가면서 세르비아 공화국을 점차적으로 '좌경향'으로 몰고 갔다.

밀로셰비치는 1997년 12월 세르비아 공화국 대통령 5년 임기를 마칠 예정이었다. 그는 대통령 3선을 금지하고 있는 헌법 규정 때문에 세르비아 공화국 대통령으로 다시 선출될 수 없었다. 따라서 밀로셰비치는 신유고연방 대통령으로 출마하여 7월 15일 대통령으로 당선되었다. 그는 8년간의 세르비아 공화국 대통령에 이어 다시 5년 임기의 신유고연방 대통령으로 취임했다.

밀로셰비치의 권력기반은 선거부정, 비밀경찰, 언론, 그리고 암시장을 들락거리는 검은돈이었다. 그의 부인은 "우리 공산당은 피를 통해 정권을 쟁취했다"고 하면서 정권에서 물러날 때도 같은 방법이 될 것이라고 했다. 밀로셰비치는 숭고한 민족주의 간판을 내걸고 국민을 농락한 권모술수에 밝은 일종의 기술자였다.

세르비아 공화국 국민들은 모든 세르비아인들이 한 지붕 아래서 살게 될 것이라는 '대세르비아' 건설 구호를 점점 들을 수 없게 되었다. 밀로셰비치는 한갓 권력에 사로잡힌 정치꾼으로 변했다.

밀로셰비치는 데이턴 협정 이행에 불성실했다. 밀로셰비치는 홀브룩에게 기만당했다고 생각하고 있었다. 그는 전쟁을 통하여 승자가 될 것으로 믿었지만 패자가 되었다.

2 | 밀로셰비치와 코소보

▪▪ 데이턴 협정과 코소보

데이턴 협정은 코소보에 대해서는 전혀 언급이 없었다. 만일 코소보 문제가 제기되었더라면 밀로셰비치의 협조를 얻을 수 없었을 것이다.

코소보 알바니아인들은 데이턴 협정에서 코소보 문제에 대한 언급이 전혀 없는 것은 국제사회가 자신들의 독립주장에 무관심하고, 세르비아에 동조하고 있는 것이라고 간주하고, 코소보 해방군Kosovo Liberation Army을 중심으로 세계의 이목을 끌며 독립투쟁을 하기로 결심했다.

데이턴 협정이 서명된 된 지 5개월 되는 날, 코소보의 데차니Dečani 마을의 한 카페에서 음료수를 마시던 세르비아인이 무차별 총격을 받아 숨졌다. 코소보 해방군은 런던에 있는 BBC 방송국에 총살이 자신들의 짓이라고 밝혔다.[4] 세르비아 정부 당국의 코소보인에 대한 보복 조치는 단호했다. 코소보 해방군은 이에 대항해 다시 세르비아 경찰을 공격했고, 매복 암살 등을 통하여 세르비아 부락 및 주택을 방화하면서 게릴라전을 펼쳤다. 세르비아 경찰은 즉각 반격에 나서서 반군은 물론 반군 거점 지역의 주민들을 대량 학살했다. 이는 제2차 세계대전 때 파르티잔이 독일군을 사살하자 20배, 50배의 유고슬라비아인들을 처형한 독일군의 보복 못지 않은 만행이었다.

알바니아인들은 이런 세르비아 경찰의 잔인한 보복행위를 슬로베니아의 예를 따라 치밀한 홍보계획을 세워 전 세계에 전파했다. 그 결과 전 세계는 코소보 알바니아인에 대한 동정심을 나타내며 세르비아인들의 잔학상을 규탄하게 되었다.

그리고 코소보 알바니아 해방군은 모국격인 알바니아 공화국으로부터 무기를 다량 수입하여 전력을 가다듬고, 도발 행위를 한층 강화했다. 세르비아 정부는 도발 행위가 있을 때마다 역시 한층 강한 보복 공격으로 대응했다.

1998년 3월 미 국무장관이 된 올브라이트는 세르비아군의 코소보에서의 인종청소 만행을 좌시하지 않겠다고 언급하면서 세르비아군의 코소보로부터의 철수를 요구했고, 밀로셰비치에게 미국 특사를 보내 코소보 알바니아인들과의 협상을 종용했다. 그러나 밀로셰비치는 미국 특사의 면담을 거절했다.

국제사회는 코소보가 사라예보와 같이 될 것을 우려하여 코소보 알바니아인들에게 독립 요구를 완화할 것을 요구했고, 밀로셰비치에게는 나토군의 코소보 주둔을 통한 무력충돌 방지안에 동의하도록 종용했다. 그러나 코소보 알바니아인들은 독립 이외의 어떤 대안에도 반대했고, 밀로셰비치는 세르비아 공화국 영토인 코소보에 외국군이 주둔하는 것은 내정간섭이라는 이유로 반대했다.

올브라이트 국무장관은 밀로셰비치와 같은 악인에게는 물리적인 조치가 필요하다고 했다. 그러나 나토 동맹국들은 세르비아에 대한 무력사용은 유엔 안보리 결의가 필요한 일이라고 주장했다. 이에 대해 올브라이트는 유엔 안보리 결의는 러시아의 반대로 불가능할 것이나, 그간의 유엔 결의문은 무력을 사용할 수 있는 충분한 근거를 제공하고 있다고 역설했다. 1998년 6월 영국 외상은 이 같은 올브라이트의 강변에 대하여 영국 변호사들은 반대의견을 갖고 있다고 밝혔다. 그러자 올브라이트는 새로운 변호사 팀을 구성하라고까지 하면서 강한 입장을 견지했다. 결국 나토 회원국 국방장관들은 세르비아를 견제하기 위해서는 공습 이외에 다른 선택이 없다는 데 합의를 했다.

이 와중에 밀로셰비치는 6월 16일 모스크바를 방문하여 옐친에게 도움을 청했다. 그러나 서방세계의 경제 협력이 필요했던 옐친은, 특히 밀로셰비치가 고르바초프를 제거하기 위해 쿠데타를 일으켰던 과격파들을 지지한 바도 있었기 때문에 지원에 적극적이지 않았다.

올브라이트 미 국무장관의 전면 등장

1998년 9월 밀로셰비치의 공안부대가 알바니아의 테러에 대해 공세를 취하여 노약자들을 포함한 16명을 총살한 사건이 발생했다. 유엔 안보리는 1998년 9월 23일 즉각적인 휴전, 세르비아 특별 경찰 철수, 정치적 협상 재개 등을 요구하는 결의안을 통과시켰다. 10월에 가서는 올브라이트 국무장관을 비롯한 강경파들의 공중폭격 주장이 힘을 얻기 시작했다. 강경론이 득세하는 가운데 미국은 10월 12일 데이턴 협정 주선자인 홀브룩을 다시 밀로셰비치에게 보내 휴전을 주선토록 했다.

홀브룩 특사는 밀로셰비치와 9일간의 협상 끝에 세르비아 주력 부대의 코소보 철수, 1,600명으로 구성된 비무장 국제 감시단의 코소보 주둔, 합의 이행을 감시하기 위한 나토의 코소보 영공 비행에 합의했다. 그러나 밀로셰비치는 이 안에 동의하는 조건으로, 나토 사령관에게 위임되어 있는 공습권의 취소를 요구했다. 홀브룩이 협상결과를 보고하자 미국을 비롯한 강경파들은 밀로셰비치의 조건이 일종의 기만술이라고 하면서 거부했다. 밀로셰비치는 자기가 제시한 조건이 거부되자 노여움에 가득차 다시는 데이턴 협정의 경우처럼 서방세계에 속지 않을 것이라고 외쳤다. 그리고 밀로셰비치는 즉시 코소보 지역 경계선에 세르비아 군인을 집결시켰다(Operation Horseshoe).

코소보에서 다시 무력 충돌이 격화하기 시작했다. 1998년 12월 14일 코소보 해방군 30여 명이 전투 중 사살 당했다. 이에 대한 보복으로 알바니아 게릴라 부대는 카페에서 6명의 젊은 세르비아인과 3명의 순찰 중인 경찰을 살해했다. 세르비아는 다시 12월 20일 보복 공세를 가했다. 코소보 해방군은 모질게 저항했고, 세르비아인을 악마로 비치게 하는 홍보 활동을 멈추지 않았다.

라차크 대량살상 사건

코소보 해방군은 세르비아 경찰 3명을 사살했다. 세르비아 군대는 1999년 1월 15일 라차크Račak 지역에서 코소보 해방군을 발본색원한다는 목적하에 대대적인 공세를 취하여 45명의 무고한 민간인을 살해했고, 이들의 시신을 촬영한 끔찍한 영상은 TV를 통하여 전 세계로 전파되었다. 밀로셰비치는 사살 당한 자들이 테러 분자들이라고 해명했다.

올브라이트 국무장관은 1999년 1월 27일 모스크바 방문 중 나토군 개입을 반대하는 러시아 외상에게 코소보 문제 해결을 위해서는 무력사용 이외에는 방법이 없다는 점을 강조했다. 올브라이트는 모스크바 방문 후 나토공습에 관한 나토 동맹국의 입장을 타진했다. 타진 결과 세르비아에 대한 무력사용에 대하여 이견이 있음을 발견하고, 우선 밀로셰비치와의 대화를 추구했다.[5]

아티사리 중재 노력의 실패

국제 분쟁 해결 경험이 많은 마르티 아티사리 Martti Ahtisaari 핀란드 대통령(1994~2000)은 미국의 요청을 받고 정치적 타협안을 마련했다. 코소보에 향후 독자적인 헌법 제정권과 국제기구 가입 및 국제협약 체결 권한을 부여하고, 국기와 국가를 가질 수 있도록 하는 중재안이었다. 사실상 코소보의 독립을 인정하는 내용을 담고 있는 이 안에 코소보 내 알바니아계 지도부는 지지 의사를 표명했다. 그러나 세르비아 정부는 중재안에 강하게 반발하면서, 다만 코소보에 경찰의 치안권 등을 포함한 광범위한 자치권을 부여하겠다는 타협안을 제시했다. 이 타협안에 대해서는 알바니아계가 거부했다. 결국 아티사리 대통령은 "마지막 협상에서 양측은 어떤 합의점도 찾지 못했으며 협상 당사자 간 타협의 가능성이 없다"며 협상 결렬을 선언했다.

▦ 랑부예(Rambouillet) 협상 실패

올브라이트 국무장관은 밀로셰비치의 비타협적인 태도에 격분하여 즉각적인 나토의 공습을 재차 주장했다. 나토도 만약 사태가 평화적으로 해결되지 않는다면 군사개입을 감행하겠다는 입장을 밝히게 되었다. 러시아와 중국은 유엔의 역할을 강조하면서 나토의 군사개입은 국제사회의 새로운 긴장을 고조시킬 뿐이라며 공습을 반대했다.

이런 가운데 프랑스와 영국이 다시 한 번 외교적인 노력을 시도할 것을 제의하여 약 100여 쪽에 달하는 새로운 평화안이 마련됐다. 1999년 2월 6일 올브라이트 국무장관의 주재로 서방 6개국 대표, 세르비아 대통령, 신유고연방 대표, 그리고 하심 타치Hashim Thaçi 알바니아 해방군 대표가 참석하는 회의가 열렸다.

올브라이트 장관은 회담에서 100쪽에 달하는 서방 측 평화안을 제시했다. 주요 내용은, (1) 3년 동안 알바니아의 독립 문제 제기 연기, (2) 알바니아계 자치권 부여, (3) 코소보 해방군 해체, (4) 세르비아 공안부대 철수, (5) 민족 구성 비율을 반영한 새로운 경찰 조직 창설, (6) 나토군 주둔을 통한 휴전 감시 등이었다. 올브라이트 장관은 세르비아가 이 평화안에 반대하는 경우 나토공습이 있을 것이고, 알바니아가 반대하는 경우 알바니아 해방군에 대한 국제적인 지원을 차단할 것이라고 압박했다. 그리고 양측이 평화안을 수락하지는 않더라도 우선 휴전만이라도 합의하라고 요구했다. 독립에만 집착하고 있는 알바니아인들은 즉석에서 평화안을 거부했다. 올브라이트는 알바니아가 평화안에 동의하지 않으면 외부의 지원이 끊길 것이며 오로지 세르비아군에 의한 알바니아인의 학살만 있을 것이라고 위협했다. 또 "알바니아 해방군이 서방세계의 모든 평화노력을 수포로 만들고 있다"고 격노하면서 "코소보의 학살은 알바니아의 책임"이라고 말했다.[6]

코소보 알바니아의 대표는 올브라이트의 노골적인 위협에도 불구하고 한 치의 양보도 불가하다며 맞섰다. 만일 자기가 즉각적인 독립을 주장하지 않을 경우 배신자라는 누명을 쓰게 될 것이라는 말도 했다. 그러나 미국의 끈질긴 설득이 뒤따르자 본국과의 협의가 필요한 만큼 2주간의 시간적 여유를 달라며 물러섰다. 올브라이트도 이에 동의했다.

한편 올브라이트는 나토군 주둔이 내정간섭이라고 반대하는 밀로셰비치에게 전화를 걸어 평화안에 동의토록 설득했다. 올브라이트는 나토 국제군의 성격은 중립적이 될 것이며 세르비아 정부의 초청 형태로 파견될 것이라고 말했다. 이와 관련해 당시 올브라이트가 밀로셰비치에게 강압적인 고자세로 협상안을 강요했다는 설은 사실과 다르다고 미 국무성 대변인이 후에 밝혔다.[7]

코소보 알바니아 대표는 본국과 협의 후, 우여곡절 끝에 1999년 3월 18일 프랑스 랑부예에서 평화안에 서명했다. 밀로셰비치는 나토군 주둔을 이유로 평화안 서명을 거부했다.[8]

랑부예 안은 '협정(Agreeement)'으로 되어 있고, 신유고연방 대표, 세르비아 공화국 대표, 코소보 대표가 당사자로서 서명하게 되어 있었다. 나토를 위시하여 서방측의 서명 란은 없었다. 따라서 세르비아 측은 이 문건이 '협정'이라기보다는 일종의 세르비아의 '항복문서', 또는 나토의 '점령안'이라고 해석했다. 이 안의 부속서류(Appendix B)에 따르면 나토군이 탑승한 차량, 선박, 항공기는 코소보뿐만이 아니라 신유고연방의 전 영토와 영해, 영공을 아무런 제한 없이 자유롭게 통행할 수 있었다. 또 나토 요원들은 신유고연방 안에서 어떤 형사, 민사, 행정상의 범죄를 저질러도 신유고연방 사법부의 재판을 받지 않는 면책특권을 향유할 수 있도록 규정하고 있었다. 세르비아 측은 이에 대해 점령이나 다름없다고 주장했다.

밀로셰비치는 랑부예 협정안을 거부하고 알바니아 해방군 소탕을 위해 3월 말 코소보 근방에 대규모의 군대를 집결시켰다.

올브라이트는 알바니아인은 평화안에 동의했고 밀로셰비치는 계속 평화안 서명을 거부했기 때문에 계획대로 나토의 공습을 제의했다. 그러나 영국, 독일, 프랑스 외상은 마지막으로 밀로셰비치를 설득할 것을 제의했다. 올브라이트도 이 제의를 받아들여 외상들 대신 밀로셰비치와 협상 경험이 있는 홀브룩을 보낼 것을 제의했다. 홀브룩은 모두의 양해하에 다시 베오그라드로 갔다. 그러나 밀로셰비치는 홀브룩이 제시한 마지막 안을 1999년 3월 22일 거부했다. 홀브룩은 밀로셰비치와의 마지막 면담 후 밀로셰비치는 자기 국민들에 대한 나토의 공습을 의식적으로 도발하는 것 같다고 평했다.

코소보 전쟁은 올브라이트 미 국무장관의 전쟁이라고도 한다. 올브라이트는 1993년 주 유엔 대사로 빌 클린턴 행정부에 합류한 순간부터 밀로셰비치를 축출하기 위해 투쟁했다. 올브라이트는 국무장관 취임 때 "내가 떠나기 전에 밀로셰비치가 축출되기를 원한다. 그것이 나의 최우선 과제"라고 말할 정도였다.

1993년 초 밀로셰비치 영향력 아래 있던 세르비아 언론은 베오그라드 동물원에 있는 가장 독이 많은 뱀의 이름을 "매들린 올브라이트"라고 명명했다. 당시 밀로셰비치는 올브라이트가 클린턴 정부에서 국무장관이 될 줄은 꿈에도 생각하지 못했을 것이다. 특히 코소보 문제로 세르비아에 대한 나토공습의 주동자가 되리라고는 더더욱 생각할 수 없었던 것이다.[9]

클린턴 대통령은 나토공습을 결정했다. 그러나 국내 여론을 의식하여 밀로셰비치가 가장 두려워하는 지상군 파견은 없을 것이라고 말했다. 이 말은 미국언론을 의식한 것이었으나 밀로셰비치를 더욱 비타협적으로 만든 실수였고 밀로셰비치로 하여금 미국의 단호한 입장을 오판하도록 하는 원인을 제공했다.

■ 나토의 공습 결정

하비에르 솔라나 Javier Solana 나토 사무총장은 유엔 안보리 결의문이 없는 가운데 1999년 3월 24일 세르비아에 대한 제1차 나토공습을 명령했다. 전쟁 선포 없는 전쟁 행위였다. 미국 상원은 나토의 군사행동을 지지하는 결의안을 58대 41로 가결했다. 미국의 단호한 입장을 과시한 것이며, 정세에 따라 유엔 결의 없이도 언제든지 무력을 쓸 수 있음을 보여주는 것이었다.[10]

나토공습이 시작된 지 수일 만에 세르비아 공화국 전역에 걸쳐 전략적, 전술적 주요 군사 목표물이 폭격당하고, 신유고연방의 방공시설이 훼손되었다.[11]

나토공습에 대한 이의

코피 아난 유엔 사무총장은 유엔 안보리 결의문을 배제한 나토의 신유고연방 공습에 불만을 표시하는 성명을 발표했다.[12] 그는 유엔의 보스니아 세르비아계에 대한 공습권을 나토에 위임한 바 있었으나 이번에는 달랐다. 나토 회원국인 이탈리아는 공습으로 인하여 발생할 피난민의 대거 유입과 코소보에 한 막대한 투자를 고려하여 나토의 공습에 미온적이었다. 세르비아와 전통적 우호관계를 가지고 있는 그리스는 반대했으나 압력에 의해 나토공습에 동의했다. 헝가리, 체코, 폴란드는 불편한 가운데 동의했다. 나토의 폭격 결정을 비난한 국가들은 러시아, 중국, 이라크, 시리아, 리비아, 알제리, 이란 등이다.

나토공습과 관련하여 러시아의 옐친 대통령은 "세계 지도자들은 미국의 비극적 실수를 저지해야 한다"고 주장했다.[13] 러시아는 모스크바 주재 나토 관계자들의 출국을 요청했다. 예브게니 프리마코프Yevgeny Primakov 러시아 수상은 1999년 3월 세르비아에 대한 나토의 공습이 시작되자 미국행 비행기를 돌려 모스크바로 귀환했다. 이때 러시아 외채 상환과 관련하여 IMF 직원이 모스크바로 날아갔다. 프리마코프 수상은 나토의 공습 비난과 IMF와의 차관교섭이 동시에 이뤄지고 있는 가운데 대서방 비난의 수위를 조절했다.

중국은 나토의 공습은 주권을 존중하는 유엔 헌장을 정면으로 위배하는 조치라고 맹공격을 가했다.[14] 헨리 키신저Henry Kissinger 전 미 국무장관도 코소보에 나토군을 투입하겠다는 구상에는 전혀 이성이나 합리성이 없으며, 선례가 없다고 비판했다.[15] 나토가 공습작전에 성공하면 유엔 안보리 허가 없이 나토가 지역문제에 개입할 수 있는 전례를 만드는 것이었다.[16]

나토의 2차 공습

나토의 1차 공습이 시작되자 세르비아 부대는 코소보에서 무자비한 작전을 수행해 나갔다. 나토의 공습과 세르비아 군대의 진입으로 알바니아인들은 더욱 곤경에 빠지게 되었다. 〈워싱턴 포스트〉는 며칠간의 폭격으로 승리를 기대했던 것은 올브라이트의 실수라고 지적했다.

솔라나 나토 사무총장은 3월 27일 2차 공습을 명했다. 공습 목표물은 밀로셰비치가 코소보 주민 학살에 동원할 수 있는 모든 시설과 수단이라고 밝혔다.

밀로셰비치는 3월 27일 파르티잔 정신을 되살리자는 구호와 함께 "어떠한 대가를 치르더라도 적들에게 영토를 내주지 않겠다는 우리의 결심은 확고하다"고 언급했다. 밀로셰비치는 전혀 굴복할 기미를 보이지 않았다. 공습은 오히려 세르비아군과 보안군들의 알바니아인 인종청소를 더욱 격화시켰다. 국민들도 밀로셰비치를 지원했다.

밀로셰비치는 당시 클린턴 대통령의 섹스 스캔들로 인한 탄핵 움직임 때문에 미국이 강력히 대응하지 못할 것이라고 판단했다. 그는 나토의 공습 수위가 높아지는 데 비례하여 알바니아계 추방 및 학살의 수위를 높이면서 맞대응했다. 미국을 비롯한 서방국가들은 몇 차례의 폭격이면 밀로셰비치가 굴복할 것이라고 예상했으나 예측은 빗나갔다. 밀로셰비치도 결코 코소보에서 실패할 수 없다는 미국과 나토의 결의를 저평가하는 실수를 범했다. 클린턴은 "평화안을 수용할 때까지 공습을 계속해야 하고, 할 것"이라고 언급했다.[17]

이 가운데 수많은 알바니아 피난민이 발생했다. 세르비아군은 알바니아인들이 국경을 넘어 피난 갈 때 여권, 신분증명서, 재산관계 증빙서류를 모두 압수하여 다시 돌아올 수 있는 근거를 말살했다.[18]

당시 코소보 해방군의 전략은 알바니아인들로 하여금 모두 피난 가도록 하여 세르비아인들이 얼마나 잔혹한지를 보여주는 것이었다는 설이 있다. 즉 대대적인 코소보 탈출은 할리우드의 반세르비아 영화 같이 조작된 연극이었다는 것이다. 이와 같은 연극은 10년 전에도 있었다. 세르비아인들이 알바니아 학교를 폐교시켰다고 선전했지만 사실은 알바니아인들이 학교를 보이콧 한 것과 같은 수법이었다.

나토공습이 장기화함에 따라 일부 나토 회원국 내에서 반나토 분위기가 조성되었다. 그러나 올브라이트의 강경책에 밀려 기를 펴지 못했다. 러시아는 나토의 폭격을 비난하는 유엔 결의안을 추진했으나 12대 3으로 부결되었다. 나토공습 도중 레이더에 잡히지 않는 스텔스기가 1981년 실전 배치 후 처음 추락한 사건이 발생했다. 조종사는 극적으로 구출되었다.

세르비아 군대는 3월 31일 마케도니아와의 경계선에서 3명의 미국 군인을 체포하여 인질로 삼고 TV를 방영하면서 공개처형을 할 것이라고 위협했다.[19] 그리고 밀로셰비치는 마케도니아로 전투가 확장되도록 했으나 성공하지 못했다.

밀로셰비치의 휴전제의

1999년 4월 6일 밀로셰비치는 코소보에서 소기의 목적을 달성했다고 하면서, 2주간의 나토공습이 있은 후 동방정교회의 부활절을 맞이하여 일방적으로 휴전을 선언했다.[20]

나토는 밀로셰비치의 휴전 제의는 단순히 공습을 피하기 위한 조치라고 하면서 받아들이지 않았다.[21] 그리고 대안으로 5개 조항의 휴전안을 제시했다. 그러나 밀로셰비치 역시 동의할 수 없는 안이었다. 이는 마치 오스트리아가 사라예보 오스트리아 황태자 암살 사건을 계기로 세르비아 왕국에게 요구한 받아들일 수 없는 내용의 최후통첩과 같은 것이었다.

계속적인 나토의 공습

나토는 역휴전제의를 하고 공습을 계속했다. 미국은 한 사람의 미군 희생 없이 순식간에 세르비아를 폐허로 만들었다. 밀로셰비치는 잔인한 알바니아인 인종청소가 나토 회원국 간의 분열을 초래할 것이라고 예상했으나 잘못된 판단이었다. 특히 미국을 겁주기 위해 3명의 미군을 포로로 잡은 것은 잘못이었다. 처칠은 제2차 세계대전에 미국이 참전하기 전 언급하기를, 미국사람들을 위협하거나 겁먹게 하는 것보다 화나게 만드는 것이 훨씬 쉽다고 언급한 적이 있다. (It is far easier to infuriate the Americans than cow them.)[22]

한편 러시아 국내에서는 슬라브족 형제들을 도와야 한다는 구호 아래 의용군을 모집하기도 했다. 러시아는 세르비아와의 연대 강화 표시로 흑해함대 소속 군함 7척을 아드리아 해에 파견하는 등 군사적 시위를 벌였다. 나토의 공습 강화에 대한 비난은 계속되었다. 나토군의 공습만으로는 코소보 문제를 해결할 수 없다는 주장이었다.[23]

세르비아에 대한 나토의 공습이 4주째 들어가면서 나토는 거의 모든 중요 군사 표적물을 잿더미로 만드는 데 성공했다. 그러나 정치적으로는 세르비아인들을 일층 격하게 만들었고, 국민들의 밀로셰비치에 대한 지지도를 더욱 올라가게 만들었다. 밀로셰비치는 코소보 문제는 세르비아 이외의 누구의 일도 아니라고 강조하고 있었다.[24]

나토의 공습 확대

나토는 세르비아의 교량, 정부 건물, 발전소, 공장, 가공식품 공장, 군사기지 등을 폭격했지만 밀로셰비치는 흔들림이 없었다. 밀로셰비치는 코소보를 포기하는 경우 몇 주일 내에 암살당할 것임을 알고 있었고, 나토의 폭격에 대항하는 길만이 자기에 대한 국민의 지지를 강화하는 길이라는 것을 굳게 믿고 있었다.

나토는 지상군을 파견하지 못하는 상황에서 무차별적인 공습만을 강화한 나머지 무고한 시민의 희생을 초래하고 있었고, 점차 위험 수위에 달하게 되었다. 이제 나토와 밀로셰비치 중 누가 끝까지 버틸 수 있느냐가 관건이 되었다.

나토의 공습이 세르비아 군대와 경찰의 사기를 저하시키는 데 성공하지 못하자 1999년 4월 23일 워싱턴에서 개최된 나토 정상회담에서 참석자들은 공습 목표를 한층 확대하기로 결정했다. 목표물에는 군 산업시설, 군 민간 공용 사회간접시설, 교량, 공장, 발전소, 학교, 병원, 요양원, 통신시설, 밀로셰비치 부인이 당수인 좌파연합당 당사, 세르비아 공화국 라디오 및 TV 방송국이 포함되었다.

나토는 밀로셰비치가 정책을 변경하지 않는 한 공습은 계속될 것이라고 위협했다.[25] 나토의 공습으로 많은 무고한 민간인 사상자가 발생했으며, 특히 오폭으로 인한 희생자가 많았다.

베오그라드 주재 중국대사관 오폭

나토의 전투기가 베오그라드 주재 중국대사관을 폭격하여 3명이 사망하고 18명이 부상당하는 사고가 일어났다. 오폭으로 미국은 첨단과학이 뒷받침하는 현대전의 수행능력을 과신하다가 큰 망신을 당하게 되었다.[26]

중국에서는 오폭사건을 계기로 전국적으로 반미시위가 전개되었다. 미국과 나토는 오폭에 대하여 사과를 했고, 중국은 주권침해로 간주하고 진상조사 및 관계자 처벌을 요구했다.

그간 중국의 최대 정치적 목표는 안정이었다. 그리고 중국의 기본 외교 노선은 경제발전을 위해 가능한 미국과의 마찰을 피하는 것이었다. 이런 맥락에서 중국은 세계무역기구 가입, 인권 문제, 전역 미사일 방위 체제, 핵 기술 누출 의혹 등 예민한 문제가 발생할 때마다 미국에 대하여 저자세를 취해왔다. 중국은 이 같은 대미 유화정책을 추구하는 과정에서 자존심이 상했고, 강경파를 무마해야 할 입장에 처하기도 했다.

중국은 국내 분위기를 고려하여 나토의 오폭을 계기로 미국에 강력히 저항했다. 이러한 대미 강경책은 중국 국내의 인권 상황에 대한 서방세계의 간섭 가능성을 사전에 차단하기 위한 예방조치이기도 했다. 티베트에서의 종교 자유 및 자치 탄압, 이슬람교도가 많은 신장^{新疆}에서의 자치 탄압 등 예민한 인권 문제가 현재진행형이었던 것이다. 또 나토가 인도주의 입장에서 코소보 문제 개입을 정당화하는 경우 중국의 소수민족 보호를 위한 외부의 군사적 개입을 정당화시킬 수 있기 때문에 중국의 반대는 더욱 심할 수밖에 없었다. 특히 톈안먼^{天安門} 사태 10주년을 맞이하여 국내 반체제 운동을 예방하지 않으면 안 되었던 것이다. 클린턴 대통령은 중국에 사과하고, 3,000만 달러 상당의 배상금을 지불했다.

한편 미군의 베오그라드 주재 중국 대사관의 폭격은 의도적이었다는 설이 있다. 이 사건과 관련해 장쩌민^{江澤民} 전 중국 국가주석은 회고록에서, 나토군이 베오그라드 주재 중국 대사관을 폭격했을 당시 중국 대사관 지하에 세르비아군 정보요원들이 숨어 있었다고 밝혔다. 중국은 정보요원들의 은신처를 제공해 달라는 밀로셰비치의 간청을 받아들였다는 것이다. 폭격이 있은 후 미국은 중국 대사관 내부에 있던 세르비아 요원들이 원격 통신을 하고 있었던 증거를 중국 정부에 제시했고, 중국은 반미시위를 억제할 수밖에 없었다. 당시 중국은 나토공습을 반대하고 밀로셰비치를 지지하고 있었는데, 밀로셰비치는 이 같은 지지대가

로 격추된 미국 F-117 스텔스 전투기의 항법 장치와 단열재 및 부품들을 중국에 제공했다고 한다.[27]

중국의 소수민족 정책

중국 인구의 94%가 한漢족이다. 나머지 6%가 소수민족에 해당된다. 이들은 중국 대륙 곳곳에 산재하고 있는데, 특히 국경지역에 집중 거주하고 있기 때문에 안보상 중요시되고 있다. 소수민족이 거주하는 지역은 불모의 땅을 포함하여 중국 본토의 64%에 달한다.

중국 헌법은 "각 민족은 평등하다"고 규정하고 있다. 그리고 한족과 55개의 소수민족을 '중화中華 민족'이라고 부르며 민족 평등을 강조하고 있다. 일반적으로 중국의 소수민족 정책은 전 소련 연방과 옛 유고 연방의 소수민족 정책과 대동소이하다. 중국도 소수민족 자치제를 실시하고 있는데, 규모에 따라 자치구, 자치주, 자치현이 있다.

중국의 소수민족 자치권 부여는 중국 공산당이 산악지대에서 국민당에 대한 게릴라 전쟁을 전개할 때 소수민족의 도움을 많이 받은 역사에서 유래한다. 마오쩌둥毛澤東은 신세를 많이 진 소수민족들에게 독립지역 구성 권한이 있음을 공약했다. 그러나 1949년 공산화 이후 상황이 변함에 따라 소수민족의 독립 움직임을 배반 행위로 취급했다. 소수민족은 전통적인 의상도 입을 수 없을 정도로 탄압받았다. 1960년대와 1970년대 많은 소수민족들이 대학살을 당했다.

중앙정부가 55개 소수민족 가운데 특히 관심을 가지고 있는 민족은 티베트족, 위그르족, 회回족, 몽골족, 조선족이다.

중국은 나토와 유엔이 코소보 문제 개입을 시작으로 과거 마오쩌둥이 소수민족에게 약속한 바를 이행토록 강요하며 소수민족의 독립운동을 촉구하려는 계략을 두려워했다. 중국은 코소보에 대한 서방세계의 정책이 중국 내 소수민족의 민족주의 감정을 촉발시키고 있다고 보고 있었다.

중국은 이 같은 위협에 대처하기 위한 방안으로 자치지역에서의 한족의 비율을 높이고, 소수민족 중심의 행정 체제를 유지하는 동시에 외세의 개입을 철저히 봉쇄하고 있다.

그러나 중국의 소수민족 문제는 그대로 남아 있다. 중국인들은 티베트 문제는 간단한 문제가 아니어서 '자르려 해도 자를 수 없고 정리할수록 더욱 어려워지는 문제剪不斷 理不亂'라고 말하고 있다. 따라서 시간을 갖고 인내심으로 대응해야 한다는 입장을 표명하고 있다.

폭격 중지 여론의 대두

나토 폭격에 의해 민간인 희생자가 급증했다. 나토 회원국 사이에 폭격 중지 여론이 다시 대두하기 시작했다. 미국은 러시아에게 밀로셰비치는 이제 고립되었고 더 이상 버틸 여지가 없다는 사실을 설득해 달라고 요구했다. 동시에 코소보에 파견할 평화 유지군에 러시아군이 참여할 수 있고 코소보에 대한 신유고연방의 주권을 인정할 수 있다는 입장을 밀로셰비치에게 전달토록 요청했다. 러시아는 요청을 받아들여, 세르비아군의 코소보 철수, 코소보에 대한 신유고연방의 주권 인정을 내용으로 하는 협상안을 밀로셰비치에게 제의했다. 밀로셰비치는 마침내 러시아가 중재한 코소보 평화안을 수용하겠다고 발표했다. 러시아는 전쟁 종료를 위하여 크나 큰 공헌을 한 것이다.

밀로셰비치의 항복

밀로셰비치는 러시아의 중재 아래 나토와 1999년 6월 5일부터 군사회담을 개최하고, 9일에 군사협정을 체결했다. 나토의 78일간의 신유고 연방 공습 결과였다.

협정 내용은 세르비아군의 코소보로부터의 철수, 나토군(5만여 명)의 코소보 주둔, 코소보 알바니아인에 대한 최대한의 자치권 부여 등이었다. 반면 세르비아 공화국이 코소보 지역에 대하여 주권을 가지고 있다는 상징적인 표시로서 1,000명 이내의 세르비아 군대가 주둔하기로 했다.

밀로셰비치는 나토 평화 유지군에 러시아군이 참여하는 것을 반겼다. 러시아는 세르비아의 요구에 따라 나토군보다 빨리 코소보 지역에 진입했다. 밀로셰비치는 코소보에 주둔할 군대의 명칭을 나토군에서 '유엔 파견 국제군'으로 바꿀 것을 요구했다. 밀로셰비치는 명분상 세르비아가 나토에 항복한 것이 아니고 유엔에 항복한 것이라는 인상을 남기고 싶었던 것이다. 서방 측은 이에 동의했다. 1999년 6월 10일 쿠마노보Kumanovo 협정에 따라 세르비아 공화국은 코소보 통치권을 유엔에 넘겼다.

밀로셰비치는 대국민 담화에서 코소보를 잃지 않았다고 선언했다. 1389년 코소보 전투에서 라자르 왕자가 오스만 투르크군에 의하여 완패한 것을, 세르비아 독립을 위한 최대의 투쟁이라고 기념한 바와 같이 밀로셰비치도 코소보에서의 완패를 일종의 승리로 선전했다. 밀로셰비치는 그의 10년간의 통치가 세르비아 영토를 줄어들게 했는데도 승리를 외치고 있었던 것이다.

코소보는 1999년 6월 세르비아군이 철수한 뒤 유엔 보호령이 됐으며 나토를 주축으로 한 평화 유지군 1만 6,500명이 치안을 담당했다.

■ 나토공습의 평가

나토 공군은 3만 8,002차례의 출격을 통하여 밀로셰비치를 굴복시켰다. 이중 독일 전투기(Luftwaffe)가 제2차 세계대전 후 처음으로 참전했다. 코소보 전쟁은 공습만으로도 승리할 수 있다는 것을 증명했다. 그러나 미국은 전쟁에 이겼지만 승리를 자축하기에는 무고한 세르비아인과 알바니아인들의 희생이 너무나 컸다. 명예로운 승리는 아니었다.

미국 주도하에 나토의 공습을 통해 얻은 승리는 불행히도 유럽 국가들이 바로 유럽 대륙에서 발생한 사건도 해결할 수 있는 힘이 없다는 무력함을 보여준 것이었다.

서방 세계는 유엔 평화 유지군KFOR 배치를 통하여 유엔의 코소보 보호령을 설치했다. 유엔 보호령 설치 목적은 민간 행정 기구 설립, 법치 확립, 다민족 국가로서의 코소보의 정체성 유지 등이다. 그러나 현실에서는 법치 대신 보복이 자행되었다.

문명 충돌 이론을 제기한 헌팅턴 교수의 이론에 따르면 코소보 사태는 역사적으로 불가피한 현상이었다. 그러나 필자의 생각은 다르다. 코소보 사태는 밀로셰비치의 잘못된 계산과 민족주의라는 감정의 산물이지, 역사적으로 불가피한 과정은 아니었다.

3 | 밀로셰비치의 실각과 죽음

▪▪ 실각

밀로셰비치의 신유고연방 대통령 임기는 2001년 여름까지였다. 그러나 밀로셰비치는 불안한 자신의 권력을 공고히 하기 위해 2000년 9월 24일 대통령 선거를 조기에 실시했다. 재임을 노린 조치였다. 선거에는 5명의 후보가 출마했다. 밀로셰비치는 정권 재장악을 위해 온갖 계략을 다 사용했다. 그러나 이번에는 밀로셰비치의 음모와 술수도 소용이 없었다. 국민들은 밀로셰비치가 이룬 것은 결국 가난한 '소세르비아'였다는 사실을 용서하지 않았다. 밀로셰비치는 자기 고향에서도 패배했다.

그러나 밀로셰비치는 선거가 끝나고 개표가 진행되었음에도 불구하고 개표 결과를 발표하지 않았다. 국민들은 또 다시 개표 부정이 되풀이 된다는 의혹을 갖게 되었다. 노동자들은 총파업을 감행했고, 미국과 유럽연합EU은 밀로셰비치에 압력을 가하면서 야당의 승리를 받아들이라고 강요했다. 이번에는 러시아마저 밀로셰비치에게 등을 돌렸다.[28] 결국 밀로셰비치는 10월 5일 소위 '불도저 혁명'이라는 대규모 항의 시위가 일어나자 패배를 인정하고 대통령직을 사임했다. 야당 당수인 보이슬라브 코슈투니차Vojislav Koštunica가 10월 7일 신유고연방 대통령으로 취임했다.

코슈투니차는 헌법학 교수였다. 그는 민주적이지만 역시 민족주의자였다. 코슈투니차 대통령은 유럽연합에 대해선 친근감을 가지고 있었지만 미국의 발칸정책에 대해서는 비판적이었다.

밀로셰비치의 전쟁 범죄 기소

국제유고전범재판소 이송

1999년 5월 27일 밀로셰비치는 코소보에서의 전쟁 범죄, 인종청소 혐의로 헤이그 국제유고전범재판소ICTY에 기소되었다. 그러나 밀로셰비치 체포가 여의치 않자, 클린턴 행정부는 밀로셰비치를 체포하는 데 결정적 정보를 제공하면 500만 달러를 주겠다는 현상금을 내걸었다.

나토 평화 유지군이 현지에 주둔하고 있었지만 극단적인 세르비아 민족주의자들에 둘러싸여 있는 밀로셰비치를 체포하여 헤이그 법정에 세운다는 것은 결코 쉬운 일이 아니었다. 또한 밀로셰비치에 대한 재판은 정의 사회의 강력한 의사 표현이지만, 역시 역사상 처음인 국가원수에 대한 전쟁 범죄 재판이었기 때문에 이견이 분분했다. 신유고연방 헌법은 유고 시민의 범죄인 인도를 금지하고 있었기 때문에 코슈투니차 대통령은 밀로셰비치의 체포, 이송에 반대하는 입장이었고, 조란 진지치Zoran Đinđić 총리는 밀로셰비치를 체포, 이송하는 데 찬성하는 입장이었다.

그러나 세르비아 정부는 유럽연합 가입, 경제개발을 위한 국제 금융기관의 협조 등 국제사회로부터의 지원이 절실했기 때문에 밀로셰비치를 헤이그 국제유고전범재판소ICTY로 이송하는 것이 불가피했다. 밀로셰비치는 2001년 3월 31일 체포되어, 헤이그 재판소로 이송되었다. 밀로셰비치가 체포되자 그의 망나니 아들 마르코Marko는 외교관 여권을 소지하고 러시아와 중국에 거주 신청을 했으나 불허되었다.

진지치 수상 암살[29]

코슈투니차 대통령과 진지치 총리는 밀로셰비치와 기타 전쟁범죄자들을 체포하여 헤이그 재판소에 인도하는 일을 놓고 관계가 악화해 있었다. 그 결과 2001년 8월 코슈투니차 대통령의 세르비아자유당은 진지치 수상 정부에서 철수했고, 이어 2002년 6월 세르비아자유당 소속 의원 45명은 세르비아 의회를 보이콧 했다.

이 같이 세르비아 국내정치가 불안정한 가운데 2003년 3월 13일 세르비아 수상 진지치가 암살당함으로써 세르비아 국내정치는 다시 소용돌이에 휩싸였다. 진지치 수상의 암살은 진지치 수상이 범죄조직을 소탕하는 과정에서 밀로셰비치 치하에서 불법 이득을 취한 기업인들이 가한 보복조치로 추정되었다.[30]

진지치 수상 암살 이후 세르비아 공화국은 장기간의 혼란 끝에 2004년 3월 비로소 우익 중심의 연정을 구성하고 세르비아 총리를 임명할 수 있었다. 그리고 2004년 6월 민주당 지도자인 보리스 타디치Boris Tadić가 세르비아 대통령에 당선되었다.

밀로셰비치 재판

'발칸의 도살자'로 불리던 밀로셰비치는 슬로베니아 전쟁(1991), 크로아티아 전쟁(1991~1995), 보스니아 헤르체고비나 내전(1992~1995), 코소보전쟁(1998~1999) 등 발칸반도에서 벌어진 66개 항목에 달하는 반인륜적 전쟁 범죄와 대학살 혐의로 기소되어 2002년 2월 12일 헤이그에서 재판을 받기 시작했다. 그러나 크로아티아 공화국에서 30만여 명의 세르비아계를 축출한 투지만은 유감스럽게도 전쟁범죄 혐의자 명단에서 제외되었다.

밀로셰비치는 변호사를 선임하지 않고 직접 변호에 나섰다. 3만 쪽에 달하는 문서가 작성되었고, 350명의 증인이 채택되었다. 많은 증인들이 법정에 출석했지만, 밀로셰비치 범죄행위에 대한 결정적인 증거는 없는 상황이었다.[31] '밀로셰비치 옹호를 위한 국제 위원회ICDSM · International Committee to Defend Slobodan Milošević'는 헤이그 재판소가 밀로셰비치의 범죄행위를 증명할 결정적인 증거를 찾지 못하고 있다고 유엔 사무총장에게 항의했다.[32] 밀로셰비치 전기를 쓴 아담 르보르Adam LeBor 교수는 밀로셰비치는 독재자가 아니며, 4개의 전쟁에 대한 책임이 있다고 하지만, 전쟁을 주도했다는 기록은 없다고 했다.

밀로셰비치가 헤이그로 압송된 지 25개월이 지나서 밀로셰비치가 보스니아 헤르체고비나 내전 당시 '호랑이'라는 세르비아 준군사조직을 구성하여 이슬람계를 인종청소한 아르칸과 유착 관계에 있었다는 증거가 입수되었다. 그러나 아르칸은 2000년 초 암살당한 터이었다.

밀로셰비치는 2003년 12월 28일 신유고연방 대통령 선거를 맞이하여 헤이그 감옥에서 자기의 연설을 녹음하여 세르비아 방송을 통하여 선거운동을 하기도 했다. 그 결과 밀로셰비치 정당은 급진당과 함께 약 35%의 득표율을 기록했다. 두 정당은 비록 여당이 될 가능성은 없었으나 모두들 선거 결과에 놀랐다. 세르비아 국민들은 정부의 경제 개혁 실패와 당쟁에 염증을 느끼고 있었고, 헤이그 국제유고전범재판소가 세르비아인 처벌에만 집중하고 있는 데 대한 반감을 표시한 것으로 해석되었다.

밀로셰비치 사망

밀로셰비치는 2006년 3월 11일 재판을 받던 중, 감방에서 고혈압으로 인한 심장 질환으로 숨진 채 발견됐다. 밀로셰비치의 범죄에 대한 객관적인 법률적 판결이 미완성된 가운데 그는 '발칸의 도살자'라는 악명을 얻었고, 반면 일부 세르비아인들에게는 영웅으로 남게 되었다.

밀로셰비치 사망 1주년 기념일인 2007년 3월 11일 밀로셰비치의 생가 밖에 설치된 방명록에는 "당신은 세르비아를 위해 살았고, 세르비아도 당신을 위해 살았다", "슬로보, 당신은 우리들의 영웅이며 앞으로도 항상 그럴 것"이라는 지지자들의 추모 메시지가 줄을 이었다.

에필로그

옛 유고연방 전쟁은 코소보에서 불길이 당겨져서 옛 유고연방 전역을 불태운 다음 다시 코소보로 돌아와 불길이 잡혔으나 불씨는 아직도 여전히 남아 있다.

'대세르비아' 건설이라는 기치 아래 정권 확장을 꾀하던 밀로셰비치의 세르비아 공화국은 '소세르비아'가 되었다. 그리고 옛 유고연방은 7개 국으로 쪼개졌다. 옛 유고연방 전쟁의 약사를 마무리 하면서 한 가지 유감스러운 것은 옛 유고연방이 7개 국으로 쪼개지면서 범 유고슬라비아를 내세우며 연방을 지키려 했던 17%의 남슬라브족에 대한 배려가 전혀 없었다는 것이다.

발칸반도의 난폭성

유럽인들의 비잔틴 문화에 대한 일반적인 인식은 거짓과 진실이 구별되지 않는 무법천지라는 것이고, 피에 의한 보복 정치만이 있는 곳이라는 것이다. 즉 남슬라브족은 선천적으로 난폭한 성격을 가지고 있기 때문에 영원히 싸움에서 벗어나지 못한다는 일종의 숙명론적인 견해이다. 사실 옛 유고연방 전쟁의 주역들은 이러한 인식이 옳음을 증명하여 주었다. 그러나 일반 시민들은 지역주의자나 국수주의자들과는 전혀 다르다. 주민들은 다만 정치 협잡꾼들에게 속지 않을 정도로 현명하지 못했다는 죄밖에 없다.

발칸반도에 대한 외세의 영향

옛 유고연방 전쟁의 책임은 난폭한 남슬라브족들에게만 있는 것은 아니었다. 외세의 영향이 컸다. 사라예보 암살 사건만 하더라도 제1차 세계대전의 원인이 되었다고 하지만, 사실 제1차 세계대전의 '화약고'는 보스니아가 아니라 유럽 자체였으며, 사라예보 암살 사건은 단지 유럽이라는 '화약고'에 불을 당긴 것뿐이다.

로마제국의 몰락과 관련하여 역사가 에드워드 기번Edward Gibbon은 북방 야만족들이 로마제국의 국내정세의 혼란을 이용한 것뿐이라는 결론을 내렸다. 반면 후기 로마제국과 게르만족 전문가인 피터 히더Peter Heather는 『로마제국 최후의 100년The Fall of the Roman Empire』이라는 책에서 로마제국 멸망의 원인을 외부에서 찾았다. 불행히도 옛 유고연방 전쟁은 히더가 언급한 대로 외부의 영향이 컸다.

옛 유고연방에 대한 외부세력의 개입을 증명하는 적나라한 사례는 하나 둘이 아니다. 크로아티아 공화국과 슬로베니아 공화국의 독립은 독일을 비롯한 인접국의 지원이 없이는 불가능했다. 옛 유고연방 전쟁의 종결은 미국 외교의 실용주의적 측면을 보여준 대표적인 예였다. 일명 올브라이트 전쟁이라고도 하는 코소보 전쟁도 냉전 후 나토의 성격을 재규정하는 계기를 마련해 주었다. 그리고 이 과정에서 미국 없는

EU는 절름발이라는 사실이 입증되었다. 멕시코 유엔 대사가 언급한 바와 같이 "생쥐는 길들일 수 있으나 호랑이는 건들지 못한다"는 사실을 드러냈다.

특히 옛 유고연방의 경우에는 헬싱키 최종 의정서Helsinki final Act에 명시된 민족자결주의와 국경 변경 불가 원칙이 열강들의 이해관계에 따라 선별적으로 적용됨으로써 발칸 정세의 복잡성은 더욱 가중되었다.

지역주의와 민족주의의 폭력성

오늘날 대부분의 유럽 국가들이 비교적 평화와 안정을 향유하고 있는 것은 과거 민족주의자들의 소원인 민족국가 수립에 성공한 데 따른 것으로 보아야 한다.

그러나 옛 유고연방의 경우에도 모두가 같은 남슬라브족이었다. 다만 오랫동안 상이한 주인을 모셨다는 역사적 경험의 차이로, 즉 합스부르크 왕조와 오스만 투르크 제국하에서 서로 달리 살아왔다는 이유로 이제는 남남이 되었다는 주장을 펴면서 지역을 중심으로 민족자결을 주장했던 것이다.

민족자결주의와 독립은 외세의 압박에 항거하는 숭고한 인간 행위로서 감동적인 것이다. 그러나 옛 유고연방의 경우는 달랐다.

티토라는 걸출한 지도자가 사라지면서 봄철에 새싹이 돋듯 지역적인 맹주들이 나타나 세력 다툼을 하는 바람에 폭력이 싹텄다.[1] 옛 유고연방 전쟁은 해방전쟁도 아니고, 이념전쟁도 아니고, 반제국주의 전쟁도 아닌 지역 정치꾼들 간의 '동네 싸움'이었다. 정치꾼들은 지역감정을 숭고한 민족자결주의 또는 독립 운동이라고 묘하게 둔갑시켜 무고한 주민들이 피를 흘리도록 만들었다. 이들은 주민들을 위한다고 했지만 자기들의 권력욕을 위해 주민들을 죽음으로 내몰았다.

갈리 사무총장은 1992년 9월 21일 제47차 유엔 총회 때 기자와의 인터뷰에서 "옛 유고연방 와해와 같은 추세가 계속되면 금세기 말에 지구상에 약 400개의 국가가 탄생할 것이고, 이로 인하여 국경 분쟁은 인류를 파멸의 길로 인도할 것"이라고 말했다. 현재 아프리카에는 이미 50여 개 국가가 있는데, 부족은 약 5,000개가 존재하고 있다. 이들이 전부 자결권을 주장한다면 5만 내지 10만 인구를 가진 소국가가 탄생하여 혼란을 거듭하지 않을 수 없는 것이다.[2]

소수민족 문제

옛 유고연방 전쟁은 분리 독립을 주장하는 소수민족 문제를 안고 있는 세계 여러 나라에 많은 경고를 하고 있다. 밀로셰비치는 소수민족을 보호한다는 미명하에 크로아티아와 보스니아 헤르체고비나에 거주하는 세르비아계 소수민족을 병합함으로써 '대세르비아' 건설이라는 야망을 추구했다. 또 투지만 역시 보스니아 헤르체고비나에 거주하는 크로아티아계를 병합함으로써 '대크로아티아' 건설이라는 야망을 가지고 있었다. 한편 밀로셰비치는 세르비아 공화국 영토 내의 코소보 알바니아 소수민족을 차별대우했고, 투지만은 크로아티아 공화국 내 세르비아계를 축출하는 이중적인 입장을 취하고 있었다. 소수민족에 대한 열강들의 이해관계 또한 상충하고 있었다. 소수민족 문제는 제3국의 내정에 간섭할 수 있는 빌미를 제공했으며 특정 국가를 불안하게 만들 수 있는 정치, 외교적 혼란의 씨앗이 되었다.

소수민족 문제와 관련하여 요구되는 것은 무엇보다도 이들의 자치권, 독립권, 또는 다민족, 다문화, 다종교 사회를 유지할 권리를 범세계적으로 인권 보장 차원에서 인정하는 것이다.

옛 유고연방 전쟁 예방책의 미비

옛 유고연방 전쟁은 한 줌의 예방조치가 수천 톤의 무거운 처벌보다 낫다는 옛 말과 같이, 초기에 예방 가능한 측면이 있었다. 즉 옛 유고연방의 참상은 불가피했던 것처럼 보이나 사실은 그렇지 않다는 주장이다.

다만 서방세계는 임시방편적인 조치에만 급급했고 오로지 성명을 발표할 뿐 실천 의지는 실종되어 찾아 볼 수 없었다. 라도반 카라지치는 만일 국제사회가 제때 개입했더라면 자신의 군사 작전을 멈추게 할 수 있었을 것이라고 인정했다. 사실 옛 유고연방 전쟁의 쟁점들은 EC, 캐링턴, 밴스, 오언 등이 제시한 평화안을 적극 뒷받침했다면 사전 협상을 통하여 해결이 가능한 것들이었다. 한 걸음 더 나아가 정치꾼들의 음모도 사전에 제거할 수 있는 것이었다.

전망

우리의 세계는 다문화, 다민족, 다종교 사회이다. 자신과 다른 상대방을 이해하고 관용을 베풀 수 있는 운영의 묘가 절실한 사회이다. 헌신적인 지도자와 높은 수준의 국민 의식이 요구되고 있는 것이다.

이제 옛 유고연방 전쟁의 주역들은 다 사라졌다. 그러나 아직도 옛 유고연방을 구성하던 7개 공화국 간의 적개심은 여전하다.

옛 유고연방의 축소판이라는 보스니아 헤르체고비나의 예를 들면 3개 민족공동체의 가치관, 역사관이 대립하고 있다. 이슬람 교과서는 오스만 투르크 제국의 500년에 이르는 지배 기간을 문화와 계몽의 황

금기로 기록하고 있는 반면, 세르비아는 잔악한 지배 기간으로 기술하고 있다.

다른 지역에서도 마찬가지이다. 제1차 세계대전 후 탄생한 '세르비아인 크로아티아인 슬로베니아인 왕국'을 놓고도 세르비아 교과서는 '자유'의 시간이라고 표현하고 있는 반면, 크로아티아는 '대세르비아' 건설을 위한 음모의 산물이라고 기술하고 있다. 세르비아인들은 나치 점령 하에서 크로아티아인과 이슬람인들이 세르비아인들을 대학살한 사건을 자세히 수록하고 있는 반면, 크로아티아, 이슬람 교과서는 같은 사건을 전혀 언급하지 않고 있다. 3개 민족 교과서의 한 가지 공통점은 전부 티토를 비난하고 있다는 것뿐이다.

이 같이 전혀 상반되는 주장이 장차 나라의 주인공이 될 학생들의 교과서에 기술되고 있는 한 남슬라브족의 미래는 밝지 않다. 또한 7개 독립국가가 탄생하면서 옛 유고연방 테두리 안에는 승자와 패자가 생겼지만 거시적으로 볼 때 웬만한 도시보다 인구가 적은 이들 국가는 열강의 장기놀음에서 졸후의 신세를 면하기 어렵다.

옛 유고연방의 여러 민족들은 몸이 붙은 샴쌍둥이(Siamese Twins) 같아 보인다. 같이 살기에는 불편하지만 떨어지자니 피를 흘려야 할 운명이기 때문에 어떻게 해서라도 같이 살 수밖에 없는 것이다.

새벽은 그냥 오지 않는다. 집단적인 가치 추구보다는 인간 개개인의 천부적 권리의 향상을 통해 정의가 구현되기를 간절히 바란다.

후기

1 | 옛 유고연방 내 유혈사태가 격화하면서 정부의 대사관 폐쇄 결정에 따라 필자와 대사관 직원들은 1992년 모두 철수했다. 그 후 필자는 17년 만인 2009년 5월 18일부터 10일간 옛날 근무한 곳을 찾았다. 베오그라드와 자그레브 주재 김종해 대사와 변대용 대사를 비롯한 대사관 직원들의 고마운 도움으로 옛날에 살던 지역에 대한 향수를 달랠 수 있었다.

옛 유고연방 대통령이었던 보리사브 요비치 박사를 그의 시골집에서 만났다. 마침 노무현 대통령의 자살 소식이 전해지고 있었다. 요비치 전 대통령은 "밀로셰비치, 그 녀석은 내 말을 들었더라면 헤이그 감옥에서 죽지 않았을 것"이라고 하면서 "권력욕이 죄"라고 말했다. 특히 마르크스주의를 전공한 밀로셰비치의 부인, 미랴나 마르코비치의 악영향이 컸다고 회상했다.

요비치 대통령의 시골집은 깃발 하나 꽂아 놓으면 골프장이 바로 될 만큼 푸르고 나지막한 언덕 위에 잠자듯 엎드려 있는 모습을 하고 있었다. 평화 그 자체였다. 전직 대통령이 있을 만한 집이 보이지 않아서 헤매고 있다가 20평 남짓한 초라한 농가 마당에서 우리 일행을 기다리던 요비치 대통령을 발견했다. 방 한 모퉁이 구석에 한국 방문 때 선물로 받은 신라 왕관 복제품을 볼 수 있었다. 요비치 대통령은 자기가 받은 선물 가운데 가장 귀한 것 중 하나라고 하면서 한국 방문 때 받은 환대에 감사를 표했다. 한국 공식 방문 때 동행했던 부인은 1995년 사망했고 지금은 누이동생과 같이 살고 있다고 했다. 서울 방문 때 경복궁에서 옛날 왕후의 옷을 입고 찍은 부인의 사진을 전달했더니 금방 눈시울이 붉어지는 것을 볼 수 있었다.

학자의 경력을 가진 그는 조리있게 복잡했던 옛날 이야기를 풀어 나갔다. 그러나 코소보 문제에 관해서는 혈압이 높다고 하면서도 열정과 흥분을 감추지 못했다. 그는 한국이 한반도 분단을 받아들일 수 없는 것과 같이 코소보의 독립을 받아들일 수 없다고 말했다. 그는 결국 중국 본토와 대만 문제와 같이 코소보도 언젠가는 다시 세르비아 땅이 될 것이라고 전망했다.

필자 일행은 전직 대통령의 초라한 집에 놀랐고, 그의 겸손함에 놀랐고, 나라 걱정에 놀랐고, 무엇보다 인간성에 놀랐다. 그는 농담으로 은퇴한 대통령이 사는 방법에 대해 이제 전문가가 되었다고 하면서 필요하면 조언할 용의가 있다고 했다.

돌아오는 도중 시골 식당에 가서 오랜만에 세르비아의 달 같은 모양의 큰 빵을 먹었고, 치즈를 담뿍 올린 파스타를 먹었다. 그리고 친지의 농가에 들려 50년 된 자두주로 취했다. 베오그라드에 도착해서는 사바 강변에서 스캄피(Skampi) 요리를 음미했는데 옛날 맛보다는 못했다.

2 | 베오그라드에서 의회 외교분과위원장, 학자, 언론인 등 옛날에 접촉했던 인사들을 만났다. 베오그라드 대학의 정치학자 프레드라그 시미치Predrag Simić를 반갑게 만났는데, 그는 옛날 필자가 한국의 초대 대사로 부임하여 현지 사정을 파악코자 동분서주하던 모습을 회고하면서 당시 옛 유고연방의 상황을 제대로 파악하고 있는 사람은 아무도 없었다고 하면서 웃었다.

3 | 자동차로 세르비아와 크로아티아 국경선을 넘어 자그레브로 가서 크로아티아 대통령 외교 고문으로 있는 론차르 옛 유고연방 정부 외상을 만났다. 운전수가 자그레브에서 행인에게 길을 물었더니 웬 세르비아 사투리를 사용하는 친구가 나타났는지 의아해 하면서 제대로 길을 알려주지도 않았다.

론차르 외상은 돌아가신 김용식 대사와 투병중인 박동진 대사를 연상시킨다. 그는 비동맹회의 의장을 지낸 노련한 외교관이다. 좋은 와인과 음식을 즐기는 그는 부인과 함께 자기의 단골 식당에 우리 부부를 초대했다. 크로아티아 백포도주가 손색이 없지만 가격이 비싸서 문제라고 말했다. 옛날 필자 관저에 초대했을 때, 김치와 마늘은 사양하겠다고 말한 그였다.

파란만장한 인생을 보내며 아직까지도 현역에 있는 그는 서로 같이 살 수 없다던 남슬라브족들은 이제 EU의 채찍을 맞아가면서 EU라는 지붕 아래 살겠다고 하는데, 다 잘 될 것이라고 말했다.

4 | 자그레브에서는 특히 한국과의 미술교류에 적극적이었던 안테 소리치Ante Sorić 전 자그레브 미술관장 부부가 멀리서 일부러 와서 만났

다. 아드리아 해안의 흐바르^{Hvar} 섬에서 정원 가꾸는 재미로 산다고 하면서, 이반 라부진$^{Ivan\ Rabuzin}$ 등 옛날 미술의 거성들은 모두 숨졌다는 소식을 들려주었다. 라부진의 작품은 후에 바티칸 미술관에서 보게 되어 반가웠다. 소리치 씨는 1991년에 필자와 베오그라드에서 만난 것을 마지막으로 그 후 한 번도 베오그라드에 가지 않았다고 말했다.

베오그라드 시내에 있는 외무성 앞 국방성 건물은 코소보 전쟁 때 나토의 폭격에 의하여 파괴된 채 수리하지 않아 아직도 전쟁의 상흔을 그대로 간직하고 있었다. 세르비아인들의 저항 기질을 그대로 반영하는 듯했다. 일반 주민들은 아직도 충격에서 벗어나지 못하고 허탈한 상태에 빠져 있다는 인상을 주었다. 이들에게 과거를 묻는 것은 잔인한 짓이라는 생각이 들었다. 그러나 언젠가는 세르비아를 비롯하여 야수와 같은 남슬라브족도 EU라는 철장 속에서 길들여지지 않을 수 없을 것이라고 생각했다.

필자는 옛 유고연방 전쟁이 악화하면서 베오그라드로부터 철수하지 않으면 안 되었기 때문에 항상 맡은 바 임무를 완수하지 못했다는 생각을 떨칠 수 없었다. '유고'는 무언가 내 인생에서 미완성된 부분으로 남아 있었다. 따라서 한 번 현지를 방문하고 그간 생각했던 것을 정리하고 싶었다. 그러나 여의치 않던 중 은퇴 후 현지를 방문해 그간 느끼고 공부한 내용을 확인해가며 책을 펴내게 되어 아주 홀가분한 기분을 갖게 되었다.

유고슬라비아 내전 연표

1878. 7.	비스마르크(Otto von Bismarck)주재 베를린 회의에서 세르비아 왕국 독립승인.
1918. 12. 1.	'세르비아인 크로아티아인 슬로베니아인 왕국' 탄생.
1929. 1. 6.	알렉산더 1세(Alexander Karađorđević), 국명을 유고슬라비아 왕국으로 개칭.
1934. 10. 9.	알렉산더 1세, 프랑스 마르세유에서 피살.
1941. 4. 10.	독일 히틀러 괴뢰정권인 '독립 크로아티아 국가' 수립.
1945.	티토의 유고슬라비아 사회주의 공화국 연방 탄생.

• • •

1987. 4. 24.	세르비아 공화국 대통령 이반 스탐볼리치의 요청으로 슬로보단 밀로셰비치 코소보 방문, 세르비아 민족감정 촉발, 밀로셰비치 세력 강화.
1989. 1.	조지 부시(George W. Bush) 미 대통령 취임.
1989. 3. 10.	세르비아 공화국 소속 자치정부 권한 축소 헌법안, 보이보디나 의회 통과.
1989. 3. 23.	자치정부 권한 축소 헌법안, 코소보 의회 통과.
1989. 3. 28.	세르비아 공화국 의회에서 자치정부 권한 축소 헌법안 통과.
1989. 5. 8.	밀로셰비치, 세르비아 공화국 대통령 취임.

1989. 6. 28.	코소보 전투 600주년 기념행사 거행.
1989. 11. 9.	베를린 장벽 붕괴.
1989. 12. 2.	몰타(Malta) 미소 정상회담.
1990. 1. 24.	유고 공산당 제14차 전당대회 개최, 슬로베니아와 크로아티아 대표 퇴장으로 전국 공산당 조직 와해.
1990. 4.	슬로베니아 공화국 총선거, 밀란 쿠찬 대통령 당선.
1990. 5.	크로아티아 공화국 총선거, 프라뇨 투지만 대통령 당선.
1990. 11. 9.	보스니아 총선거, 알리야 이제트베고비치 대통령 당선.
1990. 12. 10.	세르비아 공화국 총선거, 밀로셰비치 재선 당선.
1990. 12. 22.	소수민족 보호 미흡한 크로아티아 헌법안 제정, 공포.
1990. 12. 23.	슬로베니아 공화국 독립 여부 묻는 국민투표 실시, 절대 다수 지지.
1991. 3.	크로아티아 공화국 내 세르비아계 다수 지역 폭동 발생 및 분리 선언.
1991. 3. 25.	세르비아 공화국 내 카라조르제보 별장에서 투지만, 밀로셰비치 비밀회담.
1991. 5. 15.	옛 유고연방 대통령부 대표 선출 실패, 기능 마비.
1991. 5. 19.	크로아티아 공화국 독립여부 묻는 국민투표, 절대 다수 찬성.
1991. 6. 25.	슬로베니아 공화국과 크로아티아 공화국 독립 선포.
1991. 6. 26.	옛 유고연방군의 슬로베니아 공화국 진격, 10일 전쟁 발발.
1991. 7.	크로아티아에서 세르비아계, 옛 연방군과 크로아티아군의 접전 확대.
1991. 8. 27.	EC 외상회담, 휴전 요구 및 바댕테르(Badinter)중재위원회 설치.
1991. 9. 3.	EC, 전 영국 외상 및 나토 사무총장을 지낸 캐링턴 경(Lord Peter Carrington)을 유고연방에 관한 평화회의 의장으로 임명.
1991. 9. 7.	캐링턴 경 주재로 헤이그 평화 궁전에서 크로아티아-세르비아 첫 평화회의 개최.
1991. 9. 14.	크로아티아군이 부코바르 인근 주둔 연방군 막사를 포위함에 따라 옛 유고연방군의 부코바르 포격 확대.
1991. 9. 17.	캐링턴 경, 몬테네그로 이갈로(Igalo)에서 크로아티아 내전 휴전 주선, 그러나 즉시 휴지 조각이 됨.
1991. 9. 25.	유엔 안보리에서 모든 공화국에 무기금수조치 결의문 채택(713호).

1991. 10. 4.	캐링턴 경 주재 평화회의에서 각 공화국 독립 요건에 관한 중재안 제시, 실패.
1991. 10. 8.	보스니아 헤르체고비나 의회에서 분리, 독립안 통과.
1991. 10. 8.	옛 유고연방 무력 충돌 해결을 위한 유엔 특사로 사이러스 밴스 임명.
1991. 10. 19.	보스니아 세르비아계 별도 주민 투표, 보스니아로부터 분리 결의.
1991. 11. 8.	로마에서 나토 정상회담 개최, 캐링턴 경 중재안 지지.
1991. 11. 23.	밴스 중재로 크로아티아와 세르비아 간 휴전 합의, 유엔 평화군 파견에 동의.
1991. 11. 27.	독일 콜 수상이 캐링턴 중재안을 무시하고 크리스마스 전까지 단독으로 슬로베니아와 크로아티아 독립승인 강행 의사 발표.
1991. 12. 15.	EC 외상회의 개최, 타협안 발표:

    1) '동구와 소련연방에서의 신생국가 독립 선언 지침'과 '유고슬라비아에 대한 선언' 채택.

    2) 유고슬라비아와 관련하여 바댕테르중재위원회가 독립을 희망하는 공화국의 신청서를 접수, 검토하고 그 결과를 1992년 1월 15일까지 EC 외상회의에 건의한 것을 토대로 독립승인 결정.

    3) 이 결정 직후 겐셔 독일 외상은 여전히 독일의 두 공화국에 대한 단독 독립승인 의지 표명.

1992. 1. 15.	바댕테르위원회는 슬로베니아와 마케도니아 독립승인을 건의하고, 크로아티아는 소수민족 보호를 위한 미진한 법체계를 보완할 것을 건의. 보스니아 독립승인 문제는 국민투표 시행 결과에 따라 결정할 것을 건의. 세르비아와 몬테네그로는 이미 독립국이었음을 강조하면서 독립 신청서를 내지 않음.
1992. 2. 3.	캐링턴-쿠칠레이루 보스니아 내전 평화안 제의.
1992. 2. 21.	유엔 평화 보호군 크로아티아 파견 및 유엔군 사령부 사라예보 설치.
1992. 4. 6.	EC와 미국, 보스니아 헤르체고비나 독립승인. 동시에 보스니아 세르비아계 독립 선언하고 스릅스카 공화국(Republika Srpska) 수립 선포.
1992. 5. 27.	사라예보 시내(Vase Miskine)에 2발의 120밀리미터 박격포 포격으로 인해 무고한 인명 피해 발생.
1992. 5. 30.	유엔 안보리의 세르비아 제재 결의문 채택(757호).

1992. 6. 29.	프랑스 대통령 미테랑, 리스본 EC 정상회담 참석 후 사라예보 전격 방문.
1992. 7. 5.	보스니아 크로아티아계, '헤르체그-보스니아 크로아티아 공동체' 국가 창설 선언.
1992. 8. 5.	세르비아계의 보스니아 오마르스카 이슬람계 집단수용소 실태를 영국 일간지 〈가디언〉이 폭로.
1992. 8. 26	EC 의장국인 영국 주최로 런던에서 유엔 등 참석하는 대규모 세르비아 제재 회의 개최. 캐링턴 경 사임으로 중재자로 전 영국 외상을 지낸 오언 경(Lord David Owen) 임명
1993. 1.	1992년 런던회의에서 평화 중재 임무를 부여 받은 밴스-오언 경, 10 칸톤(Canton) 지역으로 구성된 보스니아 평화안 제의.
1993. 4. 15.	유엔 평화 보호군 개입으로 세르비아계와 이슬람계 휴전. 캐나다 평화 보호군 스레브레니차 파견 및 안전지역 설정.
1993. 5. 1.	밴스와 오언 경의 중재 요청으로 그리스 수상 미초타키스가 아테네에서 보스니아 헤르체고비나 내선 교전자 모두를 초청하고 밴스-오언 경 중재안 수락 압박, 그러나 실패. 밴스 특사 사임, 후임으로 전 노르웨이 외상 스톨텐베르그 임명.
1993. 5. 6.	안보리 결의문 824호로 보스니아 헤르체고비나 내 5개 지역을 안전지역으로 추가.
1993. 7.	오언-스톨텐베르그, 보스니아 헤르체고비나 53:30:17 분할안 제시.
1993. 7.	크로아티아 주재 초대 미국 대사 피터 갤브레이스 부임.
1994. 2. 5.	사라예보 마르칼레(Markale) 시장 피격, 68명 사망, 200여명 부상.
1994. 3. 18.	클린턴 대통령 주재 하에 이슬람-크로아티아 연방 구성. 미국, 보스니아 이슬람계의 자그레브 경유 이란의 무기 수입 묵인.
1994. 4.	고라즈데 사태 발발과 나토의 세르비아계 공습(4월 11일).
1994. 5.	접촉 그룹, 보스니아 헤르체고비나 51:49 분할안 제시.
1994. 10. 28.	올브라이트 미국 유엔대사, 보스니아 헤르체고비나에 대한 무기금수 조치 해제 제안, 안보리에서 즉시 부결.
1994. 11.	세르비아군의 비하치 점령과 나토군의 세르비아 군사시설 공습.
1995. 1.	카터 전 미국 대통령 주선으로 보스니아 내전 4개월 휴전.

1995. 5.	미국 특사 프레이슈어와 밀로셰비치의 협상 결렬.
1995. 5.	투지만 대통령의 크로아티아 내 세르비아계 다수 거주지인 서슬라보니아에 대한 '번개 작전' 수행.
1995. 5.	보스니아 세르비아계의 사라예보 포격.
1995. 5. 25.	나토군의 보스니아 세르비아계 정치중심지인 팔레 근방 공습. 믈라디치, 유엔보호군 인질작전으로 휴전.
1995. 6. 3.	유엔 평화 보호군 파견국의 '긴급 대응군' 추가 설치 합의.
1995 7.	세르비아계 군의 스레브레니차 점령, 대량학살.
1995. 8. 6.	투지만 대통령의 크로아티아 내 세르비아계 지역인 크닌 지역 점령, '폭풍 작전' 성공. 자칭 '크라이나 세르비아 공화국' 소멸.
1995. 8. 9.	미국 보스니아 휴전 마련에 적극 개입, 레이크 백악관 안보담당 보좌관의 유럽 순방을 통하여 휴전안에 대한 동의 획득.
1995. 8. 15.	홀브룩 미 특사의 제1차 셔틀 외교 시작.
1995. 8. 28.	제2차 셔틀외교: 사라예보의 마르칼레 시장에 대한 포격을 계기로 나토의 세르비아계 진지 본격 폭격(3주 동안 3,515회 출격).
1995. 9.	제3차 셔틀외교: 제네바에서 보스니아 헤르체고비나 3개 민족 공동체 외상회의 개최, 기본 휴전안 동의. 뉴욕에서 3개 민족공동체 외상회의 개최, 휴전안 확정.
1995. 10. 5.	제4차 셔틀외교: 클린턴, 종전을 위한 3개 민족 공동체 대통령 정상회담 5일 내 개최 발표. 평화이행군 파견.
1995. 11.	데이턴 정상회담(평화회의) 통한 협정 체결.
1995. 12. 14.	파리 엘리제궁에서 평화 협정 공식 서명, 보스니아 헤르체고비나 내전 종료.
1997. 7. 15.	밀로셰비치, 신유고연방 대통령 당선(1989. 5.~1997. 7. 세르비아 공화국 대통령 역임).
1998. 3.	미국, 밀로셰비치의 코소보에서의 인종청소 비난.
1999. 2.	아티사리 핀란드 대통령, 세르비아와 코소보 중재 실패.
1999. 3.	올브라이트 미 국무장관 주재 랑부예 협상 실패.
1999. 3. 24.	나토의 세르비아 78일간 공습(3만 8,002차례 출격) 개시.

1999. 6. 10.	쿠마노보 휴전 협정 체결, 유엔에 코소보 통치권 이전.
1999. 12. 10.	투지만 77세로 타계.
2000. 10.	밀로셰비치 대통령 하야, 야당 당수 코슈투니차 신유고연방 대통령 당선.
2001. 3. 31.	밀로셰비치 체포, 국제유고전범재판소 이관. 슬로베니아 전쟁(1991), 크로아티아 전쟁(1991~1995), 보스니아 전쟁(1992~1995), 코소보 전쟁(1998~1999)에서의 반인륜 행위로 기소.
2003. 10. 19.	이제트베고비치 78세로 타계.
2006. 3. 11.	밀로셰비치, 심장 질환으로 감옥에서 사망.

미주

프롤로그

1   본 책에서 '옛 유고연방'이라는 말은 유고 사회주의 공화국 연방이 7개 독립 국으로 해체되기 전의 '세르비아인 크로아티아인 슬로베니아인 왕국', '유고슬라비아 왕국', '유고슬라비아 사회주의 공화국 연방', 즉 통일 남슬라브족을 편의에 따라 총칭하는 것으로 사용되었다.

1장 전쟁의 기운

1   Adria Lawrence, "Triggering Nationalist Violence", *International Security* Vol. 35 No. 2, Fall 2010, p. 90.
2   John Julius Norwich, 『비잔티움 연대기(Byzantium: The Early Centuries)』, 남경태 옮김, (한국: 바다출판사, 2007), p. 544.
3   Norwich p. 533.
4   Blackbird: 몸길이가 17~40센티미터 정도 되는 새이다. 주로 인가 근처의 큰 나무에 사는데 도시의 공원이나 정원, 농경지, 구릉, 산기슭에 모인다. 날개는 둥글고, 깃털은 주로 청색·보라색·녹색·검은색을 띠며 광택이 있다. 일부는 회색·갈색을 띠며 몸 전체가 흰색인 것도 있다. 번식기에도 무리를 이루는 경우가 대부분인데 매년 찾아오는 곳이 일정하다.
5   1689년 합스부르크 왕조의 레오폴드 1세가 같이 싸웠던 세르비아인 전사들을 합스부르크 왕조 영토에 거주할 것을 허용한 이후, 세르비아인들은 국경 방위지

역에 정착하면서 농부 겸 전사의 역할을 하였고, 비교적 자치권을 누리고 살았다. 이 지역에 거주한 세르비아인들이 크라이나 세르비아계 조상들이며, 이들이 크로아티아 공화국으로부터 분리, 독립을 주장하다가 크로아티아 공화국의 투지만 대통령에 의해 축출 대상이 되었다. 밀로세비치 세르비아 공화국 대통령은 피난민으로 세르비아 공화국에 유입된 이들을 코소보에 정착시키는 안을 제기한 바 있다.

6 1936년 11월 5일 생, 2000년 8월 25일 사망.
7 1941년 8월 22일 생, 2006년 3월 11일 사망.
8 이 연설문은 발표되지 않았다.
9 Dusko Doder and Louise Branson, *Milosevic: Portrait of Tyrant* (New York: The Free Press of Simon&Schuster Inc., 1999) p. 43.; ICTY(2005), "trial transcript", pg. 35947.; Adam Lebor, *Milosevic: A Biography* (New Haven: Yale Univ. Press, 2000), pp. 79-84.
10 James Gow, *The Serbian Project and Its Adversaries* (UK: C Hurst Co., 2003), p. 40.
11 Doder & Branson pp. 14-16.
12 Doder & Branson, p. 26.
13 Doder & Branson, p. 33.
14 12년 후 2000년 여름 스탐볼리치는 납치되었는데, 그의 시체는 2003년에 발견되었다. 밀로세비치가 그를 암살토록 지시한 것으로 기소되었고, 세르비아 비밀경찰 수명과 범죄집단이 스탐볼리치 암살죄 등으로 베오그라드에서 형을 선고받았다.
15 요비치는 1989년 5월 세르비아공화국 대표로서 유고 사회주의 공화국 연방 대통령부에 파견되어 유고 사회주의 공화국 연방 대통령직을 1년간 수행하였다. 요비치는 대통령 재임 때인 1990년 11월 4~7일 한국을 공식 방문하였다.
16 ICTY, "Milosevic Trial Transcript", pg. 20858, Wednesday 21 May 2003.
17 메토히야(Metohija) 지역은 몬테네그로에 속해있던 코소보의 서부 지역을 말한다. 일반적으로 코소보 지역으로 호칭되고 있다.
18 옛 유고연방을 구성하는 6개 공화국은 각기 헌법을 제정하고 있었는데 미국의 경우와 비교한다면, 각 주에 법이 있는 것과 같다. 우리나라와 비교한다면, 각 도가 자체 법을 가지고 있는 것과 같다.
19 국제유고전범재판소의 밀로세비치에 대한 기소 내용.

20 Mihailo Crnobrnja, *The Yugoslavia Drama*(Montreal&Kingston: McGill-Queens's Univ. Press, 1996), p. 104.
21 http://www.slobodan-milosevic.org
22 이들의 미국 로비는 성공하여 미국 주도하에 코소보는 독립을 하게 되었고, 코소보에는 클린턴 대통령 이름을 딴 도로가 생겼다.
23 Warren Zimmerman, "Origins of a Catastrophe", *Foreign Affairs*, March/April 1995, p. 2.
24 밀로셰비치는 미국대사의 면담요청을 오랫동안 거부한 것은 우둔한 짓이었다고 후회하였다. Zimmermann, p. 19-20.
25 질라스는 이단적인 책자 발간으로 티토 대통령에 의해 9년간 감옥 생활을 하였다. 그의 부인 (Stefanija)은 크로아티아 출신이었다.
26 1924년 보스니아 출생, 1986~1988년 크로아티아 공화국 대통령, 유고 사회주의 공화국 연방 7대 수상, 1991년 12일 사임.
27 George Bush & Brent Scowcroft, *A World Transformed* (New York: Alfred A Knopf, 1998), p. 13.
28 1990년 9월 한소 수교, 1990년 12월 고르바초프와 노태우 모스크바 선언, 1991년 남북한 유엔(UN) 동시 가입 결정
29 Mikhail Sergeyevich Gorbachev, *Perestroika*(New York: Harper & Row Publisher Inc., 1987), pp.121-122.
30 Bush & Scowcroft, p. 83.
31 독일 통일 문제와 관련해 레이건 대통령과 고르바초프 서기장의 역사적 연설을 상기해볼 필요가 있다. 먼저 1987년 6월 12일 레이건 대통령은 베를린 브란덴부르크문 앞 연설에서 "자유는 번영에 이르게 하고, 자유는 국가 간의 오래된 증오를 일치와 평화로 바꾸어주므로 자유가 승자입니다. 당신이 평화를 찾고, 소련의 번영을 추구한다면 이리로 와서 이 문을 열어주시오! 고르바초프 씨, 베를린 장벽을 무너뜨려주시오(tear down this wall)"라고 요청하였다.

레이건 대통령의 브란덴부르크 연설에 대한 답으로, 고르바초프 서기장은 1988년 12월 7일 뉴욕의 국제연합(UN) 연설에서 무기 감축과 동유럽에서의 철군을 이행하겠다는 약속을 구체적으로 설명하면서 "세계가 바뀌었으므로 국제 정치에서 국가 관계의 본질 또한 변화를 요구합니다. 워싱턴과 모스크바의 관계가 증진되어 세계에 안도의 숨을 쉬게 합니다"라고 하면서 연설 마무리에서 "나는 우리 국민과 세계에 책임감을 느낍니다. 새해(1989년)에는 우리 모두가 많은

것을 기대해도 좋을 것입니다"라는 말로 세계에 일대 변혁이 일어날 것임을 예고하였다.

32   Bush & Scowcroft, p. 150.
33   Bush & Scowcroft, p. 150.
34   Bush & Scowcroft, p. 161.
35   Bush & Scowcroft, p. 165.
36   Zimmermann pp. 41-42.
37   Bush & Scowcroft, p. 199.
38   티토는 스탈린 노선을 탈퇴하면서 소련 공산당과 차이를 두기 위해 유고 공산당 이름을 '공산 연맹(Communist League)'으로 명명하였다. 본 책에서는 '공산당'이라고 약어를 사용함.
39   Crnobrnja, 143-144.
40   Laura Silver and Allan Little, *Yugoslavia: Death of a Nation*(USA: TV Books Inc., 1995), p. 80
41   Zimmermann, p. 62.
42   Zimmermann, pp. 64-65.
43   Zimmermann, pp. 55-56.
44   Joseph S. Nye, "Op-Ed", *Daily News Egypt*, January 11, 2009.
45   Dr. Janko Prunk, *Brief History of Slovenia*, tranaslated by Wayne Tuttle(Ljubljana: Mihelać, 1994), p. 13.
46   김남성, "살기 위해 내 자신을 지키기 위해 야쿠자가 됐다." 〈월간 조선〉 2010년 2월호, pp. 333-334.
47   Brian Hall, *The Impossible Country* (NY: Penguin Books, 1994), p. 45
48   크로아티아인이었던 옐라치치는 1848년 헝가리 왕국이 합스부르크 왕조에 반란을 일으켰을 때 종주국인 합스부르크 왕조가 자치권을 부여할 것이라는 약속에 따라 5만 명의 군대를 이끌고 헝가리 반란군을 공격하였다. 그러나 합스부르크 왕조의 요청에 따라 파견된 러시아 군대에 의해 헝가리의 반란군은 진압되었다. 합스부르크 왕조는 옐라치치에 대한 자치권 부여 약속을 지키지 않고, 1867년 오스트리아-헝가리 2중 왕국을 수립하면서 크로아티아를 다시 헝가리에 귀속시켰다. 옐라치치는 알바니아의 게오르게 스칸데르베그(George Skanderbeg)와 같이 크로아티아 자치권 쟁취를 추구한 투사였다.
49   블라이부르크(Bleiburg) 대학살은 추축국의 하나인 독일이 전쟁에 패한 시점에

서 발생한 참극이었다. 제2차 세계대전 말 추축국 신민으로 전쟁에 가담했던 약 25만 명의 크로아티아인들이 세르비아의 보복을 두려워 해 오스트리아를 점령하고 있던 영국군에 항복하였다. 항복을 받은 영국군은 이들을 수용할 수 없는 상황이어서 모두 파르티잔에 넘겼다. 파르티잔은 이들을 무장해제 시키고 오스트리아의 블라이부르크(Bleiburg)에서 대거 총살하였고, 생존자들을 옛 유고연방 전역으로 끌고 다니며 학대하였다. 이 대량학살 때 우스타샤의 지도급 인물들은 가톨릭계의 도움으로 남미, 호주 등으로 망명하였다. 이 같은 파르티잔의 잔학상을 밝히는 것은 크로아티아인들이 파르티잔 신화를 깨고 공산당을 처단하기 위한 것이었다.

50　Silber, p. 109.
51　김성진, 『발칸분쟁사』(서울: 도서출판 우리문화사, 1997), pp. 91-92.
52　당시 거론된 지역은 트렌티노, 이스트라, 달마티아, 아드리아 해안 섬들, 알바니아, 소아시아 지역 일부, 독일인과 슬라브족이 거주하는 아프리카 일부였다.
53　김성진, p. 98.
54　Barbara Jelavich, *History of the Balkans* Vol. 2(UK: Cambridge Univ. Press, 1999), p. 146.
55　Jelavich, p. 147.
56　Fred Singleton, *A Short History of the Yugoslav People* (NY: Cambridge Univ. Press, 1985), p. 129.
57　김성진, pp. 101-102.
58　Jelavich, p. 200.
59　Jelavich, p. 202.
60　Jelavich, p. 203.
61　Jelavich, p. 294.
62　L. S. Stavrianos, *The Balkans since 1453* (London: Hurst & Co., 2000), p. 755.
63　Stavrianos, p. 756.
64　두샨 바타코비치, 『세르비아 역사(Nova istorija srpskog naroda)』, 정근재 옮김, (서울: 도서출판 선인, 2001), p. 359.
65　바타코비치, p. 369.
66　바타코비치, p. 379.
67　Silber, p. 213.
68　Noel Malcom, *Bosnia: A Short History* (NY: New York Univ. Press, 1996), p. 2.

69 이탈리아인들은 그들의 영향하에 있는 밀란 시외의 Pataria 이름을 따서 Patarenes라고 불렀다. 프로방스에서는 Albiga 지역 이름을 따서 Albigensians라고 불렀다. 라인강 계곡에서는 KetZers 또는 Cathars라고 불렀다.

70 Stavrianos, p. 402.

71 George F. Kennan, *The Decline of Bismarck's European Order: Franco-Russian Relations, 1875-1890* (USA: Princeton Univ. Press, 1979), p. 37.

72 Stavrianos, p. 546.

73 Eric D. Gordy, *The Culture of Power in Serbia* (USA: The Pennsylvania State Univ. Press, 1999), pp. 10-11.

74 Brian Hall, p. 103.

75 Gordy, p. 12.

76 James Habyarmana, Macartan Humphreys, Daniel Posner, and Jeremy Weistein, "Is Ethnic Conflict Inevitable? Better Institution, Not Partition", *Foreign Affairs* July/August 2008, Vol. 87, No. 4, p. 138.

77 Bush & Scowcroft, p. 253.

78 Bush & Scowcroft, p. 273.

79 Bush & Scowcroft, p. 282.

80 1990년 6월 21일 서독 연방의회와 동독 인민회의는 통일된 독일과 폴란드 간의 국경에 관하여 각기 동일한 결의문을 채택, 국제법상의 계약에 의하여 확정된 기존국경이 최종적인 것임을 확인하였다. 7월 1일 서독 마르크화가 동독에서 화폐로 통용되었다. 경제 논리를 따른다면 동독 마르크화를 서독 마르크화로 환전할 경우 서독 1마르크로 약 3~5 동독 마르크화를 살 수 있을 정도였다. 그러나 환전비율을 1:1로 결정하였다. 만약 경제논리를 따라 1:3, 1:5로 할 경우 동독인들은 많은 돈을 가지고 있더라도 매우 가난하게 된다. 돈의 가치가 하락하기 때문이다. 그러나 정치논리에 의하면 동독을 흡수하기 위해 지불하여야 하는 경제적 대가였다. 서독 중앙은행인 분데스방크는 이런 환율이 동독경제를 급속하게 붕괴시키고 인플레이션 압력을 가중시킨다며 반대하였다. 그리고 분데스방크의 이런 예상은 통일이후 현실로 드러났다. 급속한 흡수통일, 이에 따르는 천문학적인 통일비용, 이런 점 때문에 콜의 통일정책은 비판을 받고 있다.

81 Silber, p. 111.

82 1월 25일 요비치는 그의 일기에 연방정부 국방장관은 크로아티아 경비대 무장해제를 위해 최후 수단을 강구하고 있었다고 기록하고 있다.

83　Warren Zimmermann, *Origin of a Catastrophe* (USA: Times Books, 1996), p. 100.
84　3월 28일 스플리트(Split), 4월 4일 베오그라드(Beograd), 4월 11일 크라이나(Krajina), 4월 18일 오흐리드(Ohrid), 4월 29일 체티네(Cetinje), 6월 6일 사라예보(Sarajevo).
85　필자는 슬라보니아 지역에서 발생한 무력충돌 사건과 관련하여 크로아티아와 세르비아의 상호 극단적인 선정적 보도와 왜곡된 주장으로 인하여 20여 년이 지난 후에도 아직 객관적인 사실 파악이 어려운 상태임을 전제로 하고, 다만 사태의 성격을 설명함으로써 유고사태를 이해하는 데 도움을 주고자 했다.
86　Marcus Tanner, *Croatia* (New Haven: Yale Univ. Press, 1997), p. 245.
87　Brendan O'Shea, *The Modern Yugoslavia Conflict 1991-1995* (NY: Frank Cass, 2005). p. 11.
88　Brian, p. 76.
89　Brian, p. 15.
90　Brian, p. 316.
91　Doder & Branson p. 88.
92　O'Shea, p. 9.
93　O'Shea, p. 11.
94　Crnobrnja, p. 134.
95　Flora Lewis, *International Herald Tribune*, June 16 1995.
96　Crnobrnja, p. 136.
97　Flora Lewis, *The New York Times*, June 4 1991.
98　James Gow, *Triumph of the lack of will* (NY: Columbia Univ. Press, 1997), p. 12.
99　Gow, p. 13.
100　O'Shea, p. 12.
101　David Hoffman, "Baker Urges Yugoslavia to Keep Unity: US Would Not Recognize Independent Republics, Secretary Says", *The Washington Post*, June 21, accessed through Nexis, July 30 2008.
102　Gow, P. 14.

2장 티토의 통일 유고슬라비아

1 바타코비치, P. 374.
2 재스퍼 리들리, 『티토』, 유경찬 옮김, (서울: 을유문화사, 2003), P. 51.
3 Stream K. Pavlovich, *Tito* (London: C. Hurst & Co., 1992), P. 1.
4 Ruth Schiffman, *Josip Broz Tito* (Philadelphia: Chelsea House Publishers, 1987), P. 24.
5 바타코비치, p. 376.
6 Jelavich, p. 268
7 Schiffman, pp 56-57.
8 Stavrianos, p. 780.
9 Jelavich, p. 270.
10 바타코비치, p. 386.
11 Stavrianos, p. 818-819.
12 Pavlovich, p. 50.
13 리들리, p. 325.
14 리들리, p. 323.
15 Jelavich, p. 272.
16 리들리 p. 358.
17 리들리, p. 364.
18 Richard West, *Tito and the Rise and Fall of Yugoslavia* (NY: Caroll & Graf Publisher, 1995), p. 267.
19 리들리, p. 366.
20 리들리, p. 374.
21 리들리, p. 379.
22 김철민, 『한국전쟁과 동유럽』(서울: 아카넷, 2008), p.143.
23 "6·25의 진정한 승자는 유고슬라비아", 〈조선일보〉, 2008. 6. 10.
24 김철민, p. 148.
25 리들리, p. 391.
26 '노동자 자주관리' 주장은 스탈린의 '위로부터의 혁명'을 통한 당에 의한 중앙집권적 기업관리와 계획경제에 의해 나타나는 획일적 지령에 대한 반발로부터 시작되었다. 옛 유고연방은 스탈린 노선에서 이탈한 이후 1949년 12월 노동자 자주관리 제도를 최초로 실시하였다. 이는 노동자가 기본적 문제에 관한 결정권을

장악하고 생산에서 분배·고용에 이르기까지 통제하는 체제이다.

자주관리 기업의 생산수단은 사회적 소유이지만, 노동자 집단은 이것을 자유롭게 사용, 관리하며, 그 자산 가치를 유지할 사회적 책임을 지며, 자주관리 기업은 시장경제 원리에 따라 활동한다는 것이다. 모든 노동자는 자주관리 기업에 있어서 동등한 권리를 갖는다. 또 자주관리 기업의 경영대표기관의 인원을 선출 또는 해임하는 것은 노동자들의 의무이자 권리로 인정된다. 기업의 장은 노동자 평의회에서 임명 또는 해임하도록 되어있다.

소련은 이를 현대 수정주의라고 비난하였다.

그러나 이런 노동자 자주관리가 낮은 노동생산성, 질 낮은 상품, 낙후된 기술수준, 수출부진 등을 해결해 주지는 못하였다. 이를 극복하기 위해 시장경쟁원리의 강화와 자본주의 체제와의 접합이 필요하였다. 한국에서도 해방 후 실직한 노동자들이 자연 발생적인 자구책의 일환으로 일본인들이 소유하고 있던 기업체들을 직접 접수하고 관리권을 행사하여 조업을 재개하려 한 예가 있었다. 이러한 현상을 '노동자 자주관리 운동'이라고 하였다. 그러나 미 군정이 일본인 재산을 귀속재산으로 처리방침을 결정한 후 정부 관리인들을 파견하여 경영하였는데, 이 제도가 한국 경제의 재편성에 결정적인 영향을 주었다. 특히 관리인 중에는 친일파 출신이 다수였으며 이들이 관리인이 된 이후 모리배적인 부정을 저지른 경우가 많았다.

27 질라스는 나중에 소련 공산당과 유고슬라비아 공산당의 관료화와 특권의식 등 내부의 치부를 비난하여 제거되었는데, 당시 선전부를 담당하고 있었다. 질라스는 몬테네그로의 빈농 출신이다. 그는 자기의 몇 대조에 걸친 조상들은 물론 사촌까지도 살해되었고, 자신이 태어나서 처음 본 것은 온통 핏빛이었고, 피라는 말을 맨 처음 배웠으며, 핏속에서 목욕을 하였다고 몬테네그로의 역사를 설명하고 있다.

28 다브체비치 쿠차르(Dabčević Kučar)는 유고슬라비아 공산당 시절 티토의 총애 하에 가장 정치적 영향력이 컸던 크로아티아 여성 정치인이었다. 그녀는 크로아티아의 자치권을 강하게 주장하여 소위 '크로아티아 봄' 사건으로 강경파와 충돌하였다. 그녀는 공산당 지도부 회의에서 자아비판을 통하여 잘못을 인정하였으나 자신이 민족주의자이며 사회주의 배반자라는 비난을 거부하였다. 그녀는 결국 공산당 중앙위원회에서 축출당하였다. 그녀는 1990년 선거에서 새로운 정당을 만들어 대통령 선거에 출마하였으나 투지만에게 패하였다.

29 Crnobrnja, p. 81.

30 "당시 미 국무성 유럽 및 캐나다 담당 차관보 로렌스 이글버거 발표, 하원 외교위원회 유럽 및 중동 분과 청문회(1981. 6. 10) 기록", *Current Policy* No. 284, Bureau of Public Affairs, United States Department of State, Washington, D.C.
31 고르바초프는 러시아 연방 남서부 스타브로폴(Stavropol) 지구에서 농민의 아들로 태어났다. 그는 1946년 콤소몰(공산주의청년동맹)에 가입했으며 콤소몰 활동으로 능력을 인정받아 1952년 모스크바 대학교 법과대학에 입학했고 그 해 공산당원이 되었다. 당 조직의 여러 직책을 거치면서 지역 당위원회의 제1서기에 올랐다. 1971년 공산당 중앙위원회 위원으로 지명 되었으며 농업담당 서기(1978년)를 역임했다. 1985년 3월 10일 체르넨코가 급사하자 정치국은 최연소 위원인 미하일 고르바초프를 소련 공산당 서기장으로 선출하였다. 고르바초프는 침체에 빠진 소련 연방의 활성화를 위해 개혁 개방 정책을 추진하였다. 첫 번째 목표는 소련연방 경제를 활성화시키는 것이었다. 그의 개방(글라스노트) 정책은 소련사회 전반에 해빙 무드를 조성하였다. 표현의 자유와 알 권리가 크게 확장되었고, 언론은 보도와 현실비판에 있어서 전에 없는 자유를 구가했으며, 정부당국은 스탈린주의 독재체제와의 영원한 결별을 선언하기에 이르렀다. 그의 개혁(페레스트로이카) 정책은 소련 최초의 민주화 시도였다. 복수 후보자가 경합 하는 가운데 부분적으로 비밀투표가 행해졌고, 시장경제의 요소들이 도입되기 시작하였다. 그러나 국내 보수 강경파의 개혁 개방에 대한 저항은 끝내 그의 몰락을 가져왔다.
32 미 의회에서 유고 인권문제를 제기한 의원들은 George Diogardi, William Broomfield, Robert Dole, Dennis de Conchini 등이다. 옛 유고연방은 코소보 문제제기는 미국의 내정 간섭이라며 저항하였다.
33 Crnobrnja, p. 84.
34 Budimir Lončar, "Yugoslavia and Europe", *Review of International Affairs*, December 20 1990, p. 6.

3장 슬로베니아와 크로아티아의 독립전쟁

1 Crnobrnja, p. 161.
2 연방 대통령부의 대표는 순번제에 의하여 크로아티아 대표인 메시치가 임명되도록 되어 있었다. 그러나 세르비아의 대표인 요비치가 메시치는 유고슬라비아 연방 와해를 주장하는 인물인 만큼 그의 임명에 동의할 수 없다고 하여 유고 연방 대통령부 대표가 부재 상태였다.

3   Crnobrnja, p. 162.
4   O'Shea, pp. 13-14.
5   EC 의장직은 국명의 알파벳 순 윤번제를 따르되, 대국과 소국의 순번을 적절히 조정, 전임, 현직, 차기 의장단에 항상 대국이 참여할 수 있도록 하고 있다. EC 기구로는 유럽이사회(European Council), 각료이사회(The Council of Ministers), 유럽위원회(The European Commission) 등이 있었다.
6   Doder & Branson, pp. 93-94.
7   Marcus Tanner, *Croatia: A Nation Forged in War* (USA: Yale Univ. Press, 1997), p. 252.
8   Zimmermann, pp. 150-151.
9   Richard D. Caplan, *Europe and the Recognition of new States in Yugoslavia* (NY: Cambridge Univ. Press, 2005), p. 45.
10 Caplan, p. 44.
11 Crnobrnja, pp. 163-164.
12 Silber, p. 166.
13 Silber, pp. 164-165.
14 O'Shea, p. 13.
15 David Owen, *Balkan Odyssey* (London: Victor Gollancz, 1995), p. 34.
16 이를 증명하는 것은, 메시치가 6개월간의 임무를 마치고, 1991년 12월 5일 크로아티아 의회에서 "나는 임무를 완수하였다. 이제 유고연방은 더 이상 존재하지 않는다"고 발언한 것이었다. 그의 발언은 크로아티아 의회에서 열광적인 지지를 받았다. 메시치는 91년 1월 24일 독일 일간지인 〈디 벨트(Die Welt)〉와의 기자회견에서도 자신은 유고연방 대통령직에 있는 동안 유고연방을 와해시키는 데 최대한 노력을 하였다고 다시 밝히면서, 유고연방은 크로아티아인인 티토에 의해 수립되었는데, 크로아티아인인 자신에 의해 와해되었다고 말하였다.
17 O'Shea, p. 18.
18 Silber, p. 170.
19 마트리치는 국제유고전범재판소에 23개의 범죄 혐의로 기소되었다. 1994년 자칭 크라이나 공화국 대통령이었던 그는 본인의사에 의하여 법정에 출두하였다. 그는 크닌 지역에서 1945년 출생하였다. 경찰 대학 출신으로 크로아티아 독립 이전 크로아티아 내무부 고위 관리였다. 그리고 크닌 지역 경찰 서장이었다. 1991년 9월 자칭 크라이나 세르비아계는 크로아티아 영토의 3분의 1을 차지하

였다. 1992년 휴전 협정에 의하여 연방군의 대부분이 크로아티아로부터 철수하였으나 자칭 '크라이나 세르비아 공화국'은 전투를 계속하였다. 이와 관련 국제유고전범재판소는 1995년 5월 2~3일 그가 주도한 공격과 관련해 기소하였다. 기소내용에 따르면 그는 자그레브에 대한 로켓 공격을 미리 알고 있었거나 직접 명령했으며, 그런 공격을 방지하기 위한 예방조치를 취하지 않았다는 것이다. 기소 내용에 따르면 이 공격으로 7명이 사망하고 많은 부상자가 발생하였다. 세르비아 반란군은 크로아티아군이 대거 보복 공격을 할 때까지 즉, 1995년 8월까지 크라이나 지역을 장악하고 있었다. 크로아티아군의 공격으로 이 지역 약 20만 명의 세르비아인들이 크로아티아의 인종청소를 두려워해 피난갔다. 마트리치는 크닌을 떠나서 보스니아와 세르비아에 거주하고 있다가 2002년 4월 22일 세르비아 법무부에 자진 출두하였다.

20 Silber, p. 171.
21 Silber p. 171.
22 1992년 6월 밀로셰비치는 믈라디치 참모장을 보스니아 세르비아군 사령관으로 진급시킨다. 그는 1992년 8월 소장이 되고, 1994년 6월에는 중장으로 진급한다. 그는 런던도 폭격하겠다고 헛소리를 했지만 부하들로부터는 영웅으로 존경을 받고 있었다. 그가 국제적으로 유명하게 된 것은 보스니아 세르비아군 사령관으로서 인종청소의 주범이 되었기 때문이다. 그는 포상금이 걸린 전쟁범죄자로 기소되어 있지만 아직도 체포되지 않고 있다. 믈라디치는 크닌 부임 즉시 크라이나 세르비아 민병대원들과 친하게 되었고, 그들의 신뢰와 존경을 받았다.
23 O'Shea, p. 20.; Caplan, p. 26.
24 *Tanjug*, August 30 1991.
25 Silber, p. 190.
26 Gow, p. 34.
27 O'Shea, p. 21.
28 O'Shea, p. 22.
29 O'Shea, p. 22.
30 O'Shea, p 22.
31 Silber, p. 191.
32 O'Shea, p. 22.
33 *The New York Times*, October 7 1991.
34 1946년 이탈리아 정부는 남부 티롤(South Tyrol) 지역에 자치권을 부여하기

로 약속하였다. 그러나 오스트리아 정부는 이탈리아 정부가 이탈리아인 다수 거주지역인 트렌티노(Trentino)와 다수 독일어 사용 민족이 거주하는 볼차노(Bolzano)지역을 단일 지역(Trentino-Alto Adige)으로 만든 다음 이 지역에 이탈리아인들을 대거 유입시켜 독일어 사용 민족 공동체를 회석시키려 한다며 반대하였다. 오스트리아 정부는 이 문제를 유엔 총회에 호소했고, 유엔 총회는 1960년 10월 31일 만장일치로 양국 간의 직접 교섭을 통하여 평화적으로 해결하거나, 이에 실패하면 국제중재재판소와 같은 기관에 의뢰해 해결토록 하였다. 그 후 독일어를 사용하는 남 티롤(South Tyrol)에서 이탈리아 정부에 불만을 품은 폭력사태가 발생하였다. 이탈리아 정부는 독일어 사용 민족들의 불만을 무마하기 위해 1969년 이후 수차에 걸친 개혁 조치를 취하였다. 이 개혁 조치들로 다수 독일어 사용 공동체인 볼차노(Bolzano)는 재정, 경제, 사회, 문화, 교육 분야에서 상당한 정도의 자치권을 향유할 수 있었다. 독일어는 이탈리아어와 병행하여 모든 재판소와 지방 행정기관에서 사용되었다.

35 당시 함포사격을 지휘한 혐의로 2001년 11월에 체포된 미오드라그 요키치(Miodrag Jokić)는 국제유고전범재판소에서 스스로 유죄를 시인하였다. 밀로셰비치는 '크로아티아의 세르비아계 주민들을 보호하기 위해서'라는 명분 아래 군사작전을 폈지만, 두브로브니크에는 세르비아계 주민들이 거의 없었다.
36 O'Shea, p. 25.
37 Silber, p. 186.
38 Marcus Tanner, pp. 268-269.
39 Crnobrnja, p. 206.
40 Crnobrnja, p. 208.
41 *Tanjug*, January 23 1992.
42 Jim Hoagland, *International Herald Tribune*, December 19 1991.
43 Extraordninary EPC Ministers Meeting(Brussels), *EPC Press Release* pp. 128-129 and pp. 189-191, December 16 1991.
44 Doder & Branson, p. 111.
45 Doder & Branson, p. 112.
46 Caplan, p. 38.
47 Zimmermann, p. 176.
48 Silber, p. 201.
49 헌법 제5조:

(1) 유고슬라비아 사회주의 공화국 연방의 영토는 분할할 수 없으며 연방은 사회주의 공화국의 영토로 구성되어 있다. (The territory of the SFRY is indivisible and consists of the territories of its socialist republics.)
(2) 일개 공화국의 영토는 해당 공화국의 동의 없이 변경이 불가능하다. 또한 자치지역 영토도 해당 자치지역 동의 없이는 변경이 불가능하다. (A republic's territory cannot be altered without the consent of that republic, and the territory of an autonomous province cannot be altered without the consent of that autonomous province.)
(3) 유고슬라비아 사회주의 공화국 연방의 국경은 모든 공화국과 자치 지역의 동의 없이는 변경이 불가능하다. (A border of the SFRY cannot be altered without the concurrence of all republics and autonomous provinces.)
(4) 공화국 간의 경계는 상호 동의하에서만 변경이 가능하며, 자치지역 간 경계도 상호 간의 동의 없이는 변경이 불가능하다. (A border between republics can only be altered on the basis of their agreement, and a border of an autonomous province can only be altered on the basis of its concurrence.)

50 *Tanjug*, January 14 1992.
51 *Tanjug*, February 7 1992.
52 Silber, p. 201.
53 Rita Augestad Knudsen, *The Comprehensive UN Sanctions against the Federal Republic of Yugoslavia -Aims, Impact and Legacy* (Norway: Kolofon Forlag AS, 2008), P. 28.
54 O'Shea, P. 27.
55 Eastern Slavonia, Baranja and Western Srem, Northern Krajina, South Krajina, Western Slavonia
56 세르비아와 몬테네그로 공화국은 보스니아 헤르체고비나 공화국이 4월 6일 국제적으로 독립을 승인 받은 것에 반발해 4월 27일 '신유고연방'의 헌법안을 채택하고 새로운 연방정부를 구성하였다.
57 Silber, P. 218.
58 Roger Cohen, "Peace in the Balkans Now relies on Man Who Fanned Its Wars", *The New York Times*, October 31 1995, p. A1.

4장 보스니아 헤르체고비나 내전

1   Silber, p. 205.
2   오스만 투르크 제국의 통치기에 이슬람교로 개종한 봉건 영주 및 상인 등 상류층은 도시에 거주하면서 특혜를 누린 반면, 개종을 거부한 동방정교회의 세르비아계들은 농촌에 거주하였다. 이 때문에 세르비아계들의 토지 소유율은 이슬람교도들보다 높았다. 통계에 의하면 세르비아계가 보스니아 헤르체고비나 전 국토의 60%를 소유하였다. 세르비아계가 전 영토의 60%를 소유하고 있다는 주장에 대하여 노엘 맬컴(Noel Malcolm)은 전쟁 전 부동산 등록에 의하면 이슬람계가 44.8%, 세르비아계가 42.6%, 크로아티아계가 12.6% 소유하고 있었다고 반박하였다. 그리고 산, 산림지역, 호수, 강 등 지역의 50% 이상이 국가소유였다고 밝히고 있다. ("Faulty History", *Foreign Affairs*, November/December 1995, p. 148.)
3   Silber, p. 211.
4   세르비아계의 국민투표 보이콧과 관련하여 노엘 맬컴은 세르비아계들의 투표를 방해하기 위해 세르비아계 과격파들이 바리케이드를 설치하였으나, 주요 시내에 거주하는 세르비아인들은 독립을 희망하는 투표를 하였다고 주장하면서 세르비아계 모두가 보스니아 헤르체고비나 독립을 반대한 것은 아니라고 주장하였다. ("Faulty History", *Foreign Affairs*, November/December 1995, p. 150.)
5   보스니아 헤르체고비나 3개 민족 공동체가 보스니아 헤르체고비나 장래문제와 관련하여 밝힌 기본 입장은 다음과 같았다.
    1) 세르비아계와 크로아티아계의 기본 입장
       * 국가 형태: 3개 민족별 독립국가로 구성되는 국가 연합
       * 내부 경계선: 3개 민족별 독립국가 간 통행 장벽 설치
       * 중앙정부 구성: 합의체 성격의 각료회의 설치
       * 중앙정부 권한: 3개 민족별 독립국가가 국제법상 독립주체로서 외교, 국방, 조약 체결권 등 보유
    2) 이슬람계의 기본 입장
       * 국가 형태: 민족, 경제조건에 따라 3~18개 자치주로 구성된 단일 연방국가
       * 내부 경계선: 민족 단위 자치주 간의 자유 통행 보장
       * 중앙정부 구성: 3민족 간 인원 안배에 따라 구성
       * 중앙정부 권한: 자치주는 입법, 사법, 행정 등 자치권만 보유하고 중앙정부는 국제법상 주체로서 외교, 국방, 조약 체결권 보유

6 Gow, p. 81.
7 O'Shea, p. 34.
8 Doder & Branson, p. 117.
9 Silber, p. 218.
10 Owen, p. 46.
11 Silber, p. 228.
12 Jerko Doko 전 국방장관 진술 내용: *The Prosecutor vs. Tadic*, case IT-94-I-T, June 6 1996, pp. 1359-1361.
13 신문에 거론된 준군사조직 명단은 다음과 같다(*Tanjug*, January 23 1992).

크로아티아계: 국가경비대 이외에 크로아티아 극우정당 당수 파라가(Dobroslav Paraga)는 당 산하 약 1만 6,000명의 준군사요원이 서부 보스니아 헤르체고비나에 주둔하고 있다고 확인하였다. 연방군 집계에 의하면 보스니아에는 약 5만 명의 이슬람 군대와 3만 5,000명의 크로아티아 군대가 있었고 이 이외에 약 1만 내지 1만 2,000명의 우스타샤 군대가 있었다고 하였다. 이들은 모두가 크로아티아 공화국에서와 같이 연방군 기지와 막사를 포위하고 연방군에 속해 있던 무기공장과 창고를 접수하였다고 전하고 있었다. 세르비아 아르칸(Arkan)의 크로아티아 상대자는 브라니미르 글라바시(Branimir Glavaš)였다.

이슬람계: Green Berets, Kemal Pasha Ataturk, Moslem Guards, Handžar Division, the Patriotic League of the People of Bosnia Herzegovina, the Red Fez, the Drina Division

세르비아계: Karađorđe, Stojan Kovačević, Dušan Silni, Beli Orlovi, Captain Dragon, Vojislav Šešelji(파시트 보스니아인), Arkan(서방 체포대상자).

14 Leslie H. Gelb, *International Herald Tribune*, August 10 1992.
15 *International Herald Tribune*, August 10 1992.
16 O'Shea, p. 22
17 유엔안보리 문서(s/24049, May 30 1992), Report for the Secretary General pursuant paragraph 4 of Security Council Resolution 752.
18 Lewis MacKenzie, March-October 1992.
19 유엔, S/24075, paras. 11 and 13.
20 Knudsen, p. 26.
21 *Financial Times*, June 29 1992.
22 *International Herald Tribune*, May 14 1992.

23　Gow, p. 96.
24　보스니아 이슬람계의 역선전

보스니아 이슬람계는 독립을 하였으나 자체적으로 세르비아계의 공격에 대비할 수 있는 힘이 없었기 때문에 외세의 힘을 끌어들여야 할 입장이었다. 따라서 이제트베고비치는 우선 이슬람계는 무방비 상태의 순진한 피해자라는 이미지를 널리 선전하고 세르비아계의 잔악상에 대한 국제여론을 조성하여 세르비아계를 압박하는 전술을 택하였다. 그런데 이슬람계는 세르비아계의 잔악상을 널리 홍보하는 과정에서 1992년 9월 8일 비무장한 유엔 평화 보호군의 구호품 수송 차량을 공격하여 2명의 프랑스 군인을 사망케 하고 유엔 차량을 훼손시키고서는 보스니아 세르비아계의 잔악한 소행의 대표적인 예라고 역선전 하는 것도 주저하지 않았다. 오언 경도 이슬람교도들을 피해자로만 생각했었는데, 크로아티아계, 세르비아계, 이슬람계 모두가 똑같이 잔인한 민족이라는 사실을 깨달았다고 그의 저서 『발칸 오디세이(Balkan Odyssey)』에서 밝히고 있다.

25　세르비아계 당국 자료에 의하면 1992년 5월 27일부터 8월 16일까지 총 3,334명이 수용되어 있었고, 그 중 125명이 크로아티아계였다고 한다. 남자들을 체포하여 오마르스카 수용소에 구류시켰다. 대외적으로 포로 심문소, 또는 포로 집합지라고 알려졌지만 실제로는 인권 감시 기구가 주장한 바와 같이 강제집단수용소였다. 한편 인권 감시 기구는 1992년 봄과 여름 약 6,000명의 이슬람계와 크로아티아계가 수용되어 있었다고 보고하였다.

26　Demands for tightening of sanctions, etc., quoted in "People in Glass Houses: Bush Should be Careful Whose Foreign Policy He Calls 'Reckless'", *Decision Brief* (Center for Security Policy, Washington D.C.), July 28 1992, p. 1.
27　1992년 8월 말 미 정부의 대 보스니아 헤르체고비나 정책에 대한 불만으로 사표를 제출했다. (*The Washington Post*, September 5 1992.)
28　"People in Glass Houses: Bush Should be Careful Whose Foreign Policy He Calls 'Reckless'", *Decision Brief*, p. 1.
29　Quoted in "Method to the Madness", *Decision Brief* (Center for Security Policy, Washington D.C.), October 2 1992, p. 3.
30　Michael R. Gordon, "Powell Delivers a Resounding No On Using Limited Force in Bosnia", *The New York Times*, September 27 1992, p. A1.
31　*Financial Times*, July 20 1992.
32　Owen, p. 24.

33 Silber, p. 259.
34 Doder & Branson, p. 157-158.
35 신유고연방은 8월 21일 런던회의에 참석하는 초시치 연방 대통령, 파니치 수상, 밀로셰비치 세르비아 공화국 대통령에게 런던회의에서의 활동에 관한 훈령을 채택하였다. 훈령 요지는 다음과 같다.
    1. 4개 공화국의 분리에도 불구하고 옛 유고연방의 계속성 주장.
    2. 보스니아 헤르체고비나 문제 해결방안으로 3개 민족 간의 만장일치제에 의한 정치적 해결 추구, 이 경우 신유고연방은 보스니아 헤르체고비나 독립 인정.
    3. 신유고연방은 유엔 평화 보호군 주둔지역 이외의 지역에서 크로아티아 독립을 승인할 용의가 있으며, 유엔 평화 보호군 주둔지역에 대한 크로아티아 영유권 문제는 크라이나 세르비아계가 어디에 살 것인지를 결정한 다음 결정.
    4. 코소보 문제는 세르비아 공화국 내정 문제임. 단 소수민족 보호를 위한 모든 국제협약 준수 약속.
    5. 몬테네그로와 크로아티아 간의 아드리아 해 프레블라카(Prevlaka) 지역문제 협상 용의 표시.
36 Misha Glenny, *The Fall of Yugoslavia: New Edition* (NY: Penguin Books, 1993), p. 215.
37 Doder & Branson, p. 124.
38 세르비아 공화국 대통령 선거는 2년 전에 거행된 바 있었으나, 그간 옛 유고연방이 와해되고, 신유고연방이 탄생하면서 세르비아 공화국 대통령 선거를 다시 치뤄야 하는 상황이었다.
39 Doder & Branson, pp. 168-169.
40 밥 돌 상원의원은 1980년대와 1990년대에 알바니아계 미국인 단체로부터 상당히 많은 액수의 정치자금을 받은 것으로 알려져 있다.
    밥 돌 상원의원의 반세르비아 입장은 비서였던 미라 배러타(Mira Baratta)의 영향을 많이 받은 것으로 전해지고 있다. 배러타는 로스앤젤레스에서 크로아티아 우스타샤 나치 방송국을 운영하던 페로 라디엘로비치(Pero Radijelović)의 딸이다. 페로 라디엘로비치는 우스타샤 두목이었던 안테 파벨리치를 크로아티아 역사상 가장 위대한 인물이라고 자랑하는 사람이었다. 배러타는 또한 크로아티아 우스타샤 나치 장교의 손녀이기도 하다.
    배러타는 1982년 조지타운대학교 외교학과를 졸업하고 플레처대학원에서 박사학위를 취득하였다. 배러타는 1989년 6월 밥 돌 상원의원실에서 근무하였는데 의회에서 세르보-크로아티어를 구사하는 유일한 발칸반도 전문가로 알려졌다. 데이턴 평화협정 협상 시 보스니아 이슬람계에 고용되었던 리처드 펄(Richard Perle)은 배러타가 리처드 홀브룩 이외에 미국의 대유고슬라비아 정책에 가장 많이 영향을 준 개인이라고 평하였다.(*Weekly Standard*, 1995)

배러타는 크로아티아를 선전하는 것보다 세르비아인을 악인으로 몰아가는 것이 더 효과적이고 중요하다는 사실을 알고 있었다. 배러타는 코소보 알바니아인 입장을 옹호했고 보스니아 이슬람계에 대한 무기 수출 제재를 해제해야 한다는 상원 법안 'S-21'을 1995년 7월 26일 통과시키는 데 공이 컸다. 이와 관련 존 워너(John Warner) 상원의원은 그녀를 크로아티아인 마타 하리(Croatian Mata Hari)라고 불렀다. 밥 돌은 상원의원직을 떠난 후에도 계속 코소보 알바니아인을 옹호하였다.

41 R. Laffan, *The Serbs*(NY: Dorset Press, 1989), p. 31.
42 Stavrianos, p. 247.
43 Glenny, p. 19.
44 Singleton, p. 85.
45 바타코비치, p.170.
46 Singleton, p. 86.
47 바타코비치 p. 172.
48 바타코비치, p. 173.
49 Stavrianos, p. 254.
50 Stavrianos, p. 258.
51 Glenny, p. 281.
52 Silber, p. 292.
53 Silber, p. 293.
54 Malcolm, p. 241.
55 Silber, p. 276.
56 고르바초프 칼럼, 〈조선일보〉, 1993. 5. 13.
57 '세계를 보는 눈', 〈조선일보〉, 1993. 5. 11.
58 당시 세르비아의 경제 상황은 절망적이었다. 1993년 2월의 인플레이션은 200%, 6월은 400%, 8월은 1,880%로 치솟았다. 일반 사무직 봉급은 월평균 미화 10불로 떨어졌다. 세르비아 공화국 화폐인 다나르는 100만, 500만, 1,000만,

1억, 5억, 10억 단위의 고액권까지 발행되었고, 최고 고액권은 500억 디나르였다. 따라서 시중에서는 독일의 마르크화가 아니면 통용이 안 되었다.

59 Silber, p. 281.
60 Silber, p. 281.
61 Silber, p. 283.
62 Doder & Branson, p. 186.
63 믈라디치 장군은 보스니아 헤르체고비나 내전이 일어날 때 크닌 지역에 주둔하고 있는 연방육군 제9연대 참모장이었다. 1992년 6월 밀로세비치는 믈라디치 장군을 보스니아 연방군 사령관으로 진급시켰다. 그는 줄곧 베오그라드로부터 봉급을 받고 있었다. 그는 런던도 폭격하겠다고 헛소리를 했지만 부하들에게는 영웅으로 존경을 받고 있었다.
64   Doder & Branson, p. 187.
65 〈한국일보〉, 1993. 2. 9.
66 Colin Powell, *My American Journey* (USA: Ballantine, 1995), pp. 560-561.
67 Jean E. Manas, "The Impossible Trade-off: 'Peace' vs. 'Justice' in Settling Yugoslavia's Wars", in Richard H. Ullman(editor), *The World and Yugoslavia's Wars* (Council on Foreign Relations Press, 1996), p. 43.
68 Dick Morris, *Behind the Oval Office: Winning the Presidency In The Nineties* (USA: Random House, 1997), pp. 245-253.
69 David Halberstam, *War in a Time of Peace* (USA: Scribner, 2001), p. 159.
70 Paul Quinn-Judge. "US Denies Giving Arms", *The Boston Globe*, November 18 1994.
71 Owen, pp. 159-169.
72 Malcom, pp. 244-250.
73 Jan Willem Honig and Norbert Both, *Srebrenica record of a war crime* (NY: Pengin Books, 1997), xviii.
74 전 밀로세비치 경호관이었고 역도선수였음.
75 Honig & Both, p. 78.
76 Silber, p. 296.
77 Honig & Both, p. 92.
78 Susan L. Woodward, *Balkan tragedy* (Washington D.C.: The Brookings Institution, 1995), p. 309.

79 Silber, p. 289.
80 Silber, p. 306.
81 〈중앙일보〉, 1993. 9. 21.
82 Silber, p. 291.
83 Silber, p. 321.
84 Ed Vulliamy, *The Guardian*, February 1 1996.
85 *International Herald Tribune*, January 27 1994.
86 Silber, p. 309.
87 Chris Hedges, "Serbs in Bosnia See No Peace for Their Dead…", *The New York Times*, January 18 1996.
88 David Binder, "Bosnia's bombers", *The Nation*, Vol. 261, No. 10, October 2 1995.
89 Owen, p. 244.
90 Owen, p. 350-351.
91 Owen, p. 352.
92 Danile Burton-Rose and Wayne Madsen, "The U.S. Government Privatizes the Use of Force", *Multinational Monitor*, March 1999, pp. 17-19.; Ripley, *Operation Deliberate Force*, p. 90.; Halberstam, pp. 334-335.
93 *UNPROFOR*, Annan to Akashi, no. 3545, October 28 1994.; David Morrison, "How Bosnia is Becoming a Priority", *National Journal*, August 20 1994.
94 Giovanna Bono, *NATO's 'peace-enforcement' tasks and policy-communities: 1990-1999* (UK: Ashgate Publishing, 2003), p. 106.
95 〈조선일보〉, 1994. 11. 29.
96 Bono, p. 107.
97 *International Herald Tribune*, November 30 1994.
98 〈조선일보〉, 1994. 11. 29.
99 William Shawcross, "Don't Blame UN Personnel for the Bosnia Failures", *International Herald Tribune*, December 3-4 1994.
100 Adrian Hastings, Norman Stone, Mark Almond, Noel Malcolm, Branka Magas, "On Bosnia, Washington Should Stop Deferring to London and Paris", *International Herald Tribune*, November 29 1994.
101 Stanley Hoffmann, chairman of the Centre for European Studies at Harvard

University, "Appeasement Again: Like Ethiopia, Like Czechoslovakia", *International Herald Tribune* (December 6 1994), contributed this comment to The New York Times.

102 *International Herald Tribune*, December 3-4 1994.
103 George Kenny, "End the Carnage in Bosnia, Even on unfair Terms", *International Herald Tribune*, December 2 1994.
104 *Los Angeles Times*, April 5 1996.
105 Netherland institution of war documentation, "aftermath of Srebrenica Massacre", 2002.
106 James Risen, "Closer U.S. role seen on Bosnia Iran arms pipeline", *Los Angeles Times*, December 23 1996.; James Hill, "Unwrap Arms Deal", *The Phoenix Gazette*, December 27 1996.
107 Report of the Select Committee on Intelligence US Senate, *US Actions Regarding Iranian and Other Arms Transfers to the Bosnian Army, 1994-1995*, Washington DC, 1996, p. 4.
108 Halberstam, pp. 332-340.
109 Walter Pincus, "Woolsey, in testimony, Criticizes White House", *The Washington Post*, June 11 1996.
110 CIA는 1994년 5월~1996년 12월 약 1만 4,000톤의 무기가 조달되었다고 산정했고, 미 국무성은 1994년 5월~1996년 1월 5,000톤의 무기가 전달되었다는 상이한 계산을 하고 있었다.
111 James Risen and Doyle McManus, "US OKd Iranian Arms for Bosnia, Officials Say," *Los Angeles Times*, April 5 1996.; "United States Actions Regarding Iranians and Other Arms Transfers to the Bosnian Army, 1994-1995", *Report of the Select Committee on Intelligence*, United States Senate.
112 CIA 보고는 이슬람계가 추가 무기지원 없이도 지탱할 수 있다는 것이었다.
113 Richard Holbrooke, *To End A War* (NY: Random House Inc., 1998), pp. 51-52.
114 〈한국일보〉, 2008. 12. 20.
115 *The New York Times* 기자 Peter Baker의 인터뷰, December 18 2008.
116 Holbrooke, p. 62.
117 이슬람계군은 90제곱킬로미터의 실지회복을 하였다고 주장하였다.

118 Lord Owen 면담내용, "An exit with one regret", *Financial Times*, June 2 1995.
119 안보리 결의문 981.
120 홀브룩을 단장으로 하는 특사단의 일원으로 사라예보로 가는 도중 협곡에서 자동차 추락사고로 숨졌다. 홀브룩에 의하면 그의 보고서는 수려한 문장력으로 인하여 국무성 직원들 사이에서 널리 읽혔다.

5장 파국의 보스니아 헤르체고비나

1 밀란 마트리치(Milan Matrić)는 자그레브 시내에 로켓을 발사한 혐의로 전쟁범죄자로 기소되었다.
2 Bono, p. 112.
3 크로아티아 정규군은 자그레브와 아드리아 해안의 스플리트(Split)지역을 연결하는 마슬레니차(Maslenica) 해협을 장악할 때에도 유엔군이 정한 휴전선을 넘어 크라이나 세르비아계를 공격하였다. 크로아티아 정규군은 1991년 5개월 동안의 전투를 벌이고도 장악하지 못한 마슬레니차 해협을 수일 만에 장악할 수 있었다. 세계의 이목이 보스니아 헤르체고비나 내전에 집중되어 있는 와중에 이뤄진 이 공격에 대한 국제적인 반응은 미미했다.
4 Doder & Branson, p. 213.
5 슬라보니아(Slavonia) 지역의 역사
슬라보니아는 로마시대 파노니아(Pannonia)지역이었다. 7세기 경 아바르(Avar)족에 예속되어 있던 슬라브족이 분리되면서 국가가 건립되었던 지역인데, 뒤이어 크로아티아족이 이주해 왔다. 그 후 슬라보니아 지역은 헝가리와 크로아티아 간의 접경지역인 동시에 곡창 지대이었기 때문에 두 세력의 우위 여부에 따라 수시로 주인이 바뀌었다. 1027년 헝가리는 슬라보니아를 점령하고 헝가리 왕국의 슬라보니아 지역으로 만들었다. 슬라보니아는 다시 1070년 드미타르 즈보니미르 왕(King Dmitar Zvonimir)에 의해 크로아티아로 병합되었다. 그 후 다시 크로아티아로부터 분리되어 헝가리 왕국에 귀속되었다. 12세기에는 헝가리 왕국의 황태자가 슬라보니아 공작으로 임명되는 것이 관례가 되었다. 따라서 슬라보니아는 일상 생활에 있어서는 크로아티아와 긴밀하였으나 법적으로는 헝가리 왕국의 소속이었다.
13세기에 들어와서 크로아티아는 두 개의 지역으로, 즉 슬라보니아 지역과 크로아티아 지역으로 구분되었다. 이때에 두 지역은 헝가리 예속하에 두 명의 주지사에 의해 통치되었다가 다시 통일이 되어 한 명의 헝가리 주지사가 1476년부터 다스리게 되었다.

1526년 모하츠 전투에서 헝가리 왕국이 오스만 투르크에 의해 참패당하자 크로아티아 의회는 합스부르크 왕조를 초청하여 지도자로 섬겼다. 오스만 투르크는 수차례에 걸쳐 슬라보니아 지역을 공격, 점령하기도 하였다. 합스부르크 왕조는 1699년 카를로비츠 조약(Treaty of Karlowitz)에 의거 슬라보니아 지역을 다시 오스만 투르크로부터 돌려받았다.

합스부르크 왕조 통치기간 슬라보니아 지역은 합스부르크 왕조의 지방 행정 구역인 동시에 크로아티아와 헝가리 왕국의 지역이기도 하였다. 단 현 슬라보니아 남쪽은 합스부르크 왕조의 군사 방위지역(Slavonian Krajina)으로서 비엔나 직속 관할지역이었다.

1848년 혁명시기에 슬라보니아 지역은 크로아티아의 임시 통치를 받다가 다시 합스부르크 왕조 치하로 예속되었다. 1868년 크로아티아와 헝가리 간의 '대타협 협정'에 의해 슬라보니아는 크로아티아-슬라보니아 왕국에 귀속되었다. 1881년 합스부르크 왕조 직속 관할지역을 표시하던 슬라보니아 국경 방위 경계선이 취소되고, 슬라보니아 지역은 크로아티아 지역으로 통합되었다. 1991년 크로아티아가 독립을 선언하자 동부 및 서부 슬라보니아 지역에 거주하던 크라이나 세르비아계도 자치를 선언하였다. 슬라보니아 동부 지역은 크로아티아인이 상대적으로 다수 거주하는 지역으로서 민족주의 성향이 강하다. 서부 슬라보니아 지역은 오쿠차니(Okučani) 지역과 프수니(Psunj) 산맥을 지칭하는데, 1995년 번개 작전(Operation Flash)을 통하여 크로아티아 정부가 장악하게 되었다.

동부 슬라보니아 지역은 1996년 유엔 임시 행정기관이 관할하다가 1998년 1월 크로아티아 공화국으로 귀속되었다.

6 Roy Gutman, "UN's Deadly Deal: How troop-hostage talks led to slaughter of Srebrenica", *Newsday*, May 29 1996.
7 *The Washington Post*, May 27 1995. 사실은 TV 카메라 촬영을 위하여 쇠살로 묶었다는 것이다.
8 Holbrooke, P. 68.
9 *International Herald Tribune*, June 17 1995.
10 Flora Lewis, "In Bosnia Now, a Watershed for the Atlantic Alliance", *International Herald Tribune*, July 19 1995.
11 *International Herald Tribune*, July 11 2005.

12 Tim Judah, *The Serbs* (New Haven: Yale Univ. Press, 2000), p. 300.
13 ICTY, "Prosecutor vs Krstić, Appeals Chamber Judgement", *United Nations*, April 19 2004.
14 EC 감시단은 1991년 7월부터 슬로베니아에서 활동을 시작했고, 9월부터는 크로아티아에서도 활동하였다. 당초 외교관 신분으로 30명 내지 50여 명으로 구성되었다. 모든 교전자들은 이들의 신변 안전을 보장할 것을 약속하였다. 이들은 민간인이라는 것을 강조하기 위해 백색 복장을 하였기 때문에 일명 '아이스크림 장사'라는 별명으로도 불렸다. EC 감시단은 2년 동안 약 400여 명으로 증원되었다.
15 Andreas Zumach, *Die Berliner Tageszeitung*, October 12 1995.
16 Andreas Zumach, "US Intelligence Knew Serbs Were Planning An Assault on Srebrenica," *Basic Reports: Newsletter on International Security Policy* No. 47, October 16 1995.
17 〈조선일보〉, 2011. 5. 27.
18 K. Johnson, "Spies", *Foreign Policy*, September 2000, p. 35.
19 Milos Stankovic, *Trusted Mole* (UK: HarperCollins, 2001) pp. 34-35.
20 Andreas Zumach, "US Intelligence knew Serbs were planning an assault on Srebrenica", *Basic Reports*, No. 47, October 16 1995.; "VS wisten van komende val Srebrenica"(US knew of impending fall of Srebrenica), *Nederlands Dagblad*, October 13 1995.; "VS wisten al weken tevoren van val Srebrenica"(US knew weeks in advance of the fall of Srebrenica), *De Gelderlander*, October 13 1995.
21 "US Reveals Photographs Of Apparent Mass Grave", *International Herald Tribune*, August 10 1995.; "Up to 2,700 Massacred By Serbs, UN is Told", *International Herald Tribune*, August 11 1995.
22 Jeffrey Richelson, "Examining US intelligence failures", *Jane's Intelligence Review*, September 2000, p. 44.
23 Netherland institution of war documentation, "aftermath of Srebrenica Massacre", 2002.
24 〈조선일보〉, 2011. 7. 6.
25 "West Won't Stop Croatian Attack", *International Herald Tribune*, August 5 1995
26 미국이 투지만과 이제트베고비치 간의 군사협력을 주선한 것은, 유엔과 유럽 국

가들의 무능력 때문이었다. 특히 미군을 파견할 수 없는 입장에서 그간 전력이 강화된 크로아티아 정규군을 중심으로 이슬람계 군이 세르비아계의 무모한 행위를 견제토록하기 위함이었다. 미국의 주선으로 1994년 3월 이슬람 - 크로아티아 연방이 구성되었고, 이를 바탕으로 양국 간에 군사협력이 증진되었다. 미국은 크로아티아에 15명의 미 군사 교관을 파견하여 크로아티아 정규군을 훈련시키도록 하였다.

27 Doder & Branson, p. 217.
28 Derek Chollet, *The Road to the Dayton Accords*(NY: Palgrave MaCmillan, 2005), p. 35.
29 *The Economist*, August 5 1995.
30 "Krajina Offensive Is Over, Zagreb Says", *International Herald Tribune*, August 8 1995.
31 Dana Priest, "Croatia Can Attack, US Aides Say", *International Herald Tribune*, August 4 1995.
32 "West Won't Stop Croatian Attack", *International Herald Tribune*, August 5 1995.
33 Chollet, p. 36.
34 크닌 시의 역사

크닌 시는 오래된 도시로서 기원전 1세기 일리리안과 로마군의 군 진영지였다. 11세기에 와서는 성직자가 있던 교구의 중심지였으며, 1080년 경 드미타르 즈보니미르 왕 시절 크로아티아 왕국의 수도였다. 10세기와 13세기 사이 크닌은 대표적인 군사 요새로 이용되었고, 달마티아 지역에서 제일 큰 성채를 가지게 되었다.

크닌은 헝가리 왕국, 베네치아, 오스만 투르크, 오스트리아, 프랑스 통치기간에도 전략적인 요충지였다. 1522년 5월 29일 크닌이 오스만 투르크에 의해 함락된 후 크로아티아인은 대거 떠났고, 빈 자리에 오스만 투르크로부터 쫓겨 온 세르비아인들이 거주하기 시작하였다.

1688년 9월 11일 베네치아 공화국이 점령하고 있을 때 크로아티아인 일부가 다시 돌아왔고, 성 프란체스코 교회가 1708년 수도원과 교회를 건립하였다.

크닌은 1797년 캄포 포르미오(Campo formio) 조약에 의해 달마티아 지역과 함께 합스부르크 왕조로 넘어갔다. 1805년 프레스버그 평화조약(Peace of Pressburg)에 의거 프랑스가 점령하고 1809년 프랑스 통치하의 일리리아 지역으로 편입되었다. 1813년 나폴레옹의 참패로 크닌은 다시 합스부르크 왕조가 점령하였다. 그 후 크닌은 상업도로와 철도 연결지역으로 요지가 되었다. 제1차 세계대전 이후 유고슬라비아 왕국 소속이 되었다. 크로아티아 공화국이 1992년 독립하게 되자 크닌 지역 거주 세르비아계는 자치권을 주장하면서 국제적으로 승인 받지 못한, 자칭 세르비아 크라이나 공화국(Republic of Serbian Krajina)을 선포하였다. 그러나 1995년 8월 5일 크로아티아 공화국의 폭풍작전(Operation Storm)에 의해 소멸되었다. 폭풍작전의 책임자였던 이반 체르마크(Ivan Čermak), 안테 고토비나(Ante Gotovina), 믈라덴 마르카치(Mladen Markač)는 국제유고전범재판소에 기소되었다.

그리고 소위 '세르비아 크라이나 공화국' 지도자였던 마르티치(Martić)와 바비치(Babić)도 전쟁범죄자로 기소되었다. 보스니아 헤르체고비나 내전 종료 후 크닌 지역의 인구분포는 완전히 변하였다. 피난 간 세르비아인 대신 보스니아로부터 크로아티아인과 크로아티아 민병대 요원이 대거 이주해 왔다. 그 결과 현재는 크로아티아인 다수 거주 지역으로 변하였다.

현재 크로아티아인들은 크닌이 합스부르크 왕조 때 세르비아인들의 거주를 허용했던 국경 방위지역이 아니라는 주장을 내세우고 있다. 따라서 세르비아인들의 크닌 거주는 역사적으로 합법적이지 않다는 주장이다. 크닌이 합스부르크 왕조의 크라이나 국경 방위지역에 속해 있었다는 주장은 세르비아인들이 크로아티아 공화국에 대한 전쟁 이유를 찾기 위해 날조한 거짓 선전이라는 것이다. 크닌이 합스부르크 왕조의 국경 방위지역이 아니라는 주장이 얼마나 오래 지속될 것인지 관심의 대상이다.

35 "Croatia's Chief Tries Tito's Image for Size", *International Herald Tribune*, August 21 1995.

6장 보스니아 헤르체고비나 종전 교섭

1 1995년 외상 취임. 툴레인(Tulane) 대학교 미식축구 선수. 미국 여자와 결혼, 이중 국적 보유자.

2 Holbrooke, p. 34.

3 Halberstam, p. 178.

4 Holbrooke, p. 4.

5 David Binder, *The Nation*, Oct 2 1995, p. 336.; Hugh McManners, *The Sunday Times*, Oct 1 1995.

6 Ljiljana Bulatović, *General Mladić* (Serbia: Evro Beograd, 2002), pp. 125-126, 129 and 131.
7 Holbrooke, p. 92.
8 Holbrooke, p. 202.
9 홀브룩의 책에 의하면, 나토의 공습을 기본적으로 반대하던 갈리 사무총장이 마침 일반 여객기를 이용하여 여행 중이었기 때문에 사무총장 업무를 대리하던 코피 아난에게 클린턴 대통령의 메시지가 보내졌고, 코피 아난은 미 행정부를 도와 유엔 민간 및 군사령관에게 일정기간 보스니아 헤르체고비나 폭격을 반대하는 유엔의 비토권을 행사하지 말라고 지시하였다는 것이다.
10 Doder & Branson, p. 222.
11 Doder & Branson, p. 221.
12 Holbrooke, p. 130.
13 Hobrooke, p. 135.
14 Holbrooke, p. 132.
15 Silber, p. 363.
16 Holbrooke, pp. 202-203.
17 데이턴합의서의 영문 명칭은 'General Framework Agreement for Peace in Bosnia and Herzegovina'이다.
18 사라예보의 비정부 독립연구기관인 RDC는 노르웨이 외무부의 자금 지원을 받아 1992~1995년의 보스니아 헤르체고비나 내전 희생자 규모를 조사한 결과 사망자가 9만 7,207명으로 잠정 집계됐고, 이는 당초 비공식 집계 수치였던 20만 명의 절반이 채 안 되는 것이라고 2007년 6월 21일 밝혔다. 내전 사망자 가운데 40%는 민간인이고, 3,300명은 18세 이하로 조사됐으며, 무슬림계가 66%, 세르비아계가 26%, 크로아티아계가 8%로 집계됐다.
19 〈연합뉴스〉, 2008. 8. 7.
20 Misha Glenny, *The Balkans* (NY: Penguin, 1999), pp. 651-652.
21 Patrice C. MaMahon and Jon Western, "The Death of Dayton", *Foreign Affairs*, September/October 2009, Vol. 88, No. 5, p. 69.
22 *Financial Times*, October 21 1998.
23 *International Herald Tribune*, January 16 1998.
24 *International Herald Tribune*, May 15 1997.

7장 투지만, 이제트베고비치, 밀로셰비치

1 *Foreign Report*, January 25 1996.
2 *Foreign Report*, September 5 1996.
3 〈중앙일보〉, 2000. 6. 17.
4 Glenny, p. 653.
5 전 미 국무성 대변인 James P. Rubin 기고문, *Financial Times*, September 30-October 1 2000.
6 전 미 국무성 대변인 James P. Rubin 기고문, *Financial Times*, October 7-8 2000.
7 위의 기고문.
8 〈뉴스위크〉(한국판), 1999. 3. 10.
9 Doder & Branson, p. 210
10 〈조선일보〉, 1999. 3. 24.
11 1999년 10월 14일 윌리엄 코헨(William S. Cohen) 미 국방장관과 헨리 셸턴(Henry H. Shelton) 미 합참의장이 상원 군사위원회에서 나토의 공습(Operation Allied Force)에 대해 공동 성명서를 통해 밝힌 내용이다.
12 〈조선일보〉, 1999. 3. 26.
13 〈조선일보〉, 1999. 3. 25.
14 〈조선일보〉, 1999. 3. 25.
15 〈조선일보〉, 1999. 3. 25.
16 *Financial Times*, March 26 1999.
17 〈조선일보〉, 1999. 3. 29.
18 *South China Morning Post*, March 29 1999.
19 5월 2일 잭슨 목사가 밀로셰비치와 담판하여 인질을 석방시키는 데 성공하였다.
20 〈조선일보〉, 1999. 4. 6.
21 *Financial Times*, April 8 1999.
22 *International Herald Tribune*, April 8 1999.
23 *Hong Kong Standard*, April 13 1999.
24 *Asian Wallstreet Journal*, April 21 1999.
25 *Financial Times*, April 23 1999.
26 *Financial Times*, May 12 1999.
27 영국 〈선데이 타임스〉가 홍콩 잡지 〈첸싸오(前哨)〉를 인용해 2011년 2월 13일

보도

28 *Financial Times*, June 14 2000.
29 *Financial Times*, March 14 2003.
30 세르비아 역사를 살펴보면 암살사건이 많다.

세르비아 왕국을 지배했던 10명의 군주 중 3명이 살해되고 4명이 강제로 퇴위를 당하였다. 첫 번째로 살해당한 군주는 오브레노비치 왕가의 미하일로이다. 1868년 6월 10일 그는 베오그라드 시외 공원에서 산책 중 총격을 당하였다.

두 번째로 1903년 6월 10일 역시 오브레노비치 왕가의 알렉산더 왕과 그의 부인이 살해당했다. 왕국의 국정이 혼란한 가운데 민족주의를 내세우는 군인들이 왕궁에 침입하여 왕 부부를 살해하고 시체를 창 너머로 내던졌다. 그 후 폭발적인 사건으로 제1차 세계대전을 일으킨, 1914년 6월 28일 합스부르크 황태자 페르디난트 부부의 사라예보 암살 사건이 있다.

세 번째 암살사건의 희생자는 카라조르제비치 왕가의 알렉산더 1세이다. 1934년 10월 9일 프랑스 공식 방문 중 마르세유에서 크로아티아 국수주의 단체인 우스타샤에 의해 암살당하였다. 제2차 세계대전 중에는 우스타샤, 티토의 파르티잔, 미하일로비치의 체트니크는 상호 수없이 암살을 자행하였다.

헤이그 국제유고전범재판소에서 재판을 받던 밀로셰비치의 측근 아르칸도 2000년 1월 총격을 받아 사망하였다. 또한 밀로셰비치 경찰 보좌관이었던 보슈코 부하(Boško Buha) 장군도 암살당하였다.

그 이외에도 암살, 총살, 살인 사건이 많았는데, 이는 남슬라브족의 정치가 얼마나 전근대적이었는지를 증명하는 것이다.

31 *International Herald Tribune*, March 2 2004.
32 위원회에는 전 미 법무부장관(Ramsey Clark), 노벨 문학상 수상자를 비롯하여 러시아, 불가리아, 캐나다 등의 저명인사들이 참여하고 있다.

에필로그

1 Adria Lawrence, "Triggering Nationalist Violence", *International Security* Vol. 35 No. 2, Fall 2010, p. 90.
2 James Habyarmana, Macartan Humphreys, Daniel Posner, and Jeremy Weistein, "Is Ethnic Conflict Inevitable? Better Institution, Not Partition", *Foreign Affairs* July/August 2008 Vol. 87, No. 4, p. 138.